Seeunfälle und
Katastrophen von
Kriegsschiffen

I. M. Korotkin

Seeunfälle und Katastrophen von Kriegsschiffen

5. Auflage

Brandenburgisches
Verlagshaus

Originaltitel: SOS – Аварии и катастрофы кораблей
Ins Deutsche übertragen von Eduard Keiper und bearbeitet von Manfred Kretschmar

Korotkin, Isaak Mojseevič:
Seeunfälle und Katastrophen von Kriegsschiffen / von I. M. Korotkin
– 5. Aufl. – Berlin: Brandenb. Verl.-Haus, 1991 – S.: 282 – Ill.: 101
Übers. aus d. Russ.

ISBN 3-327-01226-1

5. Auflage

1. Auflage Militärverlag der DDR (VEB), Berlin, 1982
Printed in Germany
Lichtsatz: INTERDRUCK Graphischer Großbetrieb Leipzig, III/18/97
Druck und buchbinderische Weiterverarbeitung: Chemnitzer Verlag und Druck GmbH
Grafische Werke Zwickau
Lektoren: Günter Larisch, Hans-Ulrich Geburzi, Marlene Hillen
Typographie: Günter Molinski
Grafiker: Georg Seyler
Einbandgestaltung: Rosemarie Lebek

Inhalt

Vorwort

Das Seeverhalten und die Fahr- und Kampfeigenschaften von Kriegsschiffen werden während der Erprobungsphase von Schiff und Technik gewöhnlich an Modellen und durch theoretische Berechnungen bestimmt. Das reicht jedoch nicht aus. Beim Bau und während der Erprobung können Leistungsvermögen und geschlossenes Handeln der Besatzungen, wie sie für den künftigen Einsatz des jeweiligen Schiffes notwendig sind, keinesfalls vollständig erfaßt werden. Am gründlichsten werden deshalb die schwachen und starken Seiten eines Kriegsschiffes und seiner Besatzung (Mensch-Technik-Verhältnis) im Verlauf der Ausbildung und des Einsatzes in See erkannt. Schwachstellen, sowohl die der Besatzung als auch die der Technik, treten am deutlichsten bei einem Seeunfall zutage. Folglich ist das Studium und die systematische Auswertung des Seeunfallgeschehens eine der effektivsten Methoden, um Güte und Mängel der Kriegsschiffe und ihrer Besatzungen zu erkennen.

Das Studium des Seeunfallgeschehens läßt Schlußfolgerungen zur Verbesserung der konstruktiv-technischen Elemente der Kriegsschiffe, ihres Seeverhaltens und ihrer Stand- und Kampfkraft zu. Außerdem können wertvolle Erkenntnisse zur Vervollkommnung der Ausbildung, zur Festigung der Disziplin und zur Verbesserung der Dienstorganisation an Bord gewonnen werden.

Wie die Erfahrung lehrt, sind die Hauptursachen der meisten Seeunfälle und Katastrophen, von denen Kriegsschiffe betroffen wurden, Fehler, die Besatzungsangehörige und Schiffbauer begangen haben. Durch die Auswertung von Seeunfällen und Katastrophen wurden die Forderungen an die Projektierung und an den Bau von Kriegsschiffen erhöht und vervollständigt; es verbesserten sich die Dienstvorschriften, die Betriebs- und Bedienungsanleitungen sowie die Einsatzinstruktionen.

So war z. B. das Kentern des japanischen Zerstörers TOMOZURU Anlaß, die Normen für die Standkraft der hauptsächlichsten japanischen Kriegsschiffsklassen zu revidieren. Die neuen Normen beeinflußten den Kriegsschiffbau in Japan vor und während des zweiten Weltkrieges.

Die Brände auf den Flugzeugträgern USS ORISKANY CVA-34, USS FORRESTAL CVA-59 und USS ENTERPRISE CVAN-65 zwangen das USA-Marineministerium, radikale Maßnahmen zur Verbesserung des Brandschutzes auf Flugzeugträgern und Kriegsschiffen anderer Klassen einzuleiten.

Nach dem Verlust des kernkraftgetriebenen U-Bootes USS THRESHER SSN-593 wurden die Forderungen an die Projektierung und an den Bau der kernkraftgetriebenen U-Boote der USA geändert. Ebenfalls mußten die Einsatzvorschriften für amerikanische U-Boote einer Revision unterzogen werden.

In der Zivilflotte war der Untergang der TITANIC Anstoß zur Erarbeitung und Annahme des ersten «Internationalen Vertrages zum Schutz des menschlichen Lebens auf See». Die Katastrophe der ANDREA DORIA führte zur Überarbeitung des Vertrages und zu seiner Neufassung.

Die aus Seeunfall- und Katastrophenanalysen gezogenen Schlußfolgerungen beeinflußten nicht nur technische Neuerungen, konstruktive Veränderungen und vorhandene Vorschriften, sondern trugen gleichzeitig zur Weiterentwicklung der Schiffbautheorie und anderer maritimer Wissenschaften bei.

Mit dem Studium der Seeunfallgeschichte der RUSALKA begann S. O. Makarow seine langjährigen Forschungen und begründete damit die Lehre von der Unsinkbarkeit des Schiffes.

Der Untergang der VICTORIA war für ihn Anlaß, eine Reihe wissenschaftlich-praktischer Methoden, die auf die Vervollkommnung der Lehre von der Unsinkbarkeit von Schiffen abzielten, zu erarbeiten.

Akademiemitglied A. N. Krylow stützte sich bei seinen vielfältigen Forschungen zur Schiffstheorie mehrfach auf lehrreiche Seeunfälle. Viele seiner Arbeiten, speziell über Schiffsunfälle, faßte er in dem Werk «**Некоторые случаи аварий и гибели судов**» («Einige Seeunfälle und Schiffsverluste») zusammen.

Seinerzeit führte das Kentern des britischen Panzerschiffes H. M. S. CAPTAIN zu umfangreichen wissenschaftlichen Untersuchungen. Im Zusammenhang mit der Kollision des Kreuzers H. M. S. HAWK mit dem Passagierschiff OLYMPIC wurde die physikalische Gesetzmäßigkeit der Sogwirkung am fahrenden Schiff zum Lehrfach bei der Ausbildung von Seeoffizieren.

Viele experimentelle Arbeiten untersuchten die Festigkeit von Schiffen nach dem Auseinanderbrechen des Torpedobootes H. M. S. COBRA. So gibt es in der Geschichte der Seefahrt eine Vielzahl solcher und ähnlicher Beispiele. Einige ausgewählte Schiffsverluste, verursacht durch Auseinanderbrechen, wurden zu Lehrzwecken zusammengefaßt und gingen so in die Schiffbau- und andere maritime Literatur ein.

Gegenwärtig gibt es in der sowjetischen Literatur keine Bücher, in denen Seeunfälle von Kriegsschiffen unserer Zeit analysiert werden.

K. P. Pusyrewskij behandelt in seinem Buch «**Повреждение кораблей, борьба за живучесть и спасательные работы**» («Seeunfälle, Kampf um die Standkraft und Rettungsarbeiten») nur Ereignisse des ersten Weltkrieges. Seit dieser Zeit, insbesondere aber in den letzten Jahrzehnten, gab es auf ausländischen Kriegsschiffen eine Vielzahl von Seeunfällen und Katastrophen ohne Gefechtseinwirkung, deren Ursachenermittlung insofern von Bedeutung ist, da aus ihnen nützliche Lehren und Schlußfolgerungen gezogen werden können. Angaben über derartige Ereignisse, die oft sehr widersprüchlich und tendenziös sind, sind in vielen ausländischen Quellen, hauptsächlich aber in den Fachzeitschriften zu finden. Bücher dieser Thematik, die in den letzten fünfzehn Jahren im Ausland herausgegeben wurden, können deshalb den sowjetischen Leser nicht befriedigen. Bei K. C. Barnaby (Lit.-Verzeichnis Nr. 97) und H. W. Baldwin (Lit.-Verzeichnis Nr. 96) werden nur einige Probleme von Kollisionen zwischen Kriegs- und Zivilschiffen behandelt. Beide Bücher beinhalten zudem nur Fakten, die nicht über den zweiten Weltkrieg hinausgehen. Die zweibändige Ausgabe von C. Hocking (Lit.-Verzeichnis Nr. 102) trägt ausschließlich Nachschlagcharakter, in der die Kriegs- und Zivilschiffsverluste zwischen 1824 und 1962 mit einer Reihe von Ungenauigkeiten und Auslassungen nur registriert sind. F. Rushbrook (Lit.-Verzeichnis Nr. 40) schildert in seinem interessanten Buch nur Brände und den Brandschutz auf Handelsschiffen. Über einige Seeunfälle, die infolge von Kollisionen zwischen Kriegs- und Handelsschiffen entstanden sind, stellt P. Padfield (Lit.-Verzeichnis Nr. 71) zwar nähere Betrachtungen an, unterzieht sie aber keiner systematischen Analyse.

Das vorliegende Buch will Erfahrungen und Schlußfolgerungen aus den Seeunfällen und Katastrophen von Kriegsschiffen ausländischer Flotten vermitteln. Die Ursachen dieser Seeunfälle und Katastrophen wurden systematisiert und unterteilt in Brände, Explosionen, Kollisionen, Grundberührungen und Sturm. Außerdem hat sich der Autor bemüht, gültige Verallgemeinerungen zu finden. An konkreten Beispielen werden die Unfallursachen, der Charakter der Beschädigungen, die konstruktionsbedingte Standkraft, die Handlungen der Besatzungen beim Kampf um den Erhalt des Schiffes und in einigen Fällen die Organisation der Rettungsarbeiten sowie die Instandsetzung nach dem Unfall untersucht. Soweit es möglich war, wurden bei der Analyse jeder Unfallart die Konstruktion der betreffenden Kriegsschiffe und die Handlungen ihrer Besatzungen unter Seeunfallbedingungen beurteilt. Dies trifft auch auf die von den ausländischen Flotten zur Verbesserung der Standkraft und der Sicherheit der Kriegsschiffe getroffenen Maßnahmen zu.

In diesem Buch werden nur Seeunfälle und Katastrophen, in die Überwasserkriegsschiffe, einschließlich der Hilfsschiffe, verwickelt waren, untersucht. Die erarbeitete Analyse stützt sich auf 518 Seeunfälle und Katastrophen. Dabei wurden alle Klassen von Überwasserkriegsschiffen der letzten Jahrzehnte erfaßt. Die Analyse der Seeunfälle bezieht sich bei Flugzeugträgern auf die zurückliegenden 25 Jahre, bei den anderen Kriegsschiffsklassen auf die letzten 50 Jahre. Einige besonders typische Seeunfälle, die noch vor dieser Zeit liegen, gingen ebenfalls in die Untersuchungen ein. Im Anhang dieses Buches sind Kriegsschiffe genannt, die seit Beginn des 20. Jahrhunderts durch Seeunfälle verlorengegangen sind.

Dem Buch liegen sowjetische, hauptsächlich aber ausländische Quellen zugrunde. Die taktisch-technischen Angaben der Kriegsschiffe stützen sich auf «Jane's Fighting Ships», in Einzelfällen auf andere ausländische Quellen (siehe dazu das Lit.-Verzeichnis) und einheimische Nachschlagwerke. Letztere bildeten auch die Grundlage für die Transkription der Schiffsnamen in die russische Sprache.

Die vom Autor verwendeten Angaben beziehen sich bei Überwasserkriegsschiffen, die vor dem zweiten Weltkrieg gebaut wurden, auf das Normaldeplacement, bei allen zu einem späteren Zeitpunkt gebauten auf das Volldeplacement. Bei U-Booten ist das Deplacement als Bruch dargestellt, wobei der Zähler für die Überwasserlage und der Nenner für die Unterwasserlage gilt. Bei Zivil- und Hilfsschiffen sind die Registertonnen angegeben. Für alle Kriegsschiffe wurde das Jahr des Baubeginns genannt.

Die geographischen Namen entstammen der Zeit des Geschehens.

Der Autor ist B. A. Kolyzaew und A. M. Wassilew zu tiefem Dank verpflichtet. Ermöglichten doch ihre wertvollen und kritischen Hinweise bei der Rezension des Manuskriptes, die Aussagekraft des Buches zu verbessern. Besondere Anerkennung zollt der Autor S. J. Lewin für die großartige Hilfe bei der Auswertung der ausländischen Quellen.

Vorwort zur deutschen Ausgabe

1960 erschien mein Buch «Gefechtsschäden an Überwasserkriegsschiffen». Darin wurden die Gefechtsschäden und die Standkraft von Kriegsschiffen an Hand von Erfahrungen des zweiten Weltkrieges analysiert. Die Arbeit erhielt bei uns und im Ausland Anerkennung. Das vorliegende Buch, dessen Übersetzung den Lesern in Deutschland angeboten wird, ist 1977 in der UdSSR erschienen. Es setzt die Untersuchung der Standkraft der Kriegsschiffe fort und erweitert sie auf Bedingungen, die nicht durch Gefechtseinwirkungen entstanden sind. Hier ist von so uralten Begleiterscheinungen der Seefahrt die Rede wie Kollisionen, Sturm, schweres Wetter, Grundberührungen, Brände und Explosionen an Bord.

Dieses Buch fand in unserem Lande ebenfalls ein positives Echo. Davon zeugen Rezensionen und Leserstimmen besonders aus dem Bereich der Schiffahrt sowie die relativ hohe Auflage und der rasche Vertrieb des Buches. Die Veröffentlichung einzelner Auszüge des Buches in der Tagespresse noch vor seinem Erscheinen hat bestätigt, daß dieses Thema die Leser interessiert.

Was für einen Zweck hat das Buch und wozu wurde es geschrieben? Dieses Buch ist kein Sammelband von «spannenden» Erzählungen und von «Sensationen», auch wenn es gewisse sensationelle oder sogar phantastische Schilderungen enthält. Vielfach würden sie kaum glaubhaft sein, wären da nicht die traurigen, aber leider wahren Vorkommnisse.

Ziel des Buches ist es, die Ursachen für die Katastrophen einzelner Schiffe und für die Seeunfälle ganzer Verbände und Flotten bekanntzumachen. Die daraus gezogenen Lehren sollen beherzigt und notwendige Schlußfolgerungen gezogen werden. Mängel an Schiffen und im Verhalten der Menschen im «Mensch-Technik-Ozean»-Verhältnis, die unter normalen Dienstbedingungen nicht zutage treten, offenbaren sich klar, und ich würde sagen überdeutlich, bei einem Seeunfall und insbesondere in extremen Situationen.

Katastrophen bringen den Schiffen einerseits bisweilen großes Unheil. Andererseits aber hat jeder Nachteil auch seinen Vorteil und hilft, die Schiffe, ihre Einsatzmethoden und die Ausbildung der Besatzungen zu vervollkommnen. «Unglück lehrt!»

Zweckmäßige Empfehlungen zur Erhöhung der Standkraft der Schiffe und der Sicherheit der Schiffahrt sind nicht vorstellbar, ohne daß die Erfahrungen, die sich aus Katastrophenfällen ergeben haben, berücksichtigt werden. Außerdem beweist die Praxis, daß viele Seeunfälle, insbesondere aber die Schiffskatastrophen, dazu beigetragen haben, den Schiffbau und die Schiffahrt, sowohl die militärische als auch die zivile, weiter zu entwickeln. Das ist auch ganz natürlich. Erst das Erkennen der Ursachen von Seeunfällen kann zu anerkannten und effektiven Maßnahmen zur Senkung der Seeunfälle selbst führen. Eine Senkung der Seeunfälle und ihrer Folgen trägt zum Erhalt des Potentials der Seemacht eines Staates bei und ist deshalb eine der wichtigsten staatlichen Aufgaben. So ist es auch immer gewesen. In unserer Zeit ist dieses Problem wesentlich akuter und auch komplizierter geworden. In der Tat, die zunehmende Bedeutung der Weltmeere und die noch immer hohe Intensität, mit der Kriegsschiffe in den verschiedensten Regionen eingesetzt werden, stellen höhere Anforderungen an die Standkraft der Schiffe und an die Sicherheit während ihrer Fahrt im Verband und bei Handlungen in See. Höhere Anforderungen werden heute auch an die Schiffstechnik und besonders an die Besatzungen gestellt. Die Besatzungen müssen oftmals unter ungewöhnlichen Bedingungen handeln.

Die Nachkriegserfahrungen haben gezeigt, daß die Kriegsschiffe und deren Besatzungen bei weitem nicht immer den wachsenden Anforderungen entsprechen. Davon zeugen zahlreiche Seeunfälle und große Schiffskatastrophen in den Flotten vieler Länder, die sich unter alltäglichen Bedingungen ereigneten. Diese Umstände machen deutlich, wie notwendig Untersuchungen der Seeunfälle sind, damit sie weiter eingeschränkt werden können. In dem vorliegenden Buch wurde der Versuch einer mehr oder weniger allseitigen Untersuchung von Seeunfällen und der Standkraft von Kriegsschiffen unternommen.

Womit beginnt ein Seeunfall? Wie die Erfahrung zeigt, kann ein Seeunfall bereits im Konstruktionsbüro beginnen. So sind oftmals unbeschädigte Schiffe gekentert oder ihre Schiffskörper auseinandergebrochen, weil die Projekte zu niedrige Stabilitäts- oder Festigkeitswerte aufwiesen. Vielfach sanken Kriegsschiffe, weil die projektierten Werte für die Schwimmfähigkeit fehlerhaft waren. Man kann sagen, Seeunfälle und Katastrophen, die sich auf Grund solcher Ursachen ereigneten, waren in den Schiffsentwürfen vorprogrammiert. Die Gründe für Seeunfälle wurden auch auf solchen Werften geschaffen, die die Schiffe und deren Anlagen nicht qualitätsgerecht bauten, oder dort, wo die Erprobung der Schiffe und der Schiffstechnik nicht mit der gebührenden Strenge durchgeführt wurde. Dennoch, die Grundursachen für die meisten Seeunfälle sind subjektive Fehler und Versäumnisse während des Dienstes an Bord, wofür eine unanfechtbare Statistik spricht. Sehr häufig hängt dies mit einem unzureichenden Ausbildungsstand der Besatzung zusammen – wenn die Männer die Beschaffenheit ihres Schiffes, die Technik und die Methoden ihres Einsatzes nicht genügend kennen und beherrschen. In anderen Fällen kann es zu Seeunfällen kommen, wenn ein Schiff im nicht seeklaren Zustand ausläuft, wenn die Anlagen nicht betriebsklar sind, wenn die Dienstorganisation unzureichend und die Funktionsverteilung der Besatzungsangehörigen unzweckmäßig ist.

Ursachen für eine Reihe von Seeunfällen war auch der niedrige politisch-moralische Zustand, die psychologische Labilität der Männer sowie ein nachlässiges, bisweilen verantwortungsloses Verhalten gegenüber den eigenen Pflichten. Das ist für viele Schiffe aller Flotten charakteristisch.

Die Bedeutung der Ausbildung von Seeleuten und ihr Einsatz an Bord wurde bereits erwähnt. In diesem Zusammenhang müssen aber auch solche Fragen Beachtung finden wie die Dienst- und Lebensbedingungen der Menschen auf Schiffen, die sowohl unter gewohnten als auch unter ungewohnten klimatischen Bedingungen handeln. Auch die unmittelbaren Umwelteinflüsse wie Lärm, Wärme, Kälte, plötzliche Überlastung, Streß, Druck u. a. wirken auf den Menschen. Viele dieser Faktoren haben bisweilen einen unmerklichen Einfluß auf die Entstehung von Seeunfallsituationen. Von großem Übel waren bei Seeunfällen immer mangelnde Kenntnisse der Besatzungen in der Schiffssicherung und eine sich ausbreitende Panikstimmung auf den Schiffen.

Verstärkt wurden die schweren Folgen mancher Seeunfälle durch die Unfähigkeit der Kommandanten, die Lage realistisch einzuschätzen, durch eine unbefriedigende Organisation der Schiffssicherung, durch die Nichtberücksichtigung des Zeitfaktors und durch die Nichtübereinstimmung der ergriffenen Maßnahmen mit den realen Bedingungen der sich entwickelnden Unfallsituation.

Ein direkter Weg zum Seeunfall sind auch Fehler von Menschen (Stäben), die verpflichtet sind, eine normale Fahrt der Schiffe sicherzustellen. Hierzu zählen Fehler bei der navigatorischen, hydrographischen und meteorologischen Sicherstellung. Auch Fehler, die Verbands- und selbst auch Flottenstäbe z. B. beim Einsatz und bei der Führung der Schiffe, bei der Organisation der Nachrichtenverbindungen, bei der Kontrolle und bei der Informationssicherstellung machen oder zulassen, sind hier einbegriffen.

Wir sehen, daß hinter jedem Seeunfall nicht nur ein Mensch steht, sondern viele Menschen stehen. Dabei brauchen sich diese Menschen nicht unbedingt an Bord des betroffenen Schiffes zu befinden. Oftmals sind die am Seeunfall Schuldigen weit vom beschädigten oder untergegangenen Schiff entfernt.

Die Anzahl der Seeunfälle kann nur dann reduziert und die Standkraft der Schiffe nur erhöht werden, wenn die Verantwortlichen bei der Projektierung, beim Bau und beim Einsatz eines Schiffes ihre Teilaufgaben mit einem hohen wissenschaftlich-technischen, politisch-moralischen und organisatorischen Niveau lösen und die Fehler und Versäumnisse, die ihre Vorgänger zugelassen haben, überwinden und nicht wiederholen.

Von allen Maßnahmen, die auf die Einschränkung der Anzahl der Seeunfälle und auf die Erhöhung der Sicherheit gerichtet sind, muß die Ausbildung der Besatzungen einen erstrangigen Stellenwert einnehmen. In der Ausbildung müssen den Männern Eigenschaften anerzogen werden, die sie unter kompliziertesten Bedingungen und bei allen See- und Wetterlagen befähigen, ihre Aufgaben zu erfüllen. Dort, wo die Besatzung die ihr anvertraute Technik ausgezeichnet beherrscht, wo sie im Interesse der Schiffssicherung automatisch handelt und wo das politische Bewußtsein, die Moral und die psychologische Bereitschaft einen hohen Stand erreicht haben, unternimmt jeder einzelne nicht nur während des normalen Dienstes alles, was von ihm abhängt, sondern auch in Seeunfallsituationen. Die Erziehung der Besatzung zum selbstlosen Handeln ist die Aufgabe eines jeden Kommandanten.

Der Autor hofft, daß das Buch mehr oder weniger die vielfältigen Erfahrungen aus den Seeunfällen widerspiegelt. Dabei werden neben den Ursachen eines Seeunfalls Wege zu seiner Überwindung gewiesen und Schlußfolgerungen gezogen. Obgleich die Erfahrungen nur einiger Flotten behandelt werden, können sie für alle Flotten nützlich sein. Hierbei ist jedoch der hohe moralische Zustand der Seeleute und das gegenseitige Vertrauen zwischen Matrose und Offizier zu beachten. Beide Faktoren erleichtern die Überwindung möglicher Fehler und Versäumnisse, die zu Seeunfällen führen und führen können, in erheblichem Maße.

Durch die Vielfalt der im Buch behandelten Fragen kann es viele Leser ansprechen, die auf die eine oder andere Art mit der Entwicklung, dem Bau, der Erprobung und dem Einsatz von Schiffen und verschiedener Schiffstechnik zu tun haben. Besonders kann es für die Menschen von Nutzen sein, die ihr Leben dem Dienst in der Flotte und dem Schutz der Heimat gewidmet haben.

Wenn das Buch dazu beiträgt, wenigstens einen Seeunfall in den Flotten zu verhindern, wenigstens einen einzigen Menschen vor dem Tod zu bewahren und schließlich die Menschen – wo immer sie sich auch befinden – dazu bewegt, über die Notwendigkeit nachzudenken, die Anzahl der Seeunfälle in den Flotten aller Staaten weiter zu reduzieren, so wird der Autor das Ziel, das er sich gestellt hat, für erfüllt ansehen. Dann hat das Buch einen praktischen Nutzen.

Leningrad, den 14.05.1979 *I. M. Korotkin*

Brände und Explosionen auf Kriegsschiffen

Brände und Explosionen auf Flugzeugträgern

Brand auf dem Flugzeugträger USS ESSEX CVA-9

Im September 1951 brach auf dem Angriffsflugzeugträger USS Essex CVA-9 (1942, 38 500 t)* ein Brand aus, der zu einem der größten Seeunfälle auf Kriegsschiffen seiner Zeit führte. Infolge der Fehleinschätzung eines Piloten bei der Landung auf dem Flugzeugträger kam es zu einem folgenschweren Unfall. Das Jagdflugzeug raste über das Flugdeck in eine Gruppe abgestellter Flugzeuge, wobei es die Bruchschranke [1] durchbrach. Der aus den zerstörten Flugzeugen auslaufende Kraftstoff entzündete sich sofort, und bald waren große Teile des Flugdecks und der Insel von dem sich schnell ausbreitenden Brand erfaßt. In der Folge kam es zur Explosion eines Teiles der durch das Feuer bis zum Detonationspunkt erhitzten Bewaffnung der

Flugzeugträger ESSEX

* In der Klammer ist jeweils das Baujahr (Baubeginn) und das Deplacement des genannten Kriegsschiffes angegeben.

Flugzeuge. Zur Brandbekämpfung mußten zusätzlich Sicherungs- und Rettungsschiffe angefordert werden. Die Brandkatastrophe forderte insgesamt 20 Tote. Zehn Flugzeuge wurden zerstört. Der Flugzeugträger trug erhebliche Beschädigungen davon, so daß er für mehrere Monate ausfiel.

Explosion des hydraulischen Systems auf dem Flugzeugträger USS LEYTE CVS-32

Im Verlauf von Jahren kam es auf mehreren Flugzeugträgern der USA zu Bränden, deren Ursache die Explosion hydraulischer Anlagen war. So z. B. die Explosionen auf den Flugzeugträgern USS Leyte CVS-32 und USS Bennington CVS-20, die in einem verhältnismäßig kurzen Zeitabstand voneinander erfolgten. Der UAW-Flugzeugträger USS Leyte (1946, 38 500 t) [2] lag in Boston (USA, Bundesstaat Massachusetts), als ihn am 16. Oktober 1953 plötzlich und völlig unerwartet eine heftige Explosion erschütterte. Der nachfolgende Brand erfaßte das gesamte Vorschiff. Zur Brandbekämpfung mußten neben den Feuerlöschkommandos des Flugzeugträgers zusätzlich fast alle Feuerwehren der Hafenstadt Boston herangezogen werden. Gemeinsam gelang es ihnen, nach Stunden den Brand zu löschen.

Der Brand forderte 37 Tote, 40 Personen erlitten Verbrennungen und Verletzungen. Der Flugzeugträger trug erhebliche Schäden davon. Drei Decks des Vorschiffes, in denen sich die Besatzungsunterkünfte befanden, brannten völlig aus. Eine Katapultanlage wurde beschädigt. Die Wiederherstellung der Einsatzbereitschaft nahm längere Zeit in Anspruch. Der durch diese Katastrophe entstandene materielle Schaden belief sich auf 670 000 US-Dollar. Untersuchungen führten zu dem Ergebnis, daß die Explosion innerhalb des Luft-Öl-Systems der Katapultanlage ausgelöst worden war. Die Ursache war die Entzündung der Arbeitsflüssigkeit des Systems infolge zu hohen Druckes. Als unmittelbaren Entzündungsort lokalisierte die Untersuchungskommission das Druckrohr am Regler, in dem sich Betriebsöl mit einem bestimmten Zetangehalt befand. Die Explosion auf der Leyte war nach amerikanischen Angaben die erste einer Reihe ähnlicher Explosionen hydraulischer Anlagen auf Flugzeugträgern. Nach diesen Vorfällen wurde eine explosionssichere Hydraulikflüssigkeit entwickelt, die gleichzeitig gute Schmiereigenschaften aufwies und allen anderen Anforderungen voll entsprach.

Bis zur Lösung dieses Problems waren allerdings viele Jahre vergangen, in denen in den USA intensiv geforscht und experimentiert wurde. Dabei mußten große Schwierigkeiten überwunden werden. Die Ergebnisse waren aber nicht nur für die Flugzeugträger von großer Bedeutung. Auch die U-Boote profitierten hiervon, da bis zu diesem Zeitpunkt auf ihnen ebenfalls ähnliche Explosionen in den hydraulischen Anlagen aufgetreten waren.

Explosion auf dem Flugzeugträger USS ORISKANY CVA-34

In der US Navy war in den Nachkriegsjahren der Name Oriskany sehr populär. Anfangs bezeichnete er die Klasse modernisierter Flugzeugträger, bald aber wurde er zum Synonym für große Brände, die in den sechziger Jahren auf amerikanischen Angriffsflugzeugträgern ausgebrochen waren.

Es war Ende März 1954 [3]. Der Angriffsflugzeugträger USS Oriskany (1950, 42600 t) hielt sich zu einer Ausbildungsfahrt in fernöstlichen Gewässern auf. Bei der Landung setzte ein strahlgetriebenes Jagdflugzeug [4] zu hart auf dem Flugdeck auf und zerbrach in zwei Teile. Die Kraftstoffbehälter der Maschine explodierten. Der durch die Explosion entzündete Kraftstoff lief über das Flugdeck und führte zu einem Brand, der sich schnell ausbreitete und große Teile des Flugzeugträgers erfaßte.

Flugzeugträger ORISKANY

Flugdeckausrüstungen und verschiedene Anlagen wurden beschädigt oder gingen in Flammen auf. Durch den Brand wurden an mehreren Stellen die Stahlplatten des Flugdecks in Mitleidenschaft gezogen.

Bei Nachbetrachtungen in der USA-Presse über die Umstände, die zum Brand auf der Oriskany geführt hatten, machte man besonders auf die Häufigkeit von Unfällen und Katastrophen auf den Flugzeugträgern aufmerksam.

Explosion des hydraulischen Systems auf dem Flugzeugträger USS BENNINGTON CVS-20

Reichlich sieben Monate nach der Explosion auf der Leyte kam es auf dem Flugzeugträger des gleichen Typs, dem UAW-Flugzeugträger USS Bennington CVS-20, zu einer ähnlichen Explosion. Der Unfall ereignete sich am 26. Mai 1954. Der UAW-Flugzeugträger befand sich auf einer Ausbildungsfahrt entlang der nordamerikanischen Ostküste und stand etwa 60 Seemeilen südlich des Flottenstützpunktes Newport (USA, Bundesstaat Rhode Island). Wie auch auf der Leyte, folgte der Explosion ein Großbrand.

Die Brandbekämpfung wurde relativ spät aufgenommen. Dadurch hatte der Brand schnell große Teile des Schiffes erfaßt. Die Brandfolgen waren in diesem Fall schwerer als auf der Leyte. Die Katastrophe forderte unter der Besatzung große Opfer. Wie das Marineministerium der USA offiziell bekanntgab, fanden bei der Katastrophe 100 Seeleute den Tod, etwa 200 wurden verletzt [5]. Das Schiff erlitt schwere Beschädigungen. Sie waren nicht nur eine Folge der Explosion, sondern auch des anschließenden Brandes, da die Flammen viele Räume des Flugzeugträgers erfaßt hatten. Ebenso war der durch die Katastrophe verursachte Schaden bedeutend größer als der auf der Leyte. Schätzungen beliefen sich auf einige Millionen US-Dollar. Die schweren Schäden und großen Menschenverluste waren die Folge der unorganisierten Brandbekämpfung und einer beginnenden Paniksituation, die auf dem Schiff zu einer allgemeinen Kopflosigkeit geführt hatte.

Nach Aussagen von Besatzungsangehörigen des Flugzeugträgers *brach* nach der Explosion *ein großes Geschrei aus.* Der Kommandant forderte bereits bei Brandausbruch in überstürzter Form ein Lazarettschiff zur Evakuierung der Verletzten an. Bis zu diesem Zeitpunkt war aber die Besatzung noch nicht zu einer organisierten Brandbekämpfung übergegangen. Nur mit Hilfe und Unterstützung anderer Schiffe konnte der Brand nach vielen Stunden gelöscht werden.

Ebenso wie auf der LEYTE war die Brandursache auf der BENNINGTON die Explosion des hydraulischen Systems einer der Katapultanlagen, in dem Arbeitsdrücke bis zu 300 kp/cm^2 (30 MPa) auftraten. Diese Feststellung traf, wie auch bei der Katastrophe auf der LEYTE, das Seegericht der US Navy.

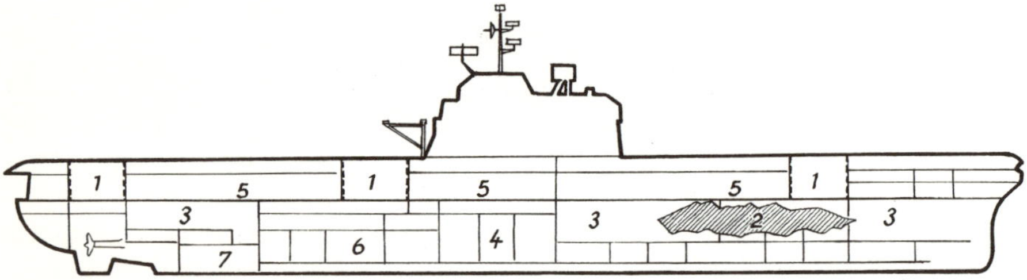

Lage der Brandschäden auf dem amerikanischen Flugzeugträger BENNINGTON
1 – Aufzug; 2 – Bereich der schwersten Schäden; 3 – Unterkunfts- und Lagerräume; 4 – Munitionsräume; 5 – Hangardeck; 6 – Maschinenräume; 7 – Heizölbunker

Brand auf dem Flugzeugträger USS HANCOCK CVA-19

Nach einer dem ORISKANY-Typ entsprechenden Modernisierung erreichte die Wasserverdrängung des Angriffsflugzeugträgers USS HANCOCK CVA-19 im Jahre 1955 42600 Tonnen.

Während der Teilnahme an Flottenmanövern im Jahre 1958 brach nach einem verunglückten Flugzeugstart auf dem Flugzeugträger ein Brand aus. Der Flugzeugträger stand zu dieser Zeit 200 Seemeilen westlich von Los Angeles (USA, Bundesstaat California). Der Jagdbomber mit Luftschraubenantrieb vom Typ SKYRAIDER (Startgewicht etwa 11 t) kippte während der Erhöhung der Triebwerksdrehzahl auf Startleistung plötzlich nach vorn. Dabei schlug die drehende Luftschraube gegen die Katapultanlage, was zur Folge hatte, daß das Triebwerk vom Flugzeug abgerissen wurde. Der Jagdbomber fing sofort Feuer. Dabei lief der brennende, aus der Maschine auslaufende Kraftstoff über das Flugdeck. Von der Besatzung des Schiffes konnte der sich entwickelnde Brand erst nach einer Stunde gelöscht werden. Bei dem Brand kamen zwei Besatzungsangehörige ums Leben. Die auf dem Flugzeugträger entstandenen Schäden zwangen, zur Reparatur eine Werft anzulaufen.

Das war einer von vielen Unfällen, die sich während des Flugzeugstarts auf US-amerikanischen Flugzeugträgern ereigneten.

Brand im Hangar des Flugzeugträgers USS WASP CVS-18

Der UAW-Flugzeugträger USS WASP CVS-18 (1943, 38500 t) [6] stand am 18. August 1957 im Nordatlantik, etwa 250 Seemeilen östlich des Flottenstützpunktes Norfolk (USA, Bundesstaat Virginia).

Als am 18. August, am Tage, das Triebwerk eines Hubschraubers im Hangardeck warmlief, bemerkten Besatzungsangehörige an der Maschine plötzlich eine ungewöhnliche Rauchentwicklung, Anzeichen eines entstehenden Brandes. Alle Versuche, den Brand in der ersten Phase seiner Entstehung zu löschen, blieben ohne Erfolg. Kurze Zeit später, der Hubschrauber war von den Flammen vollständig eingehüllt, erfolgte eine heftige Explosion. Die brennenden Trümmer der Maschine und der entflammte Kraftstoff wurden durch den Hangar geschleudert. Andere in unmittelbarer Nachbarschaft abgestellte Hubschrauber fingen dabei ebenfalls Feuer. Der Brand erfaßte bald darauf den gesamten Hangar, von wo er weiter auf die angrenzenden Räume übergriff.

Der Brand wurde nach dem Auslösen des Feueralarms zunächst mit der Seewasserfeuerlöschanlage bekämpft. Das führte jedoch zu keinem Erfolg. Erst mit Schaumfeuerlöschgeräten gelang es, den Brand zu löschen.

An der Brandbekämpfung nahmen zusätzlich die Besatzungen von vier Zerstörern teil, die dem brennenden Schiff zu Hilfe gekommen waren. Gemeinsam konnte schließlich der Brand gelöscht werden. Aber erst am Abend wurde es möglich, mit der Beseitigung der Brandtrümmer zu beginnen. Dabei wurden die ausgebrannten und beschädigten Hubschrauber über Bord gestoßen. Die Aufräumungsarbeiten dauerten bis weit in die Nacht hinein.

Zwei Besatzungsangehörige fanden bei dem Brand den Tod, 20 erlitten Verletzungen. Sieben Hubschrauber wurden vernichtet. Der Flugzeugträger war erheblich beschädigt und fiel für längere Zeit aus. Der materielle Schaden belief sich auf einige Millionen US-Dollar.

Obwohl die eigentliche Brandursache nicht an die Öffentlichkeit gelangte, war der USA-Presse zu entnehmen, daß viele Unfälle auf Flugzeugträgern, darunter auch der auf der WASP, darauf zurückzuführen waren, daß die Besatzungen bei der Vorbereitung der Technik nicht nach den Dienstvorschriften handelten. Das trifft besonders auf das technische Personal der Flugzeugträger und auf die Bedienung defekter Schiffsanlagen und -ausrüstungen zu.

Brand im Pumpenraum des Flugzeugträgers USS MIDWAY CVA-41

Der Angriffsflugzeugträger USS MIDWAY CVA-41 (1947, 62000 t) [7] lag im Dezember 1959 im USA-Flottenstützpunkt Subic Bay (Philippinen), als in einem der achteren Pumpenräume ein Brand ausbrach. Offiziellen Erklärungen zufolge soll es sich um die Brandstiftung eines Besatzungsangehörigen gehandelt haben. Die wahre Brandursache blieb aber unbekannt. Nach dem Ausbruch breitete sich der Brand schnell auf benachbarte Abteilungen aus und näherte sich mit großer Geschwindigkeit den Munitionsräumen. Um einer weiteren Ausbreitung des Brandes entgegenzuwirken und eine mögliche Explosion abzuwenden, wurden mehrere Räume, die an den Brandherd angrenzten und im unmittelbaren Brandbereich lagen, geflutet. Neben der Besatzung beteiligten sich an der Brandbekämpfung auf dem Flugzeugträger auch

Feuerlöschkommandos des Flottenstützpunktes. Der Brand konnte nach vier Stunden gelöscht werden. Er hatte große Schäden auf dem Flugzeugträger zur Folge.

Brand und Explosion auf dem Flugzeugträger USS ESSEX CVA-9

Der Angriffsflugzeugträger USS Essex CVA-9 (1941, 38 500 t) befand sich 1959 unweit der Küste Floridas in See, als auf ihm ein Brand ausbrach.

Beim Landeanflug eines Flugzeuges bestand die Gefahr, daß der Pilot seine Maschine nicht rechtzeitig auf das Flugdeck aufsetzte. Als das Signal zum Landeverbot gegeben wurde, versuchte der Pilot durchzustarten und die Maschine hochzuziehen. Dabei wich er von der Landebahn ab, wobei die rechte Tragfläche seines Flugzeuges ein auf dem Flugdeck abgestelltes Flugzeug streifte. Infolge der Kollision überschlug sich die in der Luft befindliche Maschine, fing Feuer und stürzte in eine Gruppe am Flugdeckrand abgestellter Flugzeuge. Sofort entwickelte sich auf dem Flugdeck ein Brand, der von einzelnen Explosionen begleitet wurde. Sie rührten von den explodierenden Kraftstofftanks der Maschinen und Sauerstoffbehälter her. Die Explosionen erzeugten so hohe Temperaturen, daß sich einzelne Metallstücke der betroffenen Flugzeuge auf dem Flugdeck des Flugzeugträgers festschweißten. Mit Jeeps wurden die von den Flammen erfaßten Flugzeuge schnell außenbords geschoben. Um einer weiteren Ausbreitung des Brandes auf dem Flugdeck entgegenzuwirken, legte der Kommandant den Flugzeugträger quer zum Wind. Trotzdem bildeten sich bald neue Brandherde, da brennender Kraftstoff in die unteren Räume des Schiffes, darunter auch in die Hangare, floß. Der Besatzung gelang es erst nach Stunden, den Brand zu löschen. Bei dem Brand und durch die Explosionen fanden zwei Besatzungsangehörige den Tod, 21 erlitten Verbrennungen und andere Verletzungen. Eine große Anzahl Flugzeuge wurde zerstört oder beschädigt. Das Schiff selbst wurde schwer beschädigt, so daß es zur Reparatur nach Norfolk (USA, Bundesstaat Virginia) überführt werden mußte, wo es einige Monate lag.

Um den Unfall auf der Essex zu rechtfertigen, wies die amerikanische Presse auf die Überalterung des Schiffes hin und machte auf eine bereits notwendig gewesene Außerdienststellung aufmerksam. Allerdings war die Essex, wie auch andere Flugzeugträger dieses Typs, wenige Jahre vor diesem Unfall modernisiert worden. Im vorliegenden Fall lag es natürlich nicht am «Alter» des Schiffes, sondern am nicht befriedigenden Ausbildungsstand des fliegenden Personals und an der mangelhaften Dienstorganisation während des Start- und Landebetriebes auf dem Flugdeck des Flugzeugträgers. Derartige Unfälle auf Flugzeugträgern, sowohl bei der Landung als auch beim Start der Flugzeuge, wiederholten sich oft und waren keine Seltenheit. Dies trifft auch auf die neuesten Flugzeugträger zu.

Brandkatastrophe beim Ausbau des Flugzeugträgers USS CONSTELLATION CVA-64

Die Constellation war der sechste Angriffsflugzeugträger, der nach dem zweiten Weltkrieg in den USA gebaut wurde. Diese großen Schiffe waren für die Basierung und den Einsatz schwerer Bordflugzeuge – Kernwaffenträger – bestimmt. Die ersten vier Träger (Forrestal-Typ) wurden in den fünfziger Jahren gebaut. Der fünfte

Angriffsflugzeugträger USS KITTY HAWK CVA-63 wurde 1961 in Dienst gestellt. Die CONSTELLATION, die mit der KITTY HAWK typgleich ist, unterscheidet sich von den Trägern des FORRESTAL-Typs [8] in der Konstruktion und durch die größeren Hauptabmessungen, die durch die Einführung neuer Flugzeugtypen, einer eigenen Raketenbewaffnung sowie anderer operativ-taktischer Elemente notwendig geworden waren. Die volle Wasserverdrängung des Flugzeugträgers beträgt etwa 79000 Tonnen. Die Besatzungsstärke, einschließlich des fliegenden Personals, erreicht fast 5000 Mann. Die Hauptabmessungen betragen: Länge 327 m; größte Breite (über das Flugdeck) 72,2 m; Seitenhöhe (annähernd) 29,5 m.

Die CONSTELLATION wurde auf der Marinewerft in Brooklyn, New York, gebaut. Die Kiellegung fand im September 1957 statt. Am 08. Oktober 1960 lief das Schiff vom Stapel. Die Indienststellung war für das erste Halbjahr 1961 geplant. Sie verschob sich aber auf Grund der Brandkatastrophe bis zum Januar 1962.

Reichlich zwei Monate nach dem Stapellauf brach auf der CONSTELLATION ein verheerender Brand aus, der zu großen Menschenopfern und erheblichen materiellen Schäden führte. Das Prestige der USA geriet ins Wanken. Die Katastrophe hatte sich ja nicht im Verlauf von Kampfhandlungen, ja nicht einmal in See, sondern in der Werft, einem Betrieb der US Navy, ereignet.

Die Ereignisse trugen sich am 19. Dezember 1960 zu. Der Flugzeugträger war zum Zeitpunkt des Brandausbruches zu etwa 90% fertiggestellt. Zum weiteren Ausbau lag er mit Steuerbordseite am Werftkai.

Der Untersuchungsausschuß der US-amerikanischen Marine, der die Umstände, die zu dieser Katastrophe geführt hatten, untersuchte, konnte mit genügender Wahrscheinlichkeit die Ursachen des Brandes und die begünstigenden Bedingungen, die zu derart schweren Folgen führten, ergründen. Auch die Mängel des Brandschutzes beim Ausbau des Schiffes wurden aufgedeckt. Noch am Tage des Brandes wurden mehr als 100 Überlebende befragt. Zum überwiegenden Teil handelte es sich dabei um Werftarbeiter, die während des Brandes auf dem Flugzeugträger beschäftigt waren.

Der Untersuchungsausschuß stellte fest, daß es bis zu dieser Katastrophe auf dem Schiff im Verlauf von nur einem Jahr zu 42 Bränden gekommen war! Das macht deutlich, wie es um die Organisation des Brandschutzes bestellt war.

Folgende Umstände beeinflußten die Entstehung, Ausbreitung und Bekämpfung des Brandes sowie die Beseitigung seiner Folgen. Im Hangardeck des Schiffes war zeitweilig ein Tank mit Kraftstoff aufgestellt worden. Der Tank hatte ein Fassungsvermögen von 4500 Litern. Bei Ausbruch des Brandes befanden sich etwa 1900 Liter in diesem Tank. Gegen 10.30 Uhr stieß die Kabine eines Hebefahrzeuges, das dem Transport von Kisten mit Spänen diente, im Hangardeck gegen eine Stellage, auf der

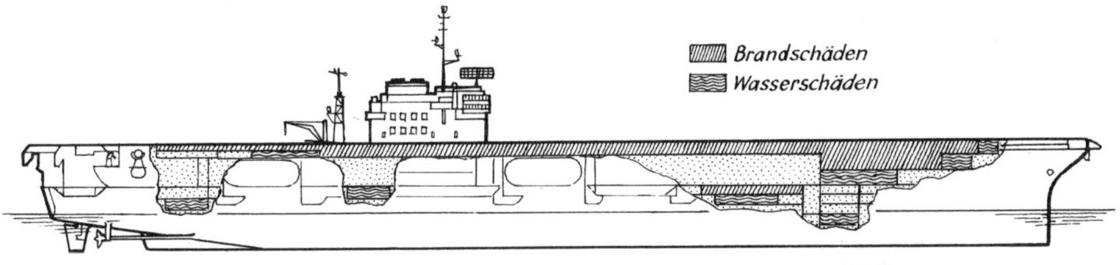

Schadenbereiche auf dem amerikanischen Flugzeugträger CONSTELLATION

Stahlplatten lagerten. Diese verrutschten beim Anstoß, wobei eine der Platten das am unteren Teil des Kraftstofftanks befindliche Ventil abriß. Der ausfließende Kraftstoff breitete sich schnell im Hangardeck aus. Er lief durch die Öffnung des Bombenaufzugschachtes in das darunter liegende Deck, wo geschweißt wurde. Der Kraftstoff entzündete sich schließlich entweder an einem Schweißbrenner oder an heißem Metall.

Der auf diese Weise entstandene Brand griff schnell um sich, erfaßte das Hangar- und Flugdeck und breitete sich vom Brandherd bis zum Vor- und Achterschiff aus.

Die sehr schnelle Brandausbreitung wurde durch die wenigen Querschotte im Galeriedeck, das unmittelbar unter dem Flugdeck liegt, begünstigt. Die in den Schotten befindlichen Kabeldurchlässe waren noch nicht mit feuersicherem Material abgedichtet, so daß das Feuer durch sie hindurchschlagen konnte. Auch nachdem die Schotte geschlossen waren, gelang es nicht, den Brand zu lokalisieren.

Im Hangar lagernde hölzerne Bauhilfsmaterialien, noch stehende Holzgerüste, Lager- und Baubuden begünstigten nicht nur die Brandentwicklung, sondern erschwerten auch erheblich das Vordringen der Löschtrupps zum Hauptbrandherd und insgesamt die Brandbekämpfung.

Kurz nach Ausbruch des Brandes war über dem fast fertiggestellten Schiff eine gewaltige Flamme zu sehen, die von dichten Rauchschwaden umgeben war. Der Hangar stand in Flammen, und meterhohe dunkle Rauchwolken breiteten sich über dem Flugzeugträger und der Werft aus.

Für die Dichte des Rauches spricht folgendes Beispiel: Gewöhnlich beträgt die Einsatzdauer eines einsatzklaren Atemgerätes 45 Minuten. Während der Brandbekämpfung auf der CONSTELLATION waren diese Geräte bereits nach 20 Minuten unbrauchbar.

Der Versuch, den Brand mit den an Bord vorhandenen Feuerlöscheinrichtungen und -mitteln zu löschen, blieb ohne Erfolg. Die zum Flugzeugträger gehörenden Schaumgenerator- und Sprinklersysteme wurden nicht eingesetzt. Fast ausschließlich Feuerwehren der Werft und Stadt bekämpften den Brand. Auch Schlepper und Feuerlöschboote beteiligten sich an der Brandbekämpfung. Sie kamen aus dem East River dem brennenden Flugzeugträger zu Hilfe. Der Brand wurde im wesentlichen mit Wasser gelöscht. Dabei drangen mehr als 15000 Tonnen Löschwasser in das Schiff ein. Etwa 80% davon gelangte durch das Abfluß- und Lenzsystem wieder außenbords. Trotzdem standen viele Räume unter Wasser.

Neben der Brandbekämpfung mußten die an Bord befindlichen Menschen evakuiert und gerettet werden. Da die Ausbauarbeiten kurz vor dem Abschluß standen, befanden sich Arbeiter der verschiedensten Berufe und Gewerke auf dem Schiff. Am Katastrophentag waren es etwa 4200 Personen, wovon der größte Teil zum Werftpersonal gehörte. Der über die Kommandoanlage erteilte Befehl: *Alle Mann aus dem Schiff!* konnte von vielen nicht gehört werden, da diese Anlage noch nicht voll funktionstüchtig war. Die meisten Arbeiter erfuhren von den Ereignissen erst, als sie das Feuer sahen. Sie versuchten nun, auf jede mögliche Art und Weise das Schiff zu verlassen. In der Zone des Hauptbrandherdes waren alle Fluchtwege versperrt. Einige Arbeiter retteten sich, indem sie in das eisige Wasser sprangen, andere kletterten an Festmacherleinen zu einem längsseits liegenden Prahm. Zwei Werftkrane hievten die Arbeiter vom Flugdeck des Flugzeugträgers, das mehr als 20 Meter den Kai überragte, an Land.

Rettung der Besatzung vom brennenden Flugzeugträger CONSTELLATION mit einem Kran

Inzwischen erschwerte starker Schneefall die Katastrophenbekämpfung. Der Kai wurde mit einer dicken Schneedecke überzogen, was die Rettungsarbeiten zusätzlich behinderte. Einige Arbeiter suchten im Inneren des Schiffes Schutz vor dem Feuer und verbarrikadierten sich in den verschiedensten Räumen. Ein Teil dieser Eingeschlossenen mußte im Verlauf der Rettungarbeiten von der Feuerwehr mit Schneidbrennern aus dem Schiff befreit werden. Der Brand dauerte mehr als 12 Stunden und konnte schließlich durch die gemeinsamen Anstrengungen der eingesetzten Feuerlöschzüge der Stadt und des Flottenstützpunktes gelöscht werden.

50 Werftarbeiter kamen bei dem Brand ums Leben. Es gab Hunderte Verletzte; sie erlitten überwiegend Verbrennungen und Rauchvergiftungen. Der Flugzeugträger war schwer beschädigt.

Die Katastrophe verursachte einen geschätzten Gesamtschaden von etwa 50 Millionen US-Dollar. Die Indienststellung des Flugzeugträgers verzögerte sich um acht Monate.

Das Schiff und die eingebaute Technik hatten unter Hitze-, Rauch-, Ruß- und Wassereinwirkung gelitten. Große Schäden waren am Schiffskörper und an der mechanischen, elektrotechnischen und funkelektronischen Ausrüstung des Schiffes entstanden. Die 45 Millimeter starken Stahlplatten des Flugdecks waren auf einer Ausdehnung von mehr als 190 Metern wellenförmig deformiert, wobei Wellen von 24 Meter Länge bei Durchbiegungshöhen von ungefähr 250 Millimetern in der Nähe des Bombenaufzuges bei Spant 62 aufgetreten waren. Den Untersuchungen zufolge müssen unter dem Flugdeck Temperaturen von mindestens 600 °C geherrscht haben. Eine Analyse der deformierten Flugdeckplatten im Bereich der höchsten Temperatureinwirkung ergab, daß der verwendete Stahl keine Qualitätsminderung erfahren und seine mechanischen Eigenschaften beibehalten hatte. Das war auf die

Hitzebeständigkeit der starken Flugdeckbeplattung zusammen mit der an der Flugdeckunterseite angebrachten Wärmeisolierung zurückzuführen. Dadurch konnten kritische Temperaturen, bei denen dieser Stahl seine mechanischen Eigenschaften verliert, verhindert werden. Man entschied daher, große Teile des deformierten Flugdecks an Ort und Stelle wieder zu richten. Ohne die deformierten Platten zu demontieren, wurden dabei Winden eingesetzt. Der Teil des Flugdecks, der unmittelbar den Flammen ausgesetzt gewesen war, wurde verworfen und mußte durch neue Platten ersetzt werden. Das Galeriedeck, aus 19 Millimeter starken Stahlplatten hatte derartig große Deformierungen, daß es ebenfalls auf einer Länge von über 120 Metern erneuert werden mußte. Viele Querschotte zwischen Flug- und Galeriedeck zeigten Verwerfungen, so daß auch sie ausgewechselt werden mußten.

Das Hangardeck (Hauptdeck), dessen Plattenstärke 31 Millimeter betrug, war genauso deformiert wie das Flugdeck. Ein Teil dieses Decks konnte ebenfalls an Ort und Stelle gerichtet werden. Die meisten Platten aber wurden ausgewechselt. Das Flugdeck und das auch weniger verformte Hangardeck wiesen keine Risse auf. Die aufbauenden Verbände des Schiffskörpers waren wenig in Mitleidenschaft gezogen. Vermessungen am Schiffskörper, vier Wochen nach der Katastrophe, ergaben auf 320 Metern nur eine 38-Millimeter-Vertrimmung der Schiffsachse. Da dies für die Längsfestigkeit des Schiffes ein unerheblicher Wert ist, wurde er als zulässig anerkannt. Trennwände und Luken im Brandbereich waren zerstört und mußten ausgewechselt werden. Gleiches traf für die Wärme- und Schallisolierung zu, die nicht nur durch den Brand, sondern auch durch Wasser und Ruß in Mitleidenschaft gezogen worden waren.

An der mechanischen Ausrüstung des Flugzeugträgers gab es große Schäden. Die Katapulte im Vorschiff und ihre Hilfsmechanismen waren zerstört. Kupferleitungen hatten unter der Einwirkung der Hitze ihre Form verloren. Am wenigsten traten Beschädigungen an Rohrleitungen aus Chrommolybdänstahl auf, der sich erst bei Temperaturen von mehr als 800 °C verändert.

Die entsprechenden Herstellerfirmen überprüften die in Mitleidenschaft gezogenen mechanischen Ausrüstungen, setzten sie teils an Bord, teils in ihren Werken instand oder nahmen Teilerneuerungen vor. Im Verlauf der Reparaturarbeiten erarbeitete man Kriterien, nach denen das Rohrleitungssystem, ausgenommen das der Katapultanlagen, auf eine Weiterverwendungsmöglichkeit überprüft wurde. Solch ein Kriterium war der Zustand des Rohrleitungsfarbanstriches. Ging aus dem Aussehen des Farbanstriches der Rohrleitungen hervor, daß die Temperaturgrenze, bei der Veränderungen der Metalleigenschaften eintreten können, noch nicht erreicht worden waren, so beließ man sie. Im anderen Falle wurden sie ausgewechselt. Der Austausch der Rohrleitungen war notwendig geworden
bei 315 °C für nickelhaltiges Kupfer, kohlenstoffhaltigen und verzinkten Stahl;
bei 260 °C für Kupfer und Messing;
bei 93 °C für Plaste.
Die Güte der mechanischen Ausrüstung und der Rohrleitungen wurde nach der Reparatur bzw. nach ihrem Austausch durch elektronische Spezialmeßgeräte überprüft.

Besonders stark hatte die elektrische Verkabelung des Schiffes gelitten. Kabel mit Polyäthylenisolierung und Koaxialkabel waren am hitzeempfindlichsten und im Brandbereich unbrauchbar geworden. Sie mußten größtenteils erneuert werden. Der Brand vernichtete die Geräte und Anlagen der Operationszentrale und die elektronische Ausrüstung in den benachbarten Räumen. Ein großer Teil der funkelektronischen Ausrüstung war mit einer dicken Rußschicht überzogen. Die Wasserschäden waren nicht erheblich. Bei der Wiederherstellung der Operationszentrale wurden zusätzliche Tafeln verwendet, auf denen die Zuleitungen und Anschlüsse der zu wechselnden, aber noch fehlenden Geräte montiert wurden. Nach Anlieferung der Geräte konnten diese dann sogleich am vorgesehenen Aufstellungsort angeschlossen werden. Diese Methode ermöglichte es, unabhängig vom Vorhandensein der neuen Ausrüstung, kontinuierlich die Arbeiten zu Ende zu führen. Zur Beschleunigung der Reparaturarbeiten wurden darüber hinaus noch weitere Maßnahmen getroffen. So z. B. das Zusammenstellen spezieller komplexer Arbeitsgruppen, die für die vertragliche Absicherung der zu ersetzenden Ausrüstungen verantwortlich waren. Ein großer Teil der zu ersetzenden Ausrüstung konnte aus Arsenalbeständen und laufenden Aufträgen sichergestellt werden. Eine Weisung legte fest, kleinere beschädigte Geräte und Ausrüstungen nicht erst zu reparieren, sondern zu ersetzen. Problematisch war die Wiederherstellung der elektrotechnischen und elektronischen Ausrüstungen. Obwohl diese durch den Brand nicht zerstört worden waren, hatten sie doch stark unter Wärme-, Rauch-, Ruß- und Wassereinwirkungen gelitten. Zu ihrer Wiederherstellung entwickelte man auf der Werft ein spezielles Fließbandverfahren. Zu diesem Fließbandverfahren gehörten Behälter mit Lösungsflüssigkeiten und Hilfsanlagen. Die Reinigung lief dabei wie folgt ab: Zunächst wurde das Gerät in ein mit einer Lösungsflüssigkeit versetztes Bad gelegt und einer Ultraschalleinwirkung ausgesetzt, wobei die Geräteoberfläche von Masut, Rauch- und Rußablagerungen sowie anderen klebrigen Stoffen befreit wurde. Mit Wasserdruck entfernte man in einem anderen Behälter sorgfältig die Lösungsflüssigkeit. Danach wurde das Gerät mit Druckluft ausgeblasen, und zurückgebliebene Wassertröpfchen wurden mit einer speziellen wasserabweisenden Flüssigkeit entfernt. Die Beseitigung der letzten Feuchtigkeitsreste übernahm ein Wärmeofen, in dem die Geräte für einige Stunden lagerten. Das Fließbandverfahren mit Hilfe automatischer Einrichtungen war nach Einschätzung amerikanischer Spezialisten äußerst materialökonomisch und zeitsparend (siehe Lit.-Verzeichnis Nr. 37 und Nr. 50). Ausgehend von den positiven Erfahrungen, die man mit dieser Methode während der Reparaturarbeiten auf dem Flugzeugträger CONSTELLATION gemacht hatte, erließ das für Schiffbau und Bauaufsicht zuständige Amt der US Navy eine Direktive, in der diese Methode zum Standard für ähnliche Fälle erklärt wurde. Der Erhöhung des thermischen Isolationsschutzes der Schiffe dienten in der Folgezeit spezielle Versuche, die bereits bei den Reparaturarbeiten auf dem Flugzeugträger begonnen hatten.

Während des Brandes auf der CONSTELLATION und während der Reparaturarbeiten konnten Erfahrungen über das Verhalten von Schiffskonstruktionen und Ausrüstungsgegenständen bei hohen Temperaturen gesammelt werden. Diese Erfahrungen wurden in den USA ausgewertet und verallgemeinert. Es konnten auch entsprechende Schlußfolgerungen für den Brandschutz auf Schiffen gezogen werden.

Der Katastrophe auf der CONSTELLATION folgten neue Brandschutzbestimmungen für den Bau oder die Modernisierung US-amerikanischer Schiffe. So muß auf jedem im Bau befindlichen Schiff eine Feueralarmanlage vorhanden sein. Jeder an Bord beschäftigte Arbeiter ist verpflichtet, die Alarmsignale zu kennen; diesbezüglich muß er sich auch einer Überprüfung unterziehen. Außerdem wird gefordert, daß die Brandbekämpfungstrupps auf den Schiffen und in der Werft mit den Besonderheiten der Brandbekämpfung an Bord vertraut sind. Das Aufstellen von Behältern mit brennbaren Flüssigkeiten an Bord ist verboten. Solche Behälter dürfen nur auf Prähmen oder auf dem Werftkai aufgestellt werden und sind durch entsprechende Brandschutzmaßnahmen zu sichern.

Die Bestimmungen gestatten nicht, in den unteren Decks der in Bau befindlichen Schiffe zeitweilig Dienstbuden oder -räume für das Stamm-, Werft- oder Bedienungspersonal aufzustellen. Solche Räumlichkeiten dürfen nur an Land oder auf dem Oberdeck errichtet werden und müssen aus unbrennbarem Material bestehen oder mit automatischen Brandbekämpfungsanlagen ausgerüstet sein. Mit Nachdruck wurde darauf hingewiesen, daß die Brandschutzausrüstung jederzeit einsatzbereit sein muß. Obwohl in den neuen Brandschutzbestimmungen nicht ausdrücklich das Verbot, hölzerne Bauhilfsmaterialien zu verwenden, ausgesprochen wurde (beim Bau des Flugzeugträgers CONSTELLATION wurden derartige Materialien verwendet), erließ die Direktion der New Yorker Feuerwehr ein solches Verbot. Sie machte darauf aufmerksam, daß gerade Holzbretter die schnelle Ausbreitung des Brandes auf dem Flugzeugträger begünstigt hätten.

Bei der Untersuchung der Brandkatastrophe wurde festgestellt, daß der hölzerne Bodenbelag und Bauholz die Ursache für die vielen Opfer der Brandkatastrophe waren. Der Direktor der Marinewerft in Brooklyn allerdings sprach sich gegen das Verbot aus. Er begründete dies damit, daß die Gefahr, auf den blanken Metalldecks auszurutschen, in jeder Hinsicht begünstigt werde, außerdem wäre die Gefahr, durch elektrische Ströme zu Schaden zu kommen, groß. Da die Kabeldurchlässe in den Zwischenschotten und Trennwänden die Ausbreitung des Brandes auf dem Flugzeugträger außerordentlich begünstigt hatten, sollten künftig mehr solcher Durchlässe mit Feuerschutzmaterial abgedichtet werden.

Die Brandkatastrophe auf der CONSTELLATION lehrte die US-Amerikaner vieles. Die neuen Einsichten mußten jedoch mit dem Tod vieler Menschen und mit großen Materialverlusten teuer erkauft werden.

Brand im Kesselraum des Flugzeugträgers USS SARATOGA CVA-60

Der Angriffsflugzeugträger USS SARATOGA CVA-60 (FORRESTAL-Typ, 1956, 76 000 t) [9] befand sich zu einer Ausbildungsfahrt im Ägäischen Meer. Er stand am 23. Januar 1961 etwa 100 Seemeilen vom griechischen Flottenstützpunkt Piräus entfernt, als im Hauptmaschinenraum Nr. 2 infolge eines Heizölleitungsbruches ein Brand ausbrach. Das aus der gebrochenen Leitung herausspritzende Heizöl entzündete sich an heißen Oberflächen verschiedener Anlagenteile. Da allgemein ein Übergreifen des Brandes auf die Abteilung befürchtet wurde, in der atomare Kampfmittel lagerten, brach an Bord unter der Besatzung eine Panik aus. Die Bekämpfung des Brandes dauerte etwa zwei Stunden.

Bei diesem Unfall fanden durch Rauchvergiftung und Erstickung sieben Besatzungsangehörige den Tod, 23 wurden verletzt. Über diesen Vorfall wurde der Besatzung Schweigepflicht auferlegt, da man Demonstrationen der griechischen Öffentlichkeit befürchtete, die es auf Grund einer möglichen Explosion der an Bord lagernden atomaren Kampfmittel sicherlich gegeben hätte.

Flugzeugträger des FORRESTAL-Typs

Brand auf dem Flugzeugträger USS FRANKLIN D. ROOSEVELT CVA-42

Im Dezember 1961 befand sich der Angriffsflugzeugträger USS Franklin D. Roosevelt CVA-42 (1947, 62000t) [10] auf einer Ausbildungsfahrt. Bei der Landung eines Jagdflugzeuges auf dem leicht krängenden Flugzeugträger entflammte die Fahrwerksaufhängung des Flugzeuges infolge der überaus großen Reibung des Fahrwerkes auf dem Flugdeck. Das führte zu einem Brand. Die Landegeschwindigkeit des Jagdflugzeuges betrug etwa 180km/h. Die Bremsseile und die Reibung des Fahrwerkes auf dem Flugdeck verringerten die Geschwindigkeit des Jagdflugzeuges auf 110km/h. Mit dieser Geschwindigkeit rollte das Flugzeug über die Landebahn hinaus und stürzte außenbords, wobei sich der Pilot noch aus der Maschine katapultieren konnte. Infolge der geringen Höhe öffnete sich jedoch dessen Fallschirm nicht, so daß er ins Wasse fiel. Er konnte aus dem Wasser geborgen werden. Die durch den Brand verursachten Beschädigungen am Flugzeugträger machten eine Reparatur im Stützpunkt erforderlich.

Explosion im hydraulischen System des UAW-Flugzeugträgers USS INTREPID CVS-11

Am 03. Dezember 1962 ereignete sich auf dem UAW-Flugzeugträger USS Intrepid CVS-11 (Essex-Typ, 38500t) [11] ein Unfall. Während der Reihenerprobung des hydraulischen Systems der Bremsseilanlage explodierte einer der Arbeitszylinder. Das Reißen des Zylindermantels und der Armaturen des Zylinders des unter einigen Hundert technischen Atmosphären Druck stehenden Systems war die Ursache für den plötzlichen Austritt von etwa 400 Litern Arbeitsflüssigkeit. Durch die Zerstörung des Zylinders mußten auch seine Mechanismen ausgetauscht werden. Zwei Personen wurden durch die Teile des auseinanderberstenden Zylinders und durch das explosionsartige Austreten der Arbeitsflüssigkeit verletzt.

Die Untersuchung ergab, daß sich die bei der Bewegung des Kolbens entstehende Wärme nicht gleichmäßig im Zylindermantel verteilt hatte.

Um ähnliche Fälle künftig auszuschließen, mußten von diesem Zeitpunkt an alle Mechanismen der Bremsseilanlagen vor ihrem Einbau auf den Flugzeugträgern einer sorgfältigen Erprobung unterzogen werden. Weiter erachtete man es als notwendig, die Arbeitszylinder speziellen magnetinduktiven Prüfverfahren zu unterziehen, da bei dem zerstörten Zylinder Mikrorisse nachgewiesen werden konnten.

Die im Zusammenhang mit diesem Unfall erlassene Instruktion untersagte, einzelne Teile des Zylinders zur Erleichterung der Montagearbeiten zu erwärmen, wie es bei dem zerstörten Zylinder der Fall gewesen war. Dies war sicherlich auch die Ursache für die Mikrorißbildung.

Explosion im Hangar des Flugzeugträgers USS RANDOLPH CVS-15

Im Februar 1964 ereignete sich auf dem UAW-Flugzeugträger USS Randolph CVS-15 (Essex-Typ, 38500t) [12] ein dem Charakter nach seltener Unfall. Das Schiff stand zu dieser Zeit im Atlantik, etwa 270 Seemeilen südöstlich von Cape Henry.

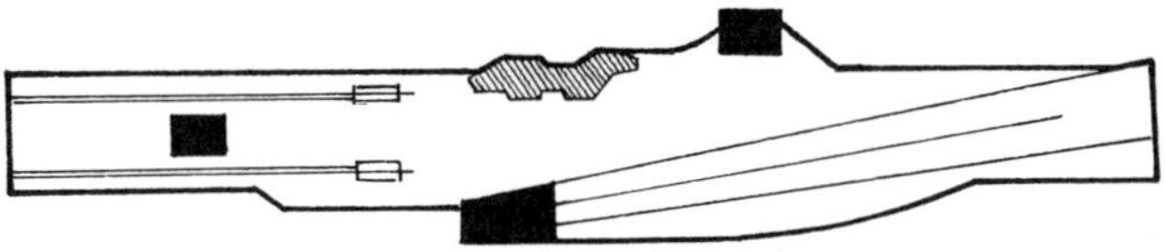

Lage der Flugzeugaufzüge auf dem Flugzeugträger RANDOLPH

Während des Absenkens eines Flugzeuges vom Flugdeck in den Hangar riß sich der Aufzug los und stürzte mit dem Flugzeug und fünf Mann der Besatzung ins Wasser. Der Flugzeugträger hatte drei Flugzeugaufzüge. Einer, der Innenaufzug, lag in der Symmetrieebene des Vorschiffes. Der zweite, ein Außenaufzug, etwa mittschiffs an Backbordseite und der dritte, ebenfalls ein Außenaufzug, hinter der Insel an Steuerbordseite.

Der Unfall ereignete sich völlig unerwartet am Aufzug Nr. 3, wobei dieser beim Absturz ein Stück der Bordwand herausbrach und eine Kabelbahn zerriß. Die Beschädigung der Kabel führte zu einem Kurzschluß, der wiederum eine Explosion mit nachfolgendem Brand auslöste. Der Brand konnte in einem verhältnismäßig kurzen Zeitraum gelöscht werden. Dieser Unfall forderte trotzdem seine Opfer.,Zwei Mann der Besatzung fanden den Tod, einige wurden verletzt. Drei der fünf Besatzungsangehörigen, die sich auf dem abstürzenden Aufzug befunden hatten, konnten von dem Zerstörer USS Holder DD-819 aus dem Wasser geborgen werden. Der Zerstörer gehörte zur Sicherung des Flugzeugträgers. Die Reparatur des Flugzeugträgers und der zerstörten Anlagen machte eine Werftaufnahme erforderlich.

Auf den Flugzeugträgern der USA gab es viele Unfälle dieser Art. Ihre wahren Ursachen wurden jedoch nie veröffentlicht.

Großbrand im Hangar des Flugzeugträgers USS ORISKANY CVA-34

Die sechziger Jahre unseres Jahrhunderts waren für die Flugzeugträgerflotte der USA voller Mißgeschick. In dieser Zeit gab es auf den Angriffsflugzeugträgern der US Navy die größten Brände. Die Mehrzahl der Brände brach auf relativ neuen Trägern aus.

Der Angriffsflugzeugträger USS Oriskany CVA-34 [13] eröffnete den Reigen der Brandkatastrophen während eines Einsatzes in See. Die Oriskany hatte aktiv am Krieg gegen das vietnamesische Volk teilgenommen. Als der Brand ausbrach, befand sich der Angriffsflugzeugträger im Golf von Tongking (Vinh bǎc bô) vor der Küste Vietnams. Früh am 26. Oktober 1966 wurden auf der Oriskany die Flugzeuge zum Einsatz gegen Küstenziele vorbereitet. Das Personal war mit den dazu notwendigen Arbeiten beschäftigt. Auf dem Flugdeck fanden die Endkontrollen der Flugzeuge vor der Katapultierung statt. Gleichzeitig wurden die in den Hangars stehenden Flugzeuge kontrolliert und gewartet. Die Besatzung befand sich auf ihren Gefechtsstationen. Um 07.27 Uhr entzündete sich an Steuerbordseite, im vorderen Teil des Hangars, eine Magnesium-Signalrakete. Beim Transport von Signalraketen verfing sich die Abzugsschnur einer der Raketen an einem Schott. Die so auf Zug kommende Abzugsschnur zündete die Rakete, die zunächst Rauch ausstieß. Die gezündete Signalrakete wurde in einen Behälter, in dem weitere 700 dieser Raketen lagerten, geworfen.

In der Hoffnung, die brennende Rakete löschen zu können und ein Übergreifen auf die anderen zu verhindern, wurde die Berieselungsanlage in Betrieb gesetzt. Dies hatte jedoch die entgegengesetzte Wirkung. Der Kontakt des brennenden Magnesiums mit dem Wasser setzte flüchtigen Wasserstoff frei. Diese Eigenschaft des Magnesiums hatte der Matrose entweder vergessen, oder er kannte sie nicht. Auf dem Schiff brach ein Brand aus. Die Brandbekämpfung setzte unmittelbar nach Auslösen des Feueralarms ein. Trotzdem breitete sich der Brand schnell aus. Nach kurzer Zeit hatten die Flammen den vorderen Teil des Hangars erfaßt. In dem Maße, wie sich die Feuerzone ausbreitete, wuchs die Gefahr für das Schiff, da sich die Flammen schnell den Kraftstofftanks und Munitionsräumen näherten. Die Räume im Vorschiff füllten sich mit giftigen Gasen und mit Rauch. Das Personal mußte aus diesem Bereich evakuiert werden. Auch die Brandbekämpfung wurde erschwert. Die Explosion des Behälters mit den Signalraketen einige Minuten nach Ausbruch des Brandes verschlechterte die Lage weiter. Die Flammen griffen auf zwei Hubschrauber über und näherten sich dem Ort, an dem der flüssige Sauerstoff lagerte. Obwohl es durch den Einsatz der Seewasserfeuerlöschanlage gelang, eine Explosion des Sauerstoffes zu verhindern, befand sich der Flugzeugträger dennoch in großer Gefahr. Wenig später brannten die Feuerlöschschläuche im Vorschiff, so daß sie durch Schläuche vom Achterschiff ersetzt werden mußten.

Brand auf dem amerikanischen Flugzeugträger ORISKANY. Die Feuerlöschschläuche werden in den Hangar verlegt. Der Löschschaum bedeckt das Steuerbordschwalbennest des Flugzeugträgers

Um Explosionen zu verhindern, werden vom Flugzeugträger ORISKANY Bomben über Bord geworfen

Um einer Explosion der Gefechtsmittel und der Munition vorzubeugen, warf man Fliegerbomben, Granaten und andere explosive Mittel außenbords. Sie wurden dabei ständig mit Löschwasser besprüht, um die eingesetzten Besatzungsangehörigen vor Verbrennungen zu schützen. Während des Brandes gingen auf diese Weise mehrere Tonnen Fliegerbomben und andere Gefechtsmittel über Bord.

Trotz alledem konnte nicht verhindert werden, daß dort, wo die Feuerlöschtrupps eingesetzt waren, ein Teil des Kampfsatzes der 20-mm-Munition explodierte, wodurch die Zahl der verletzten Besatzungsangehörigen weiter anstieg. Flugzeuge und Hubschrauber mußten in den Hangars umgesetzt und teilweise auf das Flugdeck in Sicherheit gebracht werden. Die auf dem Flugdeck befindlichen Flugzeuge wurden vom Vorschiff auf das Achterschiff gebracht. Gleichzeitig waren Maßnahmen zur Rettung des Personals eingeleitet worden. Suchtrupps waren beauftragt, verletzte Besatzungsangehörige aus den brennenden Räumen zu bergen. Auch in den Räumen unmittelbar an der Brandzone fanden Kontrollen zur Rettung des gefährdeten Personals statt. Die Verletzten brachte man auf das Flugdeck. Von dort wurden sie mit Hubschraubern zu dem sich in der Nähe aufhaltenden Flugzeugträger CONSTELLATION geflogen.

Zum Selbstschutz standen Sauerstoffgeräte bereit. Für die Rettung von Besatzungsangehörigen aus gefluteten Räumen unterhalb des Hangardecks, hatte man leichte Tauchergeräte bereitgestellt. Nach acht Stunden gelang es, den Brand zu löschen. Er forderte 44 Tote und 41 Verletzte. Vier raketentragende Jagdbomber A4E SKYHAWK wurden beschädigt, zwei Hubschrauber brannten aus. Erhebliche Schäden gab es im vorderen Teil des Hangars, in den Räumen des Vorschiffs, an den Katapultanlagen der Startbahnen und an den im Vorschiff befindlichen elektrischen Anlagen des Flugzeugträgers.

Nachdem der Brand gelöscht war, lief die ORISKANY zu einer Notreparatur den USA-Flottenstützpunkt Subic Bay (Philippinen) an und fuhr von dort zur Beseitigung der Unfallfolgen zurück in die USA. Die Wiederinstandsetzung dauerte einige Monate. Der Brand war nach Aussagen des Kommandanten der ORISKANY eine schreckliche Tragödie, die noch viel schlimmer hätte ausgehen können. Wenn die Besatzung nicht so entschlossen gehandelt hätte, wären die Verluste um vieles größer gewesen, Schiff und Flugzeuge hätten bedeutend größere Beschädigungen davongetragen. Außer auf den mutigen Einsatz der Besatzung hinzuweisen, ist es notwendig, auf den Optimismus des Kommandanten des beschädigten Schiffes aufmerksam zu machen.

Der Brand auf der ORISKANY und andere Brandkatastrophen auf Angriffsflugzeugträgern der USA beweisen, daß der Brandschutz auf diesen Flugzeugträgern nicht die erforderliche Aufmerksamkeit gefunden hatte. Diese Einschätzung trafen auch hohe Führungsstellen der US Navy. Sofortmaßnahmen zur Verbesserung des Brandschutzes an Bord machten sich unumgänglich und wurden auch kurzfristig in Angriff genommen.

Brand auf dem Flugzeugträger USS FRANKLIN D. ROOSEVELT CVA-42 während der Kraftstoffübernahme

Der Angriffsflugzeugträger USS FRANKLIN D. ROOSEVELT CVA-42 (siehe weiter vorn), der zur 7. Flotte der USA gehörte und am Aggressionskrieg gegen die damalige Demokratische Republik Vietnam teilnahm, wurde am 04. November 1966 zum Auslaufen in das Südchinesische Meer vorbereitet. In der zweiten Tageshälfte brach an Bord ein Brand aus, dem eine Explosion folgte. Der Brand brach während der Kraftstoffübernahme des Flugzeugträgers aus. Die Brandbekämpfung wurde schnell und energisch aufgenommen. Durch den konzentrierten Einsatz der Feuerlöschgeräte und der stationären Feuerlöschanlagen konnte der Brand nach 16 Minuten gelöscht werden. Trotzdem erlitten 12 Besatzungsangehörige starke Rauchvergiftungen, woran acht von ihnen starben. Sie hatten sich bei Ausbruch des Brandes im Inneren des Schiffes befunden. Die Beschädigungen des Flugzeugträgers wirkten sich nicht auf seine Einsatzbereitschaft aus, da sie innerhalb kurzer Zeit behoben werden konnten.

Folgen und Lehren aus der Brandkatastrophe auf dem Flugzeugträger USS FORRESTAL CVA-59

Seit dem Großbrand auf der ORISKANY vergingen nur neun Monate, als im Golf von Tongking (Vinh băc bô) erneut eine Brandkatastrophe von sich reden machte. Diesmal betraf es den Angriffsflugzeugträger USS FORRESTAL CVA-59 (1955, 76000 t) [14]. Dies war der erste Flugzeugträger, den die USA nach dem zweiten Weltkrieg bauen ließen, und das Flaggschiff einer Trägerdivision. Nach der FORRESTAL wurde ein Flugzeugträgertyp benannt. In einigen Varianten konnten im Verlauf von etwa 15 Jahren acht solcher Schiffe in Dienst gestellt werden. In den ersten Jahrzehnten nach dem zweiten Weltkrieg wurde die FORRESTAL zum Symbol für die Schlagkraft der größten Überwasserkriegsschiffe der USA und anderer kapitalistischer Staaten. Ende der sechziger Jahre erlangte jedoch der Flugzeugträger eine traurige Berühmtheit. Seit jener Zeit kann er besser als Symbol für Seetragödien, besonders in der US-amerikanischen Flugzeugträgerflotte, betrachtet werden. Namentlich in den

Nachkriegsjahren gab es auf den Flugzeugträgern der USA sehr viele Brände und Explosionen.

Bevor die FORRESTAL aus dem Flottenstützpunkt Norfolk (USA, Bundesstaat Virginia) mit Kurs auf die vietnamesische Küste auslief, hatte sie eine zehnmonatige Werftliegezeit hinter sich, die mit einer Modernisierung [15] verbunden war. Die Kosten beliefen sich auf 50 Millionen US-Dollar, was etwa ein Viertel der Baukosten ausmachte. Nach Abschluß der Reparatur- und Modernisierungsarbeiten konnte die FORRESTAL als ein technisch in jeder Hinsicht sehr modernes Schiff angesehen werden. In der Werft war auch der Vervollkommnung des Brandschutzes und der Brandbekämpfung großes Augenmerk geschenkt worden. Anders sah es mit dem Ausbildungsstand der Besatzung aus. Die FORRESTAL hatte bis 1967 an keinerlei Kampfhandlungen teilgenommen. Während der zwölfjährigen Dienstzeit gehörte der Flugzeugträger zur Atlantikflotte und hielt sich vorwiegend zu Ausbildungsfahrten im Mittelmeer auf. Nun sollte er eingesetzt werden und an den verbrecherischen Kampfhandlungen gegen das tapfere Volk Vietnams teilnehmen. Die Ausbildung an Bord jedoch war unzureichend.

Nach Meinung des Chefs der 2. Flugzeugträgerdivision der 7. US-Flotte war die Besatzung der FORRESTAL zu dieser Zeit noch nicht in der Lage, Gefechtshandlungen zu führen.

Was führte nun zu der Brandkatastrophe? Am 29. Juli 1967 manövrierte die FORRESTAL bereits den fünften Tag im Golf von Tongking (Vinh băc bô). Das Schiff stand etwa 60 Seemeilen vor der Küste der damaligen Demokratischen Republik Vietnam und bereitete sich auf einen der barbarischen Luftangriffe vor. Es war ein klarer, sonniger Tag. In der Nähe des Flaggschiffes befanden sich noch die Flugzeugträger

Auf dem USA-Angriffsflugzeugträger FORRESTAL werden die Maschinen für einen erneuten verbrecherischen Luftüberfall auf das vietnamesische Volk vorbereitet. Juli 1967

USS ORISKANY CVA-34 und USS BON HOMME RICHARD CVA-31. Die beiden Zerstörer USS GEORGE K. MACKENZIE DD-836 und USS RUPERTUS DD-851, beide zum GEARING-Typ gehörend, sicherten den Flugzeugträger.

Früh am Tag war bereits eine Gruppe von Flugzeugen von der FORRESTAL gestartet. Eine zweite Gruppe wurde für den Start vorbereitet. Zu dieser Gruppe gehörten 12 Jagdbomber vom Typ SKYHAWK, sieben Jagdflugzeuge vom Typ PHANTOM und zwei Aufklärungsflugzeuge vom Typ VIGILANTE, insgesamt also 21 Flugzeuge. 12 Flugzeuge dieser Gruppe waren bereits startklar. Sie waren aufgetankt und aufmunitioniert. Die Piloten saßen in ihren Kabinen und hatten die Triebwerke angelassen. Die restlichen Maschinen standen ebenfalls aufgetankt und aufmunitioniert bereit. Die letzten Kontrollüberprüfungen wurden gerade abgeschlossen. Plötzlich flammte es auf dem hinteren Teil des Flugdecks, dort, wo die zum Start bereitgestellten Flugzeuge standen, auf. Es war 10.53 Uhr.

Über die Ursachen des Brandes gibt es verschiedene Versionen. Eine davon gibt als Brandursache einen unbeabsichtigten Start einer Luft-Boden-Rakete ZUNI von einer F 4 B PHANTOM-II an. Die Rakete soll dabei einen unter einer A 4 E SKYHAWK angehängten Zusatztank getroffen haben, der infolgedessen auseinanderplatzte. Durch den Abgasstrahl der startenden Rakete muß dann der über das Flugdeck spritzende Kraftstoff entzündet worden sein.

Eine andere Version geht davon aus, daß sich durch Unvorsichtigkeit des Wartungspersonals der SKYHAWK der angehängte Zusatztank von der Maschine löste, auf das Flugdeck aufschlug und zerplatzte. Dabei entzündete sich der ausfließende und über das Flugdeck laufende Kraftstoff. Unter Einwirkung der Flammen löste sich der Gefechtskopf einer ZUNI-Rakete und explodierte. Weitere Kraftstofftanks gingen daraufhin in Flammen auf. So oder anders. In beiden Versionen wird die Explosion einer ZUNI-Rakete und deren Einfluß auf die folgenschwere Ausbreitung des Brandes bestätigt. Einige Publikationen führen den unbeabsichtigten Start der ZUNI-Rakete auf das Versagen ihres Sicherheitsmechanismus zurück. Die ersten zur Brandbekämpfung eingeleiteten Maßnahmen bestanden im Einsatz des Seewasserfeuerlöschsystems und eines Schaumstrahlrohres einer Schaumlöschstation, was aber ohne Erfolg blieb. Auf Grund der beengten Verhältnisse auf dem hinteren Teil des Flugdecks (siehe Bild unten) erfaßten die Flammen innerhalb kurzer Zeit fast die ganze in Bereitschaft stehende Flugzeuggruppe. Die Kraftstofftanks fingen Feuer, Fliegerbomben und andere Gefechtsmittel explodierten. Schnell breitete sich der Brand auf dem hinteren Teil des Flugdecks aus. Über den explodierenden Kraftstofftanks der Flugzeuge stiegen schwarze Rauchwolken auf, die über dem

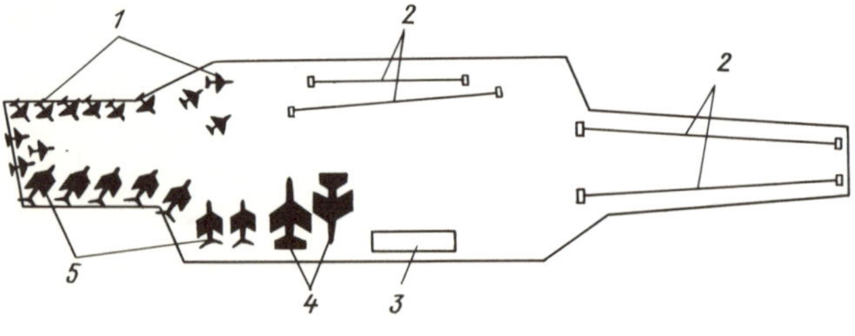

Verteilung der Flugzeuge auf dem Flugdeck der FORRESTAL bei Ausbruch des Brandes
1 – Jagdbomber A 4 E SKYHAWK; 2 – Katapultanlagen; 3 –Insel; 4 – Aufklärungsflugzeuge RA 5 G VIGILANTE; 5 – Jagdflugzeuge F 4 B PHANTOM

Flugdeck des Schiffes standen und auch in das Innere des Flugzeugträgers drangen. Jede der Explosionen forderte Tote und Verletzte. Den ersten Explosionen fielen viele in der Brandbekämpfung ausgebildete Seeleute, die als erste die Bekämpfung des Brandes aufgenommen hatten, zum Opfer. Flammen und Splitter beschädigten die technischen Feuerlöschgeräte.

Die Druckwellen der Explosionen warfen Besatzungsangehörige über Bord. Andere sprangen von selbst außenbords, um sich vor den explodierenden Bomben und Raketen in Sicherheit zu bringen. Der größte Teil, der auf diese Weise über Bord gegangenen Männer erlitt wegen der hohen Bordwände des Schiffes von über 18 Metern beim Aufprall auf das Wasser zum Teil schwere Verletzungen, andere fanden sogar den Tod. Nicht allen Piloten gelang es, sich aus ihren brennenden Maschinen zu retten.

Der Großteil der Besatzung kämpfte gegen die Flammen und die Explosionen an. Die nicht von den Flammen erfaßten Flugzeuge wurden auf das vordere Flugdeck gebracht und Bomben und Raketen entschärft, indem die Zünder entfernt wurden. Schiffs- und Flugzeugmunition und andere Gefechtsmittel wurden über Bord geworfen, wodurch weitere Explosionen verhindert werden konnten. Die im Kampf gegen die Flammen stehenden Besatzungsmitglieder besprühten sich gegenseitig mit Wasser, um sich abzukühlen und um zu verhindern, daß die Uniformen und das Schuhwerk anbrannten. Im Verlauf des Brandes fraßen sich die Flammen weiter in das Schiffsinnere vor. Im Hangardeck entfernten die Seeleute von den Flugzeugen die Bomben und Raketen und warfen sie außenbords. Da der Zugang vom Flugdeck zum Hangar nicht mehr möglich war, wurden das Flug- und Galeriedeck sowie die Außenwände des Hangardecks aufgeschnitten, um die im Hangardeck liegenden Räume zu erreichen. Dabei wurden autogene Schneidbrenner eingesetzt. So wurde es möglich, durch mehr als zehn in das Flugdeck geschnittene Öffnungen Personal aus den Innenräumen des Schiffes zu evakuieren und es zusätzlich zur Brandbekämpfung einzusetzen. Zuvor versuchten die Löschtrupps, den Brand in den unteren Räumen durch die von den Explosionen in das Flugdeck gerissenen Löcher mit Wasser zu löschen. Pausenlos mußten die erhitzten, an den Brandbereich angrenzenden Schottwände mit Wasser gekühlt werden, damit in den dahinterliegenden Räumen und Stationen der notwendige Bordbetrieb aufrechterhalten werden konnte. In vielen Fällen kämpften selbst Verletzte mit Feuerlöschschläuchen gegen den Brand an, um die Brandzone möglichst zu lokalisieren. Durch den Schaum war das Deck glitschig geworden, was die Bekämpfung des Brandes, der immer weiter um sich griff, erschwerte. Die größte Behinderung aber waren Rauch und Qualm, die so dicht waren, daß die Sicht auch mit einer Lampe nicht mehr als 0,3 bis 0,4 Meter betrug. Eine große Rolle spielten unter diesen Bedingungen die Atemschutzgeräte, ohne die irgendwelche Handlungen nicht möglich gewesen wären. Oft beschlugen die Gläser der Schutzmasken, so daß die Träger kaum etwas sehen konnten. Vom Vor- zum Achterschiff verlegte Feuerlöschschläuche wurden zum größten Teil durch Flammen und herumfliegende Splitter beschädigt. Mit gutem Erfolg wurden Kohlendioxidlöscher (CO_2-Löscher) zum Löschen der brennenden Flugzeuge eingesetzt.

Die Brandbekämpfung wurde nicht nur mit den Kräften und Mitteln des havarierten Flugzeugträgers geführt. Ihm zu Hilfe kamen die ORISKANY, die BON HOMME RICHARD sowie die beiden Zerstörer GEORGE K. MACKENZIE und RUPERTUS. Nachdem die Flugzeugträger den Flugbetrieb eingestellt hatten, setzten sie Hubschrauber zur Evakuierung der Verletzten ein. Die Zerstörer näherten sich der FORRESTAL bis auf wenige Meter und besprühten aus dieser Entfernung das Schiff mit Wasser.

Während der Brandbekämpfung kam es aber auch zu Fehlern, die zum großen Teil auf die Unerfahrenheit der Besatzung zurückgeführt werden müssen. Nicht benutzt wurden die für eine Evakuierung an Bord festgelegten Verkehrs- und Fluchtwege. Sie waren der Besatzung entweder nicht bekannt oder von ihr vergessen worden. Da ein großer Teil der in der Brandbekämpfung ausgebildeten Besatzungsangehörigen in den ersten Minuten des Brandes umgekommen war, mußte der Kampf um die Erhaltung des Schiffes von Leuten übernommen werden, die über wenig oder fast keine Erfahrungen bei der Brandbekämpfung verfügten. Dadurch konnte der Brand nur sehr schwer unter Kontrolle gebracht werden. So erfaßten die Flammen noch andere auf dem Flugdeck lagernde Bomben und Raketen, deren Explosionen immer wieder aufs neue das Schiff erschüttern ließen. Der Befehl zum Schließen der Schotten wurde mit großer Verzögerung erst acht Minuten nach Ausbruch des Brandes gegeben. Verheerende Folgen hatten die uneffektiven und zum Teil sinnlosen Handlungen der Einsatzgruppen, deren Mitglieder nicht für die Brandbekämpfung ausgebildet waren. Während die einen zum Löschen der Kraftstoffbrände auf dem Flugdeck Schaumlöschgeräte einsetzten, spülten andere mit Strahlrohren des Seewasserfeuerlöschsystems den Schaum wieder ab. So ging wertvolle Zeit verloren, die sich zudem noch begünstigend auf die Brandausbreitung auswirkte.

Von der Schiffsführung wurde die Brandbekämpfung nicht in genügender Weise organisiert.

Trotz der getroffenen Maßnahmen breitete sich der Brand unter Deck immer weiter aus. Er hatte mittlerweile die Räume unterhalb des Hangardecks erfaßt. Kojenzeug und Uniformstücke der Besatzung förderten die Brandentwicklung außerordentlich. Erst nach einigen Stunden gelang es, unter größten Anstrengungen die Hauptbrandherde auf dem Flugdeck und im Hangar zu lokalisieren.

Zu dieser Zeit war es gelungen, den Flammen den Weg zum mittleren und vorderen Hangardeck, in denen einsatzklare Flugzeuge abgestellt standen, zu verlegen. Auf dem Flugdeck und im Hangar loderten die Flammen jedoch noch bis zum späten Abend.

Fast zehn Stunden vergingen, bis der Brand endgültig unter Kontrolle gebracht werden konnte. Den Brand völlig zu löschen, gelang erst nach mehr als 24 Stunden, etwa gegen 12.30 Uhr des nächsten Tages. Der Kampf gegen Rauch und Qualm im Schiffsinneren dauerte weiter an. Hier hatten sich schädliche Brandgase angesammelt, die erst im Verlauf der folgenden drei Tage beseitigt werden konnten. Während dieser Zeit kühlten auch die stark erhitzten Teile der Decks und anderer Metallkonstruktionen ab.

Die Katastrophe forderte 134 Tote und 62 Verletzte. 26 strahlgetriebene Flugzeuge verbrannten. 40 Maschinen, die Katapulte, die Bruchschranke, die Artilleriebewaffnung und andere Schiffstechnik wurden schwer beschädigt. Besonders hatten der Schiffskörper des Flugzeugträgers, das Flugdeck und seine Konstruktionen gelitten. Von zehn Decks waren sechs beschädigt. Die Explosionen hatten in das gepanzerte Flugdeck (45 mm Stärke) sieben Löcher gerissen, von denen einige beträchtliche Ausmaße aufwiesen.

Der Flugzeugträger sah nach der Katastrophe aus, als ob er schwere Kampfhandlungen hinter sich hätte.

Eines der durch die Explosionen in das Flugdeck der FORRES-TAL gesprengten Löcher

Ein Teil des durch Brand beschädigten Flugdecks der FORRESTAL

Brandbekämpfung auf dem Flugdeck der FORRESTAL

Ein Offizier der FORRESTAL bemerkte dazu, daß die Kamikaze-Flieger während des zweiten Weltkrieges dem Schiff keine solchen Zerstörungen hätten zufügen können.

Der durch die Katastrophe entstandene materielle Schaden wurde auf 140 Millionen US-Dollar geschätzt. Allein die Reparaturkosten des Schiffes betrugen 14 Millionen US-Dollar.

Nach dem Ausmaß der entstandenen Schäden und der Menschenverluste wird diese Katastrophe, selbst nach Einschätzung der US-Amerikaner, als die größte bezeichnet, von der die US Navy in den Nachkriegsjahren betroffen wurde.

Selbst der Verlust des kernkraftgetriebenen Unterseebootes USS THRESHER SSN-593 im Jahre 1963, der in den USA als nationales Unglück galt, wird als weniger tragisch charakterisiert als die Katastrophe auf der FORRESTAL.

Zur Beseitigung der Brandschäden lief die FORRESTAL mit eigener Kraft zunächst den USA-Flotten- und Reparaturstützpunkt Subic Bay (Philippinen) an. Einer Erklärung des Kommandanten zufolge konnte der Flugzeugträger während dieser Überfahrt 27 Knoten laufen, wobei vier der acht Hauptkessel in Betrieb genommen werden konnten. Auf dem Marsch zum Flottenstützpunkt Subic Bay übergab die FORRESTAL viele Verletzte an das Lazarettschiff USS REPOSE AH-16, das den Befehl erhalten hatte, sich mit dem Flugzeugträger zu treffen. Vor dem Einlaufen in den Flottenstützpunkt Subic Bay, 57 Stunden nach Ausbruch des Brandes, wurden mehr als 20 Spezialisten der nordamerikanischen Industrie auf den Flugzeugträger transportiert, die Umfang, Zeit und Kosten der Reparaturarbeiten noch vor dem Einlaufen des Schiffes in den Reparaturstützpunkt kalkulierten. Während des zehntägigen Aufenthaltes im USA-Flotten- und Reparaturstützpunkt Subic Bay wurden die Voraussetzungen für eine sichere Überfahrt in eine Reparaturwerft in den USA geschaffen. Das Flugdeck wurde provisorisch repariert, um bei Notwendigkeit Flugzeuge auf dem Träger starten und landen lassen zu können.

In Norfolk (USA, Bundesstaat Virginia), wo die Generalreparatur erfolgen sollte, traf die FORRESTAL eineinhalb Monate nach der Katastrophe ein. Das war insofern ungewöhnlich, als in der Regel alle Bemühungen dahinaus liefen, beschädigte Schiffe so schnell wie möglich in die Werft zu bringen, um in kürzester Zeit ihre Einsatzbereitschaft wiederherzustellen.

Weshalb gab es in diesem speziellen Falle eine derartig große Verzögerung? Einer offiziellen Meldung zufolge war es der FORRESTAL gestattet worden, zur Ehrung der Opfer dieser Katastrophe und zum Besuch der betroffenen Familien einige USA-Häfen anzulaufen. Tatsächlich war jedoch damit beabsichtigt, den Zeitpunkt für die Rückkehr in den USA-Flottenstützpunkt hinauszuschieben, da man glaubte, die Zeit heile die schlimmsten Wunden. Diese Verzögerungspolitik half ihren Schöpfern aber wenig.

Zum Empfang des Flugzeugträgers hatten sich an Land einige tausend Menschen, einschließlich Reporter, Kameraleute, Vertreter der US Navy und verschiedener anderer Behörden, eingefunden. Die USA-Presse bemerkte nach der Ankunft des Flugzeugträgers, daß das gewaltige Schiff wie ein «grauer Berg» ausgesehen habe und von seiner Größe und Schönheit nicht eine Spur mehr geblieben sei. In Kommentaren gegenüber den Reportern lobte der Kommandant des Flugzeugträgers die Standkraft des Schiffes und berichtete über die Tapferkeit seiner Besatzung. Es fielen Bemerkungen, daß das Schiff am Rande der Vernichtung gestanden habe, daß aber die Besatzung es rettete. Nichts wurde über die wahren Ursachen, die zu dieser Katastrophe geführt und für viele Familien in den USA großes Leid gebracht hatten, gesagt.

Der Flugzeugträger wurde in der Marinewerft in Norfolk (USA, Bundesstaat Virginia) wieder instand gesetzt. Ein großer Teil des Flugdecks mußte ausgewechselt werden. Dazu bedurfte es u. a. 800 Tonnen hochfesten Spezialstahls.

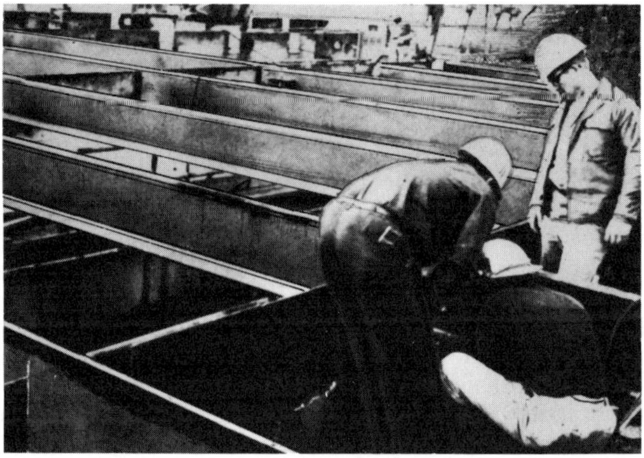

Die aus hochfestem Stahl bestehenden Panzerplatten des Flugdecks der FORRESTAL werden nach der Brandkatastrophe ausgewechselt

Demontage eines 127-mm-Universalgeschützes der FORRESTAL zur Reparaturabgabe in das Arsenal

Die schwerbeschädigten 127-mm-Universalgeschütze, die Flugzeugaufzüge und andere Anlagen und Einrichtungen wurden vom Arsenal und in Spezialwerkstätten der Werft wiederhergestellt.

Fast vollständig wurden die an Bord stationierten Flugzeuge ausgewechselt. Gleichzeitig mit den Reparaturarbeiten wurden die funkelektronischen Anlagen und die Raketen- und Artilleriebewaffnung modernisiert.

Trotz großer Anstrengungen, wie z. B. das Zusammenführen vieler Ingenieure und Arbeiter zu einer Spezialistengruppe und die Einführung des Dreischichtsystems, dauerte die Reparatur ungefähr zehn Monate. So verging fast ein Jahr, bis der Flugzeugträger wieder einsatzklar war. Die FORRESTAL gehörte von da an wieder zum Bestand der US-amerikanischen Atlantikflotte und versah ihren Dienst in der 6. Flotte im Mittelmeer. Zuvor wurde die Besatzung aufgefüllt und der Kommandant ausgewechselt.

Die Katastrophe auf der FORRESTAL hatte in den USA viele Gemüter bewegt. In unzähligen Publikationen wurden nicht allein die großen Menschen- und Materialverluste auf dem Schiff als Folge des Brandes genannt; auch der mangelhafte Brandschutz auf allen Flugzeugträgern und die unzureichenden Maßnahmen seitens der US Navy zur Verbesserung des Brandschutzes wurden heftig kritisiert. In diesem Zusammenhang wurde auch an andere Unfälle und Katastrophen auf Flugzeugträgern erinnert. Es wurde von einem Prestigeverlust der USA gesprochen.

Bei den in den USA Mitte der sechziger Jahre geführten Diskussionen, ob künftig kernkraftgetriebene oder herkömmlich angetriebene Flugzeugträger gebaut werden sollten, behielt die Seite, die für den Kernantrieb war, die Oberhand, und der Meinungsstreit schien beendet. In Verbindung mit den tragischen Ereignissen auf der FORRESTAL loderte er jedoch von neuem auf. Jetzt wurden sogar Stimmen laut, die die Zweckmäßigkeit weiterer Neubauten dieser Klasse von ähnlich gigantischer Größe anzweifelten. Der neu ausgebrochene Streit konnte jedoch die Grundkonzeption der US Navy, den Bau neuer großer Flugzeugträger fortzusetzen, nicht beeinflussen. Es mußte aber anerkannt werden, daß schnell und umfassend Maßnahmen vonnöten seien, die den Brandschutz auf diesen Schiffen verbesserten.

Die Brandkatastrophe auf dem Angriffsflugzeugträger FORRESTAL kann als die schwerste unter ähnlichen Katastrophen auf diesen Schiffen angesehen werden. Sie trug dazu bei, daß der Brandschutz auf den Flugzeugträgern zu einem staatlichen Problem wurde, da die USA neben den U-Booten diesen Schiffen die größte Aufmerksamkeit schenken.

Die Erarbeitung entsprechender Empfehlungen zur Lösung dieser Aufgabe führte zur Bildung einer Sonderkommission auf höchster Ebene. Ihr gehörten hohe Militärs und Persönlichkeiten der nordamerikanischen Kriegsmarine und Luftwaffe an. Admiral James S. Russell wurde aus diesem Anlaß reaktiviert und zum Vorsitzenden der Kommission berufen.

Bevor die Kommission unter Admiral J. S. Russell die Arbeit aufnahm, erhielt sie vom Chef der USA-Seekriegsleitung, Admiral Thomas Moorer, den allgemeinen Hinweis, daß ungeachtet aller möglichen Vorsichtsmaßnahmen immer wieder Explosionen und Brände auftreten werden. Wichtig sei nur, daß schnell einsatzbereite und leistungsfähige Anlagen bereit stünden, die nur ein Minimum an Beschädigungen, Zerstörungen und Menschenverlusten zuließen. Deshalb müsse erreicht werden, daß sich bei der Bekämpfung von Explosionen und Bränden der Personalbestand nur in geringem Maße einer Gefahr aussetze (siehe Lit.-Verzeichnis Nr. 38).

Anzumerken ist, daß neben diesem staatlichen Ausschuß noch eine andere Kommission arbeitete, die die Ursachen und Umstände der eigentlichen Katastrophe auf der FORRESTAL ermitteln sollte.

Der Russellsche Ausschuß analysierte zunächst den Zustand des Brandschutzes auf den USA-Flugzeugträgern. Das Urteil war vernichtend. Der Brandschutz genügte überhaupt nicht den Erfordernissen. Admiral J. S. Russell schrieb, daß die USA während des zweiten Weltkrieges 32 Flugzeugträger des ESSEX-Typs besessen habe. 30 von ihnen seien schwer getroffen worden, aber keiner wäre gesunken, da sich hochqualifizierte Feuerlöschtrupps an Bord befunden hätten. Admiral Russell glaubte, seit dieser Zeit habe die US Navy die Fähigkeit verloren, diesen Feuersbrünsten zu begegnen.

Diese Ausführungen des amerikanischen Admirals können nicht so ohne weiteres hingenommen werden und bedürfen einer Berichtigung. Der ESSEX-Typ umfaßte nicht 32, sondern nur 24 Flugzeugträger [16]. Davon waren während des zweiten Weltkrieges lediglich 17 einsatzklar, wovon wiederum nur 12 an Kampfhandlungen teilgenommen hatten. Sieben Flugzeugträger wurden erst in den Nachkriegsjahren an die US Navy ausgeliefert. Somit war es also unmöglich, daß 30 Flugzeugträger des ESSEX-Typs während des Krieges schwer getroffen wurden, wie Admiral Russell behauptete. Tatsächlich konnte während des Krieges aber auch nicht ein Flugzeugträger des ESSEX-Typs versenkt werden. Doch wie verhielten sich diese Schiffe unter

Gefechtsbedingungen? Dazu einige Beispiele aus der letzten Phase des zweiten Weltkrieges.

Am 25. November 1944 stürzten sich zwei Kamikaze-Flieger [17] auf den vor den Philippinen kreuzenden Flugzeugträger USS Intrepid CV-11. Dieser Angriff führte zu einem Brand und zu schweren Beschädigungen an Bord. Die Folge war ein mehrmonatiger Ausfall des Flugzeugträgers. 97 Mann der Besatzung fanden bei dem Angriff den Tod.

Am 21. Januar 1945 stürzten sich wiederum zwei Kamikaze-Flieger nahe der Insel Taiwan diesmal auf den Flugzeugträger USS Ticonderoga CV-14. Der Flugzeugträger erlitt dabei schwere Beschädigungen. An Bord entstand ein Großbrand. 140 Mann der Besatzung wurden bei diesem Angriff getötet, 202 verletzt. Der Flugzeugträger fiel für längere Zeit aus.

Am 19. März 1945 erhielt der Flugzeugträger USS Franklin CV-13 vor der Insel Kyushu zwei Bombentreffer, die auf dem Schiff zu Bränden führten. Im Schiffsinneren kam es zu Explosionen, die schwere Beschädigungen verursachten, so daß der Flugzeugträger zu einem USA-Flottenstützpunkt im Pazifik geschleppt werden mußte. Seine Wiederinstandsetzung war bis zum Kriegsende nicht möglich. Die Verluste auf dem Flugzeugträger betrugen 832 Tote und 270 Verletzte, mehr als die Hälfte der Besatzung.

Am 14. April 1945 [18] stürzte sich im Seegebiet vor Okinawa ein Kamikaze-Flieger mit seiner Maschine auf den aus der Werft kommenden Flugzeugträger USS Intrepid CV-11. An Bord entstand dabei ein Großbrand. Die Beschädigungen waren so ernst, daß der Flugzeugträger erneut zur Reparatur eine Werft anlaufen mußte. Acht Mann der Besatzung wurden getötet.

Der amerikanische Flugzeugträger FRANKLIN nach zwei Bombentreffern

Die Besatzung der FRANKLIN kämpft um den Erhalt ihres Schiffes

Der schwer beschädigte amerikanische Flugzeugträger FRANKLIN während der Überfahrt in die USA. Der Überfahrt war eine Notreparatur in einem USA-Pazifikflottenstützpunkt vorausgegangen

Nach einem Kamikaze-Angriff auf den amerikanischen Flugzeugträger INTREPID

Am 11. Mai 1945 stürzten sich zwei Kamikaze-Flieger mit ihren Maschinen auf den Flugzeugträger USS BUNKER HILL CV-17. Der Flugzeugträger wurde erheblich beschädigt, so daß eine Werftaufnahme unumgänglich wurde. Dadurch fiel der Flugzeugträger für den weiteren Verlauf des Krieges aus. Bei diesem Angriff japanischer Kamikaze-Flieger fanden 346 Mann der Besatzung den Tod, 43 wurden vermißt und 246 verwundet. Das waren alles Schiffe des ESSEX-Typs.

Die angeführten Tatsachen sind Büchern US-amerikanischer Historiker entnommen, die über den zweiten Weltkrieg geschrieben haben. Unter ihnen befinden sich S. Morison (Lit.-Verzeichnis Nr. 91) und Admiral F. Sherman (Lit.-Verzeichnis Nr. 3), die schlecht von Russell, einem Angehörigen derselben Flotte, widerlegt werden können. Diese Tatsachen, die sich fortsetzen ließen, bestätigen keinesfalls die Behauptungen Admiral Russells über die große Standkraft der Flugzeugträger des ESSEX-Typs und über den hohen Stand des Brandschutzes auf ihnen während des zweiten Weltkrieges. Das Gegenteil ist der Fall.

In seinem Buch zieht Admiral F. Sherman einen Vergleich zwischen den Flugzeugträgern des ESSEX-Typs und den britischen Flugzeugträgern, die zur gleichen Zeit im Pazifik eingesetzt waren. Nach seinen Worten seien alle britischen Flugzeugträger den Angriffen der Kamikaze-Flieger ausgesetzt gewesen, aber nicht einer konnte dank der gepanzerten Flugdecks außer Gefecht gesetzt werden (siehe Lit.-Verzeichnis Nr. 3, Seite 284).

Diese Feststellung Admiral Shermans über den Vorteil der gepanzerten Flugdecks auf den britischen Flugzeugträgern, insbesondere den des ILLUSTRIOUS-Typs, fand während des Krieges nicht nur einmal seine Bestätigung. Dabei war die Wasser-

Folgen des Kamikaze-Angriffs auf die INTREPID. Blick aus dem Hangar durch das zerstörte Flugdeck

verdrängung dieser britischen Flugzeugträger um mehrere tausend Tonnen geringer als die der Flugzeugträger des Essex-Typs. Offensichtlich waren dies auch die Gründe dafür, daß alle dem Essex-Typ folgenden Angriffsflugzeugträgerneubauten der USA mit einem aus hochfestem Panzerstahl bestehenden Flugdeck versehen wurden.

Die Schlußfolgerung, daß allein durch eine große Standkraft und ein hohes Niveau des Brandschutzes während des zweiten Weltkrieges kein Flugzeugträger des Essex-Typs verlorengegangen war, ist falsch. Die Tatsachen beweisen etwas anderes. Die Angriffsflugzeugträger USS Forrestal CVA-59 und USS Oriskany CVA-34 gingen ebenfalls nicht durch die auf ihnen wütenden Feuersbrünste verloren. Ihren Brandschutz aber schätzten derselbe Admiral Russell und sein Ausschuß mit unbefriedigend ein. Daraus folgt, bei Bränden an Bord braucht nicht unbedingt der Totalverlust das Kriterium der Standkraft eines Schiffes zu sein. Gerade bei Bränden sind ernste Folgen für das Schiff auch ohne dessen Totalverlust durchaus möglich. Ein klassisches Beispiel hierfür lieferte die Forrestal.

Ergänzend soll auf noch andere Brandunfälle mit entsprechenden Schäden auf den Flugzeugträgern des Essex-Typs verwiesen werden, die die Frage nach dem Brandschutz auf diesen Schiffen immer wieder stellten.

Hauptgründe für den schlechten Brandschutz auf den USA-Flugzeugträgern waren nach Meinung des Ausschusses

Der USA-Flugzeugträger BUNKER HILL unmittelbar nach einem Kamikaze-Angriff

Zerstörungen auf der BUNKER HILL nach dem Kamikaze-Angriff

Blick in den zerstörten Flugzeughangar der BUNKER HILL

– wenig effektive Brandschutzmittel;
– die nicht ausreichende Brandschutzausbildung der Besatzungen;
– die unzureichende Organisation bei der Brandbekämpfung.

Auf der Grundlage von Unfällen und Katastrophen auf Flugzeugträgern, speziell auf der ORISKANY und der FORRESTAL, wurden Lehren und Schlußfolgerungen gezogen. Der Ausschuß erarbeitete eine Reihe von Empfehlungen zur Verbesserung des Brandschutzes und der Brandbekämpfung auf den Schiffen dieser Klasse. Die Empfehlungen beinhalteten konstruktionsbedingte, organisatorisch-technische und allgemeine Maßnahmen. Einige der wichtigsten Empfehlungen hinsichtlich der Konstruktion waren:

1. Auf den Flugzeugträgern ist eine wirksame Brandschutzausrüstung, besonders auf den Flugdecks und von da hinabreichend bis in die Hangars, zu entwickeln und einzubauen.
2. Für die Flugzeugträger ist ein ausreichend wirksames System zur Fernsteuerung der Brandbekämpfungsanlagen und -mittel, besonders auf dem Flugdeck, vorzusehen.
3. In den Feuerlöschsystemen der Flugzeugträger sind flammenerstickende Stoffe hoher Wirksamkeit einzusetzen; insbesondere müssen diese Löschmittel in kürzester Zeit große Teile des Flugdecks abdecken können.
4. Auf den Flugzeugträgern sind wirksame Maßnahmen zum Schutze des menschlichen Lebens vorzusehen. Die Besatzungen sind in die Lage zu versetzen, auch bei Bränden ihre Dienstpflichten in allen Räumen weiter zu verrichten. Es sind mehr Ventilatoren zu installieren, die den Rauch aus den einzelnen Räumen und Ab-

teilungen abziehen. Alle Besatzungen sind mit individuellen Sauerstoffgeräten und mit Handschuhen zum Schutz der Hände vor heißen Gegenständen auszurüsten.

5. Auf den Flugzeugträgern ist die Lagerung des Kraftstoffes und der Munition zu vervollkommnen.
6. Dem Brandschutz ist besonders dann Augenmerk zu schenken, wenn sich Flugzeuge an Bord befinden.
7. Auf den Schiffen ist von Grund auf das bestehende Kommando- und Kommunikationssystem zu überprüfen und so zu vervollkommnen, daß den realen Bedingungen während eines Brandes an Bord entsprochen werden kann.

Der Ausschuß stellte fest, daß ein Teil der auf den Flugzeugträgern befindlichen Munition und Gefechtsmittel in ungenügendem Maße mit den notwendigen Sicherheitsvorrichtungen versehen war. Das konnte zu Explosionen führen, und tatsächlich kam es auch dazu. Obwohl der Ausschuß diese Empfehlungen nicht schriftlich fixierte, unterstrich er die Notwendigkeit, in dieser Richtung Untersuchungen und Entwicklungen voranzutreiben. Im Zusammenhang hiermit und auf das Beispiel der Rakete ZUNI verweisend, deren Explosion nach Meinung des Untersuchungsausschusses die Ursache für das schwere Unglück auf dem Flugzeugträger FORRESTAL war, äußerte Admiral Russell auf einer Pressekonferenz im Pentagon, daß er sich wünschte, die Munition werde sicherer.

Der zweite Teil der Empfehlungen beschäftigte sich mit der Ausbildung der Besatzungen in der Brandbekämpfung. Feststellend, daß der Brand auf der FORRESTAL das ganze Können der Menschen abverlangt hatte und nur sie die Gewähr für eine hohe Sicherheit geben könnten, empfahl der Ausschuß:

1. Überall und immer, beginnend mit den ersten Ausbildungsstunden der Besatzungen, ist das Hauptaugenmerk auf die Sicherheit entsprechend den gültigen Instruktionen zu richten.
2. Berichte über Unglücksfälle sind sofort operativ auszuwerten. Ein speziell zu gründendes Sicherheitszentrum der US Navy hat Bedingungen zu schaffen, die eine gründliche Auswertung aller Seeunfälle und deren Ursachen mit dem Personalbestand der Flotte ermöglichen.
3. Künftige Kommandanten von Flugzeugträgern dürfen den hohen Anforderungen einer Brandbekämpfung nicht ausweichen. Sie haben sich intensiv mit dieser Frage auseinanderzusetzen. Dazu ist ein Speziallehrgang für sie vorzusehen.
4. Das gesamte an Bord der Flugzeugträger eingeschiffte Personal ist gemeinsam mit den Schiffssicherungskommandos in den Prozeß der Schiffssicherung einzubeziehen, wobei die zu erfüllenden Aufgaben streng voneinander abzugrenzen sind.
5. Die Flotten sind aufzufordern, die erlassenen Sicherheitsvorschriften und Sicherheitsbestimmungen unnachsichtig durchzusetzen und sie bei Notwendigkeit weiter zu vervollkommnen.

Russells Ausschuß war nicht und konnte auch nicht das Allheilmittel zur Lösung aller Brandschutzprobleme auf den Flugzeugträgern sein. Seine Empfehlungen aber, die im wesentlichen auf den aus der FORRESTAL-Katastrophe gewonnenen Erfahrungen basierten, bildeten einen sogenannten Meilenstein in der Geschichte der Flugzeugträgerflotte der USA. Wenn den Publikationen Glauben geschenkt werden kann, nutzen auch andere Staaten, die in ihren Flotten über Flugzeugträger verfügen, wie Großbritannien und Frankreich, die Erfahrungen der US Navy.

Brand auf dem Flugzeugträger H. M. S. VICTORIOUS

Der britische Angriffsflugzeugträger H. M. S. Victorious (1941, 23000 t) lag in Portsmouth (Großbritannien) in der Werft. Die Werftarbeiten waren beendet, und am 24. November 1967 sollte das Schiff die Werft verlassen. Etwa zwei Wochen vor diesem Termin, am 11. November 1967, brach auf dem am Werftkai liegenden Flugzeugträger ein Brand aus.

Eine zur Ursachenermittlung eingesetzte Kommission der Royal Navy stellte bei ihren Untersuchungen fest, daß der Brand von der Leutnantsmesse ausgegangen war. Diese Messe grenzte an einen Aggregateraum für die funkelektronische Ausrüstung des Flugzeugträgers. Die Ursachen, die zum Brand geführt hatten, seine Ausmaße und Folgen wurden nicht veröffentlicht. Offensichtlich hatte aber der Brand große Ausmaße angenommen, da zu seiner Bekämpfung zusätzlich zu den Kräften und Mitteln des Flugzeugträgers auch zivile Feuerwehren eingesetzt wurden. Gemeinsam gelang es dann auch, nach etwa sieben Stunden den Brand an Bord zu löschen. Ein Besatzungsangehöriger des Flugzeugträgers fand bei diesem Brand den Tod.

Die Kommission stellte nach dem Abschluß der Untersuchungen fest, daß durch den Brand nur 3% eines der zehn Decks des Flugzeugträgers beschädigt wurden.

Brand und Explosion auf dem Flugdeck des Flugzeugträgers USS ENTERPRISE CVAN-65

USS Enterprise CVAN-65 (1958, 86000 t) war der erste kernkraftgetriebene Angriffsflugzeugträger der USA-Seestreitkräfte.

Da die Enterprise zur damaligen Zeit – Anfang der sechziger Jahre – der in der Welt einzige kernkraftgetriebene Flugzeugträger war, war er auch der «nationale Stolz» der USA. Das war auch der Grund, weshalb die USA-Presse ziemlich oft über die «Außergewöhnlichkeiten» – die Kampf- und See-Eigenschaften – dieses Schiffes berichtete.

Die Wasserverdrängung der Enterprise betrug bei der Indienststellung 86000 Tonnen. Damit übertraf sie mit ihren Abmessungen alle Überwasserkriegsschiffe vorangegangener Zeiten. Einige der wichtigsten Hauptabmessungen sollen dies veranschaulichen:
Länge über alles 342 Meter; Breite des Schiffskörpers 40,5 Meter; größte Breite des Flugdecks 78,3 Meter; Tiefgang 11,3 Meter. Die Besatzungsstärke liegt zwischen 4300 und 4600 Mann, darunter befinden sich 400 Offiziere.

Ausgerechnet dieses «Superschiff» sollte die verheißungsvollen Ankündigungen US-amerikanischer Admirale über die «erfolgreiche Lösung» der Brandschutzprobleme auf den Angriffsflugzeugträgern ad absurdum führen. Auch Admiral James S. Russell, der sich im Sommer 1967 auf einem vor der Küste Vietnams operierenden Flugzeugträger befunden hatte, hatte sich optimistisch geäußert, als er auf die Ereignisse auf USS Forrestal CVA-59 verwies. Nach dieser Äußerung sollten aber nur knapp eineinhalb Jahre vergehen, und auch der größte USA-Flugzeugträger hatte seine Brandkatastrophe. Es geschah am 14. Januar 1969, 70 Seemeilen von Honolulu (USA, Bundesstaat Hawaii). Die Enterprise hatte ihren Basishafen Alameda (USA, Bundesstaat California) verlassen, um an den Aggressionshandlungen gegen das vietnamesische Volk teilzunehmen.

Kernkraftgetriebener Angriffsflugzeugträger ENTERPRISE

Dem Bericht der Untersuchungskommission der US Navy, die detailliert die zur Katastrophe führenden Umstände untersuchte, kann folgender Sachverhalt entnommen werden.

Auslösende Ursache war eine Explosion während der Ausrüstung von PHANTOM-Jagdflugzeugen mit Gefechtsmitteln auf dem achteren Teil des Flugdecks. Eine in der Außenaufhängung eines Flugzeuges befindliche Rakete vom Typ ZUNI heizte sich an den Abgasen eines Außenbordtriebwerkanlaßgerätes für Flugzeuge bis zur Detonation auf, wodurch ein Brand ausbrach. Dieser erfaßte die im näheren Umkreis stehenden und mit Gefechtsmitteln ausgerüsteten Flugzeuge, deren Bomben und Raketen zum Teil detonierten. Die Vorgänge entwickelten sich etwa so wie auf der FORRESTAL, nur mit dem Unterschied, daß der Brandort und der Ort der detonierenden Gefechtsmittel weiter achtern auf dem hinteren Teil des Flugdecks lagen. So wurden weniger mit Gefechtsmitteln ausgerüstete Flugzeuge in Mitleidenschaft gezogen. Im Unterschied zur FORRESTAL kam es daher auf dem Flugdeck zu weniger Explosionen und damit zu geringeren Zerstörungen.

Sofort nach der ersten Explosion auf dem Flugdeck wurde Alarm ausgelöst, und der Kampf um den Erhalt des Schiffes begann.

Bereits vor Ausbruch des Brandes war die ENTERPRISE in den Wind gedreht, um die Starts der Flugzeuge sicherzustellen. Dieses Manöver wurde auch nach Brandausbruch fortgesetzt. Jetzt aber mit dem Ziel, unter Ausnutzung des Windes Flammen und Rauch von der Insel und den anderen bereitgestellten Flugzeugen fernzuhalten.

Aber der Brand verstärkte sich, und weitere Explosionen erfolgten. Insgesamt konnten im Verlauf des Brandes acht Bombendetonationen auf dem Flugdeck gezählt werden. Wie bei der FORRESTAL erfaßte der Brand das Innere des Schiffes. Den Feuerlöschkommandos gelang es nach etwa einer Stunde, zunächst den Brand auf

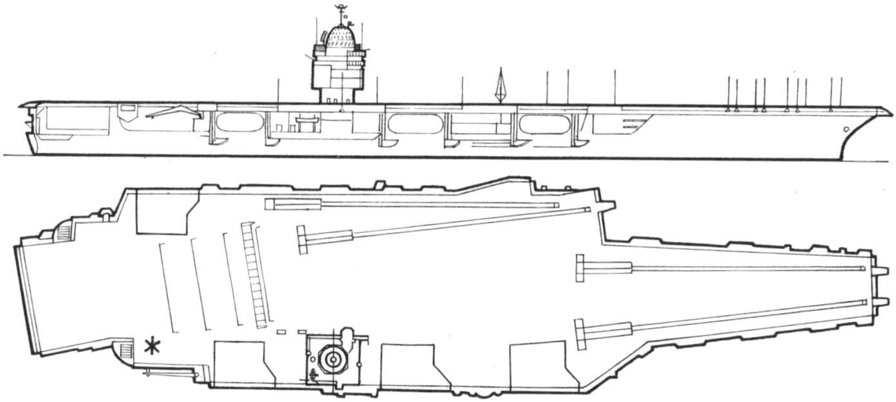

USA-Angriffsflugzeugträger ENTERPRISE. Der Ort des Brandausbruches ist mit einem Stern gekennzeichnet

Brand auf dem Flugdeck der ENTERPRISE. Der Zerstörer Rogers unterstützt die Besatzung des Flugzeugträgers bei der Brandbekämpfung

dem Flugdeck unter Kontrolle zu bringen. Unter Deck dauerte der Kampf gegen das Feuer jedoch noch Stunden an.

Erneut ist die Frage zu stellen, wie wurde der Brand bekämpft und welche Mittel hat man dabei eingesetzt?

Die Katastrophe auf dem Flugzeugträger FORRESTAL hatte deutlich gezeigt, daß mit der an Bord vorhandenen Brandschutzausrüstung ein schnelles Löschen der Brandherde nicht möglich war. Das hatte auch zur Detonation einiger an den Außenaufhängungen der Flugzeuge befindlicher Bomben geführt.

Diese Erkenntnis war Anlaß, binnen kürzester Frist die Flugdecks der Angriffsflugzeugträger mit tragbaren und motorisierten Schnellangriffsgeräten (Twinned-Agent-Unit) auszurüsten, die in den USA bereits auf Flugplätzen und in Tanklagern eingesetzt wurden. Das wurde zunächst als eine notwendige Zwischenlösung angesehen. Dieses Schnellangriffsgerät ist ein Feuerlöschgerät mit doppeltem Strahlrohr und kann von einem Mann bedient werden, es erzeugt einen Zweikomponenten-Leichtwasserschaum. Die Bekämpfung des auslaufenden brennenden Flugzeugkraftstoffes erfolgte auf der ENTERPRISE zuerst mit zwei dieser Geräte. Wegen der Ausmaße des Brandes reichten sie jedoch nicht aus, um die Aufheizung einer Bombe bis zum Detonationspunkt zu verhindern. Die Bombe detonierte vier Minuten nach der Entzündung des ausfließenden Flugzeugkraftstoffes. Beide Schnellangriffsgeräte wurden durch die Bombensplitter, die die Schläuche und Druckbehälter zerrissen, zerstört. Die nachfolgenden Bombendetonationen zerstörten das Seewasserversorgungsnetz. Damit waren ganze Abschnitte des Schiffes von der Löschwasser- und Schaumversorgung abgeschnitten, bis provisorische Schlauchleitungen vom unbeschädigten Vorschiff verlegt waren.

Die zur Sicherung des Flugzeugträgers gehörenden Zerstörer USS ROGERS DD-876 und USS STODDARD DD-566 näherten sich dem brennenden Flugzeugträger bis auf 15 Meter und setzten zur Unterstützung der Löscharbeiten ihre Seewasserfeuerlöschanlagen ein. Die noch nicht detonierten Gefechtsmittel wurden, soweit die Möglichkeit dazu bestand, vom Flugdeck entfernt. Obwohl der Großteil der Besatzung des Flugzeugträgers einen energischen Kampf gegen den Brand führte, sprangen nach zwei Stunden einige kopflos gewordene Offiziere und Matrosen über Bord. Hubschrauber retteten viele Besatzungsangehörige. Die beiden Zerstörer suchten gemeinsam mit dem kernkraftgetriebenen Lenkwaffenzerstörer USS BAINBRIDGE DLGN-25 nach den in das Wasser gesprungenen Besatzungsangehörigen.

Auf dem Schiff wurden zur ersten medizinischen Hilfe für die Verletzten zusätzlich medizinische Punkte entfaltet. Hubschrauber brachten dazu aus dem Flottenstützpunkt Pearl Harbor (USA, Bundesstaat Hawaii) Fachärzte mit Blutkonserven direkt auf das Schiff. Den Abtransport der Verletzten in ein Lazarett an Land (Gebiet Honolulu) stellten ebenfalls Hubschrauber und Zerstörer sicher.

Bei der Katastrophe fanden 27 Besatzungsangehörige den Tod, etwa 120 wurden verletzt (anderen Angaben zufolge gab es 24 Tote und 85 Verletzte, einige Quellen sprachen sogar von 300 Verletzten).

Der Flugzeugträger trug erhebliche Beschädigungen davon. Das gepanzerte Flugdeck hatte drei große Löcher, davon ging eines durch zwei Decks und durch die Bordwand. An der Steuerbordseite klaffte ein Loch von etwa 4,5 Meter Durchmesser. Eines der in das Flugdeck gesprengten Löcher hatte eine Größe von etwa acht Metern. Die hohen Brandtemperaturen deformierten einen Teil des Flugdecks. Große Beschädigungen hatten die unterhalb des Flugdecks liegenden Decks davongetragen.

Die Reaktor- und Antriebsanlagen blieben unbeschädigt. 15 Strahlflugzeuge wurden beschädigt oder zerstört. Der auf dem Schiff entstandene Schaden, ohne den der Flugzeuge, betrug etwa 6,4 Millionen US-Dollar.

Die Kosten jedes zerstörten Flugzeuges können dazu mit weiteren fünf bis sieben Millionen US-Dollar veranschlagt werden. Die ENTERPRISE kehrte mit eigener Kraft (12 Knoten Fahrt) am gleichen Tage, etwa acht Stunden nach Ausbruch der Katastrophe, nach Pearl Harbor zurück. Zwei der größten Werften Pearl Harbors beseitigten bei intensiver Arbeit in drei Monaten die Schäden auf dem Flugzeugträger. Der Kommandant der ENTERPRISE erklärte zu diesem Seeunfall, daß die Beschädigungen des Schiffes und ihre Folgen noch weitaus ernster hätten ausfallen können, wenn die Besatzung nicht aus den Katastrophen auf der ORISKANY und FORRESTAL die nötigen Lehren gezogen hätte.

Tatsächlich waren in den Seestreitkräften der USA aus den vorausgegangenen Brandkatastrophen auf ihren Flugzeugträgern wichtige Erfahrungen gesammelt und Schlußfolgerungen gezogen worden. Das trifft auch für die ENTERPRISE zu. Von der Besatzung hatten mehr als 90% einen sechsmonatigen Lehrgang an einer Brandschutzschule absolviert, deren Ausbildungsprogramm die Erfahrungen und Lehren der zurückliegenden Brände auf Flugzeugträgern einschloß. Der Lehrgang an dieser Schule war der Katastrophe unmittelbar vorausgegangen.

In Einschätzung der Katastrophe sagte Admiral John J. Hyland, Chef der USA-Pazifikflotte, daß die ENTERPRISE bei Notwendigkeit in der Lage gewesen wäre, sofort nach dem Löschen des Brandes und der Beseitigung der Trümmer den Flugbetrieb fortzusetzen. Diese Äußerung ist ohne Zweifel etwas übertrieben, denn das Schiff erlitt infolge des Brandes und der detonierten Bomben derart schwere Beschädigungen, daß an deren Beseitigung zwei Werften einige Monate intensiv arbeiten mußten. Außerdem bestand nach öffentlichen Äußerungen amerikanischer Spezialisten die Aufgabe darin, die neuen Gefechtsmittel für das Bedienungspersonal ungefährlicher zu machen. Dies war weder auf der ENTERPRISE noch auf der FORRESTAL geschehen, sonst wäre es nicht zu diesen Brandkatastrophen mit ihren großen Verlusten an Menschen und Material gekommen.

Die Ereignisse auf der FORRESTAL und der ENTERPRISE waren der Anlaß, daß die Presse der US Navy die Standkraft dieser Schiffe über den grünen Klee lobte. Als Beweis dafür wurde angeführt, daß jeder dieser Flugzeugträger die Auswirkungen von etwa zehn Explosionen überstanden hatte.

Dazu muß folgendes gesagt werden:
Derartige Einschätzungen haben politische Hintergründe und spiegeln das Bestreben der USA wider, ihre Kriegstechnik aufzuwerten. Diese Tendenz ist nicht allein nur in den USA, sondern auch in anderen kapitalistischen Ländern zu beobachten. Angewendet auf diesen speziellen Fall, war diese Praxis um so bezeichnender, da sie von dem Wunsch diktiert wurde, das im Zusammenhang mit den bisherigen Katastrophen stark angeschlagene Prestige wiederherzustellen bzw. aufzubessern.

Was die technische Seite dieser Frage betrifft, kann festgestellt werden: Die Standkraft eines Schiffes ist nach modernen Auffassungen ein komplexer Begriff. Er umfaßt u. a. solch wichtige Eigenschaften des Schiffes wie die Unsinkbarkeit, die Brandsicherheit, die Resistenz gegen Explosionen und detonierende Gefechtsmittel. Auf den Angriffsflugzeugträgern war es zu dieser Zeit, selbst nach Meinung der Amerikaner, mit der Brandsicherheit schlecht bestellt. Die Aussagen zur Resistenz gegen Explosionen und detonierende Gefechtsmittel konnten bei der Auswertung der Katastrophen aus einer Reihe von Gründen nicht allumfassend sein. Dazu muß bemerkt werden, daß die Stärke der Explosionen und Bombendetonationen relativ gering war. Da die Bomben über dem offenen Flugdeck detonierten, war die Wirkung wesentlich geringer als in einem geschlossenen Raum. Außerdem hatten die Bombendetonationen nur «statischen» Charakter, was heißen soll, daß sich die detonierenden Bomben im Zustand der «Ruhe» befanden und nicht mit hoher Geschwindigkeit lebenswichtige Teile des Flugzeugträgers trafen.

Schließlich erfolgten die Explosionen nicht in oder unterhalb der Wasserlinie, so daß es zu keinem Wassereinbruch kam. Im anderen Fall hätte dies Einfluß auf den Zustand von Bewaffnung und Technik des Schiffes und auf das gesamte Schiff gehabt.

Die angeführten Gründe zeigen, daß eine umfassende Aussage zur Resistenz gegen Explosionen und detonierende Gefechtsmittel der Angriffsflugzeugträger nicht möglich ist, wenn dies nur aus den genannten Katastrophen abgeleitet werden soll. Es kann lediglich festgestellt werden, daß unter den gegebenen Bedingungen die Flugzeugträger den Detonationen einiger Sprengbomben eines bestimmten Kalibers auf dem Flugdeck standhielten. Die Unsinkbarkeit und andere Faktoren der Standkraft lassen sich damit nicht einschätzen. Aus den Ereignissen wird deutlich, daß ein Faktor der Standkraft der Schiffe, die Brandsicherheit, auf einem relativ niedrigen Niveau stand. Völlig unbestritten ist, daß die Brandsicherheit der USA-Flugzeugträger eine ihrer schwachen Seiten ist. Bei nur drei Brandkatastrophen in etwas mehr als zwei Jahren (ORISKANY, FORRESTAL und ENTERPRISE), die bei weitem nicht die einzigen der Nachkriegsjahre waren, fanden über 200 Menschen den Tod, und ungefähr 225 trugen Verletzungen davon.

Die ENTERPRISE hatte die Spezialisten und die Führung der US Navy im Zusammenhang mit dem Brandschutz auf den Flugzeugträgern vor neue Fragen gestellt.

Brand auf dem Flugzeugträger USS INDEPENDENCE CVA-62

Im September 1969 ereignete sich auf dem Angriffsflugzeugträger USS INDEPENDENCE (1959, 76000t) ein Unfall. Beim Start eines Flugzeuges rissen sich zwei Zusatzkraftstofftanks los, die auf das Flugdeck des Flugzeugträgers aufschlugen. Die Kraftstofftanks zerplatzten, und der auslaufende Kraftstoff entflammte. Der Kraftstoffbrand konnte von einem Löschfahrzeug MB-5, das neben der Insel in Bereitschaft stand und sofort eingesetzt wurde, innerhalb von 48 Sekunden gelöscht werden. Das Schiff erlitt Beschädigungen, die aber dank der rechtzeitig eingeleiteten und erfolgreichen Brandbekämpfung, in Verbindung mit dem Einsatz neuer Brandbekämpfungstechnik, äußerst gering und damit unbedeutend waren.

Brand auf dem Flugzeugträger USS FORRESTAL CVA-59

Erneute Brände auf Angriffsflugzeugträgern machten nach einer verhältnismäßig kurzen Atempause das Jahr 1972 wiederum zu einem Unglücksjahr für die USA.

Nach Pressemeldungen der nordamerikanischen Seestreitkräfte brachen auf diesen Schiffen im Verlauf eines Jahres allein vier Brände, davon einige Großbrände, aus. Es ist anzunehmen, daß die Anzahl der Brände größer war, da bei weitem nicht alle an die Öffentlichkeit drangen. Von zwei Bränden wurden allein der Flugzeugträger USS Midway CVA-41 und von jeweils einem Brand die Flugzeugträger USS Forrestal CVA-59 und USS Saratoga CVA-60 betroffen.

Der Brand auf dem Flugzeugträger Forrestal brach kurz nach einer Werftliegezeit aus, die im Mai 1972 beendet worden war. Während der Werftliegezeit wurden neben anderen Modernisierungsarbeiten auf dem Flugdeck auch neue Gasstrahlabweiser angebracht. Andere Arbeiten sollten dem Brandschutz auf dem Schiff dienen. Kaum zwei Monate danach, am 10. Juli 1972, brach auf der Forrestal, die im Flottenstützpunkt Norfolk (USA, Bundesstaat Virginia) lag, ein relativ schwerer Brand aus. Das Feuer erfaßte große Teile des Schiffes, darunter auch die unteren Decks, dort kam es zu beträchtlichen Schäden. Brand- und Löschwassereinwirkungen beschädigten die an Bord befindlichen Computer, die einen Wert von einigen Millionen US-Dollar hatten. Wichtige Abteilungen des Flugzeugträgers und die Offizierskammern erlitten auch Beschädigungen. Die Wiederherstellung der Einsatzbereitschaft nahm ungefähr drei Monate in Anspruch. Genaue Angaben drangen nicht an die Öffentlichkeit.

Einer offiziellen Verlautbarung zufolge soll der Unfall durch Brandstiftung eines Matrosen der Flugzeugträgerdivision ausgelöst worden sein. Es ist schwer zu sagen, ob das die wahre Ursache war.

Brände und Explosionen auf Linienschiffen, Kreuzern und Zerstörern

Explosion in einem Geschützturm des Linienschiffes USS MISSISSIPPI BB-41

Während eines Übungsschießens vor der kalifornischen Küste kam es am 12. Juli 1924 auf dem Linienschiff USS Mississippi BB-41 (1917, 38000t) im 35,6-cm-Drillingsturm Nr. 2 zu einer Explosion.

Im Ladungsraum des rechten Rohres waren vom vorangegangenen Schuß glühende Pulverteilchen der Treibladung zurückgeblieben, die die neu angesetzte Kartusche bei noch nicht geschlossenem Verschluß entzündete.

Bei der Explosion fanden 49 Mann den Tod, neun wurden verletzt. Vier Stunden später entlud sich «rein zufällig» das linke Rohr desselben Turmes, wobei es nochmals zehn Verletzte gab. Ensprechend einer Erklärung des Seegerichtes der US Navy war das ungenügende Durchblasen des Rohres mit Preßluft und der dadurch von Verbrennungsrückständen nicht vollständig gereinigte Ladungsraum des Rohres die Ursache, die schließlich zur Explosion führte.

Das Schiff lief nach dem Vorfall in die San Pedro Bay vor Los Angeles, wo ein Lazarettschiff die Verletzten und Toten übernahm. Nachdem das Schiff geankert hatte, löste sich kurze Zeit später wiederum «unbeabsichtigt» aus einem noch nicht freigeschossenen Rohr eines Hauptkaliberturmes ein Schuß, wobei die Granate fast einen in unmittelbarer Nähe vorbeilaufenden Passagierdampfer getroffen hätte. Zur Vermeidung weiterer Unglücksfälle erhielt das Linienschiff den Befehl, in die offene See abzulaufen.

Im Zusammenhang mit den Ereignissen auf dem Linienschiff MISSISSIPPI veröffentlichte die US Navy Angaben über ähnliche Explosionen auf eigenen und ausländischen Kriegsschiffen über einen Zeitraum von zwanzig Jahren (1904 bis 1924). Diesen Angaben zufolge kam es während dieser Zeit der Anzahl nach zu folgenden Munitionsexplosionen auf Kriegsschiffen: USA – 5; Großbritannien – 5; Japan – 8; Frankreich – 3; Italien – 2; Rußland – 1; Brasilien – 1, insgesamt 25. Den Explosionen fielen zum Opfer auf Schiffen der USA – 120 Mann; Großbritanniens – 2318 Mann; Japans – 1529 Mann; Frankreichs – 416 Mann; Italiens – 633 Mann; Rußlands – 216 Mann; Brasiliens – 212 Mann.

Zum eigenen Trost wurden diese Angaben herangezogen und daraus abgeleitet, daß in der US Navy bedeutend weniger Seeleute ums Leben gekommen sind als in anderen Flotten. Zu dieser Statistik und den daraus abgeleiteten Schlußfolgerungen sind einige Bemerkungen notwendig:

1. Vorangegangene Explosionen in den Hauptkalibertürmen auf den Linienschiffen der US Navy forderten weitaus weniger Opfer als auf der MISSISSIPPI, z. B. fanden bei den Explosionen in Geschütztürmen der Linienschiffe USS KEARSARGE (1906) und USS GEORGIA (1907) jeweils sechs Mann den Tod, auf der USS MISSOURI (1904) kamen 31 Mann um. Die MISSISSIPPI hielt also einen bedauerlichen Rekord.
2. Folgendes Bild ergibt sich beim Vergleich mit den Flotten anderer Länder.
   In der Kaiserlich-Japanischen Flotte gab es bei Turmexplosionen auf den Linienschiffen KASHIMA (1907) und HYUGA (1919) sowie auf dem Schlachtkreuzer HARUNA (1920) jeweils 18, 12 und fünf Tote.
   Bei der Explosion in einem Geschützturm des Kreuzers LATOUCHE-TREVILLE im Jahre 1908 beklagte die französische Kriegsflotte 13 Tote.

Das Linienschiff MISSISSIPPI hält also den Rekord. Bei diesen Vergleichen handelt es sich ausschließlich um Verlustzahlen, die von Explosionen in den Hauptkalibergeschütztürmen herrühren. Was die anderen Zahlen betrifft, so beziehen sich diese auf Explosionen der in den Munitionsräumen gelagerten Munition. Derartige Explosionen setzen natürlicherweise große Energien frei, die in der Regel zum Totalverlust der betroffenen Schiffe führten. Aus diesem Grunde muß auch die Zahl der Opfer unweigerlich um ein Vielfaches größer sein. Bei einem Vergleich ist es daher unzulässig, die Verluste solcher Explosionen mit denen in Geschütztürmen zu vermischen, da bei letzteren weniger schwere Folgen auftraten. Explosionen in Geschütztürmen führen größtenteils zur Beschädigung oder Zerstörung des betroffenen Turmes. Dies kostet möglicherweise die Turmbesatzung das Leben. Im Gegensatz dazu führt eine Munitionsexplosion in Munitionsräumen zu schweren Beschädigungen oder zum Verlust des gesamten Schiffes. Bei derartigen Fällen gehen die Verluste in die Hunderte und können die Tausend erreichen. Damit bestätigt sich erneut die altbekannte Tatsache, daß eine Statistik eine sehr delikate Angelegenheit ist.

Im Falle der MISSISSIPPI erhebt sich dennoch die Frage, wie die besonders hohen Verluste bei der Explosion im Geschützturm zu erklären sind. Die Antwort auf diese Frage gibt wieder das Seegericht der US Navy. Demzufolge befanden sich im betroffenen Turm eine Reihe nicht zur Bedienung gehörender Personen, Beobachter, wie es hieß. Die große Anzahl von Menschen erschwerte das schnelle Verlassen des Turmes, und so kam es zu diesen vielen Opfern. Die in anderen Bereichen des Turmes aufgetretenen Beschädigungen und Verluste sind höchstwahrscheinlich auf das nicht mehr rechtzeitige Schließen der Sicherheitsschotten über dem Umladetisch zurückzuführen, wodurch sich Kartuschen entzünden konnten.

Folglich müssen die wahren Gründe, die zu den verhältnismäßig hohen Menschenverlusten bei diesem Unfall geführt hatten, in der unzulänglichen Dienstorganisation an Bord und in den nicht ausgereiften technischen Konstruktionen in den Geschütztürmen der Mississippi gesucht werden.

Isolationsbrand auf dem Leichten Kreuzer EMDEN

Beim Bau des deutschen Leichten Kreuzers Emden (1925, 7 000 t) kam es im Verlauf des Jahres 1925 zu mehreren Bränden, deren Ursachen über längere Zeit unbekannt blieben. Nach einem dieser Brände konnte schließlich festgestellt werden, daß sich die Raumisolation zwischen dem hinteren Querschott eines Kesselraumes und dem in etwa 30 Zentimeter Abstand befindlichen Querschott der angrenzenden Räume nach dem Anschweißen eines Rohrflansches enzündet hatte und weiterbrannte. Als

Leichter Kreuzer EMDEN

Isolationsmaterial diente ein Korkersatz. Dieser besaß die Eigenschaft, sich bei 320 °C ohne besondere Sauerstoffzufuhr selbst zu entzünden. Versuche sollten dieses Problem lösen. Dazu fertigte man zwei Modelle der Schottwände von je einem Quadratmeter Fläche in sonst gleichen Abmessungen an. Das eine Modell wurde mit Kork (Zündwert bei 520 °C) und das andere mit Korkersatz ausgefüllt. Nach der Untersuchung konnte folgende interessante Feststellung gemacht werden: Beim Anschweißen eines 120-mm-Flansches auf die Modelle entzündeten sich beide Isolationsstoffe. Beim Modell mit Korkfüllung endete der Brand in dem Augenblick, in dem das Schweißen beendet wurde. Ein anderes Verhalten zeigte der Korkersatz. Dieser brannte weiter, und innerhalb kurzer Zeit war die gesamte Isolierung verbrannt.

Explosion in einem Geschützturm des Schweren Kreuzers H.M.S. DEVONSHIRE

Der britische Schwere Kreuzer H. M. S. DEVONSHIRE (1927, 14 000 t) befand sich am 26. Juli 1929 im Mittelmeer, als auf ihm ein 20,3-cm-Geschützturm explodierte. Der Kreuzer gehörte zum LONDON-Typ. Die britische Admiralität hat dazu folgende Erklärung abgegeben:

Der Kreuzer führte am genannten Tag Gefechtsschießen durch. Dabei trat an einem der 20,3-cm-Rohre ein Zündversager auf. In der Annahme, der Schuß sei erfolgt, öffnete der Verschlußkanonier – offensichtlich durch das gleichzeitige Abfeuern der anderen Rohre des Turmes einer Selbsttäuschung erlegen – den Verschluß, damit das Rohr erneut feuerbereit gemacht werden konnte. Höchstwahrscheinlich war der Fehler in diesem Augenblick bemerkt worden, denn man versuchte, den Verschluß sofort wieder zu schließen. Es war aber schon zu spät. Die Kartusche detonierte, riß den zum Teil geschlossenen Verschluß heraus und entzündete die aus den Munitionsräumen geförderte und für die nächsten Salven im Turm bereitgestellte Munition, was zu einer Explosion führte.

Vom Bedienungspersonal des Turmes fanden bei der Explosion 17 Mann den Tod, neun wurden schwer verletzt.

Der Turm wurde zerstört, und der Kreuzer mußte zur Reparatur einen Stützpunkt in Großbritannien anlaufen.

Schwerer Kreuzer DEVONSHIRE

Explosion einer Bombe auf dem Leichten Kreuzer H. M. S. VINDICTIVE

Am 30. Juli 1929 kam es auf dem britischen Leichten Kreuzer H. M. S. VINDICTIVE (1918, 11 500 t) zu einer «geheimen» Explosion. Damals deshalb als geheim bezeichnet, weil die britische Admiralität ihre Ursachen und Folgen nicht zu veröffentlichen wünschte. Kurze Zeit später, im August, fand über diesen Vorfall eine Gerichtsverhandlung statt. Das Urteil drang an die Öffentlichkeit, und folgender Sachverhalt wurde bekannt:

Die Explosion ereignete sich bei der Vorbereitung spezieller Bomben, die anläßlich der Woche der Royal Navy für Feuerwerks- und Demonstrationszwecke dienen sollten. An den Folgen der Explosion starb ein Matrose, zwei weitere erlitten Verletzungen. Der ums Leben gekommene Matrose hatte eine Bombe mit einer neuen Ladung versehen. Anstelle der Zündkapsel baute er den Bombenzünder ein, dabei kam es zur Detonation.

In das Verfahren wurde der für die Munitionsausgabe auf dem Kreuzer verantwortliche Leutnant als Beteiligter einbezogen und angeklagt,

a) den Schlüssel zum Munitionsraum, in dem die Bomben lagerten, einem Besatzungsangehörigen gegeben zu haben, obwohl dieser nicht berechtigt war, diesen Raum ohne Begleitung einer befugten Person zu betreten;
b) die Erlaubnis zur Verwendung des Bombenzünders erteilt zu haben, ohne die Zulässigkeit für den beabsichtigten Einsatz zu überprüfen;
c) eine Meldung über die Entnahme einer Bombe aus dem Munitionsraum nicht erstattet zu haben.

Der Leutnant wurde in allen Anklagepunkten für schuldig befunden. Er erhielt einen «strengen Verweis» und wurde aus der Royal Navy entlassen. Abschließend stellte das Gericht fest, daß auf dem Kreuzer «ungewöhnliche Zustände» bezüglich des Zugangs zu Schlüsseln und zu den Munitionsräumen geherrscht hätten.

Schmierölbrände auf dem Zerstörer BRUNO HEINEMANN (Z 8)

Der deutsche Zerstörer BRUNO HEINEMANN (Z 8) (1936, 3 100 t) [19] befand sich am 29. Dezember 1939 in See. Während der Fahrt kam es an Bord zu zwei Schmierölbränden.

Der erste Brand brach im Maschinenraum 1 aus, als plötzlich die Asbest- und Glasfaserisolierung der Mitteldruckturbine brannte. Aus dem vorderen Lager der Turbine herausgeschleudertes Schmieröl bei Fahrtstufen des Zerstörers von mehr als 21 Knoten war die Brandursache. Das herausgeschleuderte Schmieröl gelangte unter die Blechverkleidung der Turbine, sickerte durch die Wärmeisolierung und entzündete sich dann beim Auftreffen auf das heiße Turbinengehäuse. Die Wärmeisolierung wurde dabei beschädigt. Der Brand konnte mit den an Bord befindlichen Brandbekämpfungsmitteln von der Besatzung gelöscht werden. Zur Verhinderung weiterer Brände war zunächst eine Begrenzung der Fahrtstufe auf maximal 21 Knoten notwendig.

Der gleiche Brand mit den gleichen Ursachen und Ausmaßen trat danach auch an der Mitteldruckturbine im Maschinenraum 2 auf.

Zerstörer BRUNO HEINEMANN

Heizölbrand auf dem Zerstörer ANTON SCHMITT (Z 22)

Am 25. Januar 1940 befand sich der deutsche Zerstörer ANTON SCHMITT (Z 22) (1938, 3 100 t) [20] in See. Spät in der Nacht brach im Kesselraum 1 ein Brand aus. Beim Umpumpen von Heizöl trat aus einer durch den Kesselraum führenden Heizölleitung Heizöl aus, welches sich an einer Hilfszudampfleitung entzündete.

Das auslaufende Heizöl entflammte unter starker Rauchentwicklung in der Nähe des Kesselfahrstandes. Das Kesselpersonal verließ daraufhin den Kesselraum, und nachdem es diesen hermetisch abgeschlossen hatte, erfolgten kurz danach im brennenden Kesselraum zwei Explosionen.

Über Ferngestänge waren inzwischen die Kessel und die im Kesselraum befindlichen Hilfsmaschinen von Oberdeck aus abgestellt worden – bei gleichzeitiger Aufnahme der Brandbekämpfung.

Bei der Brandbekämpfung waren das Seewasserfeuerlöschsystem sowie die Dampf- und Gasfeuerlöschanlage eingesetzt. Durch diesen konzentrierten Einsatz konnte der Brand innerhalb einer Stunde bis auf Restbrände gelöscht werden.

Nach dem Öffnen der Zugänge zum Kesselraum setzten die mit Atemschutzgeräten ausgerüsteten Angehörigen des Schiffssicherungszuges noch Schaumfeuerlöscher für die Bekämpfung der Restbrände ein.

Die Hitze und der fast undurchdringliche Qualm gestatteten ihnen jedoch keinen längeren Aufenthalt in diesem Raum. So konnte erst nach drei Stunden mit den Sicherungs-und Aufräumungsarbeiten begonnen werden.

Infolge des Brandes trugen die elektrotechnischen Ausrüstungen, das Rohrleitungssystem, die Isolierungen und die Leichtmetallkonstruktionen im Kesselraum erhebliche Beschädigungen davon.

Die Wiederinstandsetzungsarbeiten machten eine Werftaufnahme erforderlich, die bis Ende März dauerte.

Zwei Angehörige des Kesselpersonals wurden bei diesem Brand verletzt.

Bei den zur Ermittlung der Brandursache geführten Untersuchungen konnte eine Reihe von Unzulänglichkeiten an den stationären Feuerlöschanlagen ermittelt werden, so z. B. einzelne defekte Pumpen und eine ungenügende Befestigung der Ventilstopfbuchsen.

In einem funktionssicheren und einsatzklaren Zustand befanden sich die Hand- und Tornisterfeuerlöschgeräte.

Aus diesem Seeunfall können zwei Hauptlehren gezogen werden:

1. Es muß jederzeit aufmerksam die Dichtigkeit des Kraftstoffleitungssystems kontrolliert werden.
2. Es sind ständig alle an Bord vorhandenen Mittel und Anlagen zur Brandbekämpfung im einsatzklaren Zustand zu halten, damit sie in einer möglichen Seeunfallsituation sofort eingesetzt werden können.

Brand im Gebläseraum des Zerstörers Z 24

Am 27. Dezember 1940 brach auf dem deutschen Zerstörer Z 24 (1939, 3 100 t) [21] ein Brand aus. In dem über dem Kesselraum 3 liegenden Gebläseraum fingen dort lagernde elektrische Ausrüstungen und Kabel Feuer. Der Brandausbruch wurde zuerst am dichten Rauch erkannt, der aus den Raumlüftern drang. Den zur Brandbekämpfung eingesetzten Besatzungsangehörigen gelang es, nur mit Sauerstoffgeräten in den heißen Gebläseraum einzudringen. Sie bekämpften zunächst den Brand mit Gashandfeuerlöschern. Das blieb jedoch fast wirkungslos. Erst mit dem Seewasserfeuerlöschsystem gelang es ihnen, den Brand in weniger als einer Stunde zu löschen.

Die Ursachenermittlung führte zu folgendem Ergebnis:

Die im Gebläseraum lagernden Kabel und anderen Ausrüstungen hatten sich an dem durch den Gebläseraum führenden Rauchabzugsrohr des Kombüsenherdes entzündet. Das Rauchabzugsrohr erhitzte sich bei unsachgemäßer Bedienung der Brenner des Herdes in der Kombüse bis zur Rotglut, obwohl die Führung des Rauchabzugsrohres durch die Trennwand zwischen Kombüse und Gebläseraum zur besseren Isolation doppelt mit Schamottefüllung ausgelegt war. Der Brand vernichtete einen Teil der im Gebläseraum lagernden Kabel sowie elektrische Ausrüstungen und beschädigte die durch den Gebläseraum führenden Kabelbahnen. Diesem Seeunfall wurde besondere Beachtung geschenkt, da es zu dem Brand schon zwei Monate nach der Indienststellung des Zerstörers gekommen war.

Folgende Schlußfolgerungen zog man aus diesem Brand:

1. Kabel und elektrische Ausrüstungen dürfen nur in dafür vorgesehenen speziellen Lasten gelagert werden.
2. Einbau einer Vorrichtung zur Begrenzung des Brennstoffzulaufes zu den Brennerdüsen der Herde in der Kombüse, um eine Überhitzung, die zu einem Brand im Rauchabzug führen kann, zu verhindern.
3. Verstärkung der Isolation an der Führung des Rauchabzuges durch die Trennwand zwischen Kombüse und Gebläseraum.

Brand auf dem Schlachtschiff TIRPITZ

Am 15. Juli 1941 brach kurz nach der Indienststellung des deutschen Schlachtschiffes TIRPITZ (1936, 53000 t) [22] an Bord im Lagerraum für Tonfilme ein Brand aus. Dem unbedeutend erscheinenden Brand wurde anfangs keine große Bedeutung geschenkt. Bald aber, wie sooft bei derartigen Fällen, entwickelte sich daraus eine äußerst komplizierte Lage. Wegen der starken Rauch- und Qualmentwicklung gelang es der Besatzung nicht, rechtzeitig Schotten und Luken in der betroffenen Abteilung zu schließen, so daß der Brand auf die angrenzenden Räume übergreifen konnte. Er erfaßte die Räume des Batterie- und des Wohndecks. Ein Aufenthalt in vielen Bereichen dieser Decks, im Steuerbordturbinenraum und im Schiffssicherungsleitstand war ohne Gasmaske und Atemschutzgerät unmöglich geworden. Da die Beleuchtung ausgefallen war, konnte in einer Reihe von Räumen kaum noch etwas gesehen werden. Auch die Brandbekämpfung wurde sehr spät aufgenommen.

Die Besatzung des Schlachtschiffes war schon zu diesem Zeitpunkt nicht mehr in der Lage, den Brand mit eigenen Mitteln unter Kontrolle zu bringen und zu löschen.

Zu ihrer Unterstützung mußte die Feuerwehr der Werft, in der das Schiff noch lag, angefordert werden. Während dieser Zeit verstärkte sich der Brand derart, daß einige im Brandbereich liegende Trennwände zu glühen begannen, einige leichte Trennwände zerschmolzen regelrecht. Der Brand wurde hauptsächlich mit dem Seewasserfeuerlöschsystem bekämpft, wodurch sehr viel Löschwasser in das Schiffsinnere gelangte. So stand das Löschwasser im Batteriedeck etwa zehn Zentimeter hoch.

Als Brandursache wurde in Betracht gezogen:

Beim Umspulen der Filmrollen hatte sich das leichtbrennbare Filmmaterial durch Schleifen und Reiben an der Umspulvorrichtung entzündet.

Eine andere Annahme geht davon aus, daß der Film beim Umspulen durch einen Wollfilz geführt wurde, sich durch die Reibung erhitzte und schließlich entflammte.

So oder so, verbrannte oder unbrauchbar gewordene Filmvorführgeräte einschließlich des gesamten Filmmaterials des Schiffes waren die Folgen des Brandes. Beschädigt wurden viele Kabel, elektrische Ausrüstungen, Nachrichtentechnik, Werkstätten und Hilfsmechanismen. In zwei Decks waren die Räume erheblich in Mitleidenschaft gezogen worden, ebenso einige Konstruktionen des Schiffskörpers und Anlagen des Schiffes.

Schlachtschiff TIRPITZ der ehemaligen faschistischen deutschen Kriegsmarine

Das erst neu in Dienst gestellte Schlachtschiff, auf das die faschistische Führung große Hoffnungen zur Durchsetzung ihrer militärischen Machtbestrebungen gesetzt hatte, mußte für eine längere Zeit wieder in die Werft.

Der Brand auf der TIRPITZ führte zu einigen Schlußfolgerungen, die den Brandschutz auf dem Schiff verbessern sollten. In mehreren Abteilungen des Schiffes wurden zusätzlich Feuerlöschmittel aufgestellt. Gleichzeitig erachtete man es als notwendig, die Organisation des Brandschutzes auf dem Schiff insgesamt zu verbessern. Es wurden Richtlinien erarbeitet und in Kraft gesetzt, nach denen auf den Schiffen eine zweckmäßigere und sichere Lagerung des Filmmaterials gewährleistet werden sollte und sich Besatzungsangehörige, die Filmvorführgeräte bedienten, einer speziellen Ausbildung als Filmvorführer zu unterziehen hatten.

Verlust von drei Zerstörern durch Explosionen und Brände

Auf dem im Horsfjärden (Gebiet der Stockholmer Schären), dem Stützpunkt der schwedischen Zerstörerflottille, liegenden Zerstörer 5 GÖTEBORG (1935, 1200 t) kam es am 17. Februar 1941 zu einer folgenschweren Explosion. Unterschiedlichen und zum Teil ungenauen Angaben zufolge explodierte auf der GÖTEBORG der Steuerbordkessel. Mit der Explosion entwickelte sich sofort ein gewaltiger Heizölbrand, der sich schnell auf die neben der GÖTEBORG liegenden Zerstörer 3 KLAS HORN und 4 KLAS UGGLA (Schiffe gleichen Typs 1930, 1050 t) ausbreitete.

Infolge der Explosion und des sich unmittelbar danach entwickelnden Großbrandes wurden alle drei Schiffe zerstört. Von den Zerstörerbesatzungen fanden 31 Mann den Tod und 11 wurden verletzt.

Das vierte Schiff der Flottille, der Zerstörer 6 STOCKHOLM, ein Schwesterschiff der GÖTEBORG, befand sich während der Katastrophe im Patrouillendienst auf den Ansteuerungen zum Stützpunkt. Das war sicherlich seine Rettung, denn gewöhnlich lagen im Stützpunkt alle vier Schiffe der Zerstörerflottille im Päckchen.

Außer den drei Zerstörern brannte ein in der Nähe liegendes Hilfsschiff der königlich-schwedischen Flotte, das den Besatzungen als Wohnschiff diente, aus und sank. Einzelheiten über die Katastrophe, die dem Königreich Schweden einen großen Schaden zugefügt hatte, drangen nicht an die Öffentlichkeit.

Auch das war eine der vielen Kriegsschiffkatastrophen während des zweiten Weltkrieges, die nicht auf die Einwirkung gegnerischer Gefechtsmittel zurückzuführen waren.

Zerstörer GÖTEBORG

Heizölbrand im Kesselraum des Torpedobootes T 1

Mit den Kesseln unter Dampf lag am 27. Oktober 1943 das deutsche Torpedoboot T 1 (1937, 1100 t) [23] in der Werft. Plötzlich stand die Frontseite eines Kessels im Kesselraum 2 in Flammen. Der Entstehungsbrand konnte verhältnismäßig schnell durch das Kesselpersonal mit Gashandfeuerlöschern gelöscht werden. Beim wiederholten Anfahren der Hilfsmechanismen traten erneut an beiden Seiten des Kessels Flammen mit starker Rauchentwicklung auf. Daraufhin wurde der Kesselraum vom Bedienungspersonal verlassen und die Kessel von Oberdeck aus über die Ferngestänge abgestellt. Ein anschließender Versuch, mit Sauerstoffgeräten wieder in den Kesselraum einzudringen, blieb auf Grund der im Raum herrschenden hohen Temperaturen erfolglos. Mit Unterstützung der Werftfeuerwehr konnte der Brand schließlich gelöscht werden.

Als Brandursache wurde die Entzündung von Heizöl an den heißen Kesselwänden ermittelt. Beim Umpumpen von Heizöl spritzte aus einem nicht verschlossenen Peilrohr eines Bunkers Heizöl in den Kesselraum, welches sich an den heißen Metallteilen entzündete. Durch den Brand traten an den durch den Kesselraum führenden Kabelbahnen Beschädigungen auf, die zum Ausfall der Beleuchtung, des Kreiselkompasses, des Munitionsaufzuges und einer Reihe anderer wichtiger Aggregate für die Bewaffnung und Technik führten. Durch diese Schäden fiel das Schiff aus. Zur Wiederherstellung der Einsatzbereitschaft wurde eine Werftreparatur notwendig.

In Auswertung dieses Brandes und zur Erhöhung des Brandschutzes auf dem Schiff entschloß man sich, den Heizölleitungsstrang einschließlich der Peilrohre möglichst weit entfernt von sogenannten heißen Stellen zu verlegen. Auch sollte die Anzahl der Brandbekämpfungsanlagen, die von Oberdeck aus bedient wurden, vergrößert werden.

Drei Brände auf dem Torpedoboot JAGUAR

Auf dem deutschen Torpedoboot JAGUAR (1928, 1000 t) [24] kam es im Januar 1944 innerhalb weniger Tage zu drei Bilgenbränden.

Der erste dieser Brände brach Neujahr 1944 unter dem Kessel 1 aus. Brandursache war die Entzündung von Heizöl, das in der Bilge zusammengelaufen war durch zu starke Wärmeabstrahlung des unteren Kesselteiles. Zur Ansammlung von Heizöl in der Bilge kam es durch eine undichte Heizölleitung.

Der Brand konnte verhältnismäßig schnell mit Schaumfeuerlöschgeräten und mit dem Seewasserfeuerlöschsystem gelöscht werden. Um ähnlichen Fällen vorzubeugen, wurde die undichte Stelle in der Heizölleitung beseitigt und die Bilge gesäubert.

Der zweite Bilgenbrand entstand vier Tage später ebenfalls wieder unter dem Kessel 1. Diesmal brach der Brand am unteren Rand der Frontseite des Kessels aus, ohne sich jedoch groß auszubreiten. Die durch die übermäßig stark erhitzten Luftschieber aufgetretene Strahlungswärme hatte zum Entflammen der in der Bilge befindlichen Heizölrückstände geführt. Mit dem Seewasserfeuerlöschsystem konnte dieser Brand ebenfalls schnell gelöscht werden, durch ihn traten nur unbedeutende Beschädigungen auf.

Als vorbeugende Maßnahmen wurde die Kesselmauerung ausgebessert und die Bilge nochmals sorgfältig gesäubert.

Schließlich kam es am 06. Januar 1944 unter dem Kessel 3 zum dritten Bilgenbrand. Der Brand entstand wenige Minuten nach dem Abstellen des Kessels. Wie auch beim ersten Brand war austretendes Heizöl die Ursache. Infolge der starken Erwärmung der Kesselunterteile entflammten wiederum die sich in der Bilge befindlichen Heizölreste.

Die Brandbekämpfung dauerte etwa eine Stunde. Eingesetzt waren das Seewasserfeuerlöschsystem und Schaumfeuerlöschgeräte. Auch in diesem Falle waren die Brandschäden bedeutungslos. Während der Werftliegezeit erhielt der Kessel eine neue Isolierung.

Die Häufigkeit gleichartiger Brände auf ein und demselben Schiff führte zu speziellen Untersuchungen an allen Kesselanlagen und an der Asbestwärmeisolation. Nach Untersuchungen wurde festgestellt, daß die Kesselanlagen und deren Wärmeisolation den technischen Anforderungen entsprachen und zufriedenstellend arbeiteten. Nun wurde als Brandursache ein übermäßiges Erhitzen der Ventile der Zerstäubereinrichtung angenommen. Zu ihrem besseren Schutz vor Kontakt- und Strahlungswärme erhöhte man die Sülle der Kesselmauerung. Diese Maßnahme erwies sich als völlig ausreichend, weil danach eine derart starke Erwärmung der Außenteile der Kessel nicht mehr auftrat.

Brand und Explosion auf dem Zerstörer Z 37

Am 30. Januar 1944 kollidierten zwei deutsche Zerstörer des Typs Z, die erst während des zweiten Weltkrieges gebaut worden waren, miteinander. Die zur Kollision führenden Umstände blieben unveröffentlicht. Dafür wurden aber die Beschädigungen und die Folgen für die Schiffe bekannt. Aus den Beschädigungen kann man schlußfolgern, daß der Zerstörer Z 32 die Steuerbordseite des Zerstörers Z 37 (1941, 3000 t) [25] in Höhe des achteren Torpedorohrsatzes, des E-Werkes und der Heizölbunker rammte. Dabei wurde die Außenhaut des Zerstörers durch den Steven von Z 32 aufgeschnitten. In der Mineneigenschutzanlage trat ein Kurzschluß auf, und aus einem der beschädigten Heizölbunker trat Heizöl aus, das sich an der bei der Kollision auftretenden Funkenbildung entzündete. Der entstehende Brand erfaßte fünf bis sechs Räume des Schiffes. In drei bis vier Räume drang durch das entstandene Leck zusätzlich Wasser ein.

Etwa eine Minute nach der Kollision detonierte der Gefechtskopf eines der im Rohrsatz befindlichen Torpedos. Die Feuerlöschmittel und -anlagen auf dem Achterschiff wurden fast vollständig zerstört, so daß zur Brandbekämpfung nur der vordere Strang des Seewasserfeuerlöschsystems und die Handfeuerlöscher des Vorschiffes eingesetzt werden konnten. Einige Räume und Gefechtsstationen mußten infolge des Brandes und der starken Rauchentwicklung von der Besatzung verlassen werden. In anderen Räumen löschte das durch die Lecks in das Schiffsinnere eindringende Wasser die entstandenen Brände.

Die Druckwelle des detonierenden Torpedogefechtskopfes hatte die Intensität des Brandes an Oberdeck gemindert. Die übrigen Rohre des Torpedorohrsatzes wurden durch die Besatzung ständig mit Löschwasser aus dem Seewasserfeuerlöschsystem besprüht und somit gekühlt, um weitere Detonationen der Gefechtsköpfe der noch in den Rohren befindlichen Torpedos zu verhindern. Aus Mangel an Feuerlöschschläuchen mußten zum Löschen kleinerer Brandherde an Oberdeck andere Mittel, einschließlich Pützen, verwendet werden.

Da die Kräfte und Mittel des Schiffes zur erfolgreichen Brandbekämpfung nicht ausreichten, mußte schließlich ein anderes Schiff zur Hilfeleistung angefordert weden. Nach ungefähr zwei Stunden gelang es, gemeinsam den Brand zu löschen.

Auf Grund der erlittenen Beschädigungen fiel das Schiff für einige Monate aus.

Auf Z 32 brach ebenfalls durch die bei der Kollision entstandene Funkenbildung in der Farbenlast ein Brand aus. Ein zweiter Brand entstand auf dem Vorschiff. Er wurde durch herumfliegende glühende Splitter von Z 37 und durch die auf diesem Schiff detonierende Flakmunition verursacht. Auch diese Brände konnten mit Unterstützung eines zu Hilfe gekommenen anderen Fahrzeuges gelöscht werden. Die zwei vorderen Abteilungen des Zerstörers waren beschädigt.

Explosion eines Hauptkaliberturmes des Schweren Kreuzers USS St. PAUL CA-73

Der Schwere Kreuzer USS St. Paul (1944, 17 450 t) nahm aktiv am Aggressionskrieg der USA in Korea teil. Am 21. April 1952, dem Tage der Katastrophe, verschoß die St. Paul mehr als 700 203-mm-Granaten ihres Hauptkalibers auf die schutzlose, friedliche Bevölkerung Koreas. In dem unter ihrem Beschuß liegenden Küstenstreifen befanden sich keine militärischen Objekte. Am 21.04. um 15.55 Uhr Ortszeit explodierte der Drillingsturm Nr. 1. Das Schiff war mit drei derartigen Drillingstürmen bestückt.

Einer offiziellen Erklärung des USA-Marineministeriums zufolge kam es zur Explosion durch sich entzündende Kartuschen. Unmittelbar nach der Explosion brach an Bord ein Brand aus, der mit Unterstützung anderer Schiffe gelöscht werden konnte. Die Explosion und der Brand beschädigten das Schiff schwer. Neben dem völlig zerstörten vorderen Drillingsturm waren auch an den schiffbaulichen Konstruktionen und an der Ausrüstung des Schiffes im Bereich des zerstörten Turmes Beschädigungen aufgetreten. 30 Mann der Besatzung fanden den Tod, eine weitaus größere Anzahl erlitt Verletzungen und Verbrennungen. Nach Übergabe der Verletzten und Toten an das angeforderte Lazarettschiff USS Haven AH-12 (1944, 15 640 t) lief der beschädigte Schwere Kreuzer zur Notreparatur in den nächsten japanischen Hafen ein, bevor in den USA die endgültige Instandsetzung und Wiederherstellung der vollen Einsatzbereitschaft erfolgte. Führende Kreise der USA schätzten diese Explosion als eine der größten Katastrophen ein, von denen die US Navy während des Koreakrieges betroffen worden war.

Auch in der amerikanischen Öffentlichkeit fand das Explosionsunglück große Beachtung. Fortschrittliche Kräfte in den USA nahmen dieses Ereignis zum Anlaß, um verstärkt die sofortige Beendigung des ungerechten Krieges des USA-Imperialismus gegen das koreanische Volk zu fordern.

Brand auf dem Zerstörer USS HOPEWELL DD-681

Obwohl der Fall Hopewell bisher als einmalig angesehen werden kann, lassen sich doch aus ihm einige Schlußfolgerungen ziehen.

Im Mai 1956 imitierte ein trägergestützter Jagdbomber vom Typ Skyraider während eines Flottenmanövers der USA-Marine einen Angriff auf ein Seeziel. Als Seeziel diente der Zerstörer USS Hopewell.

Die im Sturzflug angreifende Maschine konnte vom Piloten nicht mehr rechtzeitig abgefangen werden, so daß sich diese in das Deck des Zerstörers USS Hopewell DD-681 (1943, 2790 t) bohrte.

Der aus der zertrümmerten Maschine auslaufende Kraftstoff ergoß sich über das Oberdeck und lief zum Teil in das Innere des Zerstörers. Sofort nach dem Aufschlag der Maschine entwickelte sich ein Brand, dem zwei Besatzungsangehörige des Zerstörers zum Opfer fielen, weitere Angehörige der Besatzung wurden zum Teil schwer verletzt.

Der Pilot, der Bordschütze und der Funker der Maschine fanden bei diesem Sturzflug ebenfalls den Tod.

Nur mit Unterstützung der Zerstörer USS Yarnall DD-541 und USS Ingraham DD-694 gelang es, den Brand zu löschen und somit das Schiff vor dem sicheren Untergang zu bewahren. Die schweren Beschädigungen machten eine Werftaufnahme erforderlich.

Der Hopewell-Fall läßt Gedanken aus der Zeit des zweiten Weltkrieges wach werden, als sich japanische Kamikaze-Flieger mit ihren Maschinen auf USA-Kriegsschiffe stürzten. So im April 1945 unter anderem auf die Zerstörer USS Newcomb DD-486, USS Sigsbee DD-502 und USS Isherwood DD-520. Damals allerdings stürzten sich haßerfüllte Feinde auf die Schiffe. In diesem Fall war es aber ein eigenes Flugzeug.

Dieser Fall läßt eine unzureichende Ausbildung des fliegenden Personals und Mängel im Zusammenwirken darstellender Kräfte bei Übungen und Flottenmanövern erkennen.

Die Organisation des Zusammenwirkens hatte nur in der letzten Phase der Katastrophe Erfolg, als es galt, das schwer angeschlagene Schiff zu retten.

Brände und Explosionen auf Booten und Minenräumfahrzeugen

Untergang des Wachbootes VM V 3

Das finnische Wachboot VM V 3 (1931, 43 t), das zur Grenzsicherung eingesetzt werden sollte, sank an dem Tage, an dem die Erprobungen abgeschlossen und das Boot in Dienst gestellt worden war.

Folgende Umstände führten zum Untergang des Bootes. Nach der feierlichen Übergabe an die finnischen Seestreitkräfte lief das Boot am Abend des 10. Juni 1931 zu seiner ersten Fahrt aus Helsingfors (Helsinki) aus. Sieben Seemeilen südlich des Feuerschiffes Äransgrund [26] überlief es ein Motorboot.

Der Kollision folgte ein Kurzschluß im Maschinenraum des Wachbootes, der zu einem Brand führte. Auf Befehl des Bootsführers stieg die Besatzung in das inzwischen zu Wasser gebrachte Beiboot um und entfernte sich von ihrem brennenden Fahrzeug. Nachdem die Besatzung das Wachboot verlassen hatte, explodierte es kurz danach und sank.

Ausfall des Schnellbootes S 101

Am 24. März 1942 brach auf dem deutschen Schnellboot S 101 (1940, 86 t) ein Kombüsenbrand aus.

Nach dem Auffüllen des Tagesverbrauchstanks in der Kombüse entstanden vor dem Kochherd ungewöhnlich starker Rauch und Qualm, aus dem Flammen schlugen. Durch das Auffüllen des Tagesverbrauchstanks hatte sich der Druck in der Brennstoffzuleitung des Herdes derart erhöht, daß bei zu wenig zugeführter Verbrennungsluft die Flamme zurückschlug und den dabei außen am Herd herablaufenden Brennstoff entzündete.

Kurze Zeit nach der Aufnahme der Brandbekämpfung mit Handfeuerlöschern mußte die Kombüse infolge zu starken Qualmes verlassen werden. Im Anschluß wurde sie hermetisch abgeschlossen.

In der Annahme, der Brand sei erstickt, wurden die Lüfter der Kombüse wieder geöffnet, um den Rauch und den Qualm abziehen zu lassen. Einige Zeit später stellten Besatzungsangehörige im vorderen Teil des Bootes erneut Rauch und einen neuen Brand fest. Da die Besatzung nach dem Löschen des Kombüsenbrandes dem weiteren Geschehen in der Kombüse keine Beachtung mehr geschenkt hatte, konnte der Brand erneut ausbrechen, sich auf die angrenzenden Räume ausbreiten und gefährliche Ausmaße annehmen. Infolge dieses Brandes wurde der Bootskörper, die Festigkeit seiner Verbände einschließlich der Außenhaut und des Oberdecks stark in Mitleidenschaft gezogen. Das Boot fiel für den weiteren Einsatz bis zu seiner Wiederinstandsetzung aus.

Beschädigungen an Minenräumfahrzeugen des Typs M

Während der Monate April und Mai 1943 trat auf den deutschen Minenräumfahrzeugen vom Typ M – M 3121, M 3123, M 3127, M 3129 [27] – eine Serie von Bränden auf. Allein im Mai mußten 15 derartige Brände offiziell registriert werden.

In der Regel entstanden die Brände in den Maschinenräumen dieser Fahrzeuge. Dabei kam es natürlich nicht nur allein im Maschinenraum, sondern oft auch in den an den Maschinenraum angrenzenden Räumen zu Schäden. In einem Falle, bei M 3121, war es nicht möglich, den Brand mit eigenen Mitteln zu löschen, obwohl er mit großen Mengen von Wasser bekämpft wurde. Das führte bei diesem Fahrzeug jedoch zu einer zusätzlichen gefährlichen achterlichen Vertrimmung. Nur mit Unterstützung eines anderen Fahrzeuges, das seine Feuerlösch- und Lenzmittel einsetzte, konnte das Räumfahrzeug vor dem Untergang bewahrt werden.

Ursache der meisten Brände war die Entzündung von Kraftstoffdämpfen. Durch Undichtigkeiten im Kraftstoffleitungssystem floß Kraftstoff aus, der auf heiße Abgasrohre tropfte und verdampfte. Diese Kraftstoffdämpfe entzündeten sich schließlich. Das beruhte auf einer mangelhaften und unzweckmäßigen Montage des Motors in Verbindung mit einer schlechten konstruktiven Lösung des Verlaufs der Kraftstoffleitungen und Abgasrohre. Auch Bedienungsmängel können zu den Brandursachen gerechnet werden.

Eine andere Ursache waren herabfallende Schweißrückstände während der Schweißarbeiten an Bord.

Andere Brände traten infolge der ungenügenden Isolation der Rohrleitungen im Maschinenraum auf.

Zu einem besseren vorbeugenden Brandschutz auf diesen Räumfahrzeugen wurden konstruktive, technische und organisatorische Maßnahmen eingeleitet. Dazu gehörten eine veränderte Führung des Rohrleitungssystems, die qualitätsgerechtere Montage während der Bauzeit und nach Reparaturen und eine bessere Überwachung der Schweißarbeiten an Bord. Weiter wurden systematische Überprüfungen und eine ständige Überwachung der kraftstofführenden Systeme angewiesen.

Die Mehrzahl der so entstandenen Brände konnte durch die Besatzung der betroffenen Schiffe mit Schaum und der Seewasserfeuerlöschanlage gelöscht werden. Einige Brände griffen jedoch so schnell um sich, daß erhebliche Schäden an den Fahrzeugen auftraten.

Untergang des Minensuchbootes M 27

Als am 02. Dezember 1943 das deutsche Minensuchboot M 27 (1940, 600 t) die Leinen zum Auslaufen loswarf, brach an Bord ein Brand aus. Brandursache war die Entzündung von Kraftstoffdämpfen infolge eines Kurzschlusses im Maschinenraum. Fast gleichzeitig mit dem Brandausbruch erfolgte eine Explosion im dahinterliegenden Kraftstoffbunker, und die betroffenen Abteilungen liefen voll Wasser. Das Minensuchboot sank. Folgende Einzelheiten wurden bekannt:

Beim Starten eines Motors entflammte Kraftstoff, mit dem verschiedene Kabel und der Motor gesäubert worden waren. In kürzester Zeit stand der gesamte Motor in hellen Flammen. Die im Raum herrschende Konzentration von Kraftstoffdämpfen und die Kraftstoffrückstände, die durch Undichtigkeiten im unteren Teil der Schottwand in den Raum sickerten, begünstigten ein schnelles Umsichgreifen des Brandes, der sofort zur Explosion führte.

Brände in den Maschinenräumen der Schnellboote S 603 und S 604

In den ersten Monaten des Jahres 1944 traten auf den deutschen Schnellbooten S 603 und S 604 (1944, 86 t) [28] Brände in den Maschinenräumen auf.

So kam es am 22. Februar zu einem Brand auf S 603. Ursache des Brandes war eine ungenügende Zerstäubung des Kraftstoffes infolge überhitzter Einspritzdüsen, wodurch Kraftstoff über den Luftsammler in die Bilge floß. Die Mängel an den Düsen führten zur Entzündung des nicht zerstäubten, in die Bilge laufenden Kraftstoffes, was schließlich zu einem Bilgenbrand führte. Sofort nach Ausbruch des Brandes verließ das Maschinenpersonal den Maschinenraum und verschloß ihn luftdicht. Beim Wiedereinstieg stellte man eine hohe Konzentration von Abgasen im Raum fest, die beim Maschinenpersonal zu Erstickungserscheinungen und Brechreiz führten.

Der Maschinenraumbrand konnte durch die Besatzung mit eigenen Mitteln gelöscht werden. Das Boot wurde erheblich beschädigt.

Drei Wochen später brach auf demselben Boot ein zweiter Brand aus. Beim Start eines Motors kam es zu einer Explosion mit starker Rauch- und Flammenentwicklung. Schnell stand der gesamte Maschinenraum in Flammen. Ursache für diesen Brand war ebenfalls die Explosion von Kraftstoffdämpfen, die durch Funken des Zündkabels ausgelöst wurde. Die schnelle Ausbreitung des Brandes begünstigten Kraftstoffgase, die sich in der Bilge angesammelt hatten. Sie waren auf Grund der sehr hohen Außentemperaturen und durch das Abdecken des Bootes mit Tarnmatten entstanden. Dies hatte auch zu einer übermäßigen Erhöhung der Innenraumtemperaturen des Bootes geführt. Der Maschinenraum brannte vollständig aus. Das Boot mußte zu einer großen Reparatur in die Werft.

Der Brand auf dem Schnellboot S 604 war am 11. April 1944 in See ausgebrochen. Bei Aufnahme der Marschfahrt schlug plötzlich aus dem Vergaser eine Flamme, die die auf Grund ungenügender Durchlüftung im Maschinenraum angesammelten Gase entzündete. Der dabei auftretende starke Rauch und Qualm zwang das Maschinenpersonal, den Maschinenraum sofort zu verlassen, der dann hermetisch abgedichtet wurde. Der Brand konnte durch die Besatzung mit eigenen Mitteln gelöscht werden. Kabel und die Elektroausrüstung des Bootes hatten Schaden genommen.

Diese Brände führten zu folgenden Schlußfolgerungen:

1. Ständig ist für eine wirksame Durchlüftung der Maschinenräume und für trockene Bilgen zu sorgen!
2. Die Zündkabel der Motoren sind sorgfältig zu isolieren!
3. Die Brandbekämpfungsausrüstung auf den Schnellbooten ist zu verstärken!

Beschädigung von drei Räumfahrzeugen

Durch die Auswirkungen eines Brandes wurden drei britische Räumfahrzeuge beschädigt. Die Fahrzeuge lagen im Flottenstützpunkt Portsmouth.

Der Brand brach an Bord des Minenräumbootes H. M. S. BROADLEY (1955, 140 t) aus. Der Schiffskörper dieses Bootes war aus verschiedenen Schiffbaumaterialien hergestellt worden, wobei die Außenhaut aus Holz und die Verbände aus einer Aluminiumlegierung bestanden. Von diesem Boot aus griff der Brand auf die längsseits liegenden Räumboote H. M. S. BISHAM und H. M. S. ETCHINGHAM (gleicher Typ, 1954, 140 t) über, deren Schiffskörper aus Holz bestanden.

Die Besatzungen der drei Räumboote waren außerstande, den Brand mit den ihnen zur Verfügung stehenden Mitteln unter Kontrolle zu bringen. In der Nähe vor Anker liegende Schiffe konnten ebenfalls keine wirksame Unterstützung bei der Brandbekämpfung leisten. Erst am späten Abend gelang es dann der Feuerwehr, den Brand zu löschen. Bis zu diesem Zeitpunkt waren die Boote schon schwer beschädigt. Die Ursache, die zum Brandausbruch auf dem Räumboot BROADLEY geführt hatte, drang nicht an die Öffentlichkeit. Bekannt ist nur, daß der Brand an einer Stelle entstand, an der Plast als Isolationsmaterial verwendet worden war. Begünstigt wurde die Ausbreitung des Brandes durch die geringe Feuerbeständigkeit der zum Bootskörperbau verwendeten Materialien (Holz, Plast und Aluminium).

Brände und Explosionen auf Hilfsschiffen

Explosion des Transporters MONT BLANC (Halifax-Katastrophe)

Unser Jahrhundert mußte einige Schiffsexplosionen registrieren, die als Katastrophen mit verheerenden Ausmaßen und großen Verlusten an Menschen und Material in die Geschichte eingegangen sind. Sie können auch als die «Katastrophen des

Jahrhunderts» bezeichnet werden. Die erste dieser Katastrophen ereignete sich am 06. Dezember 1917 im kanadischen Hafen Halifax.

Obwohl die Halifax-Katastrophe bereits einige Jahrzehnte zurückliegt, ist sie auch heute noch von großer Aktualität.

Der erste Weltkrieg näherte sich seinem Ende. Auf den Seeverbindungswegen ging die Überführung von Kriegsmaterial vom amerikanischen zum europäischen Kontinent unvermindert weiter. Als Transporter wurden dabei die verschiedensten Schiffe herangezogen. Im vorliegenden Fall handelte es sich um den norwegischen Dampfer IMO (1889, 4633 BRT) und den französischen Frachtdampfer MONT BLANC (1899, 3121 BRT). Heutigen Maßstäben zufolge waren das keine großen Schiffe. Die Folgen ihrer Kollision aber waren gewaltig.

Im November 1917 hatte die MONT BLANC in New York eine volle Ladung Spreng- und Brennstoffe in ihre vier Laderäume verstaut. Die Ladung bestand aus 2300 Tonnen Pikrinsäure und 200 Tonnen (anderen Quellen zufolge 300 Tonnen) Trotyl.

Ausgehend davon, daß Pikrinsäure (Trinitrophenol) eine um 25% höhere Brisanz als Trotyl (Trinitrotoluol) besitzt, befanden sich damals in den Laderäumen der MONT BLANC mehr als 3000 Tonnen Sprengstoff Trotyläquivalent. Außerdem fuhr sie noch eine Decksladung von 35 Tonnen Benzol in Fässern und 10 Tonnen Pyroxylin. Mit dieser Ladung war die MONT BLANC äußerst explosionsgefährdet. Sie verlangte also eine dementsprechende «delikate» Behandlung. Die unbedingte Einhaltung aller Sicherheitsmaßnahmen und -vorkehrungen war eine Grundvoraussetzung für die bevorstehende lange Überfahrt von den USA nach Frankreich, für das die Ladung bestimmt war.

Die Überfahrt sollte in zwei Etappen erfolgen. Die erste führte von den USA nach Kanada und die zweite Etappe von dort nach Frankreich in einem Geleitzug.

Aus New York kommend, erreichte die MONT BLANC am Abend des 05. Dezember 1917 die Außenreede von Halifax, wo sie vor Anker ging. Zur Entgegennahme weiterer Order lief das Schiff am Morgen des darauffolgenden Tages befehlsgemäß nach Bedford. Es durchlief den Narrow-Kanal mit vier Knoten. Dabei passierte es den im Fahrwasser liegenden britischen Kreuzer H. M. S. HIGHFLYER in einem Abstand von etwa 100 Metern.

Fast zur gleichen Zeit wie die MONT BLANC ging sechs Seemeilen von der Außenreede entfernt die IMO Anker auf, um ebenfalls die Enge zu durchlaufen. Obwohl im Narrow-Kanal für Frachter eine maximale Geschwindigkeit von fünf Knoten vorgeschrieben war, lief die IMO sieben Knoten.

Die Sicht war an jenem Morgen ausgezeichnet. Niemand ahnte, daß sich unter diesen idealen Sichtbedingungen und bei den geringen Geschwindigkeiten der Schiffe der Vorsteven der IMO drei Meter tief in die Steuerbordseite der MONT BLANC bohren würde.

Bei der Kollision kam ein Teil der an Oberdeck lagernden Benzolfässer zu Schaden. Das aus ihnen auslaufende Benzol floß über Deck und von da in die mit Sprengstoff gefüllten Laderäume.

Jetzt genügte nur noch ein Funke!

Nach der Kollision entschloß sich der Kapitän der IMO, sein Schiff, das mit dem Vorsteven im Vorschiff der MONT BLANC steckte, mit einem Rückwärtsmanöver aus dem Kollisionsgegner herauszuziehen. Unter starkem Knirschen kam der Vorsteven der IMO dann auch frei. Durch die dabei auftretenden Reibungen der Metallteile der ineinander verkeilten Schiffe entstanden Funken, die das ausgelaufene Benzol zum Entflammen brachten. Der Brand erfaßte in kürzester Zeit das gesamte Vorschiff der MONT BLANC.

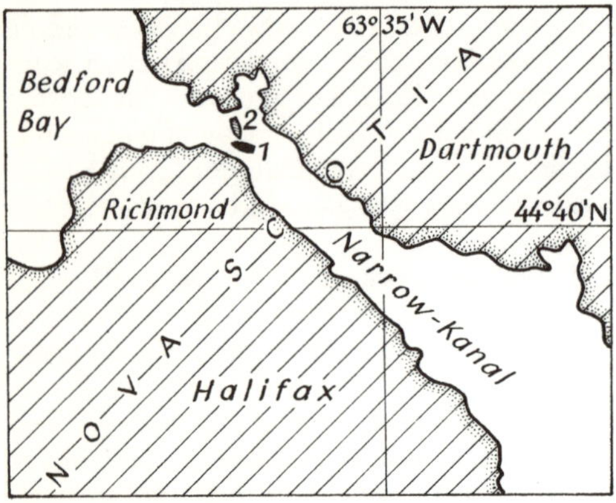

Explosion in Halifax. Ort der Kollision und Lage der Schiffe MONT BLANC (1) und IMO (2)

Feuerlöscher waren an Bord nicht vorhanden, und die Hydranten der Seewasserfeuerlöschanlage konnten nur vom Vorschiff aus bedient werden. Das aber stand in hellen Flammen. Zu diesem Zeitpunkt begannen nun auch noch die Benzolfässer zu explodieren, die bisher verschont geblieben waren. Dabei flogen die glühenden Teile der auseinanderberstenden Fässer über das Oberdeck des Transporters.

Zur Rettung des brennenden und nunmehr äußerst explosionsgefährdeten Schiffes gab es für den Kapitän nur zwei Möglichkeiten. Entweder zu versuchen, den Sprengstoff unter Wasser zu setzen, was bei Fahrt voraus durch das durch das Leck eindringende Wasser erreicht worden wäre, oder das Schiff zu versenken. Obwohl bei letzterer Entscheidung das brennende Schiff auch nicht hätte gerettet werden können, wäre doch die Explosion des an Bord befindlichen Sprengstoffes und damit die Zerstörung des Schiffes zumindest vermindert worden. Immerhin hätte durchaus noch die Möglichkeit bestanden, das Schiff dann zu einem späteren Zeitpunkt wieder zu heben. Weitaus wichtiger war aber in dieser Situation, die Zerstörung der im Umkreis um das Schiff liegenden Objekte sowie den Tod und die Leiden vieler Menschen zu verhindern. An all das hatte der Kapitän der MONT BLANC gedacht. Entscheiden konnte er sich aber für keine der beiden Möglichkeiten.

Inzwischen griff der Brand weiter um sich. Jetzt war an Bord eine derart komplizierte Lage entstanden, die unter der Besatzung zur Panik führte. Alle 40 Mann der Besatzung verließen eigenmächtig und überstürzt das Schiff. Der Kapitän folgte!

Mit dem zu Wasser gebrachten Rettungsboot des Schiffes versuchte die Besatzung mit dem Kapitän an der Spitze, so schnell wie möglich das Ufer von Dartmouth und damit einen sicheren Ort zu erreichen. Sie alle sahen eine gewaltige Explosion voraus.

Die in Rauch und Qualm gehüllte und von der Besatzung aufgegebene MONT BLANC driftete indes in Richtung der Piers von Richmond, dem nördlichsten Vorort von Halifax. Zu dieser Zeit hatte sich bereits eine große Menschenmenge auf der Uferstraße eingefunden. Das Vorschiff der brennenden MONT BLANC war inzwischen gegen die hölzerne Pier getrieben worden, von wo aus der Brand bereits auf einen naheliegenden Speicher übergriff. In dieser Situation unternahm der Schlepper PH STELLA MARIS den Versuch, das brennende Schiff von der Pier und vom Ufer wegzuziehen. Der Kommandant des in der Nähe liegenden Kreuzers HIGHFLYER sah die Bemühungen des Schleppers und entsandte zu seiner Unterstützung einen sechsriemigen Kutter mit Besatzungsangehörigen. Alle diese Bemühungen waren umsonst. In diesem Augenblick flog die MONT BLANC in die Luft.

Die Explosion erfolgte um 09.06 Uhr Ortszeit, 25 Minuten nach der Kollision. Es war eine gewaltige Explosion. Die Explosionsstärke des Sprengstoffes auf der MONT BLANC kann, um einen heutigen Vergleich zu ziehen, mit der Detonationsstärke einer kleinen Atombombe verglichen werden. Die Explosion zerlegte das Schiff regelrecht in eine Vielzahl brennender Einzelteile. Diese flogen auf große Entfernungen auseinander und schufen auf den im Hafen liegenden Schiffen und an Land neue Brandherde. Das Rohr der 10,2-cm-Kanone der MONT BLANC wurde später hinter dem Stadtteil Dartmouth aufgefunden. Teile der Verbände des Schiffes flogen einige Meilen weit, bis über die Stadtgrenze hinaus. Dabei fingen viele Objekte an Land Feuer oder wurden vernichtet. Die Eisenbahnbrücke stürzte ins Wasser. Zahlreiche Waggons und Lokomotiven wurden beschädigt. Viele Kriegs- und Handelsschiffe wurden zerstört oder beschädigt, ein Teil von ihnen wurde gegen das Ufer geworfen. Unter ihnen befand sich auch die IMO. Einigen Angaben zufolge soll sie später doch noch ihren Heimathafen Oslo erreicht haben. Im Hafen hatten sich zum Zeitpunkt der Explosion viele kleine Fahrzeuge und Boote befunden. Auch der Kreuzer HIGHFLYER war nicht verschont geblieben. Die Bordwände waren leicht eingedrückt, die Aufbauten und Masten stark zerstört worden. Auch der nicht weit von der explodierenden MONT BLANC entfernt liegende kanadische Kreuzer H. M. C. S. NIOBE wurde gegen das Ufer geworfen. Überall in Halifax brachen Brände aus. Stadt und Hafen boten ein Bild des Grauens und waren zur Hälfte zerstört.

Die Katastrophe forderte große Opfer. 2000 Tote, mehr als 2000 Vermißte und etwa 9000 Verletzte waren schließlich das furchtbare Ergebnis dieser Explosion. Ungefähr 25000 Menschen wurden in Halifax obdachlos. Den materiellen Schaden, den diese Katastrophe verursacht hatte, schätzte man auf runde 35 Millionen kanadische Dollar. In der Stadt brannte es einige Tage lang. Der vom Atlantik her über Halifax hinwegziehende Sturm tat das Seine und behinderte in starkem Maße die Rettungs- und Bergungsarbeiten.

Mit dieser Katastrophe mußte sich das Oberste Gericht Kanadas zweimal befassen.

Die erste Verhandlung wurde zehn Tage nach der Katastrophe eröffnet und dauerte zwei Monate. Im Urteilsspruch wurden der Kapitän und der Lotse der MONT BLANC wegen Verstoßes gegen die «Regeln zur Verhütung von Schiffszusammenstößen auf See» für schuldig befunden. Das Gericht forderte die Eröffnung eines strafrechtlichen Verfahrens gegen den kanadischen Lotsen und empfahl den französischen Behörden, den Kapitän der MONT BLANC, Le Medec, zu verurteilen. Nach der zweiten Verhandlung im März 1918 wurden der Kapitän und der Lotse auf freien Fuß gesetzt und ihre vollen Rechte wieder hergestellt.

Der Kapitän der IMO bekannte sich nicht schuldig, obwohl ihm, wie die Verhandlung ergab, von den kanadischen Behörden keine Verkehrserlaubnis für das Durchlaufen des Narrow-Kanals erteilt worden war.

Später entschied ein internationales Schiedsgericht, nachdem es die Klagen der

Reeder beider Schiffe geprüft hatte, daß beide Schiffe an der Kollision im gleichen Maße schuldig waren.

Nicht eine der Instanzen erklärte aber die zuständige militärische Hafenbehörde für schuldig oder zumindest säumig, da sie ihrerseits keine Maßnahmen für die Sicherheit der MONT BLANC eingeleitet und für andere Schiffe im Narrow-Kanal kein Fahrverbot während der Passage der mit so gefährlichen Gütern beladenen MONT BLANC erteilt hatte. So nutzte nicht nur die IMO, sondern auch noch ein USA-Frachter die fehlende Überwachung der Schiffahrt im Narrow-Kanal aus. Die Urteilssprüche in allen Verhandlungen berücksichtigten auch in keiner Weise den technischen Zustand der MONT BLANC, der bei dieser gefährlichen Ladung eine sichere Atlantiküberquerung überhaupt nicht möglich gemacht hätte. An Bord befanden sich nur wenig Brandbekämpfungsmittel, wobei diese nicht einmal einsatzklar waren. Schließlich wurden auch die falschen Handlungen der Besatzung der MONT BLANC, insbesondere die des Kapitäns, nach Ausbruch des Brandes überhaupt nicht erwähnt.

In diesem Zusammenhang muß an einen Fall erinnert werden, der sich 25 Jahre nach der Halifax-Katastrophe während des zweiten Weltkrieges ereignet hat. Es handelt sich hierbei um den sowjetischen Transporter STARY BOLSCHEWIK und um die Handlungen seiner Besatzung, vor allem die des Kapitäns. Im Februar 1942 lief die STARY BOLSCHEWIK von Murmansk nach New York aus (siehe Taradankin A. «Только один рейс» [«Nur eine Reise»] in «Nedelja» 1974, Nr. 47, S. 6–7). Nachdem der Dampfer Apatit und andere Güter in New York gelöscht hatte, begannen sofort die Beladearbeiten für die Rückreise. Im Verlauf einiger Tage übernahm der Dampfer 4000 Tonnen Sprengstoff und Munition, womit er zu einem Pulverfaß wurde. Drei Tage nach dem Auslaufen erreichte der Dampfer Halifax, von wo er am 11. April 1942 in einem Geleit die Fahrt über den Atlantik fortsetzte. Die Route führte über Großbritannien, wo das Geleit neu formiert wurde, nach Murmansk. Hier traf der Transporter am 30. Mai 1942 ein. Über die Schwierigkeiten und Gefahren, die während der Überfahrt von der Besatzung und vom Kapitän gemeistert wurden, soll berichtet werden.

Am 25. Mai, kurz vor dem Bestimmungshafen, wurde der Geleitzug (PQ 16) von einem Aufklärungsflugzeug der faschistischen deutschen Luftwaffe ausgemacht. Starke Fliegerkräfte des Feindes griffen daraufhin den Geleitzug an. Diese Angriffe setzten sich an den darauffolgenden Tagen bis zum Eintreffen in Murmansk fort. Die STARY BOLSCHEWIK wie auch andere Transporter und Kriegsschiffe der Geleitsicherung erlitten bei den Luftangriffen Beschädigungen. Am 27. Mai, als bei einem Angriff das Backdeck von einer Fliegerbombe getroffen wurde, wurde der Schiffskörper der STARY BOLSCHEWIK beschädigt, wodurch auch das vordere Geschütz des Dampfers ausfiel. Unter der Besatzung gab es Tote und Verwundete. Der Kapitän, I. I. Afanasew, erlitt eine Quetschung, wodurch er zeitweilig das Bewußtsein verlor. Auf dem Backdeck entstand ein Brand, der sich über den gesamten Dampfer auszubreiten drohte und die Gefahr einer Explosion heraufbeschwor. Unter Führung des Kapitäns nahm die Besatzung die Brandbekämpfung auf. Gleichzeitig ging es um die Erhaltung der Standkraft des Schiffes. Durch den Bombentreffer war die Ruderanlage ausgefallen, und die Hauptmaschine war beschädigt worden. Mit den noch einsatzklaren Waffen mußten die gegnerischen Flugzeuge abgewehrt werden. Noch am selben Tag konnte die Besatzung den Brand löschen. Damit war auch die Gefahr einer Explosion gebannt. Die Besatzung hatte sechs

Stunden den Brand bekämpft. Vom Mut der Besatzung soll noch das folgende Beispiel zeugen. Der Kommandant eines britischen Geleitzerstörers, der die Verletzten von der STARY BOLSCHEWIK übernahm, schlug im Namen des Chefs der Geleitsicherung der Besatzung des sowjetischen Schiffes vor, das Schiff aufzugeben und zu verlassen und zu ihm an Bord zu kommen. Auf diese Aufforderung antwortete I. I. Afanasew, indem er auch die Meinung seiner Besatzung zum Ausdruck brachte: «Danke für die Aufmerksamkeit. Wir werden den Brand löschen und mit eigener Kraft die Fahrt fortsetzen.»

Nach der Reparatur der Hauptantriebsanlage lief der Dampfer mit eigener Kraft als Einzelfahrer weiter. Während des Wiederaufschließens an das Geleit schoß die beschädigte STARY BOLSCHEWIK in Sichtweite der Transporter und der Kriegsschiffe der Geleitsicherung mit dem noch einzigen einsatzklar gebliebenen Geschütz ein faschistisches Flugzeug ab. Der Geleitzugführer setzte aus diesem Grunde das Signal *Gut gemacht!*, was auch die Transporter wiederholten. Danach setzte der Chef der Geleitsicherung, der Stunden zuvor das Schiff bereits aufgegeben hatte, den Spruch an den Dampfer STARY BOLSCHEWIK ab: *Glückwunsch, so konnten nur Russen handeln!*

Die STARY BOLSCHEWIK kehrte beschädigt und mit Verlusten unter der Besatzung nach Murmansk zurück. Das Schiff erfüllte seinen Auftrag. Für diese mutige Tat wurde der Kapitän des Militärtransporters STARY BOLSCHEWIK I. I. Afanasew mit dem Titel «Held der Sowjetunion» und mit dem britischen Titel eines «Ehrenoffiziers des Ordens des Britischen Empires für zivilen Kriegsdienst» ausgezeichnet und geehrt. Dieser Orden wurde ihm am 12. Januar 1943 persönlich vom König des Vereinigten Königreiches von Großbritannien und Nordirland, Georg VI., überreicht.

Kentern des Truppentransporters USS LAFAYETTE

Nach dem Überfall der Japaner auf Pearl Harbor (Hawaii), bei dem die USA-Pazifikflotte ihre größten Einheiten verlor, traten die USA in den schon über zwei Jahre andauernden zweiten Weltkrieg ein. Bereits vor dieser Zeit stand vor den Verbündeten das Problem des Seetransportes. Schiffsraum zur Überführung von Truppen und für den Transport der verschiedensten Versorgungsgüter in die überseeischen Kampfgebiete wurde dringend benötigt. Dies veranlaßte die USA-Regierung, das französische Passagierschiff NORMANDIE Mitte Dezember 1941, kurz nach dem Kriegseintritt der USA, zu requirieren. Beabsichtigt war, das seit Ausbruch des Krieges in New York liegende Schiff als Truppentransporter zur Überführung größerer Truppenkontingente einzusetzen.

Die NORMANDIE war in Frankreich gebaut worden. Sie war 1932 vom Stapel gelaufen, und 1935 hatte die Indienststellung stattgefunden. Das Schiff, mit 83 400 BRT vermessen, war der Stolz der französischen Zivilflotte. Es nahm für sich die Attribute des größten, schnellsten und schönsten Passagierschiffes der Welt in Anspruch.

Die Hauptabmessungen der NORMANDIE betrugen: Länge über alles – 314 Meter; Breite – 36,4 Meter; mittlerer Tiefgang – 11,2 Meter; Seitenhöhe bis zum Promenadendeck – 28 Meter. Von den 11 Decks des Schiffes waren sieben durchgehende Decks. Ihre turboelektrische Antriebsanlage erzeugte eine Leistung von 117,68 MW (160 000 PS), mit der das Vierpropellerschiff eine Spitzengeschwindigkeit von

Die NORMANDIE

30 Knoten erreichte. Außer der 1345köpfigen Besatzung, anderen Angaben zufolge 1285, konnten 1972 Passagiere an Bord genommen werden.

Großes Augenmerk wurde bei der Projektierung, wie auch während der Bauphase, auf die Brandsicherheit gelegt. So konnten die Forderungen nach einem höheren Brandschutz erst durch Neuentwicklungen und experimentelle Versuche verwirklicht werden. Allein diese Entwicklungsarbeiten und Versuche nahmen 13500 Stunden in Anspruch. Insgesamt fanden 435 experimentelle Versuche statt, wobei die Gesamtfläche des Versuchspaneels 1075 Quadratmeter betrug.

Die in das Projekt aufgenommenen und realisierten konstruktiven Brandschutzforderungen können in sechs Gruppen unterteilt werden.

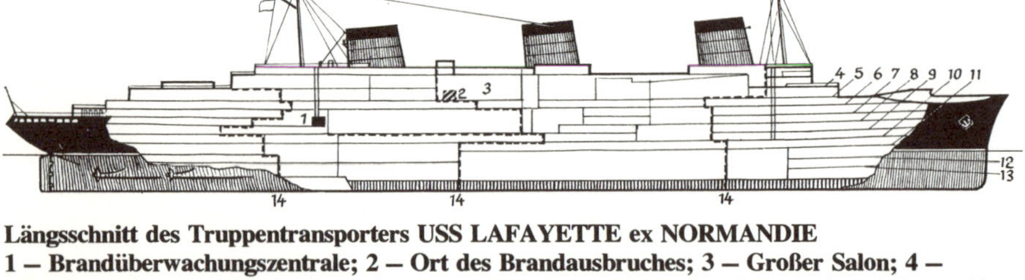

Längsschnitt des Truppentransporters USS LAFAYETTE ex NORMANDIE
1 – Brandüberwachungszentrale; 2 – Ort des Brandausbruches; 3 – Großer Salon; 4 – Bootsdeck; 5 – Promenadendeck; 6 – Hauptdeck; 7 – A-Deck; 8 – B-Deck; 9 – C-Deck; 10 – D-Deck; 11 – E-Deck; 12 – F-Deck; 13 – G-Deck; 14 – Feuerschotte zur Unterteilung des Schiffes in vier Brandabschnitte

Gruppe 1 – Feuerschotten

Durch diese Feuerschotten wurde das gesamte Schiff in vier Brandabschnitte und durch Trennwände in 126 Brandschutzzellen unterteilt.

Die Aufgabe dieser Brandabschnitte bestand darin, einen möglichen Brand auf einem relativ kleinen Raum zu lokalisieren und die Automatik der Anlagen und Ausrüstungen in jedem der vier Brandabschnitte sicherzustellen.

Nach der Baubeschreibung war die Feuerbeständigkeit der auf dem Schiff verwendeten Isolierungen so ausgelegt, daß diese eine Stunde lang einer Temperatur von 815 °C standhalten sollten. Das übertraf die Forderungen des «Internationalen Übereinkommens zum Schutz des menschlichen Lebens auf See – 1929».

Gruppe 2 – Verwendung nichtbrennbarer Materialien

Beim Bau des Schiffes wurde weitgehend nichtbrennbares Material, wie Stahl, Glas, Stein und Marmor, verwendet. Die Verwendung von Holz wurde auf ein äußerstes Minimum beschränkt. Dort, wo nicht auf Holz verzichtet werden konnte, erhielt es einen Asbestschutz und einen feuerbeständigen Anstrich.

Gruppe 3 – Schutz der Elektroausrüstung und der Lüftersysteme

Die Elektroanlagen waren so angeordnet, daß in jedem der vier Brandabschnitte eine vollständige autonome Stromversorgung möglich war. Die Kabel waren innerhalb geschlossener Metallkabelbahnen verlegt. Zum Schutz der stromführenden Netze waren z. B. thermische Schalter und Schmelzsicherungen verwendet worden. Jeder der vier Brandabschnitte enthielt ein eigenes unabhängiges automatisches Lüftungssystem, wobei die Lüfterkanäle nicht durch die feuer- und wasserdichten Schotten hindurchgeführt wurden.

Gruppe 4 – Brandwarnsystem

In allen Gesellschafts- und Wohnräumen sowie in den Kajüten befanden sich je eine Alarmanlage, zusätzliche Telefone und Handfeuermelder.

In den Kajüten waren außerdem automatische Feuermelder installiert. Insgesamt befanden sich 1 075 derartige Feuermelder auf dem Schiff.

Die Laderäume, Zwischendecks, Lasten und Stores waren mit Rauchmeldeanlagen ausgerüstet, die bei auftretendem Rauch optische und akustische Alarmsignale auslösten. Gleichzeitig waren diese mit den CO_2-Feuerlöschanlagen verbunden.

In einer Brandüberwachungszentrale liefen alle Signale der 43 Feuerrondengänger und das gesamte Signalsystem der Feuermeldeanlagen zusammen. Die Brandüberwachungszentrale war mit einer autonomen Telefonanlage mit 120 Anschlüssen ausgerüstet, die unabhängig vom Schiffstelefonnetz arbeitete.

Gruppe 5 – Feuerlöschanlagen

Wasser für die Seewasserfeuerlöschanlage

Es wurde von drei E-Pumpen mit einer Leistung von je 300 t/h und einem Druck von 0,98 MPa (10 kp/cm^2) gefördert.

Es waren so viele Seewasserfeuerlöschanschlüsse vorhanden, daß nach dem Herstellen des Verschlußzustandes in jeder wasserdichten Abteilung zwei derartige Anschlüsse genutzt werden konnten.

CO_2-Feuerlöschanlage für die Laderäume, Zwischendecks, Lasten und Stores
Sie hatte einen Gasvorrat, mit dem der größte Raum auf dem Schiff im Verlauf von weniger als zwei Minuten mit Gas gefüllt werden konnte.
Schaumfeuerlöschanlage
Sie diente zum Löschen von Kraftstoffbränden in Maschinen- und Kesselräumen.
Die Handfeuerlöscher verschiedener Typen.

Gruppe 6 – Einrichtung zur Evakuierung der Passagiere

Zu diesen Einrichtungen gehörten die Bullaugen, durch die das Schiffsinnere verlassen werden konnte, wenn alle Fluchtwege abgeschnitten waren, Leuchtfarbzeichen und anderes. Für die damalige Zeit war für die Schiffe dieser Klasse der Brandschutz auf der NORMANDIE beispielhaft. Das veranlaßte auch einige ausländische Spezialisten zu der Erklärung, daß die Möglichkeit eines Brandes auf dem Schiff fast unwahrscheinlich sei. Aus der Schilderung des Brandes und seiner Folgen wird ersichtlich, inwieweit sich derartig hochgeschraubte Prognosen erfüllten.

Die NORMANDIE wurde am 24. Dezember 1941 von der US Navy übernommen, in USS LAFAYETTE umbenannt und der Klasse der Truppentransporter zugeordnet. Sofort begannen die Umrüstungsarbeiten. Bereits in den ersten Februartagen des Jahres 1942, in weniger als zwei Monaten, näherten sich diese Arbeiten dem Ende. Während dieser Zeit schuf man Unterbringungsmöglichkeiten und Speiseräume für über 10000 Mann. Das Schiff erhielt eine Flugzeugabwehrbewaffnung, Munitionsräume und zusätzliche Anlagen zur Gewinnung von Trinkwasser. Während der

Die LAFAYETTE ex NORMANDIE brennt

Arbeiten lag das Schiff an der Nordseite der Pier 88, North (Hudson) River, New York City. Die LAFAYETTE erhielt während dieser Zeit ebenfalls einen grauen Anstrich.

Am 09. Februar 1942, dem Tag der Katastrophe, befanden sich mehr als 3000 Menschen an Bord des im Umbau begriffenen Schiffes. 500 davon gehörten zur Besatzung. Sie alle waren weder mit den Örtlichkeiten an Bord vertraut, noch hatten sie eine Einweisung über das Verhalten beim Auftreten von außergewöhnlichen Ereignissen erhalten.

Der den Umbau ausführende Hauptauftragnehmer setzte 50 ungelernte Arbeiter zum Brandwachdienst auf dem Schiff ein, ohne daß diese Personen jemals eine spezielle Brandschutzausbildung erhalten hatten. Weiter befanden sich vier Unteroffiziere und 36 Mann der US Coast Guard an Bord, deren Pflichten im Falle eines Brandes auch nicht eindeutig bestimmt waren. Dieses Personal bildete den Feuerrondendienst. Ein Teil von ihnen befand sich im ständigen Einsatz, während die anderen jeweils im Wechsel eine theoretische und eine praktische Brandbekämpfungsausbildung erhielten.

Der Hauptauftragnehmer war durch die im Vertrag enthaltene Strafklausel verpflichtet, den «höchstmöglichen Grad der Sicherheit zu gewährleisten, um das Schiff vor Bränden zu bewahren». Damit trug er die Verantwortung für den Brandschutz und die Einsatzbereitschaft der Brandbekämpfungsmittel auf der LAFAYETTE. Diese Verantwortlichkeit drückte sich praktisch so aus, daß lediglich vier Schlauchleitungen von den auf der Pier 88 befindlichen Hydranten zu den Anschlüssen der Seewasserfeuerlöschanlage im Vorder- und Achterschiff an Steuerbordseite der LAFAYETTE führten. Ein Umstand verringerte die Einsatzmöglichkeiten der Brandbekämpfungsmittel entscheidend: Die Schlauchkupplungen des französischen Typs und die des USA-Standards, der von der New Yorker Feuerwehr verwendet wurde, unterschieden sich voneinander und paßten nicht zusammen. Das beeinflußte die Löscharbeiten nach Ausbruch des Brandes ganz erheblich. Die Umrüstung der Schlauchkupplungen auf den USA-Standard war von Tag zu Tag verschoben worden. Dies sollte erst kurz vor Abschluß der Umbauarbeiten geschehen.

Das waren die Brandschutzmaßnahmen am Tage des Brandausbruches.

Wie kam es nun zum Brand, und wie wurden die Löscharbeiten organisiert?

An jenem Tage wurden Schneid- und Schweißarbeiten an etwa 110 Stellen des Schiffes durchgeführt. Im Großen Salon des Schiffes (30 m × 26 m) war eine Gruppe von neun Arbeitern damit beschäftigt, mit Schneidbrennern vier Deckstützen zu entfernen. Eine andere Gruppe legte Linoleum aus. Weiter befanden sich zwei diensttuende Brandwächter im Raum. Im Großen Salon lagerten außerdem 1140 Bündel zu je zehn Kapokrettungsgürteln, die auf dem Schiff verteilt werden sollten. Die gestapelten Rettungsgürtelbündel befanden sich am Morgen bei Arbeitsaufnahme noch zwischen den abzuschneidenden Deckstützen und in unmittelbarer Nähe um sie herum. Es fehlte in diesem Arbeitsbereich an den elementarsten Brandbekämpfungsmitteln.

Ein Schlauch von 37 Millimeter Durchmesser war zwar ausgelegt, aber nicht an die Seewasserfeuerlöschrohrleitung des Schiffes angeschlossen. Der sofortige Löschwassereinsatz war damit in Frage gestellt. Zur Ausrüstung der zwei Brandwächter gehörten zwei gewöhnliche Pützen, eine Asbesttafel von 0,6 m × 0,9 m Größe und ein halbkreisförmiges Metallschild von 0,9 m Höhe.

Während des Vormittags beseitigten die Arbeiter zwei der vier Deckstützen. Nach der Mittagspause wurde die dritte ohne jegliche Zwischenfälle entfernt. Nachdem die vierte und letzte fast abgeschnitten war, verließ der aufsichtsführende Vorarbeiter den Arbeitsplatz in der Annahme, die Schneidarbeiten seien nun beendet. Buchstäblich in der letzten Sekunde vor Abschluß der Arbeiten bemerkten die Arbeiter plötzlich kleine Flämmchen auf den Bündeln mit Rettungsgürteln in der Nähe des Platzes, an dem die letzten Arbeiten mit dem Schneidbrenner ausgeführt wurden.

Die Uhr zeigte 14.35 Uhr. Ein großer Brand nahm seinen Anfang.

Zuerst versuchten die Arbeiter, die kleinen, fast unbedeutend erscheinenden Flammen mit der Hand auszuschlagen, aber vergebens. Aus den kleinen Flämmchen entwickelten sich Flammen größeren Ausmaßes, und der Brand breitete sich aus. Mit den vorhandenen zwei Pützen schüttete man Wasser auf die nun brennenden Rettungsgürtel und setzte schnell herbeigeholte Handfeuerlöscher ein. Aber auch das blieb ohne Erfolg. Jetzt erst schloß man den ausliegenden Feuerlöschschlauch an die Seewasserfeuerlöschleitung des Schiffes auf dem Promenadendeck an, dabei kam aber «... nur ein Eimer voll Wasser aus der Leitung», wie es dazu in einem schriftlichen Bericht heißt. Da die schiffsinternen Nachrichtenverbindungen zum größten Teil noch nicht einsatzklar waren, bestand keine Möglichkeit, von der Brücke aus einen allgemeinen Alarm auszulösen. Vom zeitweiligen Unterbringungsort des Feuerrondendienstes – einem Raum im A-Deck – bestand keine Telefonverbindung zur Brandüberwachungszentrale. Die Meldung über den Brandausbruch mußte somit durch einen Läufer übermittelt werden, was die Alarmierung und das Eintreffen der Feuerwehrleute am Brandort erheblich verzögerte. Zu diesem Zeitpunkt brannte nicht nur der Große Salon. Der Brand hatte bereits auf die angrenzenden Räume übergegriffen, die stark mit Rauch und Qualm angefüllt waren. Zusätzlich hatte irgend jemand noch die elektrische Beleuchtung selbständig und ohne Weisung abgeschaltet, um einem möglichen Kurzschluß auf dem Schiff vorzubeugen. All das waren Bedingungen, die die Brandbekämpfung außerordentlich erschwerten. Niemand war in dieser Situation bereit, die Leitung der Brandbekämpfung auf dem Schiff verantwortlich zu übernehmen. Die bisher an Bord gewesenen Vertreter der US Navy hatten sich weder als Kontrolleure oder Ratgeber noch für die Sicherheit auf dem Schiff verantwortlich gefühlt. Der Kommandeur der US-Coast-Guard-Einheit wartete auf Maßnahmen seitens des Hafenkommandanten, und dieser wiederum glaubte, der auf dem Schiff eingesetzte Kommandant habe bereits die Befehlsgewalt übernommen. In diesen für das Schiff so entscheidenden Minuten bestand keine zentrale Leitung für die Organisation und Bekämpfung des Brandes sowie für die zu koordinierenden Maßnahmen. Sogar die Anforderung der New Yorker Feuerwehr war so verzögert worden, daß sie erst um 14.50 Uhr vor dem Schiff eintraf.

Weitere Schwierigkeiten traten ein, als der Rauch von den oberen Decks aus in die Maschinenräume einzudringen begann. Dadurch wurde das dortige Personal zum Verlassen und zum Verschließen dieser Räume gezwungen. Das geschah gegen 15.00 Uhr, keine halbe Stunde nach Brandausbruch. Zu dieser Zeit hatten die Flammen die drei oberen Decks vollständig erfaßt.

Zur Brandbekämpfung wurden riesige Löschwassermengen eingesetzt. Niemand beachtete aber dabei den Zustand und die Stabilität des Schiffes.

Starke Kräfte hatten inzwischen den Kampf gegen die Flammen aufgenommen. Im Einsatz befanden sich schließlich 24 Löschfahrzeuge, sechs Drehleitern, drei Feuerlöschboote, eine Reihe Schlepper und andere Mittel. Allein die drei Feuerlöschboote überschütteten das Schiff mit etwa 3500 Tonnen Wasser. Das Löschwasser drang hauptsächlich in die oberen Decks ein, wodurch sich allmählich, aber ständig die Stabilität des Schiffes verringerte. Der kurz vor dem Brand mit dem Schiff durchgeführte Krängungsversuch hatte eine metazentrische Höhe der Anfangsstabilität von 0,28 Metern ergeben. Das in die oberen Decks eindringende Löschwasser führte schnell zu einer negativen Anfangsstabilität, wodurch das Schiff langsam nach Backbord zu krängen begann. In dem Maße, wie die Löschwassermenge auf dem Schiff weiter zunahm, vergrößerte sich auch die Krängung, die gegen 18.30 Uhr 10° erreichte. Zu dieser Zeit konnte auch der Brand an Bord unter Kontrolle gebracht werden. Ein neues Problem bestand jetzt darin, das Schiff wieder aufzurichten oder wenigstens eine weitere Krängungszunahme zu verhindern. Berechnungen sagten aus, daß bei einer Krängung von 13° die Seitenpforten und danach die Bullaugen in das Wasser eintauchen würden. Da viele Bullaugen wegen einer besseren Durchlüftung des Schiffes geöffnet und einige Seitenpforten ebenfalls nicht geschlossen waren, erwies sich die bei der 10°-Krängung verbleibende Freibordhöhe als gefährlich klein. Die Marinebehörden unternahmen jetzt die verschiedensten Anstrengungen, um ein Kentern des Schiffes zu verhindern. Alle Bemühungen, das Löschwasser aus den oberen Decks abzupumpen, blieben erfolglos. Der Versuch, die Maschinenräume zu fluten, um den Massenmittelpunkt des Schiffes nach unten zu verlagern,

Infolge des sich in den oberen Decks ansammelnden Löschwassers beginnt die LAFAYETTE nach Backbord zu krängen. Von den oberen Decks strömt das Löschwasser in Bächen hinunter

scheiterte ebenfalls, da das Schiff keine Flutventile besaß und der Einstieg in die Maschinenräume infolge des Rauches unmöglich geworden war. Weitere Maßnahmen bestanden darin, an Steuerbordseite die Bodensektionen des Schiffes anzubohren, um so die unteren Räume zu fluten. Dadurch verringerte sich die Krängung jedoch nur für kurze Zeit um einige Grade. Auf dem Schiff bestand keine Möglichkeit, das Löschwasser außenbords oder in die unteren Räume abzuleiten, da das Abflußsystem, einschließlich der Speigatten, von herumschwimmenden Gegenständen aller Art verstopft war. Das Freimachen der Abflüsse hätte in dieser schwierigen Lage eine der effektivsten Maßnahmen zur Rettung des Schiffes sein können.

Gegen 21.00 Uhr, sieben Stunden nach dem Ausbruch des Brandes, erreichte die Krängung 17°. In dieser Lage verblieb das Schiff für einige Stunden, da es auf den von der Pier aus allmählich abfallenden Grund aufsetzte. Mit dem Einsetzen der Flut schwamm die LAFAYETTE erneut auf und krängte weiter. Gegen Mitternacht wurden 35° erreicht. Nun verließen auch die letzten noch an Bord verbliebenen Personen das Schiff. Um 02.45 Uhr legte sich das große Schiff über und blieb, ohne vollständig zu versinken, auf seiner Backbordseite liegen. Die Wassertiefe betrug am Liegeplatz etwa 15 Meter, weniger als die halbe Breite des Schiffes. So lag nun die LAFAYETTE mit einem Winkel von ungefähr 80° mit dem Vorschiff auf felsigem Grund und mit dem Achterschiff im Schlamm des Hafenbeckens zwischen Pier 88 und 90, wobei die gesamte Steuerbordseite aus dem Wasser herausragte.

Die LAFAYETTE mit einer Schlagseite von 30° nach Backbord. Die offenen Seitenpforten stehen bereits halb unter Wasser

Die LAFAYETTE ist gekentert. Das Schiff liegt mit der Backbordseite in einem Winkel von etwa 80° auf dem Grund auf

Die Piers mit der gekenterten LAFAYETTE

Die gekenterte LAFAYETTE führte zum Ausfall zweier wichtiger und notwendig gebrauchter Piers. Damit diese recht bald wieder genutzt werden konnten, begannen ohne größere Verzögerungen die Bergungsarbeiten, die sich aber als recht langwierig erweisen sollten. Vor Beginn der eigentlichen Bergungsarbeiten hatte man zunächst spezielle Modellversuche angestellt, um das Wiederaufrichten des Schiffes so rationell wie nur möglich gestalten zu können. Das Schiff schwamm aber erst 1943 wieder aufrecht im Wasser. Eine Reparatur fand nicht mehr statt, da inzwischen für das Schiff keine Verwendung mehr bestand. 1946 schließlich wurde die LAFAYETTE an eine Schrottfirma verkauft.

Nicht unerwähnt bleiben sollen die 65 Millionen US-Dollar, die der Bau der NORMANDIE gekostet hatte. Die Kosten für den Umbau vom Passagierschiff zum Truppentransporter betrugen nochmals 20 Millionen US-Dollar, und das Aufrichten des gekenterten Schiffes verschlang 9 Millionen US-Dollar.

Demgegenüber steht der Verkauf des Schiffes zum Schrottpreis mit nur ganzen 160000 US-Dollar zu Buche.

So endete die «Pracht» und der «Stolz» der französischen Zivilflotte.

Aus dem Brand der LAFAYETTE ex NORMANDIE wurden die folgenden grundsätzlichen Schlußfolgerungen gezogen:

1. Auf einem Schiff darf nicht mit Schweißgeräten und Schneidbrennern gearbeitet werden, solange sich brennbare Gegenstände innerhalb eines entsprechenden Sicherheitsabstandes befinden. Läßt sich dieses nicht vermeiden, sind die brennbaren Gegenstände vor einer Entzündung wirkungsvoll zu schützen.
2. Beim Liegen eines Schiffes im Hafen müssen Brandbekämpfungsmittel in ausreichender Anzahl und Art vorhanden und auch ständig einsatzbereit sein. Das trifft besonders auf Umrüstungsarbeiten zu.
   Während des Aufenthaltes eines Schiffes in einem ausländischen Hafen ist es wichtig, daß sich stets dem jeweiligen Standard angepaßte Schlauchkupplungen oder paßgerechte Übergangsstücke an Bord befinden.
3. Während der Umrüstung eines Schiffes muß eine exakte Organisation der Brandüberwachung und des Brandschutzes gewährleistet sein. Besonders wichtig ist es, die Verantwortlichkeit und Leitung bei der Durchsetzung des Brandschutzes und bei der Brandbekämpfung auf dem Schiff eindeutig zu bestimmen.
4. Auf einem Schiff muß sich ständig eine ausreichende Anzahl gut ausgebildeter Feuerwehrleute befinden.
5. Auf einem in der Umrüstung befindlichen Schiff müssen ständig und streng alle Arbeiten mit offener Flamme kontrolliert werden.
6. Es ist mit allen Mitteln zu verhindern, daß bei einem möglichen Brand Rauch aus den höher gelegenen Decks in die Maschinen- und Kesselräume dringt. Aus diesem Grunde sind die Oberlichter dieser Räume bei einem Brandausbruch sofort zu schließen und alle Frischluft ansaugenden Lüfter abzuschalten und zu schließen.
7. Jedes in der Umrüstung befindliche Schiff muß zu jeder Zeit über zuverlässige und einsatzklare Kommunikations- und Signaleinrichtungen sowie über eine Kommandoanlage verfügen.
8. Bei der Brandbekämpfung ist das Löschwasser zielgerichtet und nicht wahllos einzusetzen. Dabei ist das Eindringen übermäßig großer Wassermengen in das Schiff und die dabei auftretende Möglichkeit eines Stabilitätsverlustes zu beachten.

9. Um die Kentergefahr eines Schiffes beim Einsatz großer Löschwassermengen auszuschließen, müssen die Wasserabflußsysteme ständig freigehalten oder, wenn notwendig, weitere Abflußmöglichkeiten geschaffen werden.
10. Alle Feuerschottdurchgänge sind bei Ausbruch eines Brandes sofort zu schließen. Einzelne Durchgänge sollten, nur wenn dies unumgänglich ist, bei der Brandbekämpfung und zur Versorgung der Personen, die den Brand bekämpfen, geöffnet werden.

Diese Schlußfolgerungen sind selbstverständlich auch gültig für Kriegsschiffe.

Aus den beim Brand der LAFAYETTE ex NORMANDIE gesammelten Erfahrungen läßt sich ableiten:

Es genügt nicht allein ein hohes projektiertes technisches und beim Bau verwirklichtes Niveau des Brandschutzes. Zur Gewährleistung des Brandschutzes ist es notwendig, immer und überall die Brandschutzbestimmungen auf den Schiffen mit aller Konsequenz durchzusetzen und für die ständige Einsatzbereitschaft aller Brandbekämpfungsmittel genügend Sorge zu tragen.

Immer und unter allen Bedingungen muß von der Besatzung eines Schiffes gefordert werden, daß sie ihr Schiff, die an Bord befindliche Technik und Ausrüstung sowie die Raumeinteilung kennt, einen hohen Ausbildungsstand besitzt und jederzeit zur Brandbekämpfung bereit ist.

Bereits vor der LAFAYETTE-Katastrophe gingen andere Schiffe auf ähnliche Art und Weise verloren. So am 20. Dezember 1931 in Newport News (USA, Bundesstaat Virginia). Hier kenterte das britische Fracht-Passagierschiff SEGOVIA (9 500 t) am Ladekai beim Löschen eines Brandes. Die sich dabei in den oberen Teilen des Schiffes ansammelnden Löschwassermengen führten zum Stabilitätsverlust und schließlich zum Kentern des Schiffes. Das Fracht-Passagierschiff lag nach dem Kentern in einem Winkel von 80° mit der Steuerbordseite auf dem Grund, wobei Teile des Schiffes noch aus dem Wasser herausragten, da die Wassertiefe am Kai relativ gering war. Die LAFAYETTE wiederholte somit die peinlichen Fehler der SEGOVIA, jedoch in weitaus größerem Umfang.

Als ein weiteres Beispiel kann das französische Passagierschiff PARIS (34 500 t) genannt werden. Die PARIS sank unter ähnlichen Umständen am 18. April 1939 im Hafen von Le Havre. Die während des Unglücks an Bord befindlichen Personen fanden alle den Tod.

Aus diesen und anderen Beispielen hatten die New Yorker Feuerwehren keine Lehren gezogen, sonst hätten sie nicht den größten Truppentransporter in ihrem eigenen Hafen versenkt und dem Kriegspotential der Alliierten während des zweiten Weltkrieges einen großen Schaden zugefügt.

Explosion des Transporters FORT STIKENE (Bombay-Katastrophe)

Im April 1944 lagen zahlreiche Schiffe im Hafen von Bombay. Viele von ihnen waren mit Sprengstoff, teilweise mit noch anderen explosions- und feuergefährlichen Gütern beladen. Außerdem lagen an den Kais drei Kriegsschiffe der Royal Indian Navy (R. I. N.).

Der britische Frachter FORT STIKENE (eine britische Variante der LIBERTY-Schiffe, 7 142 BRT), der an einem der Kais in Bombay lag, hatte außer 1 400 Tonnen Sprengstoff und Munition noch 3 000 Tonnen Baumwolle geladen. Zusätzlich befanden sich 155 Goldbarren mit einem Schätzwert von etwa fünf Millionen US-Dollar an Bord. Das Gold war für Indien bestimmt und sollte zur Stützung der Währung beitragen.

Die FORT STIKENE machte am 13. April 1944, aus Karachi (Pakistan, zur damaligen Zeit noch zu Indien gehörend) kommend, in Bombay fest. Die Löscharbeiten sollten am Morgen des folgenden Tages beginnen.

Zuerst wurde der Laderaum Nr. 2 geöffnet. Im Zwischendeck des Laderaumes lagerten 300 Tonnen Trinitrotoluol (TNT) in Holzkisten, außerdem Munition, Baumwollballen und Trockenfisch. Als erstes wurde der über der Baumwolle gestaute Trockenfisch entladen. Entsprechend den geltenden Sicherheitsbestimmungen hätte zuerst die gefährliche Ladung, in diesem Fall die Munition und der Sprengstoff, gelöscht werden müssen.

Es war Kriegszeit, und zweifellos waren die Sicherheitsbestimmungen entweder in Vergessenheit geraten, oder man vernachlässigte sie. Während der Löscharbeiten wurde nicht einmal auf der FORT STIKENE die gesetzlich vorgeschriebene Flagge *Bravo* gesetzt. Die einzige Vorsichtsmaßnahme bestand darin, einen Feuerlöschschlauch vom Kai zum Schiff zu verlegen.

Wie entwickelten sich nun die Ereignisse, die zu einer der größten Katastrophen während des zweiten Weltkrieges führten?

Unmittelbar nach der Mittagspause, etwa gegen 13.30 Uhr, wurde im Laderaum Nr. 2 zwischen Baumwollballen ein Brandherd bemerkt. Die Löscharbeiten wurden sofort unterbrochen, und die Besatzung des Frachters nahm unverzüglich mit der Seewasserfeuerlöschanlage die Brandbekämpfung auf.

Erst 40 Minuten später erhielt die Bombayer Feuerwehr eine Information über den Brand. Am Liegeplatz des Schiffes angekommen, versuchte sie nun, die brennenden Baumwollballen mit Wasser zu löschen, da ja Baumwollbrände in Bombay nichts Außergewöhnliches sind. Diesmal half das Wasser nicht. Der Brand an Bord konnte nicht unter Kontrolle gebracht werden, und der sich dabei entwickelnde Rauch war so dicht, daß kaum noch etwas zu sehen war.

Gegen 15.00 Uhr, einundeinhalb Stunden nach Entdeckung des Baumwollbrandes, zeigte sich an der Bordwand, im vorderen Bereich des Laderaumes Nr. 2 an Steuerbordseite, ein «glühender Fleck». Die glühende Bordwand deutete auf die weitere Intensivierung des Brandes und eine damit für das Schiff entstehende akute Explosionsgefahr hin. Das war auch der Augenblick, der endlich einen schnellen und durchgreifenden Entschluß verlangt hätte, zumal sich in unmittelbarer Nähe Kriegsschiffe und Transporter mit explosiven Ladungen befanden. Der die Brandbekämpfung leitende Oberst, Leiter aller Feuerlöschhandlungen im Hafen, zeigte eine vollkommen unverständliche Unentschlossenheit. Er konnte sich nicht entscheiden, entweder das Schiff auf See schleppen zu lassen, um es dort zu versenken, oder sich weiter auf die Feuerwehr und ihre Möglichkeiten zu verlassen, den Brand zu löschen. Das Risiko, das Schiff auf Reede zu schleppen, erschien ihm zu groß. Später erklärte Oberst J. R. Sadler, daß das Herausschleppen des Transporters aus dem Dockhafen auf Grund der komplizierten Schleusendurchfahrt, deren Tiefe im Verhältnis zum Tiefgang des Schiffes relativ gering war, schwierig gewesen wäre. Er hätte mit der Hilfe der städtischen Feuerwehr rechnen können, wenn das Schiff im Hafen geblieben wäre. Auf Reede wäre nur der Einsatz der an Bord befindlichen Brandbekämpfungskräfte und -mittel möglich, die aber zur Bekämpfung des großen Brandes zu schwach gewesen wären.

Ein indischer Offizier hatte vorgeschlagen, das Schiff am Kai zu versenken. Oberst Sadler aber lehnte diesen Vorschlag mit der Begründung ab, daß er dies nicht verantworten könne. Außerdem wäre auf Grund der geringen Wassertiefe am Kai ein Versenken des Schiffes wenig erfolgversprechend.

Währenddessen hatte der Brand weiter um sich gegriffen. Um 15.45 Uhr trat dunkler, schwarzer Rauch aus der Luke des Laderaumes Nr. 2. Die Kisten mit dem Sprengstoff hatten Feuer gefangen, und jeden Augenblick war mit einer Explosion zu rechnen. Die Feuerwehrleute begannen, sich vom Schiff zurückzuziehen und sich in Sicherheit zu bringen. Es war aber schon zu spät. Um 16.07 Uhr kam es zu einer gewaltigen Explosion, der 27 Minuten später eine zweite folgte. Das Schiff flog in die Luft, und der sofortige Tod von 40 Feuerwehrleuten war nur das Präludium der Katastrophe. Die durch die Explosion entstandenen Druck- und Flutwellen schleuderten die im Dock festgemachten Schiffe gegen die Kais und rissen sie von ihren Festmacherleinen los, so daß sie chaotisch im Hafenbecken herumschwammen und miteinander kollidierten. Die auseinanderfliegenden glühenden Metallteile der FORT STIKENE entfachten Brände auf anderen Schiffen und entzündeten Gebäude und Einrichtungen im Hafen und in der Stadt.

Das gesamte Poopdeck des britischen Frachters JALAPADMA (3 935 BRT), der hinter der FORT STIKENE gelegen hatte, wurde mit dem auf ihm montierten Geschütz 12 Meter hoch durch die Luft auf eine ungefähr 200 Meter entfernt liegende Hauptstraße außerhalb des Hafengeländes geschleudert. Ein Schiff wurde zum Teil auf den Kai gesetzt.

In unmittelbarer Nähe des Explosionsortes war jegliches Leben erloschen. Alle Bauten in einem Umkreis von einer Viertel Meile (etwa 400 m) wurden stark beschädigt, Tausende von Tonnen Getreide und Kriegsmaterial aus 50 Hafenspeichern herausgeschleudert und weit im Umkreis verstreut. Eine große Anzahl Kraftfahrzeuge und Löschwagen wurden zerstört oder verschwanden von der Erdoberfläche. Ein 14 Kilogramm schwerer Goldbarren flog neben die Hütte eines Inders, die eine Meile (1 609 m) vom Explosionsort entfernt lag. Der Hausherr sah dies als ein Geschenk Buddhas an. Die Mehrzahl der Goldbarren, die die FORT STIKENE geladen hatte, kam abhanden. An den Kais gingen 13 Schiffe mit einer Tonnage von ungefähr 50 000 BRT verloren. Zu diesen Schiffen gehörten sechs britische, drei niederländische und zwei panamaische Schiffe, ein norwegisches und ein ägyptisches Schiff [29]. Auch zwei Schiffe der Royal Indian Navy waren so schwer beschädigt, daß ihre Reparatur nicht mehr in Betracht gezogen wurde. Doch all das war bei weitem noch nicht das Endergebnis der Katastrophe. Durch den Monsun angefacht, entwickelte sich in der Stadt aus vielen hundert kleinen Brandherden ein einziger großer Brand, der sich bis zum Stadtkern von Bombay ausbreitete und am Abend des 15. April einen Großteil der Stadt erfaßt hatte. Die Feuersbrunst war noch in einer Entfernung von 75 Meilen (etwa 120 km) zu sehen. Dichter Rauch und Staub hüllte die Stadt ein. Einige Stadtbezirke brannten, und noch war den Flammen nicht beizukommen, da es an Feuerlöschkräften und -mitteln fehlte. Um dennoch ein weiteres Ausbreiten des Brandes zu verhindern, zogen Sicherungskräfte einen etwa 400 Meter breiten Brandschutzstreifen, in dem alles regelrecht dem Boden gleichgemacht wurde, quer durch die Stadt. Zuvor hatte man alle Einwohner aus diesem Brandschutzstreifen evakuiert.

Bei diesen Maßnahmen wurde auch das Militär eingesetzt. Allein dies rettete Bombay vor der totalen Zerstörung. Nach vier Tagen endlich konnte der letzte Brandherd gelöscht werden. Bis zu zwei Wochen nach der Explosion loderten immer wieder kleinere Brände im Stadtgebiet auf.

Den Gesamtschaden der Katastrophe kalkulierte man auf etwa eine Milliarde US-Dollar. Offiziellen Angaben zufolge gab es 1500 Tote und Vermißte sowie 3000 Verletzte.

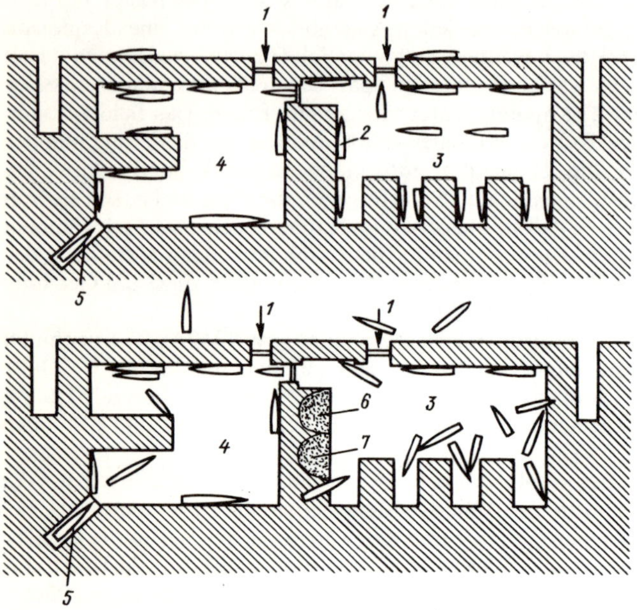

Schiffsexplosion in Bombay. Die Lage der im Hafen befindlichen Schiffe vor und nach der Explosion 1 – Zufahrten zu den Liegeplätzen mit Schleusen; 2 – Transporter FORT STIKENE; 3 – Victoria Dock; 4 – Prince's Dock; 5 – Trockendock; 6 – nach der Explosion der FORT STIKENE; 7 – nach der Explosion der JALAPADMA

Es ist schwer, den Gesamtschaden einzuschätzen, der dem Kriegspotential der Verbündeten durch diese Katastrophe zugefügt wurde.

Die Munition und die Sprengstoffe, die militärischen Ausrüstungsgegenstände und Technik, die durch die Katastrophe vernichtet wurden, waren für Burma und die alliierten Truppen im pazifischen Raum bestimmt gewesen.

Eine Kommission, die die Ursachen und Umstände, die zur Katastrophe geführt hatten, ermittelte, kam nach ihrer Untersuchung zu dem Schluß, daß die Lagerung von Baumwolle und Sprengstoff in einem Laderaum begünstigende Bedingungen für den Brand geschaffen hätte.

Als die wahrscheinlichste brandauslösende Ursache sah sie einen brennenden Zigarettenstummel oder andere brennende Tabakreste an.

Bedingungen, die die Ausbreitung des Brandes begünstigt hatten, der schließlich zur Explosion führte, waren nach Ansicht der Kommission:

1. Das Fehlen einer einheitlichen, straff zentralisierten Führung und Leitung bei der Organisation der Brandbekämpfung und bei der Koordinierung der Handlungen aller eingesetzten Kräfte.
2. Die Unfähigkeit der Verantwortlichen, die ganze Tragweite und Gefahr vom Ausbruch des Brandes an bis zur Explosion zu erkennen und richtig einzuschätzen.
3. Die zu späte Anforderung der städtischen Feuerwehr.

4. Das Fehlen von konzentrierten und zielstrebigen Handlungen der Feuerwehr zur Lokalisierung und Beseitigung des Brandherdes.
5. Das Versäumnis, nach Brandausbruch im Laderaum Nr. 2 die Luken der Laderäume Nr. 4 und Nr. 5 zu schließen, was ein Übergreifen des Brandes auf den Laderaum Nr. 4, in dem sich ebenfalls Sprengstoff befand, auf direktem Wege ermöglichte.
6. Das Fehlen eines einsatzklaren Schneidbrenners, womit im entscheidenden Augenblick einige Öffnungen in die Bordwand hätten geschnitten werden können.

Das Verhalten der Polizei fand ebenfalls eine Mißbilligung, da sie verabsäumte, die im Hafen liegenden Kriegs- und Handelsschiffe vor der sich anbahnenden Katastrophe zu warnen. Schließlich wurde das Fehlen eines Warnsignals mißbilligt, mit dessen Hilfe es möglich gewesen wäre, die großen Menschenansammlungen auf den Kais zu zerstreuen, die erheblich die Organisation der Brandbekämpfung und den Einsatz der Kräfte behindert hatten.

Explosion des Munitionstransporters USS MOUNT HOOD AE-11

Gegen Ende des Jahres 1944 wurden Hauptschläge gegen die japanischen Truppen im zentralen und südwestlichen Teil des Pazifik geführt. In diesen Gebieten konzentrierten sich auch zu dieser Zeit die Hauptkräfte der alliierten See-, Luft- und Landstreitkräfte.

Aus den bereits in alliierter Hand befindlichen und neu eingerichteten Stützpunkten wurden die sich auf bevorstehende Operationen vorbereitenden Truppen pausenlos mit Munition und Kampftechnik aller Art versorgt. Die notwendige Technik und Ausrüstung wurden hauptsächlich auf dem Seewege mit Transportern zugeführt. Einer dieser Transporter war USS MOUNT HOOD AE-11. Das Schiff hatte 4 500 Tonnen Sprengstoff an Bord und lag im Flottenstützpunkt Manus (Hauptinsel der Admiralty Islands im Bismarck Archipelago) nordöstlich der Insel Neuguinea.

Die MOUNT HOOD lag am 10. November 1944 im Seeadler Harbor des Flottenstützpunktes Manus bei etwa zehn Meter Wassertiefe vor Anker. Im Umkreis um das Schiff lagen mindestens 200 andere Kriegs- und Versorgungsschiffe der 7. US-Flotte. Darunter befanden sich Trockenfrachter, Tanker, Transporter, Tender und andere Hilfsschiffe sowie eine kleine Gruppe von Zerstörern und Geleitzerstörern.

Die Explosion erfolgte um 08.30 Uhr. Sie war von enormer Stärke. Offensichtlich war der an Bord befindliche Sprengstoff auf einmal, in jedem Falle aber der größte Teil davon, explodiert, was auch die Folgen der Explosion beweisen. Nach Taucherangaben hatte die Explosion auf dem Grund einen etwa 300 Meter langen, 60 Meter breiten und im Maximum über 25 Meter tiefen Graben gerissen. In diesem Graben wurde das größte vom Schiffskörper übriggebliebene Stück in den Abmessungen von ungefähr 30 Metern gefunden. Alle 350 Offiziere, Unteroffiziere und Mannschaften, die sich zur Zeit der Explosion an Bord aufgehalten hatten, fanden den Tod. Am Leben blieben lediglich sechs Besatzungsangehörige, die das Schiff kurz zuvor verlassen hatten.

Die umherfliegenden Teile der MOUNT HOOD beschädigten weitere 30 Kriegs- und Versorgungsschiffe. Einige der kleinen Hafenfahrzeuge verschwanden regelrecht mit ihren Besatzungen. Die Gesamtzahl der Toten und Verletzten betrug etwa

1000 Personen. Unter den in der Nähe liegenden Schiffen hatte der Tender USS Mindanao am meisten gelitten. Seine Bordwand war auf der gesamten Länge so durchlöchert, als hätte er unter starkem Artilleriebeschuß gelegen. Das auf seinem Oberdeck befindliche Personal wurde auf der Stelle getötet. Auch unter Deck gab es zahlreiche Tote und Verletzte. Insgesamt fanden auf der Mindanao 82 Mann den Tod.

Kurz nach der Katastrophe nahm eine Untersuchungskommission die Arbeit auf. Sie analysierte alle möglichen Ursachen für die Explosion. Äußere Ursachen, wie der von einem U-Boot erzielte Torpedotreffer, Bombentreffer oder andere Einwirkung von Gefechtsmitteln seitens der Japaner, schloß die Kommission aus. So wurden schließlich die Untersuchungen mit dem Vermerk abgeschlossen, daß die Explosion aus unbekannten, zufälligen Ursachen erfolgte. Damit deutete die Kommission Ursachen an, die auf dem Schiff lagen.

Die Aussagen der am Leben gebliebenen Besatzungsangehörigen ließen die Kommission schließlich zu der Meinung kommen, daß auf dem Schiff in einer Reihe von Fällen nachlässig mit Sprengstoff umgegangen worden war. So schlug z. B. oft am Ladebaum hängende Munition beim Laden und Löschen gegen die Bordwand.

Im Verlauf der Untersuchung brachte die Kommission auch ihr Unverständnis zum Ausdruck, daß die Mount Hood, die ein explosionsgefährdeter Transporter war,

Der von den Trümmern der explodierenden MOUNT HOOD schwer getroffene Tender MINDANAO

inmitten anderer Kriegs- und Versorgungsschiffe einen Ankerplatz zugewiesen bekommen hatte. Dieser Umstand führte auch zu den großen Verlusten an Menschen und Material. Die Mitverantwortung hätte auch Führungsstellen berühren müssen, da solche Transporter im Interesse der Sicherheit – auch zu Kriegszeiten – gewöhnlich einen Ankerplatz in einem genügend sicheren Abstand von Küstenobjekten und anderen Kriegs- und Versorgungs- oder Handelsschiffen zugewiesen bekommen. Darüber war aber im veröffentlichten Abschlußbericht der Untersuchungskommission nichts enthalten.

Explosion des Frachters GRANDCAMP und des Transporters HIGHFLYER (Texas-Katastrophe)

Ammoniumnitrat findet für militärische Zwecke eine breite Anwendung, so z. B. bei der Herstellung von Brisantsprengstoffen, einer Gruppe der Ammon-Salpeter-Sprengstoffe (Ammonite). Die Ammonite sind seit den sechziger/siebziger Jahren des 19. Jahrhunderts bekannt. Anfangs dienten sie fast ausschließlich friedlichen Zwekken. Als sogenannte sichere Sprengstoffe werden sie bei unterirdischen Arbeiten, z. B. in Kohleschächten, verwendet. Während des ersten Weltkrieges wurden die Ammonite auch für die Munitionsherstellung, besonders für Artilleriemunition und Fliegerbomben, verwendet. Diesem Zwecke dienten vor allem die Ammon-Salpeter-Gemische in Verbindung mit verschiedenen Nitroverbindungen, speziell mit Trotyl. In der Regel ist die Sprengwirkung der Ammonite geringer als die des Trotyls. Eine Ausnahme bildet hierbei jedoch das Ammol, das der Sprengwirkung des Trotyls kaum nachsteht. Hieraus läßt sich ableiten, daß Ammoniumnitrat eine gewisse Sprengwirkung besitzt, was bereits im 19. Jahrhundert allgemein bekannt war. Es bedurfte jedoch erst zweier großer Katastrophen, um sich mit den Sprengeigenschaften des Ammoniumnitrats näher bekannt zu machen.

Die erste dieser Katastrophen ereignete sich am 21. September 1921 im Werk Oppau (Stadtteil von Ludwigshafen) der I. G. Farben. Bei dieser Katastrophe fanden mehr als 500 Menschen den Tod, mehr als 2000 Gebäude wurden zerstört. Zur Katastrophe kam es beim Zerkleinern der sich durch den Lagerungsprozeß gebildeten steinartigen Masse von Ammoniumnitrat durch kleine Dynamitladungen. Von diesem Ammoniumnitrat lagerten im Werk etwa 4500 Tonnen. Während dieser Zerkleinerungssprengungen detonierte plötzlich die gesamte Masse des Ammoniumnitrats. Die Auswirkungen waren gewaltig, die Folgen für die Bevölkerung fürchterlich.

Als im April 1947 zwei Schiffe explodierten, was zu einer der größten Katastrophen des 20. Jahrhunderts führte, wurde endgültige Klarheit geschaffen, welche Sprengmöglichkeiten Ammoniumnitrat hat. Es war die Katastrophe im Hafen von Texas City (USA, Bundesstaat Texas), wo vorwiegend chemische und Erdölindustrie angesiedelt ist.

Am Morgen des 16. April 1947 lag das französische Schiff GRANDCAMP (1942, 7176 BRT) am North Slip der Pier 0 gegenüber der Monsanto-Chemical-Company. Nicht weit entfernt, am Main Slip, hatte der amerikanische Transporter HIGHFLYER (1944, 6214 BRT) festgemacht. Ihm gegenüber lag ein anderer USA-Transporter, die WILSON B. KEENE (1944, 7176 BRT). Alle drei Schiffe hatten relativ kleine Abmessungen und waren USA-Kriegsbauten. Die GRANDCAMP, die schon einige Tage im Hafen lag, lud Ammoniumnitrat in 40-kg-Papiersäcken. Das Schiff hatte etwa 2300 Tonnen dieses Sprengstoffes übernommen, davon 1400 Tonnen im Laderaum Nr. 2 und 800 Tonnen im Laderaum Nr. 4. In den Zwischendecks der Laderäume befanden sich Kisten mit Erdnüssen, gebündelte und in Kisten verpackte Apparaturen und Maschinen.

Das Schiff war unklar, da eine Maschinenreparatur durchgeführt werden mußte.

Um 08.00 Uhr morgens erschienen zur Fortsetzung des Ladebetriebes die Schauerleute im Laderaum Nr. 4. Nach dem Öffnen der Luke war nichts festzustellen, was auf einen möglichen Brand hingedeutet hätte. Alles schien normal zu sein. Etwa 15 Minuten später bemerkte man Rauch, der aus der offenen Luke austrat. Sofort wurde versucht, den Entstehungsbrand mit Hilfe von Feuerlöschern und Trinkwasser, welches in Kannen mit an Bord gebracht worden war, zu löschen. Doch der Brand und der Rauch im Laderaum nahmen derart schnell zu, daß die Schauerleute und die im Raum befindlichen Besatzungsangehörigen gezwungen waren, diesen so schnell wie möglich zu verlassen. Inzwischen war ein Feuerlöschschlauch an die Hauptleitung der Seewasserfeuerlöschanlage angeschlagen worden. Der Erste Offizier untersagte aber den Einsatz größerer Mengen Löschwassers, da er eine Beschädigung der Ladung befürchtete. Statt dessen wies er an, die Luken sofort zu schließen, um die Dampffeuerlöschanlage einsetzen zu können. Das währte nur wenige Minuten, dann wurden die Lukendeckel aufgedrückt, wobei ein Teil von ihnen in den Laderaum fiel. Flammen und Rauch begannen jetzt mit noch größerer Intensität aus dem offenen Laderaum zu schlagen. Schließlich alarmierte man die städtische Feuerwehr, die auch schnell eintraf. Kurz zuvor hatte die Besatzung ihr brennendes Schiff verlassen und sich unter die auf dem Kai befindliche Menge Neugieriger gemischt. Noch bevor die Feuerwehr die Brandbekämpfung aufnehmen konnte, explodierte die GRANDCAMP mit einem füchterlichen Getöse. Die Explosion riß das Schiff völlig auseinander. Es war 09.12 Uhr, knapp eine Stunde nach Brandausbruch. Die Feuerwehrleute, die Besatzung und die Neugierigen, die sich auf dem Kai aufgehalten hatten, fanden auf der Stelle den Tod.

Die brennenden, auseinanderfliegenden Schiffsteile führten zu weiteren Bränden an vielen Orten des Hafens. Innerhalb des Hafengeländes wurde ein Großteil der Gebäude zerstört oder stark beschädigt.

Die Druckwelle riß die HIGHFLYER von ihrem Liegeplatz los und schleuderte sie mit großer Wucht gegen die WILSON B. KEENE, so daß beide Schiffe ernsthaft beschädigt wurden.

Ein 150 Meter langer, 100 Meter von Land entfernt liegender Lastkahn wurde an Land gesetzt. In den Monsanto-Chemical-Werken traten die größten Schäden auf. Nacheinander fingen die zu dem Werk gehörenden Gebäude Feuer und brannten ab. Viele Öl- und Benzintanks brannten aus. Der Zugang zu den einzelnen Piers war durch Trümmer und Brände versperrt.

Die Wasserleitungen im Hafengelände fielen aus. Große Verluste unter den Feuerwehrleuten führten zur Handlungsunfähigkeit der städtischen Feuerwehr von Texas City, so daß sie von Feuerwehren anderer Städte, darunter auch der aus dem 50 Kilometer entfernt liegenden Houston, verstärkt und zum Teil ersetzt werden mußte. Feuerlöscheinheiten der USA-Armee aus Fort Crocker wurden zusätzlich eingesetzt. Zwei Schleppern aus Galveston – welches sieben Seemeilen entfernt vom Katastrophenort liegt – gelang es wegen des dichten Rauches und Qualmes sowie der herumschwimmenden Trümmerteile nicht, in den Hafen einzulaufen. Die ungeheure Druckwelle hatte die Lukenabdeckungen der HIGHFLYER hinweggefegt. Die Ladung, die aus 2000 Tonnen Schwefel, aufgeteilt auf die Laderäume Nr. 2 und Nr. 4, sowie aus 300 Tonnen Ammoniumnitrat im Laderaum Nr. 3 bestand, lag somit völlig frei. Dichte Rauchschwaden des im Hafen lagernden und in Brand geratenen Schwefels wälzten sich in Richtung der Schiffe. Versuche, die beiden Transporter HIGHFLYER und WILSON B. KEENE aus dem Hafen zu schleppen, scheiterten, weil beide Schiffe ineinander verkeilt waren. Eine Trennung der Schiffe binnen kürzester Frist war nicht möglich. So entschloß man sich schließlich, beide Schiffe gemeinsam aus dem Hafen zu bugsieren.

Inzwischen war es Mitternacht geworden. Auf Grund der sich immer mehr verschlechternden Lage hatten die an Bord befindlichen Kommandos die Weisung erhalten, beide Schiffe zu verlassen. Kurze Zeit, nachdem der letzte Mann von Bord gegangen war, explodierte um 01.10 Uhr am 17. April die HIGHFLYER. Der explodierende Transporter brach völlig auseinander. Mit ihm sank auch die WILSON B. KEENE. Diese zweite Explosion führte zu zusätzlichen Zerstörungen an Land. Die Anzahl der Brände erhöhte sich weiter. Unter den beschädigten Gebäuden befanden sich nun auch solche aus Beton.

Der Gouverneur des Bundesstaates Texas verhängte über die Stadt den Ausnahmezustand. Alle Handlungen der Polizei, der Feuerwehr und der Sicherungskräfte wurden zentral geleitet und koordiniert. Trotzdem gelang es erst am 18. April, die Brände unter Kontrolle zu bekommen.

Offiziellen Angaben zufolge fanden 468 Menschen den Tod. Es gab mehr als 100 Vermißte und etwa 3000 Verletzte. Viele Menschen wurden obdachlos, und noch weit mehr litten unter akutem Lebensmittelmangel. Über 15000 Einwohner der Stadt waren davon betroffen.

Texas City nach der Explosion der GRAND CAMP und der HIGHFLYER. Links im Bild befanden sich die Liegeplätze der beiden Schiffe. Im Vordergrund ein zerstörtes Chemiewerk

Der materielle Schaden dieser Katastrophe wurde auf 65 Millionen US-Dollar geschätzt. Das ist etwa das Doppelte der Halifax-Katastrophe.

Aus der Katastrophe von Texas wurden folgende allgemeingültige Schlußfolgerungen gezogen:

1. Ammoniumnitrat besitzt ein gewaltiges Sprengpotential, wenn es als Schüttgut verschifft wird. In Papiersäcken abgepackt birgt es immer noch eine gewisse Gefahr in sich.
   Es empfiehlt sich, diesen Sprengstoff in Metalltrommeln oder Holzfässern zu verschiffen. Jede während der Beladung beschädigte Verpackung, in der sich Ammoniumnitrat befindet, ist sofort vom Schiff zu entfernen.
2. Ammoniumnitrat muß an Bord getrennt von organischen, säurehaltigen, oxydierenden, feuergefährlichen und explosionsgefährdeten Materialien gelagert werden. Diese Forderung bezieht sich auf eine Schottenabteilung einschließlich der in ihr befindlichen Zwischendecks.
3. Ammoniumnitrat darf nur in einem bestimmten Sicherheitsabstand von Dampfheizungen und elektrischen Leitungen gelagert werden.
4. Es ist nicht empfehlenswert, Ammoniumnitrat auf Schutzdeckern zu verschiffen, da hierbei günstigere Bedingungen für das Übergreifen eines Brandes von einem zum anderen Laderaum bestehen.
5. Bei Ausbruch eines Brandes kann sich jede Verzögerung bei der Benachrichtigung der Feuerwehr für ein Schiff verhängnisvoll auswirken. Jeder beliebige Brand, der auf einem im Hafen liegenden Schiff ausbricht, ist sofort den zuständigen Brandschutzorganen zu melden.
6. Beim Brand von Ammoniumnitrat dürfen auf keinen Fall die Luken geschlossen werden.
   Zum Löschen eines solchen Brandes dürfen weder Dampf noch CO_2 oder Schaum verwendet werden. Das steht im unmittelbaren Zusammenhang mit der Sauerstoffreaktion des Ammoniumnitrats, die zu einer Intensivierung des Brandes und damit zu einer möglichen Explosion führen kann.
7. Zum Löschen eines Ammoniumnitratbrandes ist in großen Mengen Wasser einzusetzen, wobei die dabei auftretenden Stabilitätsveränderungen zu berücksichtigen sind.
   Auf Schiffen, die Ammoniumnitrat geladen haben, ist ständig die Seewasserfeuerlöschanlage im einsatzklaren Zustand zu halten. Beim Laden und Löschen sind die Feuerlöschschläuche anzuschlagen und auszulegen.

Die Richtigkeit dieser Schlußfolgerungen bestätigte sich noch im gleichen Jahr.

Am 28. Juli 1947 lag das norwegische Schiff OCEAN LIBERTY (1943, 7 176 BRT) im Hafen von Brest.

Das Schiff übernahm eine aus verschiedenen Teilladungen bestehende Ladung, darunter auch 3 300 Tonnen Ammoniumnitrat. Als an Bord des Schiffes ein Brand ausbrach, setzte man, ungeachtet der bereits bekannten Lehren aus der Texas-Katastrophe, wiederum Dampf zum Löschen ein. Etwa fünf Stunden nach Brandausbruch explodierte das Schiff und sank. Dabei fanden 21 Menschen den Tod, mehr als 100 wurden verletzt. In Brest selbst traten Brände auf. Der angerichtete Schaden an Land wurde auf etwa zwei Millionen Pfund Sterling geschätzt. Bei der Explosion hätten die Verluste weitaus größer sein können, wenn das Schiff nicht rechtzeitig von seinem Liegeplatz wegbugsiert worden wäre, in dessen Nähe eine Vielzahl von Kriegs- und Handelsschiffen lagen.

Untergang des Transporters SIRIUS

Das ehemalige Depotschiff USS SIRIUS (1943, 13 000 BRT) lag zur Demontage an einer der Piers von Seattle (USA, Bundesstaat Washington). Am 28. Januar 1972 kam es bei Schweißarbeiten im Vorschiff durch Funkenflug zu einem Brand, der auf die Unaufmerksamkeit der dort tätigen Arbeiter zurückzuführen war.

Zur Brandbekämpfung wurde ausschließlich Wasser verwendet. Wie es bereits mehrfach der Fall war, sammelte sich in den oberen Teilen des Schiffes nichtablaufendes Löschwasser in großen Mengen an, wodurch allmählich ein Stabilitätsverlust eintrat, der am darauffolgenden Tag zum Kentern der SIRIUS führte. Da die Wassertiefe am Liegeplatz geringer als die Breite des Schiffes war, legte es sich mit Backbordseite auf den Grund, wobei die Steuerbordseite weit aus dem Wasser herausragte.

Abgesehen von geringfügigen Abweichungen waren die Entstehung des Brandes und die Folgen auf der SIRIUS eine Wiederholung der Ereignisse auf der LAFAYETTE ex NORMANDIE. Die Bergungsarbeiten blieben erfolglos, da sie ohne größeren Aufwand bewältigt werden sollten. Es verging mehr als ein Jahr, und das Schiff wurde weder gehoben noch wieder aufgerichtet. Bis 1973 mußten für diese Arbeiten etwa 175 000 US-Dollar ausgegeben werden, obwohl der Ankauf des Schiffes zur Verschrottung ganze 44 000 US-Dollar, ein Viertel der Ausgaben, eingebracht hatte.

Zwischen den Ereignissen auf der LAFAYETTE ex NORMANDIE und dem Kentern der SIRIUS lagen rund 30 Jahre. Nach einer so langen Zeit waren die Erkenntnisse der Feuerwehren noch immer mangelhaft; dieser Umstand hatte bei der Brandbekämpfung mit Wasser zum Kentern der LAFAYETTE und ihrer Vorgänger (Fracht-Passagierschiff SEGOVIA, Passagierschiff PARIS) geführt. Auch neuere Erfahrungen mit anderen Schiffen waren nicht berücksichtigt worden. So kenterte und sank durch den Eifer der Feuerwehren im Januar 1953 wegen Stabilitätsverlust das britische Passagierschiff EMPRESS OF CANADA (20 325 BRT). Das Schiff befand sich zur Reparatur im Hafen von Liverpool. Kaum drei Monate später, am 15. April 1953, kenterte und sank bei der Brandbekämpfung das niederländische Schiff KRONPRINS FREDERIK am Liegeplatz in Harwich (Großbritannien).

Es gab auch positive Beispiele. Im Jahre 1964 brach an Bord des britischen Dampfers PYRRHUS, der in Liverpool Kautschuk löschte, ein Brand aus. Zur Brandbekämpfung wurden anfangs wie gewöhnlich große Mengen Löschwasser verwendet. Als jedoch ein merklicher Stabilitätsverlust eintrat und das Schiff zu krängen begann, erinnerte man sich rechzeitig an ähnliche Ereignisse. Um ein Kentern des Schiffes zu verhindern, wurde die Brandbekämpfung mit Löschwasser eingestellt und auf Schaum übergegangen. Nur so konnte das Schiff gerettet werden. Hier wurden die bitteren Erfahrungen der Vergangenheit berücksichtigt.

Zusätzliche Angaben über Brände und Explosionen auf Kriegsschiffen

Lfd. Nr.	Schiff	Charakter, Umstände und Zeit des Seeunfalles	Beschädigungen und Folgen
Flugzeugträger			
1.	UAW-Flugzeugträger USS ANTIETAM CV-36 (USA, 1945, 38 500 t).	Falsche Handlungen des Piloten eines strahlgetriebenen Jagdflugzeuges bei der Landung. Das Flugzeug konnte nicht abgestoppt werden, so daß es in eine Gruppe abgestellter Flugzeuge raste. Es entstand ein Brand. November 1951.	7 Flugzeuge zerstört, 6 Tote, 10 Verletzte.
2.	UAW-Flugzeugträger USS BOXER CV-21 (USA, 1945, 38 500 t).	Nichtabheben eines Jagdflugzeuges vom Flugdeck beim Start. Es stürzte vor dem Schiff ins Meer, wobei die Bomben detonierten. Dezember 1955.	Der Bugteil des Flugzeugträgers wurde beschädigt. Reparatur wurde notwendig.
3.	Flugzeugträger H. M. S. INDOMITABLE (Großbritannien, 1941, 28 700 t).	Aus den Bunkern austretender Kraftstoff führte zu einem Brand, in dessen Verlauf es zu einer starken Explosion kam. Der Brand konnte mit Unterstützung eines Minenlegers gelöscht werden. Februar 1953.	Schwere Beschädigungen 9 Tote, 31 Verletzte, Reparatur wurde notwendig.
4.	Flugzeugträger H. M. S. EAGLE (Großbritannien, 1955, 53 000 t).	Nach einer neunmonatigen Reparatur führte der Flugzeugträger im Kanal die Übergabeerprobungen durch. Auf Grund der Fehleinschätzung des Piloten eines Torpedoflugzeuges kollidierte dieses bei der Landung mit dem Schornstein. Es entstand ein Brand. Mai 1955.	Insel und Schornstein wurden beschädigt, der Pilot schwer verletzt. Eine weitere sechswöchige Reparatur wurde notwendig.
5.	Angriffsflugzeugträger USS RANGER CVA-61 (USA, 1957, 76 000 t).	Nichteinhaltung der Schutzgüte im Hochspannungsnetz führte zu einem Brand auf dem Flugzeugträger, in dessen Verlauf es zu einer Explosion von Kraftstoffdämpfen kam. April 1959.	Beschädigungen, 2 Tote, 15 Verletzte.
6.	UAW-Flugzeugträger USS RANDOLPH CVS-15 (USA, 1944, 38 500 t).	Nichteinhaltung der Schutzgüte im Hochspannungsnetz führte zu einem Brand auf dem Flugzeugträger, in dessen Verlauf es zu einer Explosion von Kraftstoffdämpfen kam. Mai 1959.	Beschädigungen, 1 Toter, 2 Verletzte.

Lfd. Nr.	Schiff	Charakter, Umstände und Zeit des Seeunfalles	Beschädigungen und Folgen
7.	Angriffsflugzeugträger USS INDEPENDENCE CVA-62 (USA, 1959, 76000 t).	Wenige Monate nach der Indienststellung ereignete sich bei der Rückkehr von einer Ausbildungsfahrt ein Unfall. Bei der mißlungenen Landung eines Jagdflugzeuges kam es auf dem Flugdeck zu einem Brand. Das Flugzeug schlug bei der Landung mit dem Schwanzteil hart auf dem Flugdeck auf und verbrannte. September 1959.	Beschädigungen, 1 Flugzeug zerstört, 1 Toter, einige Verletzte.
8.	Angriffsflugzeugträger USS CONSTELLATION CVA-64 (USA, 1962, 79000 t).	Kesselraumbrand während der Seeerprobung im Seegebiet vor New York. Beim Bruch einer Ölleitung entzündete sich das über heiße Dampfrohrflansche fließende Heizöl. Dezember 1961.	Die entstandenen Schäden machten eine Reparatur in der Basis notwendig, 4 Tote, 9 Verletzte.
9.	Angriffsflugzeugträger H. M. S. CENTAUR (Großbritannien, 1953, 27000 t).	Kesselexplosion. Das Schiff lag vor der Nordküste von Wales vor Anker. Dezember 1962.	Erhebliche Beschädigungen, 5 Tote.
10.	Angriffsflugzeugträger H. M. S. HERMES (Großbritannien, 1959, 27890 t).	Während des Aufenthaltes in Portsmouth kam es infolge der Nichteinhaltung der Schutzgüte der Elektroausrüstung zu einem Generatorbrand an zwei Generatoren. Dieser führte zu einem Brand auf dem Schiff. November 1963.	Beschädigungen.
11.	Angriffsflugzeugträger USS SARATOGA CVA-60 (USA, 1956, 76000 t).	Während des Aufenthaltes des Flugzeugträgers im Mittelmeer durchbrach ein Flugzeug bei der Landung die Bruchschranke und raste in eine Gruppe auf dem Flugdeck abgestellter Flugzeuge. Der Pilot hatte den Landeanflug falsch berechnet. Es kam zur Explosion der Flugzeugbewaffnung. 1964.	Starke Beschädigungen. Der Flugzeugträger mußte zu einer langwierigen Reparatur einen Stützpunkt anlaufen. 6 Flugzeuge zerstört.

Lfd. Nr.	Schiff	Charakter, Umstände und Zeit des Seeunfalles	Beschädigungen und Folgen
12.	Geleitflugzeugträger USS CROTAN CVE-25 (USA, 1943, 15700 t).	Der Flugzeugträger lag im Hafen von Mobile (Alabama) im Dock. An Bord des Schiffes kam es zu einer Explosion, als irrtümlicherweise Sauerstoff in ein Hochdruck-Luftsystem gegeben wurde. Ursache für die Explosion war die außergewöhnliche Erhitzung der Leitung. Als Folge entstand ein großer Brand. 1965.	Erhebliche Beschädigungen, 5 Tote. Eine größere Anzahl Besatzungsangehöriger und Arbeiter erlitten Verbrennungen und Verletzungen.
13.	Angriffsflugzeugträger USS KITTY HAWK CVA-63 (USA, 1961, 76700 t).	Während des Einsatzes im Südchinesischen Meer kam es an Bord des Flugzeugträgers zu einem Großbrand im Hauptmaschinenraum Nr. 3. Zur Verhinderung einer Explosion mußte ein Munitionsraum geflutet werden. Dezember 1965.	Erhebliche Beschädigungen, einige Tote, 48 Verletzte.
14.	Angriffsflugzeugträger USS INDEPENDENCE CVA-62 (USA, 1959, 76000 t).	Der Flugzeugträger befand sich, aus dem Golf von Tongking kommend, auf dem Rückmarsch in die USA. Beim Start eines Jagdflugzeuges brach auf dem Flugdeck ein Brand aus. Ursache war die Entzündung eines Zusatzkraftstofftanks des Flugzeuges mit nachfolgender Explosion. Dezember 1965.	Erhebliche Beschädigungen, 16 Verletzte, davon 14 Schwerverletzte.
15.	UAW-Flugzeugträger USS KEARSARGE CVS-33 (USA, 1946, 38500 t).	Explosion im Kompressorraum des Flugzeugträgers, der zu einem Brand an Bord führte. Das Schiff befand sich zu einer Ausbildungsfahrt vor der kalifornischen Küste. Juli 1967.	Begrenzte Beschädigungen.
16.	Angriffsflugzeugträger USS FORRESTAL CVA-59 (USA, 1955, 76000 t).	Brandausbruch in einer Last. In der Last lagerten etwa 2000 Flugzeugreifen. Der Flugzeugträger lag zur Zeit des Geschehens in Norfok (Virginia) im Trockendock. Juli 1969.	Beschädigungen, 8 Mann der Besatzung erlitten Verbrennungen und Verletzungen.
17.	Angriffsflugzeugträger USS MIDWAY CVA-41 (USA, 1947, 62000 t).	Bruchlandung eines Jagdflugzeuges auf dem Flugzeugträger. Der Jäger wurde in eine Gruppe auf dem Flugdeck abgestellter Flugzeuge geschleudert. Oktober 1972.	Beschädigungen, 9 Flugzeuge zerstört und beschädigt, 5 Tote, 23 Verletzte.

Lfd. Nr.	Schiff	Charakter, Umstände und Zeit des Seeunfalles	Beschädigungen und Folgen
18.	Angriffsflugzeugträger USS SARATOGA CVA-60 (USA, 1956, 76000 t).	Kesselraumbrand. Der Flugzeugträger befand sich zu einem Flottenbesuch in Singapore. Oktober 1972.	Beschädigungen, 3 Tote, 12 Verletzte.
19.	Angriffsflugzeugträger USS MIDWAY CVA-41 (USA, 1947, 62000 t).	Beim Aufenthalt des Flugzeugträgers im Hafen von Long Beach (Kalifornien) kam es zu einem Brand, dessen Ursachen nicht veröffentlicht wurden. November 1972.	Beschädigungen, 1 Toter.
20.	Angriffsflugzeugträger USS KITTY HAWK CVA-63 (USA, 1961, 76700 t).	Kesselraumbrand. Der Flugzeugträger stand bei Ausbruch des Brandes etwa 700 Seemeilen östlich der Philippinen. Der Brand konnte durch die Besatzung gelöscht werden. Dezember 1973.	Erhebliche Beschädigungen, 6 Tote, eine Anzahl Verletzte. Zur Reparatur mußte der Flugzeugträger den Heimathafen anlaufen.
Linienschiffe, Kreuzer und Zerstörer			
21.	Geleitzerstörer H. M. S. CONTEST D-48 (Großbritannien, 1944, 2600 t).	Während des Anfahrens der Kessel beim Seeklarmachen in Portsmouth entstand infolge unklarer Brenner ein Brand. Der Brand konnte mit Unterstützung anderer Schiffe gelöscht werden September 1953.	Beschädigungen. Der Zerstörer konnte nicht auslaufen. Eine Reparatur wurde notwendig.
22.	Schwerer Kreuzer USS NEWPORT NEWS CA-148 (USA, 1949, 21500 t).	Auf dem zur Reparatur in Portsmouth (USA, Bundesstaat Virginia) liegenden Kreuzer kam es infolge eines Kurzschlusses in der Elektroausrüstung zur Explosion von Kraftstoffbehältern. 1956.	Beschädigungen. Verlängerung der Werftliegezeit.
23.	Zerstörer USS JOHN R. PIERCE DD-753 (USA, 1944, 3320 t).	Rohrkrepierer eines 12,7-cm-Geschützes während eines Gefechtsschießens des Zerstörers im Seegebiet vor Nizza. 1956.	Beschädigungen, 2 Tote, 11 Verletzte.
24.	Zerstörer USS BUCK DD-761 (USA, 1944, 3320 t).	Explosion einer Granate auf dem zur 7. Flotte gehörenden Zerstörer. Oktober 1956.	Beschädigungen, 1 Toter, 3 Verletzte. Die Reparatur des Schiffes nahm einen Monat in Anspruch.

Lfd. Nr.	Schiff	Charakter, Umstände und Zeit des Seeunfalles	Beschädigungen und Folgen
25.	Leichter Kreuzer H. M. S. Blake C-99 (Großbritannien, 1945, 12080 t).	Explosion im hinteren Kesselraum während der Modernisierung in Glasgow. Die Ursache war fahrlässiger Umgang mit Feuer. 1960.	Beschädigungen, 3 Verletzte.
26.	Lenkwaffenzerstörer USS Goldsborough DDG-20 (USA, 1962, 4500 t).	Kesselexplosion auf dem 8 Seemeilen vor der Küste Taiwans handelnden Lenkwaffenzerstörer. April 1971.	Erhebliche Beschädigungen, 2 Tote, 2 Verletzte.
27.	Lenkwaffenzerstörer H. M. S. Sheffield D-80 (Großbritannien, 1971, 3500 t).	Gasexplosion beim Bau des Schiffes auf der Bauwerft Vickers-A. in Barrow (Großbritannien). April 1971.	Beschädigungen, geringe Personalverluste.
28.	Schwerer Kreuzer USS Newport News CA-148 (USA, 1949, 21500 t).	Turmexplosion (20,3-cm-Hauptkaliber) während des Beschusses der südvietnamesischen Küste. Oktober 1972.	Erhebliche Beschädigungen, 20 Tote, 36 Verletzte.
29.	Zerstörer USS Basilone DD-824 (USA, 1950, 3300 t).	Kesselexplosion mit anschließendem Brand. Der Zerstörer stand zur Zeit der Explosion etwa 140 Seemeilen südöstlich von New York. Februar 1973.	Beschädigungen, 3 Tote, 8 Verletzte, Reparatur wurde notwendig.
30.	Zerstörer Artemis D-51 (Iran, 1945, 3360 t).	Ausbruch eines Brandes in der Last für funkelektronische Geräte. Der Zerstörer lag zu dieser Zeit in Robinson im Trockendock. April 1974.	Beschädigungen.
31.	Lenkwaffenzerstörer H. M. S. Bristol D-23 (Großbritannien, 1972, 6750 t).	Der Erklärung eines Vertreters der britischen Admiralität zufolge brach auf dem Schiff ein schwerer Brand aus. Das Schiff nahm an einer Übung teil und befand sich vor der Küste von Wales. Zur Brandbekämpfung wurden zusätzlich Kriegs- und Hilfsschiffe herangezogen. November 1974.	Erhebliche Beschädigungen. Das Schiff mußte zur Reparatur nach Portsmouth gebracht werden.

Lfd. Nr.	Schiff	Charakter, Umstände und Zeit des Seeunfalles	Beschädigungen und Folgen
Amphibische Fahrzeuge			
32.	Amphibisches Docklandungsschiff USS TRENTON LPD-14 (USA, 1971, 16500 t).	Explosion im Maschinenraum kurz nach der Indienststellung. Das Schiff befand sich im Seegebiet vor Guantanamo (Kuba). März 1971.	Beschädigungen, 5 Tote, 5 Schwerverletzte.
33.	Hubschrauberträger (Kommandoschiff) H. M. S. BULWARK C-08 (Großbritannien, 1960, 27300 t).	Brand im Maschinenraum. Das Schiff befand sich im Seegebiet vor Triest. November 1971.	Beschädigungen. Das Schiff mußte zur Reparatur eine Werft anlaufen.
34.	Amphibisches Docklandungsschiff CANDIDO DE LASALA Q-43 (Argentinien, 1943, 8700 t).	Kesselraumbrand mit nachfolgender Kesselexplosion. Das Schiff befand sich bei diesem Seeunfall in der St.-Margaret-Bay. Dezember 1974.	Beschädigungen, 2 Tote, einige Verletzte.
Hilfsschiffe			
35.	Funkmeßschiff USS SEARCHER YAGR-4 (USA, 1956, 3600 t).	Brand im Maschinenraum. Zur Brandbekämpfung wurde zusätzlich ein Fahrzeug der Coast Guard eingesetzt. Das Schiff gehörte zum Bestand der Funkmeßschiffe an der amerikanischen Atlantikküste. 1956.	Schwere Beschädigungen. Das Schiff mußte zur Reparatur in eine Werft. 3 Tote, 2 Verletzte.
36.	U-Boot-Tender USS CANOPUS AS-34 (USA, 1965, 22250 t).	Ausbruch eines Brandes auf dem U-Boot-Tender. Der Tender lag im Flottenstützpunkt Holy Loch (Großbritannien). Längsseits lagen bei Brandausbruch 2 kernkraftgetriebene Raketen-U-Boote. Der Brand konnte nach dreieinhalb Stunden gelöscht werden. November 1970.	Beschädigungen. 2 Tote, 1 Verletzter, 10 Mann trugen Rauchvergiftungen davon.

Analyse der Auswirkungen von Bränden und Explosionen auf Kriegsschiffen und Maßnahmen für den Brandschutz

Statistische Analyse

Die Analyse basiert auf 193 ausgewerteten Bränden und Explosionen. Von 137 Bränden, die nicht zum Verlust der betroffenen Schiffe führten, sind 82 genannt. Von 56 Bränden und Explosionen, die zum Verlust des Schiffes führten, wurden 13 beschrieben. Die Analyse von 45 Flugzeugträgerbeschädigungen ergab das folgende Ergebnis: Hauptursachen für die Brände und Explosionen waren fehlerhafte Handlungen von Besatzungsangehörigen (24 %) sowie die Selbstentzündung von Kraftstoff und die Explosion von Kraftstoffgasen (19 %). Einen bemerkenswerten Anteil haben Explosionen innerhalb hydraulischer Systeme (12 %). Es folgen unklare oder defekte Elektroausrüstungen (7 %), mechanische Beschädigungen, Schweißarbeiten und überhitzte dampfführende Rohre (jeweils 3 %). Unbekannte Ursachen liegen bei 29 % der Fälle vor. Unter den bekannt gewordenen Ursachen spielen die konstruktionsbedingten eine zu beachtende Rolle.

Kriegsschiffe, die durch Brand und/oder Explosion beschädigt wurden oder verlorengingen

Schiffsklasse	Anzahl der Fälle		Insgesamt
	Beschädigungen	Verluste	
Flugzeugträger	45	1	46
Linienschiffe, Kreuzer und andere Artillerieträger	25	22	47
Lenkwaffenzerstörer, Zerstörer und andere leichte Schiffe	37	10	47
Amphibische Fahrzeuge (Landungsschiffe)	3	–	3
Schnellboote und Minenräumfahrzeuge	16	8	24
Hilfsschiffe	11	15	26
Insgesamt	137	56	193

Dem Ausmaß der Beschädigungen nach nehmen die Schiffe mit schweren Beschädigungen, deren Wiederinstandsetzung viele Millionen US-Dollar kosteten, den ersten Platz mit etwa 60 % ein. Die der leichten Beschädigungen liegen bei 30 %. In 10 % der Fälle konnte der Umfang der Beschädigungen nicht ermittelt werden.

Auf den Flugzeugträgern führten die Brände und Explosionen in der Regel zu hohen Personalverlusten. Dabei entfallen auf 35 % der Fälle zehn und mehr Tote und Verletzte. Weniger als zehn Tote und Verletzte müssen bei 31 % der Fälle registriert werden. Beeindruckend aber sind die 7 %, mit mehr als 100 Toten und Verletzten. Bei 7 % waren keine Opfer zu beklagen. In 20 % der Fälle wurden mögliche Personalverluste nicht bekannt.

Der Analyse der Brand- und Explosionsfolgen ist zu entnehmen, daß bei keinem der Unfälle und erst recht nicht bei keiner der Katastrophen die betroffenen Flugzeugträger voll einsatzklar blieben. Nicht einer der Flugzeugträger konnte die von ihm zu erfüllende Aufgabe unter normalen Bedingungen fortsetzen. So wurden die Flugzeugträger bei

– 42 % der Fälle für einige Tage unklar;
– 37 % der Fälle für einige Wochen unklar;
– 16 % der Fälle für einige Monate unklar.

Bei 5 % konnte keine Zeitdauer des Ausfalls ermittelt werden. Mehr als die Hälfte aller Fälle endete mit dem Ausfall der Flugzeugträger für eine nicht zu unterschätzende Zeit, die von einigen Wochen bis zu Monaten reichte. Außerdem ist hierbei zu berücksichtigen, daß mit diesen Flugzeugträgern gewöhnlich auch Sicherungs- und Hilfsschiffe ihre geplanten Aufgaben unterbrechen mußten oder nicht erfüllen konnten, da sie zur Unterstützung bei der Brandbekämpfung und Beseitigung der Brandfolgen, zum Abschleppen in die Flottenstützpunkte und zu anderen unterstützenden oder sicherstellenden Aufgaben herangezogen werden mußten.

Obwohl keiner der Flugzeugträger bei diesen Unfällen und Katastrophen sank, waren doch die materiellen Schäden und die Personalverluste sowie die aus den Unfällen und Katastrophen resultierenden anderen Folgen für die Flugzeugträger erheblich. Das betrifft besonders die Katastrophen auf den Flugzeugträgern CONSTELLATION (1960), ORISKANY (1966), FORRESTAL (1967) und ENTERPRISE (1969). Gerade diese Katastrophen rechtfertigen alle während der sechziger Jahre von der US Navy getroffenen Maßnahmen zur Erhöhung der Brandsicherheit auf den Flugzeugträgern.

Dem Alter nach nehmen die durch Brand oder Explosion beschädigten Flugzeugträger mit einer Dienstzeit von ein bis zehn Jahren die führende Stelle mit 58 % ein. Eine bedeutend kleinere Zahl von Flugzeugträgern – 33 % – war 11 bis 20 Jahre in Dienst. Mehr als 20 Jahre Dienstzeit liegen bei 5 % der Fälle vor, und 4 % entfallen auf die Zeit während des Baues. Hieraus ist ersichtlich, daß Brände und Explosionen auf Flugzeugträgern praktisch in jedem beliebigen Dienstalter der Schiffe auftraten. Ohne Zweifel läßt sich diese Aussage nicht nur allein mit dem Charakter der Unfälle und Katastrophen erklären. Hier müssen auch neue veränderte Formen, Methoden und Verfahren der konstruktiven Brandsicherheit während der Bauphase neuer Flugzeugträger wie auch im Prozeß ihrer Modernisierung, die nebenbei gesagt sehr oft erfolgten, Berücksichtigung finden. So sind neue Schiffe, abgesehen von der ständigen Vervollkommnung der Technik, offenbar auch nicht viel besser als ihre Vorgänger. Außerdem kann eine unglücklich getroffene Auswahl oder Zusammensetzung der Besatzung eines Kriegsschiffes – dies trifft besonders auf neu in Dienst gestellte Schiffe zu – zu Seeunfällen mit äußerst schweren Folgen führen, was die Katastrophe auf der FORRESTAL im Jahre 1967 beweist.

Bekanntlich gilt das Interesse den Umständen, die zu den Bränden und Explosionen führten. Der Analyse ist zu entnehmen, daß sie zumeist mit Handlungen der

Besatzung auf dem Schiff – 62 % – im Zusammenhang stehen. Es folgen Unfälle von Flugzeugen bei der Landung – 19 % – und beim Start – 14 % –. Unbekannt blieben 5 % der Fälle. Durchaus möglich ist auch eine Korrektur dieser Zahlen «zugunsten» des Start- und Landebetriebes. Dies läßt sich aus den verschiedenen Presseberichten, besonders denen der US Navy, ableiten, da in ihnen oft Angaben über die große Anzahl der Einsätze der Seeflieger enthalten sind. Unabhängig davon kann aber festgestellt werden, daß die Brände und Explosionen auf den Flugzeugträgern nicht allein aus Streßsituationen heraus entstanden sind. Trotzdem kam es oft durch Hast und überstürztes Handeln bei der Erfüllung der von den Vorgesetzten unbegründet kurzfristig gestellten Aufgaben zu Bränden. Die Vorgesetzten berücksichtigten insbesondere in der Vorbereitungsphase zum Gefechtseinsatz nicht immer in genügendem Maße die realen Bedingungen an Bord der Schiffe, die vom Ausbildungsstand, der Erfahrung und Geschlossenheit der Besatzung bestimmt werden.

Aus den ausgewerteten Fällen folgt, daß die Brände auf Flugzeugträgern häufig – in 43 % der Fälle – mit Explosionen gekoppelt waren, die ihnen entweder vorausgingen oder als Folgeerscheinung auftraten. Nurbrände – ohne Explosionen – wurden bei 40 % und Nurexplosionen – ohne Brände – bei 17 % der Fälle registriert. Somit sind etwa zwei Drittel der Fälle mit Explosionen verbunden, was auf die große Konzentration von Munition, Gefechtsmitteln und Flugzeugkraftstoff zurückzuführen ist.

Am häufigsten – 44 % – entstanden die Brände auf dem Flug- oder im Hangardeck, an Orten also, wo die Flugzeuge aufgetankt und aufmunitioniert werden. Auf andere Decks und Räume entfallen 21 %. Mit ebenfalls 21 % sind die Kesselräume beteiligt. Auf Kraftstoffbunker entfallen 2 %. Bei 12 % konnte der Brandausbruch nicht ermittelt werden.

Die überwiegende Anzahl – 72 % – der Brände und Explosionen trat während des Aufenthalts der Flugzeugträger in See auf, was offenbar im unmittelbaren Zusammenhang mit der intensiven Belastung der Schiffe steht. Es folgen die Brände während des Aufenthalts der Flugzeugträger in Flottenstützpunkten – 16 % – und in Werften während der Bauphase oder der Reparatur – 12 %.

Die Branddauer betrug bei
- 40 % der Brände bis zu vier Stunden;
- 7 % der Brände bis zu zehn Stunden;
- 2,5 % der Brände bis zu 24 Stunden.

In einem Fall – 2,5 % – brannte der Flugzeugträger FORRESTAL (1967) einige Tage. Nicht ermittelt werden konnte die Branddauer bei 48 % der Brände.

Die Brandbekämpfung erfolgte zum großen Teil – 43 % – mit Unterstützung von Kräften und Mitteln anderer Schiffe oder von Flottenstützpunkten. Die Besatzungen der betroffenen Flugzeugträger konnten zu 37 % selbständig den Brand mit den ihnen zur Verfügung stehenden Mitteln löschen. Bei 20 % können darüber keine Aussagen getroffen werden. All diese Angaben beweisen, wie ernst die Brände auf den Flugzeugträgern waren.

Abschließend kann festgestellt werden, daß sich die größte Anzahl der Brände und Explosionen auf Flugzeugträgern im ersten der die Analyse umfassenden Jahrzehnte, in den fünfziger Jahren, mit 43 % ereignete. In den folgenden Jahrzehnten trat eine minimale Verringerung auf 39 % ein. In der ersten Hälfte der siebziger Jahre waren es 18 %. Somit läßt sich zeitlich keine wesentliche Verringerung der Brand- und Explosionsunfälle auf Flugzeugträgern feststellen.

Die 92 in diesem Buch untersuchten, durch Brände und Explosionen an anderen Schiffen entstandenen Beschädigungen führten zu folgendem Ergebnis.

Eine der Hauptursachen der Unfälle auf diesen Schiffen war die Entzündung von Kraftstoff und die Explosion von Kraftstoffgasen – 23 %. Es folgen die Explosionen von Munition und Gefechtsmitteln – 14 %, von Dampfkesseln und dampfführenden Rohrleitungen – 10 %, Kurzschlüsse und Defekte in der Elektroausrüstung machen 10 % der Unfälle aus. Den gleichen Anteil haben falsche und fehlerhafte Handlungen von Besatzungsangehörigen und leichtfertiger Umgang mit Feuer an Bord. Solche Brandursachen wie heiße Oberflächen von Mechanismen, Anlagen und Rohrleitungen liegen bei 5 % und von anderen brennenden Schiffen übergreifende Brände bei 2 %. Bei 26 % der Brände konnten die Brandursachen aus den zur Verfügung stehenden Materialien nicht entnommen werden.

Die Brände auf Nichtflugzeugträgern führten in der Regel zu schweren – 47 % – und mittleren – 45 % – Beschädigungen. Nur bei 8 % waren die entstandenen Schäden unbedeutend. Die Folgeerscheinungen aber sind auf jeden Fall ernstzunehmen.

Die Unfälle führten bei 54 % zum Ausfall der Schiffe für einige Wochen und bei 13 % zum Ausfall für einige Monate. Bei 2 % dauerte die Wiederherstellung der Einsatzbereitschaft länger als ein Jahr. Damit führten zwei Drittel der Fälle zum Verlust der Einsatzbereitschaft der Schiffe. Die restlichen Unfälle – 23 % – hatten nur einen kurzfristigen Ausfall zur Folge. Nur in 6 % der Fälle konnten die Besatzungen die Einsatzbereitschaft ihrer Schiffe selbst wieder herstellen. Bei über 2 % der Fälle können darüber keine Aussagen getroffen werden.

Die Brände und Explosionen führten auf den Überwasserschiffen (ohne Flugzeugträger) zu größeren Menschenverlusten. So kamen bei 33 % der Unfälle bis zu zehn Menschen und bei 7 % mehr als zehn Menschen ums Leben. Eine unterschiedliche Anzahl Verletzter liegt bei 5 % der ausgewerteten Unfälle vor. Ohne Verletzte und Tote verliefen 40 % der Brände, 15 % blieben unbekannt. Verhältnismäßig hohe Verluste traten bei den Turmexplosionen der Artillerieträger auf (Linienschiff MISSISSIPPI [1924], Schwerer Kreuzer DEVONSHIRE [1929], Schwerer Kreuzer ST. PAUL [1952]).

Die meisten Brände – 45 % – brachen in den Maschinen- und Kesselräumen sowie in den Lasten aus. Es folgen mit 18 % die verschiedensten Diensträume, Artilleriegefechtsstationen und Oberdecksabschnitte mit jeweils 10 %. Weniger brachen Brände in Kraftstoffbunkern und Wohndecks – 3 % – aus. Bei 14 % der Brände konnte der Ort des Brandausbruches nicht ermittelt werden.

Das Löschen der Brände allein mit den Kräften und Mitteln der jeweils betroffenen Schiffe war in verhältnismäßig wenig Fällen – 28 % – erfolgreich. Bei sehr vielen Unfällen mußten zusätzlich andere Schiffe, örtliche Feuerwehren und Feuerwehren der jeweiligen Werften – 43 % – zur Brandbekämpfung herangezogen werden. Bei 29 % der Fälle gibt es keine Hinweise auf Unterstützungskräfte bei der Brandbekämpfung.

Nach Schiffsklassen gliedern sich die Unfälle, die durch Brände und Explosionen verursacht wurden, wie folgt auf:

– gepanzerte Schiffe	26 %;
– Zerstörer und andere leichte Schiffe	44 %;
– Schnellboote und Minenräumfahrzeuge	15 %;
– Hilfsschiffe	12 %;
– amphibische Fahrzeuge	3 %.

Dem Schiffsalter nach entstand ein großer Teil der Brände auf Schiffen mit einer Dienstzeit bis zu zehn Jahren – 47%. Es folgen die Brände und Explosionen auf Schiffen mit einer Dienstzeit von 11 bis 20 Jahren mit 28%. Bei 15% der Fälle waren die Schiffe älter als 20 Jahre. Auf einer Reihe von Schiffen – 10% – kam es bereits während der Bauzeit und in der Erprobungsphase zu derartigen Unfällen.

Am häufigsten kam es zu diesen Unfällen in See – 44%. Eine nicht geringere Anzahl ereignete sich beim Aufenthalt der Schiffe in den Flottenstützpunkten – 29% – und Werften – 21%. Bei 6% blieb der Unfallort unbekannt.

Die untersuchten Brände und Explosionen verteilen sich auf Schiffe von 12 Kriegsflotten.

1.	Deutschland (bis zur Zerschlagung des Faschismus am 08. Mai 1945)	41%.
2.	Vereinigte Staaten von Amerika	18%.
3.	Großbritannien	16%.
4.	Frankreich	12%.
5.	Japan	4%.
6.	Italien	2%.
7.	Rumänien	2%.
8.	bis 12. andere Staaten darunter die BRD	je 1%

Interessant ist ein Vergleich von Bränden und Explosionen auf Flugzeugträgern und auf Nichtflugzeugträgern.

Die Ursachen für Brände und Explosionen auf Flugzeugträgern waren häufig falsche oder fehlerhafte Handlungen von Besatzungsangehörigen. Auf Nichtflugzeugträgern waren es dagegen die Explosionen auf Artilleriegefechtsstationen, die Entzündung von Kraftstoff sowie die Explosion von Kraftstoffgasen. Dem Ausmaß der Beschädigung nach traten auf den Nichtflugzeugträgern durch Brände und Explosionen bedeutend mehr schwere und mittlere Schäden im Vergleich zu den Flugzeugträgern auf (92% zu 60%). Dementsprechend trugen die Flugzeugträger in größerem Maße mehr leichtere Schäden davon als die Nichtflugzeugträger. Das ist auch völlig verständlich, da Flugzeugträger eine weitaus größere Standkraft besitzen als kleinere leichte, ungepanzerte Schiffe der verschiedenen Klassen.

Bei beiden Schiffsgruppen sind die Menschenverluste – bis zu zehn Personen – etwa gleich. Sie liegen bei einem Drittel der Fälle. Der Prozentsatz bei mehr als zehn Toten liegt bei den Flugzeugträgern bedeutend höher (35% zu 7%). Unfälle und Katastrophen dieser Art mit mehr als 100 Toten gab es nur auf Flugzeugträgern. Brände und Explosionen, bei denen keine oder sehr geringe Verluste eintraten, gab es bei den Flugzeugträgern in weitaus geringerem Maße als bei den Nichtflugzeugträgern. Das läßt sich damit erklären, daß ein Flugzeugträger einen Großbrand oder eine Explosion trotz möglicher großer Opfer unter der Besatzung besser übersteht als ein kleineres, leichtgebautes Schiff, was wiederum auf die unterschiedliche Standkraft zurückzuführen ist. Nichtflugzeugträger waren im Vergleich zu den Flugzeugträgern nach Bränden länger unklar. Das Verhältnis zwischen Nichtflugzeugträgern und Flugzeugträgern liegt hier bei 67% zu 53%. Das ist auf die Größe der Beschädigung zurückzuführen.

Das Alter der Schiffe zeigt keine wesentlichen Unterschiede zwischen beiden Gruppen. So beträgt z. B. die Dienstzeit bei etwa der Hälfte der betroffenen Schiffe bis zu zehn Jahren. Auch die Anzahl der Unfälle, von denen Schiffe mit einer

Dienstzeit von 11 bis 20 Jahren betroffen wurden, hält sich beim Vergleich beider Gruppen etwa die Waage und liegt bei einem Drittel. Ein bemerkenswerter Unterschied tritt demgegenüber bei den Schiffen mit einer Dienstzeit von über 20 Jahren auf. Hier ist die Anzahl der Unfälle bei den Nichtflugzeugträgern wesentlich höher. Das ergibt sich aus den zum Teil längeren Dienstzeiten dieser Schiffe. Brände während der Bauphase und der Erprobung waren ebenfalls auf Nichtflugzeugträgern häufiger.

Interessant ist ein Vergleich beider Schiffsgruppen bezüglich des Unfallortes. Während die Brände und Explosionen auf den Flugzeugträgern häufiger auf See und weniger in Stützpunkten und Werften (72% zu 28%) auftraten, zeigt der Vergleich bei den Nichtflugzeugträgern ein etwa ausgewogenes Verhältnis. Auf See waren es bei dieser Schiffsgruppe sogar etwas weniger (44% zu 50%).

Möglicherweise ist das eine Folge des intensiveren Einsatzes der Flugzeugträger im Vergleich zu den Schiffen anderer Klassen.

Die Analyse der Schiffsverluste infolge von Bränden und Explosionen unterscheidet sich etwas von der Analyse der Beschädigungen. So wurde für letztere eine bestimmte Anzahl betroffener Schiffe zugrunde gelegt. Bei weitem konnten hierbei nicht alle auf Kriegsschiffen aufgetretenen Brände berücksichtigt werden. Die Analyse der Schiffsverluste durch Brände und Explosionen umfaßt dagegen alle bekannt gewordenen Fälle. Außerdem wurde für die Analyse der Schiffsverluste der Zeitabschnitt der Untersuchungen zweckmäßigerweise erweitert. Er umfaßt somit die Schiffsverluste vom Beginn der Jahrhundertwende bis zur jüngsten Vergangenheit. Das war notwendig, um möglichst allgemeingültige Schlußfolgerungen aus den statistischen Angaben ziehen zu können. Dies ist, wie aus den vorangegangenen Ausführungen ersichtlich ist, um so notwendiger, da verhältnismäßig wenig Schiffsverluste detailliert beschrieben wurden. Mehr Angaben und Einzelinformationen standen dagegen über die beschädigten Schiffe zur Verfügung. Diese Besonderheiten kennzeichnen auch die analytischen Betrachtungen.

Die statistische Wertung der Schiffsverluste infolge Brand und Explosion führte zu folgenden Ergebnissen.

Bei den Schiffsverlusten stellen die gepanzerten Schiffe den größten Anteil von 39%. Es folgen die Hilfsschiffe mit 27%, die Leichten Kreuzer mit 18% und die Gruppe der Schnellboote und Minenräumfahrzeuge mit 14%. In diese Zeit fällt auch der Verlust eines Flugzeugträgers, was etwa 2% entspricht. Die große Verlustquote der gepanzerten Schiffe erklärt sich aus den häufigen Explosionen in den Munitionsräumen.

In derartigen Fällen blieben die betroffenen Schiffe selten schwimmfähig und sanken. Dabei gingen sie so schnell unter, daß keinerlei wirksame Maßnahmen zur Erhaltung der Schiffe getroffen werden konnten.

So sanken einige große Schiffe innerhalb von 20 bis 45 Minuten (Linienschiff Leonardo da Vinci [1916], Panzerkreuzer Tsukuba [1917]), andere sogar innerhalb von nur 4 bis 5 Minuten (Kreuzer Matsushima [1908], Linienschiff Kawachi [1918]).

Der verhältnismäßig hohe Prozentsatz der Hilfsschiffe ergibt sich aus der Explosion der von ihnen häufig transportierten Munition und Sprengstoffe. Paradox hingegen erscheint der Verlust von nur einem Flugzeugträger durch Brand und Explosion ohne die Einwirkung gegnerischer Kampfmittel im Verlauf dieser langen Zeit. Es handelt sich hierbei um den britischen Geleitflugzeugträger H. M. S. Dasher, der am 27.03.1943 nach einer Explosion im Firth of Clyde (Großbritannien) sank. Das ist darauf zurückzuführen, daß es auf den Flugzeugträgern aus einer Reihe von Gründen, im Gegensatz zu den anderen Schiffsklassen, zu keinen Explosionen in den Munitionsräumen kam. Die Flugzeugträger wurden zwar infolge von Bränden oft unklar, sanken jedoch auf Grund ihrer konstruktiven Besonderheiten nicht wie einige Leichte Kreuzer.

Von Interesse ist weiterhin, daß die überwiegende Mehrzahl der Schiffe – 86% – in den Flottenstützpunkten und nur ein kleiner Teil – 12% – auf See verlorenging. Bei 2% blieb der Ereignisort unbekannt. Hieraus lassen sich im Gegensatz zum Aufenthalt in See oberflächlicher Wachdienst und ungenügende Einhaltung der Sicherheitsbestimmungen, besonders hinsichtlich des Brandschutzes, beim Aufenthalt im Stützpunkt ableiten.

Die Hauptursachen für die Schiffsverluste sind Explosionen in den Munitionsräumen – 41%. Es folgen sogenannte innere Explosionen mit 20%, bei denen die auslösende Ursache, ob Munitions- oder Kesselexplosion, nicht genau ermittelt werden konnte, und schließlich die eigentlichen Kesselexplosionen mit 11%. Somit ist der Verlust der Schiffe zu drei Viertel der Fälle auf diese oder jene Art mit Explosionen verbunden. Auf die übrigen Ursachen, wie unklare Elektroausrüstungen, Schweißarbeiten, Selbstentzündung von Kraftstoff, mechanische Beschädigungen und Übergreifen eines Brandes von einem in der Nähe liegenden Schiff, entfallen je 3% bis 5%, was zusammen etwa 20% ausmacht. Bei 8% blieben die Ursachen unbekannt.

Die durch Brände und Explosionen verursachten Schiffsverluste führten unter den Besatzungen zu großen Opfern. An erster Stelle, mit 34%, stehen hierbei die Fälle, bei denen Hunderte von Besatzungsangehörigen ums Leben kamen. So kostete z. B. der Untergang des japanischen Linienschiffes KAWACHI mehr als 500 Menschenleben, und die Verluste beim Untergang der britischen Linienschiffe BULWARK und VANGUARD betrugen jeweils 738 und 608 Tote. In 23% der Fälle beliefen sich die Opfer auf zehn bis 100 Mann, und bei 12% waren keine oder bis zu zehn Tote zu beklagen.

Keine Angaben können bei 31% der Fälle gemacht werden. Insgesamt fanden auf den verlorengegangenen Schiffen annähernd 6000 Seeleute den Tod. Einige Schiffsexplosionen, hauptsächlich aber die von Militärtransportern, führten zu außergewöhnlich hohen Menschenverlusten nicht nur auf den in unmittelbarer Nähe liegenden Schiffen, sondern auch unter der Bevölkerung an Land. Allein nach vier Katastrophen, der Halifax-, Bombay-, MOUNT HOOD- und Texaskatastrophe, mußten 6570 Tote und Vermißte, 15500 Verletzte und etwa 40000 Obdachlose (ohne Bombay) registriert werden.

Von den Schiffsverlusten waren 16 Kriegsflotten betroffen, wobei die der USA mit 23%, Großbritanniens mit 16%, Frankreichs mit 14%, Deutschlands (bis 1945) und Japans mit je 9%, Italiens mit 7%, Schwedens mit 5% und die der übrigen Länder mit insgesamt 17% beteiligt waren.

So stellt sich das statistische Bild der Brände und Explosionen auf Schiffen im allgemeinen dar.

Im weiteren sollen einige qualitative Besonderheiten dieses Problems und im Zusammenhang damit auch Maßnahmen behandelt werden, die in den ausländischen Flotten auf die Erhöhung der Brand- und Explosionssicherheit auf den Schiffen ausgerichtet sind.

Faktoren der Brand- und Explosionsgefahr auf Schiffen und Maßnahmen des Brandschutzes

Eine qualitative Analyse der Unfälle und Katastrophen ermöglicht es, die hauptsächlichen Brand- und Explosionsursachen auf Schiffen, die Auswirkungen von Bränden und Explosionen auf unterschiedlichen Schiffsklassen, das Verhalten der Schiffe und die Handlungen der Besatzungen während dieser Ereignisse zu ermitteln.

Auf der Grundlage einer solchen Analyse und des Studiums einer Reihe von Veröffentlichungen war es auch möglich, einige, unter Umständen die hauptsächlichsten, Entwicklungstendenzen des Brand- und Explosionsschutzes auf Schiffen der Kriegsflotten anderer Staaten, insbesondere die der USA und Großbritanniens, zu bestimmen.

Brände und Explosionen sind weitverbreitete Unfallarten, die auf Kriegsschiffen sowohl durch Gefechtseinwirkung als auch ohne diese entstehen. So können die Unfallarten auch als «universelle» Unfälle bezeichnet werden im Unterschied zu Kollisionen oder Grundberührungen, die in der Regel nicht unmittelbar mit Gefechtseinwirkungen in Verbindung stehen. Nur unter Berücksichtigung dieses «universellen» Charakters der Brände und Explosionen kann das Problem des Brand- und Explosionsschutzes auf Kriegsschiffen – immer aber unter Beachtung der im Gefechts- und täglichem Dienst gewonnenen Erfahrungen – einer Lösung näher gebracht werden.

Die Erfahrungen des zweiten Weltkrieges zeigen (siehe Lit.-Verzeichnis Nr. 89), daß die Brand- und Explosionsgefahr schon während dieser Zeit eine Schwachstelle auf den Schiffen der ausländischen Flotten war. Das trifft besonders auf die Flugzeugträger zu. Die Verluste an Flugzeugträgern aller Flotten während des zweiten Weltkrieges waren beispielsweise zu 30% mit Bränden und Explosionen verbunden. Brände auf Flugzeugträgern entstanden praktisch durch alle Arten der gegen sie eingesetzten Kampf- und Gefechtsmittel. Das konnten Fliegerbomben, Torpedos, Granaten und Kamikaze-Flieger sein. Der Untergang fast aller 11 USA-Flugzeugträger während des zweiten Weltkrieges war von Bränden und Explosionen begleitet. Auch hatten nicht die Bombentreffer und der erfolgreiche Einsatz von Kamikaze-Fliegern zu den schweren Beschädigungen und schließlich zum Ausfall der Flugzeugträger USS FRANKLIN CV-13, USS SARATOGA CV-3 und USS TICONDEROGA CV-14 sowie einer Reihe anderer Schiffe geführt, sondern die in deren Folge ausgebrochenen Brände und Explosionen auf den Flugdecks und in den Hangars. Hieraus ergaben sich auch die Gründe, weshalb schon im Verlauf des zweiten Weltkrieges auf den Flugzeugträgern der USA, Großbritanniens und Japans Maßnahmen zur Verbesserung der Brandsicherheit eingeleitet wurden.

In den Nachkriegsjahren gewann das Problem weiter merklich an Bedeutung. Auf den Flugzeugträgern erhöhte sich kontinuierlich das absolute und relative Gewicht der Munitions-, Gefechtsmittel- und Kraftstoffvorräte, die ja die Hauptbrand- und Explosionskomponenten auf den Flugzeugträgern waren.

Nachkriegsunfälle und -katastrophen auf den USA-Flugzeugträgern weisen darauf hin, daß nicht nur auf den älteren und modernisierten, sondern auch auf den großen, erst in den letzten Jahren gebauten Flugzeugträgern der umfassende Brandschutz immer noch nicht voll befriedigen kann. Das ist um so schwerwiegender, als diese Unfälle und Katastrophen unter verhältnismäßig normalen Bedingungen – ohne

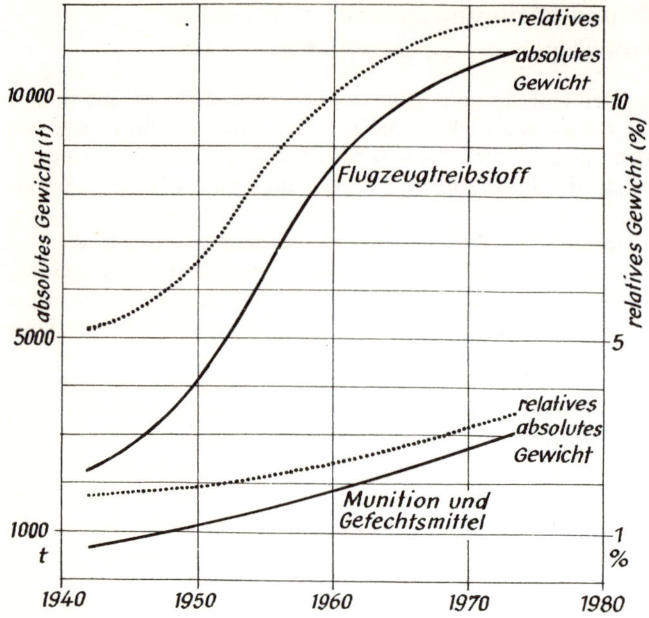

Zunahme des Gewichts der Munition, der Gefechtsmittel und des Flugzeugkraftstoffes auf den Flugzeugträgern der USA

gegnerische Einwirkung – auftraten. Dieses Problem gewann mit den sich ständig vergrößernden Hauptabmessungen und den wachsenden Kosten immer mehr an Bedeutung. So beträgt z. B. das volle Deplacement des modernen kernkraftgetriebenen Flugzeugträgers des NIMITZ-Typs, USS NIMITZ CVAN-68, fast 95 000 Tonnen. Seine Baukosten betrugen, einschließlich der Flugzeuge, etwa eine Milliarde US-Dollar. Dabei treiben die ständig zunehmende, immer komplizierter werdende Technik sowie die anwachsenden Besatzungsstärken, die schon mehr als 6 000 Mann betragen, die Ausrüstungskosten und die der Unterhaltung unaufhaltsam in die Höhe. Eine derartige Verteuerung dieser Schiffe führte zwangsläufig zu dem Bestreben, die Sicherheit zu erhöhen. Sie mußte besonders darauf gerichtet sein, in den verschiedensten Unfallsituationen, besonders aber bei Bränden und Explosionen, die Flugzeugträger einsatzklar zu halten. Das ist auch der Grund, weshalb dem Brandschutz auf den Flugzeugträgern eine ganz besondere Aufmerksamkeit geschenkt wird.

In dieser oder jener Form berühren die hier aufgeworfenen Probleme auch die anderen Schiffsklassen. So wurden dann auch die Brände auf den USA-Kriegsschiffen zum «Feind Nr. 1» erklärt. Daß dieser Frage eine große Bedeutung beigemessen wird, beweisen zahlreiche Tatsachen. So die speziell diesem Thema gewidmeten Beiträge in den Publikationsorganen, auf Konferenzen und die in der breiten Öffentlichkeit geführten Diskussionen. Solche Veröffentlichungen nahmen im Zusammenhang mit den Ereignissen auf den Flugzeugträgern der US Navy, besonders während der letzten zehn bis 15 Jahre, sprunghaft zu. Die mannigfaltigsten Untersuchungen und Erprobungen zur Klärung einzelner spezifischer Fragen der Brandschutzthematik, der praktischen Maßnahmen auf den bereits in Dienst gestellten Schiffen und die schnelle Ausführung aller auf diesem Gebiet erteilten Aufträge lassen den Ernst dieses Problems erkennen.

Der Brandschutz auf Schiffen ist nur im Komplex sicherzustellen und umfaßt im wesentlichen die drei folgenden Gruppen von Maßnahmen:

1. Konstruktive Maßnahmen.
2. Technische und organisatorische Maßnahmen.
3. Maßnahmen, die das folgerichtige Handeln der Besatzung bei der Brandbekämpfung gewährleisten.

Diese drei Gruppen bilden eine Einheit und müssen aufeinander abgestimmt sein und sind für den umfassenden Brandschutz auf Schiffen wichtig. Folgt man den Angaben ausländischer Veröffentlichungen, so wird das Hauptaugenmerk auf die Gruppe der konstruktiven Maßnahmen gelegt, die speziell auf die Brandwarnung, die Lokalisierung von Bränden und nicht zuletzt auf die Weiterentwicklung technischer Mittel zur Brandbekämpfung ausgerichtet sind. Bei der Untersuchung und Ursachenermittlung unterschiedlicher Brände sowie der Methoden ihrer Bekämpfung finden die für diese drei Gruppen charakteristischsten Merkmale und Anforderungen Berücksichtigung.

Brände in Maschinen- und Kesselräumen

Erfahrungen beweisen, daß auf Schiffen vieler Klassen Maschinen- und Kesselraumbrände eine häufige Unfallart sind. Davon wurden auch in den letzten Jahrzehnten Schiffe mehrerer Kriegsflotten und der unterschiedlichsten Klassen betroffen, z. B. Schlachtkreuzer RENOWN (1927), Zerstörer ANTON SCHMITT (1940), Torpedoboot T 1 (1943), Schwerer Kreuzer NEWPORT NEWS (1956), Angriffsflugzeugträger KITTY HAWK (1973).

Wie Jentzsch schreibt (siehe Lit.-Verzeichnis Nr. 26), sind allein im Verlauf der letzten drei Monate des Jahres 1940 auf den Schiffen der faschistischen deutschen Kriegsmarine infolge Selbstentzündung von Kraft- und Schmierstoffen 60 Brände aufgetreten. Anderen Angaben zufolge gab es während des zweiten Weltkrieges auf deutschen Kriegsschiffen einige hundert Brände in Maschinen- und Kesselräumen von Schlachtschiffen, Kreuzern, Zerstörern und anderen Fahrzeugen. Die Maschinenraumbrände entstanden zumeist durch Entzündung von Schmieröl an heißen Oberflächenteilen der Turbinengehäuse oder von Rohrleitungen. Das Öl trat dabei aus Lagern der Haupt- und Hilfsmaschinen aus.

Die Beseitigung dieses Zustandes führte zu konstruktiven Veränderungen, die die Möglichkeit des Austritts von Schmieröl aus den Lagern ausschlossen. Außerdem mußten neue, ölundurchlässige Wärmeisolationen mit nichtbrennbaren Schutzabdeckungen entwickelt werden. Letztere sollten der Ausbreitung eines Brandes entgegenwirken.

Um die Ausbreitungsgeschwindigkeit eines Brandes zu verlangsamen, mußte die Wärmeleitfähigkeit durch entsprechende Farbanstriche herabgesetzt werden. Auch wurde das Maschinenpersonal in den Bedienungsanleitungen verpflichtet, systematisch die Dichtigkeit der Öl- und Kraftstoffleitungssysteme zu überprüfen und ständig für deren einwandfreien Zustand Sorge zu tragen.

Ernsterer Art aber waren die Vorkommnisse in den Kesselräumen. Häufig waren hier Kesselexplosionen die Ursache von Unfällen und Katastrophen. Die Mehrzahl dieser Kesselexplosionen – zwei Drittel der Fälle – führten zum Totalverlust der Schiffe. Der Rest der betroffenen Schiffe wurde mehr oder weniger ernst beschädigt. Die Schiffe blieben aber schwimmfähig. Von den während dieser Zeit registrierten

Kesselexplosionen, die nicht zum Verlust der betroffenen Schiffe geführt haben, ereigneten sich jeweils drei in den zwanziger und drei in den siebziger Jahren. Zu letzteren gehörten der Lenkwaffenzerstörer GOLDSBOROUGH (1970), der Zerstörer BASILONE (1973), beide USA, und das argentinische amphibische Docklandungsschiff CONDIDO DE LASALA (1974). Alle drei Schiffe erlitten erhebliche Beschädigungen.

Ursache für die Kesselexplosionen war gewöhnlich eine extreme Überbeanspruchung bestimmter Hauptbauteile der Kessel. Hervorgerufen wurde dies durch

- außergewöhnlich hohen Dampfdruck infolge unklarer Sicherheitsventile und Manometer;
- zu geringen Wasserstand im Kessel bei Unaufmerksamkeit des Kesselpersonals;
- Konstruktionsmängel, mit denen die Kessel behaftet waren und die auf Berechnungs- und Baufehler sowie Qualitätsmängel des beim Kesselbau verwendeten Materials zurückzuführen waren;
- fehlerhafte Bedienung der Kessel.

Es gibt sowohl konstruktive Gründe als auch solche, die mit der Bedienung zusammenhängen.

Um Kesselexplosionen zu vermeiden, sind deshalb alle Möglichkeiten, die bei der Projektierung beginnen und über die Herstellung, Erprobung und Nutzung der Schiffskessel reichen, zu beachten.

Eine andere Ursache vieler Brände in den Kesselräumen war die Entzündung von Heizöl. Oft entflammte durch die Wärmeabstrahlung heißer Kesselunterteile das sich in der Bilge sammelnde und dann auf dem Bilgenwasser schwimmende Lecköl, was dann zu den bekannten Bilgenbränden führte. Zur Verhinderung solcher Brände, die in der Regel auf Nachlässigkeiten des Personals zurückzuführen sind – seltene Bilgenkontrollen und nicht sorgfältiges Bilgensäubern –, ergab sich die Forderung nach ständig trockenen Bilgen in den Kesselräumen und ihre systematische Kontrolle. Eine andere Empfehlung besagte weiter, daß das Bilgenwasser mit Ölreinigern zu säubern sei.

Schornsteinbrände infolge eines ungünstigen Heizölluftgemisches und wegen zu seltener oder nicht rechtzeitiger Säuberung der Rauchabzüge waren eine andere, zahlenmäßig aber kleinere Gruppe von Bränden. In solchen Fällen genügte ein auf den angesammelten Ruß fallender Funke, um einen Brand auszulösen. Auch diese Brände können bei einer systematischen und gründlichen Säuberung der Rauchabzugswege der Kessel durch das Personal verhindert werden.

Brände infolge Entzündung leichter Kraftstoffe

Ungleich größer waren die Beschädigungen durch Brände und Explosionen infolge der Entzündung leichter Kraftstoffe. So kam es z. B. auf den Schnellbooten und Räumfahrzeugen mit Benzinmotoren sehr häufig zu Bränden durch das Entflammen des Benzins oder durch Explosion der Benzingase. Nicht selten waren die Ursachen solcher Brände Undichtigkeiten in den Kraftstoffleitungssystemen, wobei sich das dabei austretende Benzin an den heißen Oberflächen der Mechanismen und Rohrleitungen entzündete. Diese Brände und Explosionen führten in der Regel zum zeitweiligen Ausfall und mitunter zum Totalverlust der betroffenen Schnellboote und Räumfahrzeuge. Das war auch einer der Gründe dafür, Schnellboote und andere kleinere Fahrzeuge von Benzin- auf Dieselmotoren umzurüsten, nachdem die maschinenbautechnischen Voraussetzungen dafür geschaffen worden waren.

Benzinbrände und Explosionen gab es auch auf Kreuzern. Ursachen hierfür waren leergefahrene Tanks oder Behälter, die man vergaß, mit Wasser zu füllen (Kreuzer GORIZIA [1959]). Solche Unfälle führten zumeist zu lokalen Beschädigungen auf den Schiffen.

Am häufigsten kam es zu Bränden und Explosionen in Verbindung mit der Entzündung von Flugzeugkraftstoff auf den Flugzeugträgern. Dabei entstanden eine Reihe von Bränden und Explosionen, als Kraftstoff aus undichten Tanks austrat (INDOMITABLE [1953]). Andere Ursachen sind auf die Nichteinhaltung der Schutzgüte der Elektroausrüstung, speziell im Hochspannungsnetz, zurückzuführen (Angriffsflugzeugträger RANGER und UAW-Flugzeugträger RANDOLPH [1959]). Hierbei traten Beschädigungen und Verluste unter der Besatzung auf. Viele Unfälle entstanden während der Start- und Landevorgänge auf den Flugzeugträgern (Flugzeugträger ESSEX [1951 bis 1959], Angriffsflugzeugträger ORISKANY [1954], Angriffsflugzeugträger HANCOCK [1958]). Unrühmlich bekannt wurden die Kraftstoffbrandkatastrophen auf den Angriffsflugzeugträgern FORRESTAL (1967) und ENTERPRISE (1969), die in beiden Fällen von den Flugdecks ausgingen. Sie waren zusätzlich von Bomben- und Raketendetonationen begleitet, wodurch sich der Zerstörungsgrad erheblich vergrößerte. Flugzeugkraftstoffbrände brachen auch während des Betankens der Flugzeuge in den Hangars und bei ihrer Startvorbereitung aus (Angriffsflugzeugträger WASP [1955] und ORISKANY [1966]). Zu Bränden kam es auch während der Heizölübernahme der Flugzeugträger (Angriffsflugzeugträger FRANKLIN D. ROOSEVELT [1966]). Der Großbrand auf dem Angriffsflugzeugträger CONSTELLATION (1960) entstand ebenfalls durch eine Kraftstoffentzündung in einem der Decks. Viele der Flugzeugkraftstoffbrände und -explosionen führten zu Katastrophen größten Ausmaßes. Bei einer näheren Untersuchung der zu diesen Unfällen führenden Umstände wurde festgestellt, daß in der Mehrzahl falsche Handlungen und Nachlässigkeiten des Bedienungspersonals die Ursachen waren. Es gab aber auch Gründe konstruktiven Charakters, wobei besonders der nicht ausreichende Brandschutz bemängelt werden mußte.

Das ständige Anwachsen der auf den Flugzeugträgern mitgeführten Flugzeugkraftstoffvorräte war in den ausländischen Flotten ein weiteres Alarmsignal zur Durchsetzung einer hohen Brandsicherheit.

In der US Navy und in den Flotten anderer Länder wird gegenwärtig ein Flugzeugkraftstoff verwendet, der nicht so feuergefährlich wie Benzin ist. An Stelle des früheren Flugzeugbenzins mit einem Flammpunkt von 10 °C wird der schwere Flugzeugkraftstoff JP-5 mit einem Flammpunkt von 60 °C benutzt.

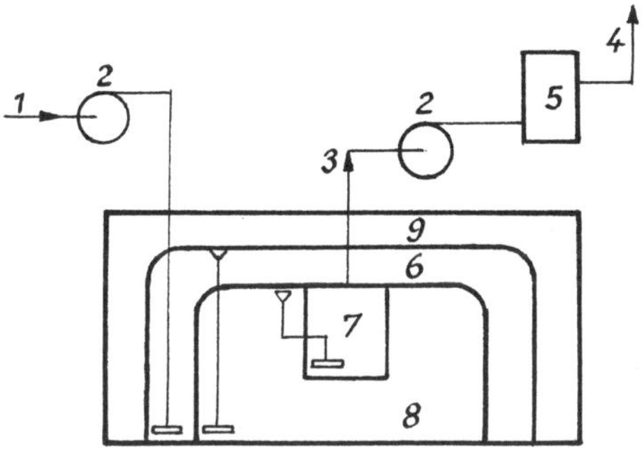

Schematische Darstellung eines der sattelförmigen Tanks für Flugzeugkraftstoffe auf Flugzeugträgern
1 – Übernahmerohrleitung; 2 – Pumpe; 3 – Weg des Kraftstoffes beim Betanken; 4 – Weg zu den Zapfstellen; 5 – Filterseparator; 6 – äußerer Tank; 7 – absenkbarer Tank; 8 – innerer Tank; 9 – Kofferdamm, gefüllt mit einem Schutzgas

Im Interesse der Brandsicherheit befindet sich auf den Flugzeugträgern der Flugzeugkraftstoff in sattelförmigen Tanks, die von einem mit Schutzgas gefüllten Kofferdamm umgeben sind.

Das Flugzeugbenzin an Bord der Flugzeugträger wird nur durch doppelwandige Rohrleitungen transportiert, wobei der Raum zwischen der eigentlichen Kraftstoffleitung und der äußeren Leitungswand ebenfalls mit einem Schutzgas gefüllt ist. Dieses System wurde z. B. auf den Flugzeugträgern Frankreichs und der USA eingeführt.

Die Lagerung des Kraftstoffes für strahlgetriebene Flugzeuge ist im Gegensatz dazu wesentlich einfacher. Der Kraftstoff befindet sich nach wie vor in den Tanks, die nicht von Kofferdämmen umgeben sind. Ihr Schutz wird allein durch die Panzerung gewährleistet.

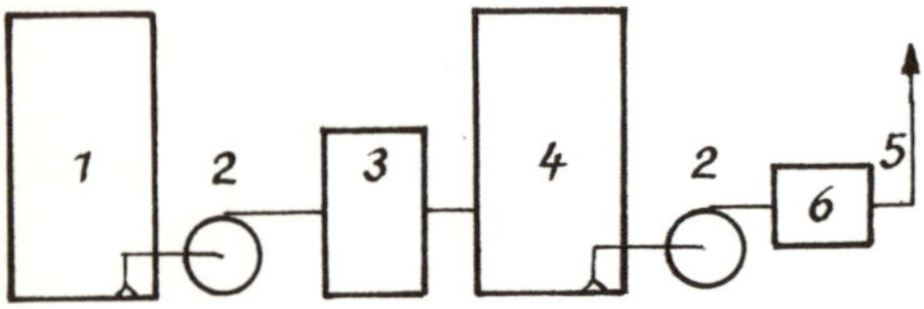

Schema der Lagerung von Kraftstoffen für Flugzeuge mit Strahltriebwerk auf Flugzeugträgern
1 – Kraftstofftank; 2 – Pumpe; 3 – Zentrifugalfilter; 4 – Verbrauchstank; 5 – Weg zu den Zapfsäulen; 6 – Filterseparator

Die häufigen Brände auf den Flugdecks und in den Hangars der Flugzeugträger, das schnelle Ausbreiten der Brände und die dabei auftretenden Beschädigungen mit ihren Folgen für die Einsatzbereitschaft forderten dringend notwendige Maßnahmen zur Verbesserung der Brandbekämpfungsmittel auf den Flugdecks und in den Hangars. Tatsächlich wurde vor allem in den letzten Jahren mit aller Konsequenz schwerpunktmäßig auf diesem Gebiet gearbeitet. Die Erfolge dieser Bemühungen und Neuentwicklungen wird die Zukunft zeigen. Die bereits auf diesem Gebiet abgeschlossenen und noch laufenden Arbeiten und Entwicklungen rechtfertigen den dabei betriebenen Aufwand und Umfang zur Lösung dieses Problems. Aller Wahrscheinlichkeit nach führen all die Aktivitäten zu einer qualitativen Verbesserung des Brandschutzes auf den Schiffen, besonders aber auf den Flugzeugträgern.

Die größte Aufmerksamkeit zur Lösung dieser Fragen galt dabei bislang der organisatorischen Seite. Gegen Ende der sechziger Jahre kam es zu diesem Zweck bei dem LOG [30] der US Navy zur Bildung einer speziellen Gruppe, die alle Maßnahmen und Arbeiten zur Entwicklung und Nutzung neuer Brandbekämpfungsmittel koordinierte. In die Forschungs- und Entwicklungsarbeiten wurden große wissenschaftliche Forschungszentren, die Industrie und bestimmte Bereiche der US Navy einbezogen. Eine ähnliche Gruppe besteht auch bei den Marinefliegerkräften der US Navy. Die Schaffung neuer Brandbekämpfungsmittel war eine der erstrangigen Aufgaben.

Solche Brandbekämpfungsmittel wurden für die Belange der Marinefliegerkräfte der USA-Marine zu Beginn der sechziger Jahre auch geschaffen. Sie bestanden aus einem «Leichtwasser» (light water) als Schaumerzeuger und Kaliumbikarbonatpulver (Purple-K-Pulver). Nachdem sich diese Löschmittel bei Kraftstoffbränden auf Flugplätzen bewährt hatten, wurden sie auch an Bord, in erster Linie jedoch auf den Flugzeugträgern eingesetzt. «Leichtwasser» ist die Marinebezeichnung für eine aus synthetischen, oberflächenaktiven Verbindungen auf Fluorkohlenwasserstoffbasis bestehende flüssige Mischung, deren Dichte 1 010 kg/m^3 beträgt. Der Schaumerzeuger mischt sich gleich gut sowohl mit Süßwasser als auch mit Salzwasser. Diese Möglichkeit ist für Schiffe, die nur begrenzte Süßwasserbestände an Bord mit sich führen, sehr wichtig. Die Löschwirksamkeit einer gegebenen Menge eines solchen sechsprozentigen Leichtwassergemisches ist um das Sieben- bis 11fache größer als bei anderen Löschschäumen. Der von «Leichtwasser» erzeugte Schaum hat eine wesentliche Eigenschaft. Er scheidet beim Zerfall eine wäßrige Lösung aus, die sich schnell als dünner und gut haftender Film auf der brennenden Kraftstoffoberfläche ausbreitet und das Verdampfen von Kraftstoff im abgedeckten Bereich unterbindet. Damit wird nicht nur der Löscheffekt erhöht, er wird auch beständiger gemacht.

Versuche zeigen, daß die Löschwirksamkeit bei brennendem Kraftstoff – hierbei handelte es sich um JP-5-Kraftstoff (Kerosin, Jet-A) – durch den Einsatz von «Leichtwasser» zwei- bis fünfmal größer ist als bei den Schaumkonzentratsystemen auf der Basis des älteren Proteinschaumes. Ebenfalls drei- bis viermal größer ist die Wirksamkeit von Kaliumbikarbonat (Purple-K-Pulver) als das vordem verwendete Pulver auf Natriumkarbonatbasis sowie Kohlensäure, die ebenfalls an Bord der Schiffe verwendet wurden. Gleichzeitig zeigten Versuche, daß diese hochwirksamen Löschmittel im Vergleich zu früheren weitaus ökonomischer sind, da eine verhältnismäßig geringe Menge pro Brandflächeneinheit eine größere Wirkung erzielt.

Der Löscheffekt der neuen Löschmittel bei brennendem Kraftstoff bewirkt anfangs durch den Einsatz des Kaliumbikarbonatpulvers eine Herabsetzung der Brandtemperatur. Gleichzeitig wirkt das Pulver der Flammenbildung entgegen. Danach wird die Brandstelle mit Leichtwasserschaum abgedeckt.

Die neuen Löschmittel wurden unter Polygon- und Schiffsbedingungen erprobt. 1968 wurden sie dann als Hauptlöschmittel auf den Schiffen der US Navy, vor allem aber auf den Flugzeugträgern, eingeführt.

Ab Ende der sechziger Jahre wurden die Flugzeugträger schrittweise mit den auf den Flugplätzen bereits eingesetzten mobilen, auf Jeeps montierten Schnellangriffsgeräten ausgerüstet. Für jeden Flugzeugträger waren vier derartige Feuerlösch-Jeeps vorgesehen. Diese Schnellangriffseinheit – Twinned-Agent-Unit genannt – war mit «Leichtwasser» und Kaliumbikarbonat ausgerüstet. Mit dem Doppelstrahlrohr einer Twinned-Agent-Einheit konnten 189 l/min Leichtwassergemisch und 2,3 kg/s Kaliumbikarbonatpulver versprüht werden.

Wie der USA-Presse zu entnehmen war, kann mit den auf den Jeeps mitgeführten Löschmitteln eine Fläche von 230 Quadratmetern brennenden Benzins bei einer ununterbrochenen Betriebszeit von 90 Sekunden erfolgreich und ohne Rückzündung gelöscht werden. Die Feuerlösch-Jeeps hatten eine Kapazität von 310 Liter Leichtwassergemisch und 90 Kilogramm Kaliumbikarbonat.

Der Einsatz zweier dieser Twinned-Agent-Einheiten während des Brandes auf dem Angriffsflugzeugträger Enterprise erwies sich für derartige Fälle als nicht ausreichend. Beide Einheiten hatten zwar die Brandbekämpfung aufgenommen, wurden aber durch eine detonierende Bombe zerstört, da die herumfliegenden Bombensplitter die Schläuche und Drucktanks dieser Einheiten zerrissen.

Das war auch der Beweggrund, die großen Flugzeugträger mit einem kompletten gepanzerten Flugplatzlöschfahrzeug mit Leichtwasserschaumstrahlrohr auszurüsten. Dieses Löschfahrzeug vom Typ MB-5 ist bedeutend leistungsfähiger als die Feuerlösch-Jeeps. Es erzeugt etwa 1000 Liter Schaum pro Minute und versprüht 2,25 Kilogramm Kaliumbikarbonatpulver pro Sekunde. Die Behälter des Löschfahrzeuges haben ein Fassungsvermögen von 1510 Liter Wasser und 113 Liter «Leicht-

Feuerlöschfahrzeug vom Typ MB-5 für Flugzeugträger der USA-Seestreitkräfte

wasser». Eine Pumpe drückt das Leichtwassergemisch zum Schaumrohr, das auf dem Führerhaus montiert ist. Das Löschfahrzeug ist außerdem mit einem Behälter für das Kaliumbikarbonatpulver ausgerüstet. Eine Auffüllung des Löschfahrzeuges nimmt zwar sechsmal soviel Zeit in Anspruch wie bei einem Feuerlösch-Jeep, der Brand kann aber aus einer Entfernung von etwa 30 Metern, also aus einem relativ sicheren Abstand bekämpft werden. Der Angriffsflugzeugträger Enterprise ist jetzt z. B. mit fünf solcher Löschfahrzeuge ausgerüstet. Sie werden aber auch nur als eine Art Übergangslösung bis zur Entwicklung neuer stationärer Brandbekämpfungssysteme angesehen.

Obgleich die Hauptaufgabe des Wasserschutzsystems – die amerikanische Bezeichnung hierfür ist NBC (Nuclear-Biological-Chemical) – im Abspülen des radioaktiven Befalls bei Kernwaffendetonationen besteht, wird es auch bei Bränden auf den Flugdecks eingesetzt. Spezielle Versuche zum Löschen eines Brandes, der dem auf dem Angriffsflugzeugträger Enterprise entsprach, bestätigten diese Möglichkeit. Bei diesen Versuchen betrug die Löschzeit eines simulierten Brandes unter Verwendung eines sechsprozentigen Leichtwassergemisches etwa zwei Minuten. Die Ausgangsbedingungen waren dabei folgende:

– Menge des zum Versuch benutzten Flugzeugkraftstoffes JP-5	13 300 l;
– Brandfläche	864 m^2;
– Windgeschwindigkeit	30 km, entspricht 15,1 m/s;
– Branddauer bis zur Aufnahme der Brandbekämpfung	60 s.

Die auf den Flugzeugträgern befindlichen NBC-Sprühdüsen sind auf dem Flugdeck in einzelne Brandabschnitte von etwa 38 Metern eingeteilt. Damit kann mit dem autonom arbeitenden NBC-System eine Gesamtfläche von ungefähr 930 Quadratmetern abgedeckt werden. Die einzelnen Brandabschnitte können von Steuerpulten in der Innenbrücke, vom Flugzeugleitstand und vom Kontrollturm aus – von dem alle Aktivitäten auf dem Flugdeck geleitet werden – eingeschaltet und gesteuert werden.

Der Einsatz der sogenannten Sprinkleranlage in den Hangars geschieht über die Brandposten im Hangardeck. Auch hier ist die automatische Auslösung der Anlage über Induktionsmelder geplant. Gleichzeitig wurden 17 autonome Schaumfeuerlöschstationen der Flugzeugträger von Proteinschaum auf Leichtwasserschaum umgestellt.

Die Hauptteile einer solchen autonomen Schaumfeuerlöschstation sind:

– Behälter für den Schaumerzeuger (Fassungsvermögen 1135 l);
– Zumischer mit einer Leistung von 3785 l/min;
– Fernbedienung;
– Rohrleitungssystem;
– stationäre Wendestrahlrohre, Handschaumstrahlrohre, Feuerlöschschläuche;
– Signal- und Meldeanlagen.

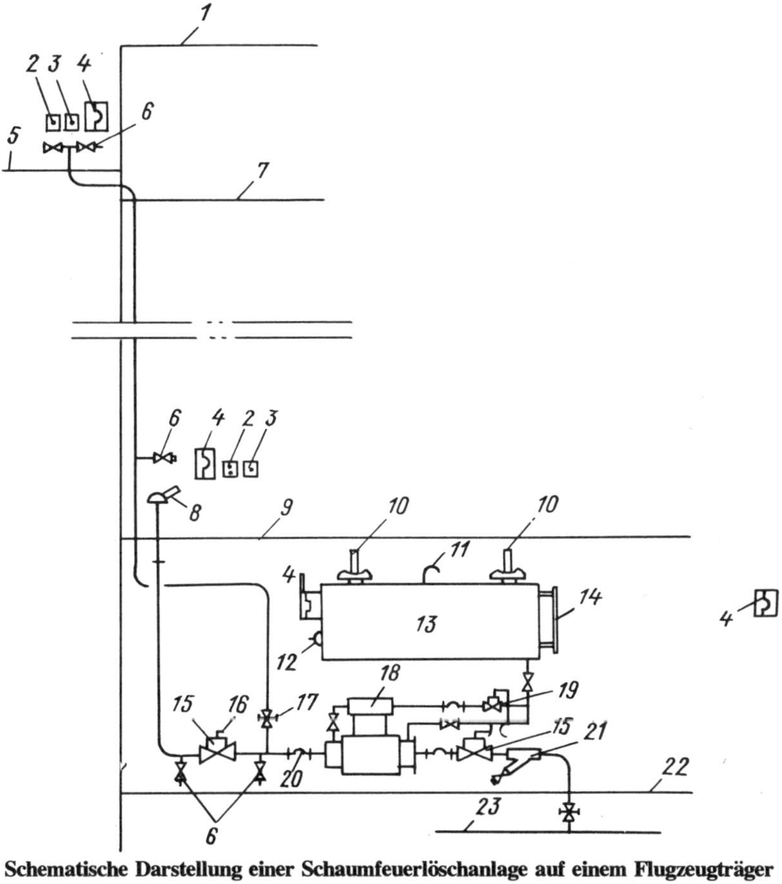

Schematische Darstellung einer Schaumfeuerlöschanlage auf einem Flugzeugträger
1 – Flugdeck; 2 – Knopf für die Fernbedienung der Schaumfeuerlöschanlage; 3 – Knopf für Feueralarm; 4 – Telefon für den Brandposten; 5 – Durchgang; 6 – Schlauch- und Schaumrohranschlüsse; 7 – Galeriedeck; 8 – Monitor (stationäres Wendestrahlrohr); 9 – Hangardeck; 10 – Nachfüllstutzen; 11 – Entlüftung; 12 – Glocke; 13 – Behälter für Schaumerzeuger; 14 – optische Anzeige des Schaumerzeugerstandes; 15 – Hydrantenventil; 16 – Fernsteuerungsarmatur; 17 – Schieber; 18 – Zumischer; 19 – Ventil zur Leistungsregulierung; 20 – flexible Verbindung; 21 – Filter; 22 – 2. Deck; 23 – Hauptfeuerlöschleitung

Der Behälter mit dem Schaumerzeuger, der Zumischer und die Steuerarmatur sind im 2. Deck untergebracht.

Eingesetzt und gesteuert werden die Schaumfeuerlöschanlagen von den Feuerlöschstationen auf dem Flugdeck, von den in den Hangars und vom Zumischer der Anlage aus.

Das bisher zum Löschen von Bränden in den Hangars eingesetzte Schaumfeuerlöschsystem wurde auf Grund der gesammelten Erfahrungen so ausgebaut, daß es auch auf dem Flugdeck eingesetzt werden kann. Diese Erweiterung führte zum Austausch des ursprünglichen Schaumerzeugerbehälters gegen einen mit doppeltem Fassungsvermögen. Außerdem mußte das Seewasserfeuerlöschsystem mit zusätzlichen Pumpen verstärkt werden, da zur Schaumerzeugung jetzt auch der Einsatz von Seewasser möglich war. Das führte zwangsläufig zur Erhöhung der E-Bilanz auf den Schiffen.

USA-Zeitungsberichten zufolge kann bei Auslösen von Feueralarm nach Betätigung der Schieber durch die Drucktastenfernsteuerung – bei Ausfall der Stromversorgung durch Dynamotelefon – schon nach 30 Sekunden Schaum auf das Flugdeck oder in den Hangar abgegeben werden.

Es gibt aber auch weniger optimistische Informationen. So mußte z. B. eine von 1973 bis 1974 in der US Navy durchgeführte Inspektion einen unbefriedigenden Zustand der Brandbekämpfungsmittel auf den Schiffen und besonders auf den Flugzeugträgern feststellen. Auf einem der überprüften Flugzeugträger war nicht nur die Sprinkleranlage im Hangar funktionsuntüchtig, auch das Leichtwassergemisch konnte nicht eingesetzt werden. Durch diese und andere Mängel im Schaumfeuerlöschsystem konnten die projektierten Möglichkeiten des Brandschutzes auf diesem Flugzeugträger nicht erreicht werden. Da das Schaumfeuerlöschsystem eines der wichtigsten innerhalb der Brandbekämpfungsausrüstung der Flugzeugträger ist, wird seinem technischen Einsatzklarzustand ständig große Aufmerksamkeit geschenkt.

Schaumfeuerlöschstationen befinden sich ebenfalls in den Maschinen- und Kesselräumen, den E-Werken und anderen wichtigen Räumen der Flugzeugträger und anderer Kriegsschiffe.

Zu einer solchen Station gehören der stationäre Feuerlöscher mit dem Kaliumbikarbonatpulver, eine Druckflasche mit komprimiertem Gas, das Doppelstrahlrohr und die Zuleitung vom Zumischer.

Die US Navy sieht vor, die Schiffe der wichtigsten Klassen mit diesem neuen Hochleistungs-Schaumfeuerlöschsystem auszurüsten.

Versuche, bei starken Windgeschwindigkeiten das Wasserschutzsystem zum Löschen von Bränden auf dem Flugdeck einzusetzen, führten zu unbefriedigenden Ergebnissen. Erst mit einem neuentwickelten Sprühdüsentyp konnte nach Meinung von Spezialisten ein gleichmäßiges Abdecken der Brandabschnitte mit dem neuen Löschmittel erreicht werden.

Die kontinuierliche Umrüstung der Flugdecks der Flugzeugträger auf die neuen Sprühdüsen erfolgte danach zu den planmäßigen Werftliegezeiten. Neben dem Schaumfeuerlöschsystem verblieb auch weiterhin das Seewasserfeuerlöschsystem auf den Flugzeugträgern, das in allen Räumen eingesetzt werden kann. Unter diesen Umständen wächst ständig die von diesem System zu erbringende Förderleistung. Beispielsweise befinden sich auf dem kernkraftgetriebenen Angriffsflugzeugträger USS Nimitz CVAN-68 18 Feuerlöschpumpen mit einer Gesamtförderleistung von 100 000 l/min. Das übertrifft die Leistung des Seewasserfeuerlöschsystems der Flug-

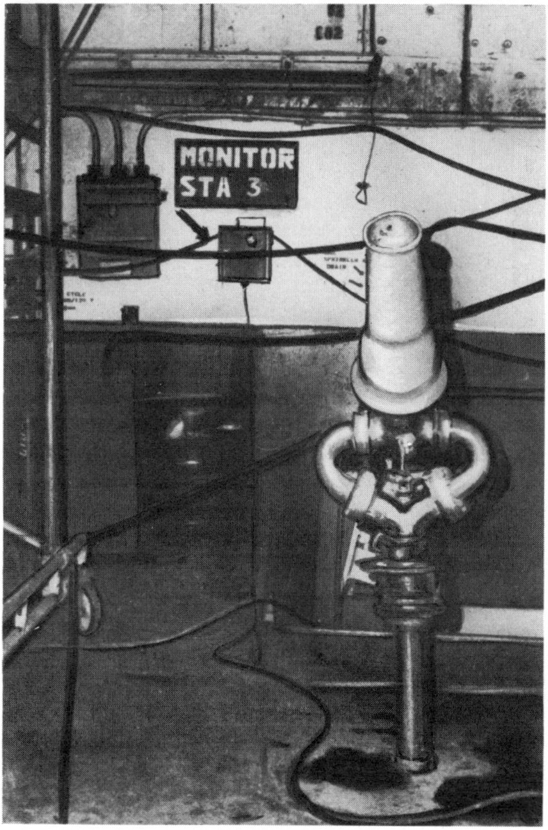

Stationäres Wendestrahlrohr im Hangar eines amerikanischen Flugzeugträgers

Eine der Twinned-Agent-Einheiten, die sich in den Maschinen- und Kesselräumen, den E-Werken und anderen Räumen auf USA-Kriegsschiffen befinden

Das von einem Mann leicht zu bedienende Doppelstrahlrohr einer Twinned-Agent-Einheit

Sprühdüse für das Wasserschutzsystem auf den Flugdecks der amerikanischen Flugzeugträger

zeugträger des Essex-Typs, die zehn Pumpen und eine Gesamtförderleistung von 34 000 l/min haben, um annähernd das Dreifache.

Noch frappierender ist auf diesen Flugzeugträgern der Unterschied in der Löschschaumerzeugung. Das Verhältnis liegt hier bei 10:1. Während auf den Flugzeugträgern des Essex-Typs die Gesamtleistung der Löschschaumerzeugung bei 450 l/min liegt, beträgt diese auf der Nimitz 4 500 l/min. Dieser Unterschied ist nicht nur durch die unterschiedlichen Hauptabmessungen der Flugzeugträger bedingt. Vielmehr sind hierfür die gewachsenen Forderungen an den Brandschutz auf diesen Schiffen verantwortlich zu machen.

Mitte bis Ende der siebziger Jahre gab es die folgende Nomenklatur der technischen Brandbekämpfungsmittel:
1. Das Seewasserfeuerlöschsystem für alle Decks und Räume.
2. Das stationäre Hochleistungs-Schaumfeuerlöschsystem für das Flug- und Hangardeck.
3. Die stationären Schaumfeuerlöschstationen für die Maschinen- und Kesselräume, für die E-Werke und andere wichtige Räume.
4. Das Wasserschutzsystem, in welches das Schaumfeuerlöschsystem auf dem Flugdeck und der Insel eingespeist werden kann.
5. Die Sprinkleranlage, in die das Schaumlöschsystem in den Hangars und auf Teilen des Hauptdecks im Bereich des Achterschiffes eingespeist werden kann.
6. Die gepanzerten Löschfahrzeuge MB-5 und die Feuerlösch-Jeeps mit ihren aufmontierten Twinned-Agent-Units auf dem Flug- und im Hangardeck.

Außerdem sind alle Innenräume der Flugzeugträger mit Trockenfeuerlöschern ausgerüstet. Diese oder andere Ausrüstungsvarianten wurden auf den Überwasserkriegsschiffen der verschiedensten Klassen eingesetzt.

Neben der Vervollkommnung der Brandbekämpfungsmittel auf den Flugdecks und in den Hangars gab es parallel dazu eine Reihe konstruktiver Brandschutzmaßnahmen. Zum Schutz der Flugzeuge und des Flugdeckpersonals während der unmittelbaren Startvorbereitung der Flugzeuge wurden auf dem Flugdeck hinter den Katapulten Strahlabweiser errichtet. Sie bewirken ein zuverlässiges Ablenken der heißen Abgase der Strahltriebwerke des zu katapultierenden Flugzeuges.

In den Hangars wurden zur Lokalisierung möglicher Brände und Explosionen feuerhemmende Rollvorhänge (Stores) montiert. Die Vorhänge befinden sich unter normalen Bedingungen im eingerollten Zustand unter der Deckswegerung des Hangardecks. Bei Notwendigkeit können sie innerhalb von 30 Sekunden den Hangar des Flugzeugträgers in drei feuergeschützte Sektionen unterteilen.

In Anbetracht dessen, daß sich beim Einsatz der Sprinkleranlage im Hangardeck große Wassermengen ansammeln können, ist es beiderseitig zusätzlich mit Speigatten und Abflußrohren versehen. Ähnliche Wasserabläufe befinden sich auch auf den Flugdecks.

Munitionsexplosionen

In diesem Abschnitt sollen Munitionsexplosionen ohne gegnerische Einwirkung, ihre Folgen und Maßnahmen zu ihrer Verhütung betrachtet werden.

Die Unfälle und Katastrophen auf Schiffen richten das Augenmerk besonders auf drei Gruppen von Explosionen.
1. Detonation einzelner Geschosse, Kartuschen oder anderer Gefechtsmittel.
2. Explosion ganzer Munitionsräume.
3. Explosion von Munitionstransportern.

Explosionen der ersten Gruppe gab es vorwiegend in den Geschütztürmen und an den anderen an Oberdeck stehenden Geschützen (Linienschiff MISSISSIPPI [1924], Schwerer Kreuzer DEVONSHIRE [1929], Schwerer Kreuzer ST. PAUL [1952], Zerstörer BUCK und Zerstörer JOHN R. PIERCE [beide 1956], Schwerer Kreuzer NEWPORT NEWS [1972]). Die Ursachen waren gewöhnlich fehlerhafte Handlungen des Bedienungspersonals, Nichteinhaltung von Sicherheitsbestimmungen und der nicht einwandfreie

Zustand der Geschütze, speziell der Rohre. Bei der Turmexplosion auf dem Linienschiff MISSISSIPPI wurde dies besonders deutlich.

Ähnlich geartete Explosionen führten zur Beschädigung der Schiffe und zu Verlusten unter den Besatzungen, jedoch nicht zum Totalverlust.

Zu dieser ersten Gruppe von Explosionen gehören auch die Detonationen einzelner an Bord befindlicher Minen (Minenleger TOKIWA [1927]) oder Wasserbomben (Zerstörer SEPOY [1930]) und anderer Gefechtsmittel, die aber ebenfalls nicht zum Verlust der betroffenen Schiffe führten.

Anders aber war es, als derartige Explosionen von Bränden begleitet wurden, wie es auf den Flugzeugträgern FORRESTAL und ENTERPRISE der Fall war. Hier waren die Folgen weitaus schwerwiegender.

Zur Detonation einzelner Gefechtsmittel auf den Flugzeugträgern kam es bei der Landung der Flugzeuge. Als Beispiel kann hierfür der Angriffsflugzeugträger SARATOGA (1964) genannt werden. Obgleich der Angriffsflugzeugträger dabei beachtliche Schäden davontrug, gab es nur geringe Verluste unter der Besatzung. Im Vergleich zur FORRESTAL und ENTERPRISE führte dieser Unfall nicht zu solch unheilvollen Folgen, weil die im unmittelbaren Bereich der Landebahn abgestellten Flugzeuge nicht so eng beieinander standen. Damit detonierten auch weniger Gefechtsmittel der Flugzeuge, und die einzelnen ausbrechenden Brände konnten in relativ kurzer Zeit gelöscht werden.

Die Explosionsursachen der zweiten Gruppe können auf die Selbstentzündung des Treibladungspulvers in den Munitionsräumen oder auf Unterlassungen im Umgang mit Feuer und Pulver zurückgeführt werden. Auch Sabotagehandlungen sind nicht auszuschließen. Eine Selbstentzündung ist infolge unterschiedlicher Qualitätsmerkmale des Treibladungspulvers durchaus möglich. Begründet ist dies in der Zusammensetzung, in der fehlerhaften Herstellung und in der Überlagerung des Pulvers. Ein anderer Grund ist in der Nichteinhaltung notwendiger Bedingungen für die Munitionslagerung zu suchen. Insbesondere beim Überschreiten der Munitionsraumtemperatur über die zulässige Höchstgrenze hinaus ist immer mit Zersetzungserscheinungen zu rechnen, was eine Entzündung mit nachfolgender Explosion nicht ausschließt.

Zum unsachgemäßen Umgang mit Pulver zählt auch eine ungenügende Belüftung der Munitionsräume, wodurch sich explosive Gase bilden und anhäufen können, was dann zur Entzündung des Pulvers führen kann. Es ist aber bisher kein Fall bekannt geworden, wo offenes Feuer zur Entzündung des Pulvers von Treibladungen und damit zur Explosion von Munitionsräumen führte.

Die Ursachen für Munitionsraumexplosionen sind sehr vielschichtig. Ihr Ausgangspunkt liegt dabei häufig im Nutzungscharakter. Gleichzeitig aber stehen die Ursachen im engen Zusammenhang mit der Qualität der Munition, der konstruktiven Beschaffenheit der Munitionsräume und der Brandbekämpfungsausrüstung der Munitionsräume einschließlich ihres Einsatzklarzustandes.

Die Geschichte hat bewiesen, daß auf den Schiffen nicht nur einer der an Bord befindlichen Munitionsräume explodierte, sondern ganze Munitionsraumgruppen. Davon betroffen waren die Panzerkreuzer NATAL (1915) und TSUKUBA (1917). Alle Munitionsräume explodierten auf den Linienschiffen LEONARDO DA VINCI (1916) und VANGUARD (1917).

Wie aus dem zur Verfügung stehenden Material zu entnehmen ist, wurden von derartigen Explosionen alle größeren Flotten der Welt, außer der deutschen, betroffen. War das nun der strengen Wahrung militärischer Geheimnisse zuzuschreiben oder ist es das Resultat einer verantwortungsbewußteren und durchdachteren Behandlung dieses Problems in der ehemaligen deutschen Seekriegsflotte? Möglich ist das eine wie das andere. Beachtet man das Verhalten ehemaliger deutscher Kriegsschiffe nach Geschoßtreffern, kann mit großer Sicherheit geschlußfolgert werden, daß früher in der deutschen Seekriegsflotte dem Umgang mit Kartuschen eine größere Bedeutung beigemessen wurde. So führten Geschoßtreffer häufiger zum Aufbrennen der Haupt- und Nebenkartuschen, weniger zur Explosion. Erinnert sei hier an das Beispiel des deutschen Schlachtkreuzers DERFFLINGER während der Skagerrak-Schlacht. Auf diesem Schiff kam es infolge eines 38,1-cm-Granattreffers im Turm C und kurz danach eines Treffers des gleichen Kalibers im Turm D zu Bränden und zur Entzündung von Kartuschen in den Umlade- und Kartuschkammern der getroffenen Türme. Hierbei brannten die Kartuschen nur auf, führten aber nicht zu einer Munitionsraumexplosion, was die DERFFLINGER vor der Vernichtung bewahrte. Anders sah es dagegen in der britischen Flotte aus. Hier kam es oft zu Explosionen in den Munitionsräumen, die zum Verlust der betroffenen Schiffe führten. Nach einer fast gleichzeitigen Entzündung einer größeren Anzahl von Kartuschen folgte zumeist nach kurzer Brenndauer eine Explosion im Munitionsraum. Auf diese Art sanken, ebenfalls im Verlauf der Skagerrak-Schlacht, die britischen Schlachtkreuzer INVINCIBLE, QUEEN MARY und INDEFATIGABLE. Unter gleichen Bedingungen ging im zweiten Weltkrieg der britische Schlachtkreuzer HOOD verloren.

Explosionen in Munitionsräumen führten in der Mehrzahl der Fälle zur Zerstörung und zum Totalverlust des Schiffes sowie zu großen Menschenverlusten. Ungeachtet dessen, daß in den letzten Jahren kaum noch Explosionen in Munitionsräumen zu registrieren waren, wird trotzdem der Verhinderung solcher Explosionen in allen Flotten ein großes Augenmerk geschenkt. Berücksichtigt man die großen Munitionsmengen, die sich auf den modernen Kriegsschiffen befinden, ist das verständlich. Die Explosion eines solchen Munitionsraumes würde nicht nur unweigerlich die Zerstörung des Schiffes, sondern darüber hinaus auch unermeßliches Leid und größere Verluste nicht nur in der näheren Umgebung, sondern auf größere Entfernungen bedeuten.

Welche Maßnahmen sind notwendig, um derartige Explosionen zu verhindern? Das können zunächst Maßnahmen konstruktiven Charakters sein, die darauf ausgerichtet sein müssen, möglichen Explosionen entgegenzuwirken.

Bei großen Kriegsschiffen bemüht man sich deshalb, die Munitionsräume möglichst geschützt unterzubringen. Die Munitionsräume auf einem der modernsten Flugzeugträger befinden sich z. B. innerhalb der gepanzerten Schiffsteile im Vorder- und Achterschiff und unterhalb aller Panzerdecks hinter dem Unterwasserschutzgürtel.

Die möglichst weit voneinander entfernt liegenden Munitionsräume vermindern erheblich die Wahrscheinlichkeit der Detonation der gesamten Munition und Gefechtsmittel auf einmal. Die auf den Schiffen eingeleiteten Hauptmaßnahmen verlangen:

– eine zufällige Detonation darf keine lebenswichtigen Teile und Anlagen zerstören;
– in den Munitionsräumen müssen sich leistungsstarke Be- und Entlüftungsanlagen befinden;

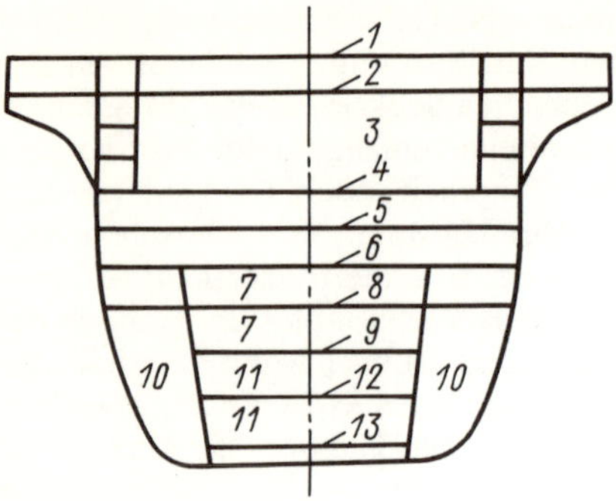

Querschnitt eines Angriffsflugzeugträgers
1 – Flugdeck; 2 – Galeriedeck; 3 – Hangar; 4 – Haupt- oder Hangardeck; 5 – 2. Deck; 6 – 3. Deck; 7 – Räume für die Lagerung von Flugzeugbomben; 8 – 4. Deck; 9 – 1. Plattformdeck; 10 – Unterwasserschutzgürtel; 11 – Räume für die Lagerung von Raketen; 12 – 2. Plattformdeck; 13 – Doppelboden

– die Munitionsräume müssen mit automatischen Signalanlagen ausgerüstet sein, die eine Temperaturerhöhung über den vorgeschriebenen Wert und mögliche Entzündungen signalisieren;
– die Munitionsräume müssen mit automatischen Sprinkleranlagen ausgerüstet sein, deren Auslösung verschiedenen physikalischen Prinzipien zugrunde liegen muß (Temperatur, Druck, Licht und auch Rauch).

In den letzten Jahren wird dem konstruktiven Brandschutz der Räume, in denen die Raketen lagern, besondere Aufmerksamkeit geschenkt. Ausländische Spezialisten vertreten die Meinung, daß die Wahrscheinlichkeit der Entstehung von Bränden und Explosionen in ihnen größer ist als in den Munitionsräumen der Artillerie. Hier sehen sie vor allen Dingen die Möglichkeit eines Schlusses stromführender Apparaturen mit den Geräten der Vorstartkontrolle oder das Einschlagen von Splittern und kleinkalibrigen Geschossen in die Start- oder Marschtriebwerke auf leichteren Schiffen. Um eine kettenreaktionsartige Entzündung der Raketen zu verhindern, wird in den Raketenmagazinen der mit Lenkwaffen ausgerüsteten Schiffe der US Navy ein spezielles automatisches System der Injektion von Wasser in die Brennkammern der Pulvertriebwerke eingesetzt (siehe Lit.-Verzeichnis Nr. 45).

Polygonversuche mit der Luftabwehrrakete vom Typ TERRIER führten zu der Erkenntnis, daß die Zündung eines Starttriebwerkes die Zündung der im gleichen Raum lagernden Raketen nach sich zieht. Dabei wurden auch deren Gefechtsköpfe erfaßt. Die beim Ausbrennen des Starttriebwerkes entstehenden Gase traten unter hohen Temperaturen und Drücken aus.

Die von USA-Spezialisten durchgeführten Versuche erbrachten folgendes Ergebnis: Eine durch eine Wasserinjektion erreichte Zwangsberieselung der Brennkammer des Starttriebwerkes einer Rakete kann in den meisten Fällen eine versehentlich ausgelöste Zündung löschen, bevor eine größere Menge des Pulvers in der Brennkammer erfaßt wird. Die automatische Anlage führt diesen Vorgang innerhalb einiger Millisekunden aus. Eine Entzündung des Raketentriebwerkes infolge Splitter- oder Geschoßeinwirkung setzt jedoch die Effektivität des Systems etwas herab. In einem solchen Falle wird die Auslösung der Automatik um einige Sekunden verzögert. Die verzögerte Wasserinjektion verringert trotzdem die Intensität der brennenden Anteile so, daß keine Kettenentzündung der im Raketenmagazin lagernden Raketen erfolgen kann.

Das System der Wasserinjektion ist ein Bestandteil des zentralen Seewasserfeuerlöschsystems des Schiffes und über ein Rückschlagventil mit letzterem verbunden.

Im System der Wasserinjektion herrscht unter normalen Bedingungen ein größerer Druck als im Seewasserfeuerlöschsystem. Das wird mit Hilfe einer unter einem bestimmten Druck stehenden Frischwassermenge in einem speziellen Tank (Wasserakkumulator) erreicht, der über eine Rohrleitung mit einem Preßluftbehälter verbunden ist.

Der Frischwassertank und alle Rohrleitungen sind ständig mit Frischwasser gefüllt. Im Raketenmagazin ist eine ringförmige Rohrleitung installiert, an die die Wasserinjektionsdüsen zum Einspritzen des Wassers in die Düsen der Feststoffraketentriebwerke angeschlossen sind. Die Wasserinjektionsdüsen (water injection nozzles) sind mit druckempfindlichen Membranen und speziellen, schnellöffnenden Absperrventilen versehen, wobei die Anzahl der Wasserinjektionsdüsen der Zahl der im Raketenmagazin auf einer fließbandartigen Transporteinrichtung lagernden Raketen entspricht. Mit Hilfe dieser Transporteinrichtung werden die Raketen zum Ladeaufzug der Startrampen geführt. Bewegt sich diese Transporteinrichtung, werden die Raketen in eine solche Lage gebracht, daß sich unter der Düse des Starttriebwerkes einer jeden Rakete eine Wasserinjektionsdüse befindet. Der Frischwassertank sichert nach dem Öffnen einer der Wasserinjektionsdüsen bis zum Start der Feuerlöschpumpen einen konstanten Druck im System. Fällt dieser Druck im Frischwassertank auf eine bestimmte Größe, der bei den gegenwärtigen Systemen bei etwa 0,39 MPa (4 kp/cm^2) liegt, wird in die Wasserinjektionsdüsen Wasser aus dem Seewasserfeuerlöschsystem eingespeist. Die Feuerlöschpumpen werden automatisch gestartet. Sie halten dann auch den vorgegebenen Druck im Seewasserfeuerlöschsystem aufrecht, sobald eine der Wasserinjektionsdüsen in Aktion tritt.

Insgesamt halten USA-Spezialisten dieses System auf den Schiffen für ausreichend wirksam, so daß es gegenwärtig in den Raketenmagazinen der Flugzeugträger, Lenkwaffen- und anderer Überwasserkriegsschiffe seinen festen Platz hat.

In den sechziger Jahren wurden in den USA eine Reihe technischer Anlagen zum Schutz der Raketenmagazine und Munitionsräume vor Explosionen patentiert. So 1962 die Konstruktion einer stählernen feuerfesten Schottür als Flammenschutz in Raketenstartanlagen [31]. Der Erfinder schlägt vor, diese Schottüren zwischen dem Bereitschaftsmagazin und der Vorstartkontrolle oder Startrampe anzubringen.

Zwei Jahre später patentierte die US Navy eine Zerstäuberdüse neuer Konstruktion für automatisch wirkende Berieselungssysteme auch für Artilleriemunitionsräume. Ein weiteres Patent wurde von der US Navy zur Vervollkommnung der Schiffsstartanlagen für Fla-Raketen angemeldet. Das Patent sieht die Anwendung spezieller Feuerlöschmittel und Mittel zur Lokalisierung von Bränden sowie Ab-

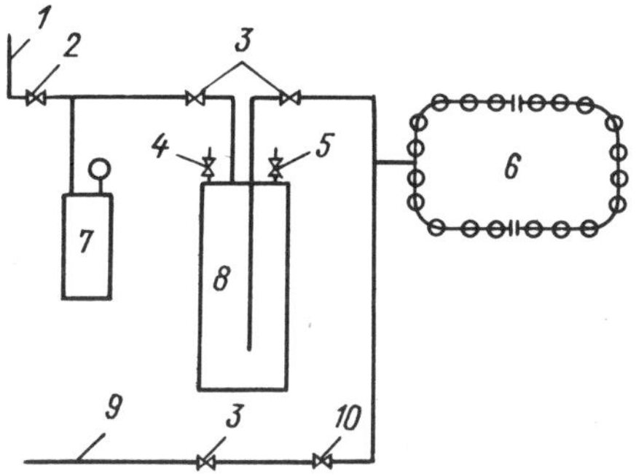

Schema des Wasserinjektionssystems auf dem Schweren Kreuzer CANBERRA
1 – Druckluftleitung; 2 – Ventil, im Normalfall geschlossen; 3 – Ventile, im Normalfall geöffnet; 4 – Überlaufventil; 5 – Einlaßventil; 6 – Ringleitung mit den Wasserinjektionsdüsen unter den Raketen; 7 – Druckluftbehälter; 8 – Frischwassertank; 9 – Seewasserfeuerlöschleitung; 10 – Absperrventil

weiser des glühenden Gasstrahls einer unbeabsichtigt gezündeten Rakete in Trommelmagazinen vor. Nach Ansicht der Erfinder gestatten diese Mittel, die brennende Sektion von den übrigen Magazinen, in denen Raketen lagern, zu isolieren. Sie ermöglichen weiterhin das Löschen des entstandenen Brandes und das Abführen der entstehenden Gase nach außen.

In der letzten Zeit wird die Suche nach weiteren Mitteln und Verfahren zum Schutz der Raketenmagazine vor Explosionen fortgesetzt. Eine 1972 veröffentlichte Beschreibung beschäftigt sich mit einer Anlage, die die Explosionssicherheit der Triebwerke der in den unteren Magazinen des Schiffes lagernden Raketen gewährleisten soll (siehe Lit.-Verzeichnis Nr. 47).

Die Vorrichtung bewirkt ein Aufreißen des Starttriebwerkes der Rakete bei einer unbeabsichtigten Zündung. Damit soll der Druck in der Brennkammer des Triebwerkes an den Druck im Magazin angeglichen und eine Explosion im Magazin ausgeschlossen werden.

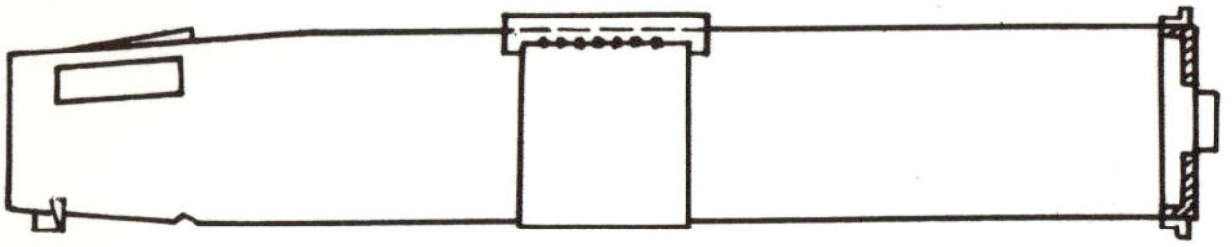

Schematische Darstellung einer Vorrichtung zum Aufreißen eines Triebwerkgehäuses, aufgesetzt auf eine Rakete vom Typ SPARROW

Das Ende der sechziger Jahre auf dem Angriffsflugzeugträger USS JOHN F. KENNEDY CVA-67 eingebaute und von den folgenden Flugzeugträgern übernommene System der Lagerung und Zuführung der Munition und Gefechtsmittel der Flugzeuge (siehe Lit.-Verzeichnis Nr. 9) dürfte bei optimaler Ausnutzung der Mechanisierung und Automatisierung der Transport- und Fördertechnik nicht nur eine schnellere Übernahme und Zuführung ermöglichen, sondern auch zu einer größeren Zuverlässigkeit und Sicherheit während der Zuführung zu den Flugzeugen und Waffen führen. Es kann als nahezu unfallsicher angesehen werden.

Die Analyse der Katastrophen auf der FORRESTAL und ENTERPRISE zeigt, daß die kurz nach Brandausbruch detonierten Bomben zu großen Verlusten unter den zur Brandbekämpfung eingesetzten Besatzungsangehörigen geführt hatten, was die Brandbekämpfungstrupps zunächst handlungsunfähig machte. Im Zusammenhang damit wurde in den USA eine feuerbeständige Abdeckung entwickelt und erprobt, mit der Bomben während eines Brandes vor Initialzündung gesichert werden. Nach Angaben von USA-Spezialisten verzögert eine derartige Abdeckung die Detonation einer Bombe bis zu fünf Minuten. Die Erprobung wurde mit 113-kg-Bomben durchgeführt (siehe Lit.-Verzeichnis Nr. 13).

Was die vom Dienstablauf abhängenden vorbeugenden Maßnahmen betrifft, so spielt das umfassende und konkrete Wissen des Personalbestandes des Schiffes die Hauptrolle. Dabei handelt es sich um

- die physikalisch-chemischen Eigenschaften der Munition und Gefechtsmittel;
- den Grad ihrer Gefährlichkeit;
- die genaue Einhaltung der Sicherheitsvorschriften bei der Übernahme, Lagerung und Zuführung;
- die Munitionsräume und Magazine, in denen die Gefechtsmittel lagern, sowie deren technische Einrichtungen und Systeme zur Gewährleistung des Brandschutzes.

Von außerordentlicher Bedeutung ist die Einhaltung einer vorbildlichen Ordnung und die Durchsetzung einer strengen Disziplin. Das setzt sowohl die strikte Einhaltung der Dienstvorschriften und Instruktionen im Umgang mit Munition als auch den erlaubten Zutritt eines nur eng begrenzten und vom Kommandanten bestimmten Personenkreises zu den Munitionsräumen voraus.

Explosionen der dritten Gruppe beziehen sich vor allem auf Militärtransporter. Der Natur nach handelt es sich hierbei um die Explosion von Sprengstoffen, die von diesen Schiffen häufig in großen Mengen transportiert werden und bis zu einigen tausend Tonnen Trotyläquivalent betragen können. Erinnert sei hier an die MONT BLANC und MOUNT HOOD. Die vernichtende Wirkung derartiger Explosionen ist etwa der Zerstörungswirkung einer Kernbombe kleinerer Detonationsstärke gleichzusetzen. Hierbei gibt es nur den Unterschied, daß nicht alle Vernichtungsfaktoren einer Kernwaffendetonation, sondern nur die mechanischen auftreten.

Ursache derartiger Explosionen ist vorwiegend die Entzündung feuergefährlicher Stoffe, die oft mit Sprengstoffen zusammen transportiert werden. Häufig findet die Gefährlichkeit derartiger Transporte, die nach den Regeln der «Internationalen Konvention zum Schutz des menschlichen Lebens auf See» oder nach den Vorschriften und Richtlinien der dafür zuständigen Militärdienststellen oder zivilen Schiffahrtsbehörden durchzuführen sind, keine Beachtung. Ursache der Explosionskatastrophe in Bombay war z. B. eine brennende Zigarette, die zur Entzündung von Baumwolle und schließlich zu einer großen Menge von Sprengstoff führte. Solche Explosionen zogen nicht nur den Totalverlust des betroffenen Schiffes nach sich; die Folgen waren weitaus schwerwiegender. Da sich solche Explosionen zumeist in Häfen ereigneten, hatten sie die Zerstörung und schwere Beschädigung anderer im Hafen liegender Schiffe, von Hafen- und sonstigen landseitigen Anlagen zur Folge. Ursache hierfür waren die gewaltige Druckwelle der Explosion, die auseinanderfliegenden Schiffs-, Ausrüstungs- und Ladungsteile bis hin zu schweren Lasten und nicht zuletzt die dabei in der Regel ausbrechenden Großbrände. Solche Explosionen waren immer von großen Menschen- und Materialverlusten begleitet. Die Zahl der Opfer derartiger Katastrophen, einschließlich der Obdachlosen, erreichte Tausende, verschiedentlich Zehntausende von Menschen.

Alle untersuchten Explosionsunfälle auf Munitionstransportern wurden durch Brände ausgelöst, die durch Nachlässigkeit der Besatzung oder einzelner Besatzungsangehöriger entstanden waren. Die Entstehungsbrände, ihre Entwicklung und schließlich die dadurch ausgelösten Explosionen waren unmittelbar auf den niedrigen Wissens- und Ausbildungsstand der Schiffsbesatzungen zurückzuführen. Diese kannten nicht einmal die allgemeinsten Eigenschaften der auf den Schiffen transportierten brand- und explosionsgefährdeten Güter; sie hatten darüber hinaus auch nicht einmal die elementarsten Vorstellungen über die möglichen Folgen solcher Brände und Explosionen.

Eine besonders negative Rolle spielte die Verantwortungslosigkeit der Kapitäne einer Reihe von Schiffen, die von solchen Katastrophen betroffen waren. Kennzeichnend dafür sind das Verlassen des brennenden Schiffes im entscheidenden Augenblick (MONT BLANC) sowie unentschlossenes Handeln und falsche Entschlüsse bei der Organisation und Leitung der Brandbekämpfung, besonders in der ersten Phase der Brandentwicklung (Bombay-Katastrophe). Dies führte zu Feuersbrünsten und letzten Endes zu Katastrophen größten Ausmaßes. Auch ihre rein militärischen Auswirkungen dürften auf die kämpfenden Seiten nicht ganz unbedeutend gewesen sein. Die ungenügende Sicherstellung in den Häfen und die oberflächlichen Handlungen der militärischen Organe begünstigten in diesen Fällen den Ausbruch und die Ausbreitung der Brände, die zu den bekannten Explosionen führten (Halifax- und Bombay-Katastrophe).

Nicht unerwähnt sollen die Unzulänglichkeiten konstruktiven Charakters auf den Schiffen bleiben. Zum Ausdruck kommt das in der mangelhaften Ausrüstung der Schiffe mit technischen Anlagen und Mitteln des Brandschutzes und der Brandbekämpfung. Dort, wo solche vorhanden waren, befanden sie sich im Zustand äußerster Unvollkommenheit.

Die Auswertung der Katastrophen, die sich infolge gewaltiger Explosionen an Bord von Militärtransportern ereigneten, läßt folgende Schlußfolgerungen zu: Explosionen dieser oder ähnlicher Art können vermieden, im äußersten Falle die Wahrscheinlichkeit ihres Eintretens wesentlich herabgesetzt werden, wenn es den Schiffsleitungen, den militärischen und zivilen Schiffahrtsaufsichtsorganen sowie den Hafenbehörden gelingt, Mängeln und Unzulänglichkeiten der organisatorischen und technischen Sicherstellung auf den Schiffen und in den Häfen konsequent entgegenzuwirken.

Auf Schiffen, die Sprengstoff und andere gefährliche Güter transportieren, sollten ausschließlich ausgewählte Besatzungen ihren Dienst versehen, die über eine bestimmte Spezialausbildung verfügen. Außerdem müssen die für Sprengstofftransporte vorgesehenen Schiffe mit den notwendigen technischen Brandschutzeinrichtungen und effektiven Brandbekämpfungsmitteln ausgerüstet sein. Schließlich sind sowohl die «Internationale Konvention zum Schutz des menschlichen Lebens auf See» als auch die Forderungen der militärischen und anderen schiffahrttreibenden Organe des Staates und der Reedereien, die in diesem oder jenem Maße an den Transporten von Sprengstoff und anderen gefährlichen Gütern über See interessiert sind, voll zu berücksichtigen.

Explosionen von Hochdrucksystemen

Aus der Vielfalt der Seeunfälle, die sich auf den USA-Flugzeugträgern ereigneten, stechen besonders die Explosionen hydraulischer Systeme hervor. Dabei kam es bei den Explosionen hydraulischer Katapultanlagen auf den Flugzeugträgern BENNINGTON und LEYTE auch zu Menschenverlusten. Explosionen hydraulischer Systeme traten darüber hinaus auch auf Überwasserkriegsschiffen anderer Klassen und auf U-Booten auf.

Zur Ermittlung der Explosionsursachen fanden in den USA breite experimentelle Untersuchungen verschiedener wissenschaftlicher Institute, Industrieunternehmen und spezieller militärischer Einrichtungen statt. Als Hauptgrund der Explosionen wurde der plötzliche Temperaturanstieg des Gases innerhalb der Anlagen bei der adiabatischen Verdichtung ermittelt. Weitere Experimente führten zu der Erkenntnis, daß die Entzündungstemperatur der Arbeitsflüssigkeit in solchen Anlagen bei Druckerhöhung gefährlich niedrig sein kann.

Das folgende Bild zeigt die Veränderung der Entzündungstemperatur in Abhängigkeit vom Druck der auf den USA-Kriegsschiffen verwendeten Hydraulikflüssigkeiten. Die Kurve zeigt das Sinken der Entzündungstemperatur der Hydraulikflüssigkeit von 350 °C auf 180 °C bei einer Druckerhöhung von 0,1 MPa/cm^2 auf 20,6 MPa/cm^2 (1 auf 210 kp/cm^2). In diesen Arbeitsbereichen liegen die Temperaturen und Drücke der hauptsächlichsten Luftverdichtertypen auf den Schiffen der USA Navy.

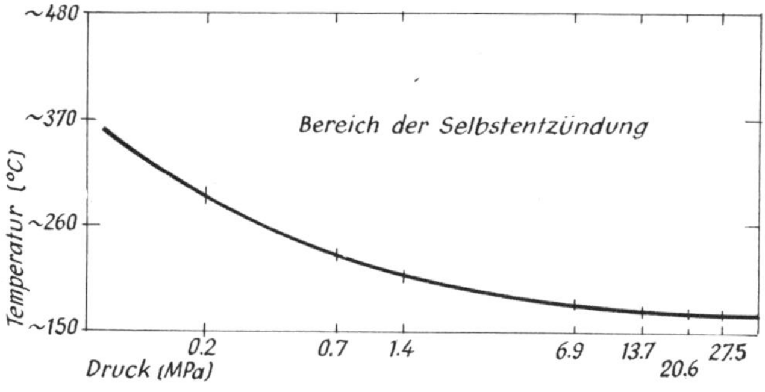

Abhängigkeit der Selbstentzündungstemperatur der Arbeitsflüssigkeit vom Druck

Das Ziel der Untersuchungen sollte nicht nur die Klärung der Explosionsursachen sein; sie sollten gleichzeitig Wege und Möglichkeiten ihrer künftigen Verhinderung aufzeigen. Zur Lösung dieser Aufgabe fanden Vergleichsuntersuchungen der Charakteristika verschiedener Typen von Arbeitsflüssigkeiten statt. Dieser Weg hätte normalerweise am schnellsten zum Ziele führen müssen. Es traten dabei aber unerwartet große Schwierigkeiten auf. Die Ursache hierfür lag an den unterschiedlichsten Forderungen, die an diese Flüssigkeiten gestellt wurden. Es war ungemein schwer, eine Arbeitsflüssigkeit zu finden, die solche Eigenschaften in sich vereinte wie hohe Feuerbeständigkeit, ausreichende Schmierfähigkeit, hydrolytische Beständigkeit und Antikorrosionsfähigkeit. Außerdem ging es um den Einsatz über einen längeren Zeitraum. So besaßen z. B. Arbeitsflüssigkeiten auf Wasser-Glycol-Basis zwar eine befriedigende Entzündungsresistenz, zeigten aber bei hoher Belastung eine zu geringe Schmierfähigkeit und führten an den in einigen hydraulischen Anlagen verwendeten Metallen zu Korrosionserscheinungen. Gleiche Unverträglichkeiten zeigten Flüssigkeiten auf Phosphat-Äther- und Erdöl-Emulsions-Basis. Veröffentlichungen lassen den Schluß zu, daß trotz langjähriger intensiver Forschungsarbeiten dieses Problem bis in die jüngste Vergangenheit noch nicht zufriedenstellend gelöst werden konnte (siehe Lit.-Verzeichnis Nr. 10, 16, 55).

Gegen Ende der sechziger Jahre traten auf den Flugzeugträgern der USA Explosionen in Stickstoffverdichteranlagen (20,6 MPa/cm^2) auf. Bekannt wurden vier derartige Explosionen auf drei Flugzeugträgern. Eine dieser Explosionen forderte drei Schwerverletzte und führte zu starken Beschädigungen am Schiffskörper. Die Explosionen erfolgten jeweils am Verdichteraustritt und wiesen demzufolge einen ziemlich gerichteten Charakter auf.

Laboruntersuchungen führten zu der Erkenntnis, daß offensichtlich ein Sauerstoffgehalt von mehr als 3 % im Stickstoff als Ursache für die Explosionen angesehen werden muß (siehe Lit.-Verzeichnis Nr. 27). Dieser erhöhte Sauerstoffgehalt rührte entweder von dem nicht einwandfrei arbeitenden Sauerstoffanalysator oder von dem Schmieröl her, welches über den Verdichter in den Stickstoff gelangte.

Zur Verhinderung weiterer Explosionen wurde eine zusätzliche Anleitung erarbeitet, wonach der Zustand des Sauerstoffanalysators mehrere Male am Tage zu kontrollieren ist. Obwohl eine derartige Forderung in der Betriebsinstruktion bereits enthalten war, hatte sie beim Bedienungspersonal kaum Beachtung gefunden. Die übrigen Forderungen entsprechen denen der anderen Hochdrucksysteme und sollen eine hohe Betriebssicherheit erreichen.

Andere Arten von Bränden und Explosionen

Andere Ursachen für Seeunfälle und sogar Katastrophen sind Kurzschlüsse und die Nichteinhaltung der Schutzgüte der Elektroausrüstung. Sie führten in einigen Fällen zum Verlust allerdings nur kleinerer Fahrzeuge, wie Patrouillenboote, Schnellboote und Räumfahrzeuge. Aber auch andere Schiffe wurden aus diesen Gründen beschädigt. Erinnert sei nochmals an die Beschädigungen der USA-Flugzeugträger RANGER und RANDOLPH, auf denen es durch die Nichteinhaltung der Schutzgüte zu Bränden und Explosionen kam, wobei einer dieser Flugzeugträger zeitweilig unklar wurde. Solche Seeunfälle gab es auch auf anderen Kriegsschiffen, wie z. B. auf dem deutschen Zerstörer Z 23 (1942 und 1943), dem US-amerikanischen Schweren Kreuzer NEWPORT NEWS (1956) und dem britischen Flugzeugträger HERMES (1963).

Diese Brände führten zu Schäden, in deren Folge die betroffenen Schiffe für unterschiedliche Zeitdauer unklar wurden. In der Mehrzahl der Fälle, die durch die Nichteinhaltung der Schutzgüte beim Betreiben der Elektroausrüstung auftraten, waren Pflichtverletzungen der dafür verantwortlichen Besatzungsmitglieder die Ursache. Demzufolge mußte zur Verhütung ähnlicher Vorfälle die Elektroausrüstung mit ihren Anlagen durch das Bedienungspersonal besser beherrscht und die Kontrolle vervollkommnet werden.

Eine zweite Gruppe von heiklen Seeunfällen betraf offenes Feuer, Funkenflug und heiße Metalloberflächen, wie sie bei Schweiß- und Schneidearbeiten beim Schiffbau und bei Reparaturarbeiten auftreten. Einige dieser Brände waren bereits Gegenstand näherer Betrachtungen. Die Katastrophe auf dem Flugzeugträger CONSTELLATION und der Verlust des Truppentransporters LAFAYETTE sind dafür Beispiele. Seeunfälle mit den gleichen Ursachen gab es z. B. auf dem französischen Leichten Kreuzer DUGUAY-TROUIN (1930), dem deutschen Zerstörer FRIEDRICH IHN (Z 14) (1940) und dem US-amerikanischen Transporter SIRIUS (1972). Schweiß- und Schneidearbeiten an Bord entwickelten sich nicht selten zu einem Übel mit schwerwiegenden negativen Folgen. Gegenwärtig gibt es eine Reihe von Maßnahmen, die auf die Verhütung derartiger Unfallursachen ausgerichtet sind. Dazu gehören unter anderem

- die Einhaltung eines entsprechenden Sicherheitsabstandes bei Schweiß- oder Schneidearbeiten und die Abschirmung von feuergefährlichen und leichtentzündbaren Materialien und Stoffen;
- eine kontinuierliche Kontrolle der Temperatur im näheren Bereich der Schweiß- und Schneidearbeiten;
- eine gute Be- und Entlüftung der Räume, in denen Schweiß- und Schneidearbeiten stattfinden.

Nicht zuletzt werden diese Maßnahmen von den Schiffsleitungen und den Besatzungen, von der Arbeitsorganisation und den Arbeitern der Werften durchgesetzt. Die statistische Analyse der Brände und Explosionen zeigt, daß eine Reihe dieser Seeunfälle auf Nachlässigkeiten von Besatzungsangehörigen zurückzuführen ist. Diese Aussage bedarf jedoch einer gewissen Präzisierung.

Es ist nicht von der Hand zu weisen, daß der überwiegende Teil aller Arten von Seeunfällen mehr oder weniger mit menschlichem Versagen, Fahrlässigkeit und der Nichteinhaltung gültiger Vorschriften, Dienstanweisungen, Betriebsanleitungen und anderer Bestimmungen durch Besatzungsangehörige verbunden ist. Das betrifft sowohl die Kraftstoffbrände, Munitionsexplosionen, Schäden oder Störungen an der Elektroausrüstung und andere Vorkommnisse. Bei vielen dieser Unfälle wurden aber menschliches Versagen, Nachlässigkeiten und Unterlassungen des Personals in der Regel von anderen Mängeln begünstigt oder begleitet, die konstruktiver oder anderer Art waren. Es gab aber auch Seeunfälle, die ausschließlich auf fehlerhafte Handlungen des Personals zurückzuführen sind. Als ein Beispiel kann hier der Geleitflugzeugträger USS CROATAN CVE-25 (1965) gelten. Nachlässigkeiten des Personals führten zu diesem Unfall, dem Menschen zum Opfer fielen.

Die Unfälle beim Start und bei der Landung von Flugzeugen auf den Flugzeugträgern sind unbestritten in der Mehrzahl das Resultat von fehlerhaften Handlungen, von Nachlässigkeiten und von routinehaftem Verhalten der Piloten und des Start- und Landepersonals.

Viele Brände, die in den Lasten und Hellegatts auftraten, wie in der Last für Kinofilme auf dem ehemaligen deutschen Schlachtschiff TIRPITZ (1944), in der Last für Flugzeugreifen auf dem amerikanischen Flugzeugträger FORRESTAL (1969) oder der Brand in der Last für funkelektronische Geräte auf dem iranischen Zerstörer ARTEMIS (1974), waren das Ergebnis von Oberflächlichkeiten und Unterlassungen.

Die Untersuchungen und technischen Analysen dieser Seeunfälle führten zu Schlußfolgerungen, in denen die Forderung nach einer höheren Qualifizierung entsprechender Spezialistengruppen und nach unbedingter Durchsetzung einer strengen Brandschutzdisziplin an Bord erhoben wurde. In einer Reihe von Fällen war es notwendig geworden, diese oder jene Maßnahme organisatorischer, technischer oder konstruktiver Art einzuleiten, um mögliche Wiederholungen solcher von den Besatzungen verschuldeter Unfälle auszuschließen.

Sehr oft erfaßten die Brände auch die Wohnräume an Bord, wobei die in ihnen befindlichen brennbaren Gegenstände die Ausbreitung des Brandes auf dem Schiff begünstigten. In diesem Zusammenhang gibt es aus der Sicht von Spezialisten ausländischer Flotten das Problem Wohnen und Brandschutz. Diese beiden für ein Schiff wichtigen Dinge sind in vielen Fällen widersprüchlicher Natur, so daß die an sie gestellten Forderungen bei weitem nicht immer miteinander zu vereinbaren sind. Die Hauptrichtung zur Lösung dieses Problems geht dahin, kein brennbares und, wenn das nicht immer möglich ist, nur schwerbrennbares Material für die Ausstattung der Unterkunftsräume zu verwenden. Obwohl an der Lösung dieser Aufgabe bereits viele Jahre gearbeitet wird, ist der Stand der auf den Kriegsschiffen eingeleiteten Maßnahmen noch nicht voll befriedigend.

In der Vergangenheit wurde dazu in der US Navy intensiv an einem speziellen Standard gearbeitet, der im Jahre 1976 fertiggestellt werden sollte. Dieser Standard verbietet unter anderem die Verwendung von Holz und Holzverkleidungen, brennbaren Vorhängen, Drapierungen, Gummimatten und anderen brennbaren Materialien. Außerdem sind Matratzen aus aufgeschäumten Plasten durch solche aus Neopren zu ersetzen. Um den Grad der Brennbarkeit dieser Materialien zu bestimmen, wurden bestimmte Kriterien festgelegt. Danach erhielten das Holz der roten Eiche die Wertigkeit 100 und Asbestplatten die Wertigkeit 0. Materialien mit der Wertigkeit 25 und niedriger werden als nicht brennbar bezeichnet. Die im zivilen Schiffbau verwendeten Vinylplatten haben die Wertigkeit 65. Im Vergleich dazu besitzen die dafür auf Kriegsschiffen verwendeten Platten die Wertigkeit 9. Glasfaserauslegware für Unterkunfts- und Diensträume soll nach diesen Forderungen eine Wertigkeit nahe 0 haben. Für Vorhänge und Drapierungen auf Kriegsschiffen ist Nomex, ein Material mit der Wertigkeit 8 bis 9, zu verwenden. Spezielle Versuche ermittelten die Wertigkeit der verschiedenen Materialien.

Bevorzugt wird auch die feuerhemmende Imprägnierung verschiedener Faserstoffe und Holz mit Ausnahme solcher, die mit Lebensmitteln in Berührung kommen. In der britischen Flotte werden diese Imprägnierungen kontinuierlich alle sechs Monate wiederholt. Elektrokabel sind mit natürlichem oder Silikonkautschuk bzw. mit neoprenumhüllter Glaswolle isoliert. Für die Lagerung brennbarer Materialien an Bord stellte man eine Reihe von Forderungen auf. Die Räume dürfen oberhalb der Wasserlinie, einschließlich der in den Decksaufbauten, keine brennbaren Materialien enthalten. Es ist verboten, leichtbrennbare Gegenstände in der Nähe der Ausgangsöffnungen der Belüftungsanlagen für die Maschinenräume zu lagern oder abzustellen. Wichtige brennbare Materialien und Flüssigkeiten sind in den Räumen unterhalb der Wasserlinie in einem Sicherheitsabstand von den wasserdichten Schotten zu lagern. Vorräte an leichtentzündbaren Desinfektionsmitteln, wie Äther, Spiritus und andere, müssen gemeinsam mit anderen leichtbrennbaren Flüssigkeiten in Räumen oder Lasten, die mit einer CO_2-Anlage ausgerüstet sind, aufbewahrt werden. Aus diesen Räumen oder Lasten sind nur die zum unmittelbaren Tagesbedarf bestimmten Mengen zu entnehmen.

Eine Minderung der Brandgefahr wird auch erreicht, wenn Uniformen und andere Kleidungsstücke, das Kojenzeug und die persönlichen Gegenstände der Besatzungsangehörigen in Metallspinden und Metallbackskisten aufbewahrt werden. Für die Lagerung von Stoffen und Materialien, die mit anderen in eine chemische Reaktion treten können, sind an Bord spezielle Aufbewahrungsorte vorzusehen, die die dafür vorgeschriebenen Forderungen erfüllen.

An Bord der Kriegsschiffe wurden viele organisatorische und technische Unzulänglichkeiten festgestellt. Besonders betraf dies das System der Lagerung und des Tagesverbrauches von Kraft- und Schmierstoffen. Hier verletzte man oft die dafür erlassenen Bestimmungen und wirkte somit einem sicheren Brandschutz auf den Schiffen entgegen.

Zur Reduzierung der Gefahren bei der Lagerung und beim Umgang mit gefährlichen Stoffen [32] an Bord, erließ man in der amerikanischen Kriegsmarine einige allgemeingültige Bestimmungen, die unter anderem folgendes beinhalten:

1. Räume, in denen gefährliche Materialien lagern, sind ständig sauber und trocken zu halten und müssen eine ausreichende Be- und Entlüftung besitzen.
2. Zu Räumen, in denen gefährliche Stoffe lagern, haben nur Personen mit einer speziellen Genehmigung Zugang.
3. Gefährliche Stoffe dürfen von einem Behältnis in ein anderes oder von einem Raum in einen anderen nur dann umgelagert bzw. umgefüllt werden, wenn die neuen Behältnisse oder Räume bereits vor Beginn der Umlagerung/Umfüllung entsprechend den Vorschriften gekennzeichnet und/oder mit Gefahrensymbolen versehen sind.
   Das Umlagern/Umfüllen muß mit äußerster Vorsicht unter Einhaltung aller Sicherheitsbestimmungen vorgenommen werden. Dabei dürfen die Aufschriften und/oder Gefahrensymbole nicht beschädigt werden; sie müssen ständig gut sichtbar sein.
4. Die Benutzung von Plastbehältnissen ist nur dann erlaubt, wenn der Plast den Forderungen nach einem sicheren Brandschutz entspricht.
5. Alle Behältnisse sind periodisch auf Dichtigkeit, Verschlußzustand, Korrosionserscheinungen, Lagerfristeinhaltung und auf die äußere Kennzeichnung zu kontrollieren.

6. Regelmäßige und unerwartete Kontrollen zur Durchsetzung der Forderungen für einen sicheren Brandschutz an Bord.
7. Brandschutzübungen, die den realen Bedingungen angepaßt sein müssen (Einsatz von Atemschutzgeräten in Rauch gefüllten Räumen).
8. Ständiger Aufenthalt einer einsatzbereiten Schiffssicherungsgruppe an Bord. In dieser Gruppe müssen sich auch in der Brandbekämpfung ausgebildete Besatzungsangehörige befinden.
9. Erziehung der Besatzungen zu einer hohen Wachsamkeit im Interesse eines sicheren Brandschutzes an Bord.

Brandschutzausbildung der Besatzungen

Große Aufmerksamkeit wird der Brandschutzausbildung der Kriegsschiffbesatzungen gewidmet. Die Seestreitkräfte der führenden kapitalistischen Staaten bauten dazu ein Netz von Spezialschulen für die Brandschutzausbildung der Offiziere, Unteroffiziere und Mannschaften auf. In den USA befinden sich solche Ausbildungsstätten z. B. in den Flottenstützpunkten in Philadelphia (Bundesstaat Pennsylvania), Norfolk (Bundesstaat Virginia), Charleston (Bundesstaat Carolina), San Diego (Bundesstaat California). Häufig finden in diesen Ausbildungseinrichtungen auch Lehrgänge statt, die sich mit der Schiffssicherung beschäftigen. In dieser Brandschutzausbildung werden gewöhnlich vier Kategorien von Bränden unterschieden:

– Brände, die mit Wasser zu bekämpfen sind (A);
– Kraftstoffbrände (B);
– elektrische Brände (C);
– Phosphor-, Magnesium- und Sprengstoffbrände (D).

Die Bekämpfung von Bränden der Kategorie D wurde erst in den letzten Jahren in das Ausbildungsprogramm aufgenommen.

Im Verlauf der Ausbildung werden sowohl die individuellen Fertigkeiten beim Einsatz von Kohlensäure- und Pulverfeuerlöschern als auch der Einsatz, die Handlungen und das Zusammenwirken der Besatzung vermittelt und praktisch trainiert. Die letzte Etappe beinhaltet schließlich in Form einer Lehrvorführung das Löschen eines brennenden Öltanks mit Schaum. Schwerpunkt der Ausbildung ist die Vermittlung neuer Erkenntnisse und Erfahrungen auf dem Gebiet des Brandschutzes, wobei besonders Lehren und Schlußfolgerungen aus Schiffsbränden der letzten Zeit berücksichtigt werden.

In dic Ausbildung wird dic gesamte Besatzung einbezogen, wobei ihr Fertigkeiten beim Löschen von Bränden anerzogen werden. Das seemännische Personal erhält zusätzlich eine höhere und spezialisiertere Ausbildung auf diesem Gebiet. Auf den großen Schiffen befinden sich Trainingseinrichtungen, mit deren Hilfe die Besatzungen in der Brandbekämpfung ausgebildet werden können. Offiziere, die für eine Kommandantenstelle vorgesehen sind, müssen vor der Übernahme des Schiffes einen den neuesten Erkenntnissen und Erfahrungen angepaßten Schiffssicherungslehrgang, der auch einen Brandschutzabschnitt enthält, absolvieren.

Die Royal Navy (RN) Großbritanniens unterhält Schulen für die Brandschutzausbildung in Portsmouth und Plymouth. Alle Offiziere, Unteroffiziere und Matrosen der britischen Kriegsmarine müssen nach Abschluß ihrer Laufbahnausbildung innerhalb einer bestimmten Zeit auf einer der beiden Schulen an einem Lehrgang auf dem Gebiet des Brandschutzes teilnehmen.

War bisher von den konstruktiven, technischen und organisatorischen Maßnahmen zur Gewährleistung des Explosions- und Brandschutzes auf den Schiffen die Rede, sollen im weiteren die Handlungen der Besatzungen bei der Brandbekämpfung etwas näher betrachtet werden.

Brandbekämpfung und Evakuierung

Bei den untersuchten Seeunfällen und Katastrophen wendete man folgende Methoden bei der Brandbekämpfung an:

1. Brennende Flugzeuge und Munition wurden über Bord gedrückt/geworfen.
2. Munition und Gefechtsmittel wurden aus den Flugzeugen entfernt, und die Flugzeuge selbst wurden an weniger gefährdete Plätze an Bord der Flugzeugträger umgesetzt.
3. Aus der Munition und den Gefechtsmitteln wurden die Zünder entfernt.
4. Munition und Gefechtsmittel wurden durch Seewasserfeuerlöschanlagen gekühlt.
5. Brennende Munitionsräume wurden geflutet.
6. Decks und Trennwände wurden aufgeschnitten, um in die an den Brandherd angrenzenden Räume zu gelangen.
7. Brände in tiefer gelegenen Räumen wurden gelöscht durch entstandene oder geschaffene Durchbrüche im darüber liegenden Deck.
8. Schottwände und Decks, die einer starken Hitzeeinwirkung ausgesetzt waren, wurden gekühlt.
9. Räume wurden hermetisiert und Anlagen und Hilfsmaschinen in den Kessel- und Maschinenräumen über Ferngestänge vom Oberdeck aus abgeschaltet.
10. Brandherde und angrenzende Räume und Abteilungen wurden ständig überwacht.

Alle auf den Schiffen zur Verfügung stehenden Feuerlöschmittel und -anlagen wie Seewasserfeuerlöschanlage, Wasserschutzsystem, mobile Feuerlöschfahrzeuge, stationäre Feuerlöschanlagen und Handfeuerlöscher der verschiedensten Art sowie autogene Schneidgeräte wurden dabei eingesetzt. In verqualmten Räumen verwendete man Atemschutzgeräte, darunter auch Atemgeräte für Taucher. Die Mitglieder der Brandbekämpfungs- und Bergungstrupps wurden ständig mit Wasser aus Strahlrohren übersprüht. Von den brennenden Schiffen wurden die Besatzungsangehörigen in der Regel mit Hubschraubern, durch andere Kriegsschiffe und Rettungsschiffe evakuiert. Es sind auch Fälle bekannt, wo man Menschen mit den auf dem Kai stehenden Kränen von Bord holte. Dies geschah am anschaulichsten während der Brandkatastrophe auf dem im Bau befindlichen Angriffsflugzeugträger USS CONSTELLATION CVA-64.

Schwierigkeiten bei der Brandbekämpfung auf Kriegsschiffen

1. Rauch und Qualm in den Innenräumen und auf den Oberdecks der brennenden Schiffe.
2. Ausfall der Beleuchtung während des Brandes.
3. Durch Schaum entstehende Glätte auf den Decks (sehr große Rutschgefahr!).
4. Mangel an technischen Brandbekämpfungsanlagen und der zum Teil unbefriedigende Zustand dieser Anlagen.

5. Ausfall der Brandbekämpfungsanlagen und -mittel durch Explosionen, Splitter und Brand sowie das Fehlen ausreichender Reserveanlagen und -mittel.
6. Zum Teil nicht paßgerechte Kupplungen der Feuerlöschschläuche für die Hydranten.
7. Unbefriedigendes Leistungsvermögen der Atemschutzgeräte, die keinen längeren Einsatz in den mit Rauch und Qualm gefüllten Räumen ermöglichten.
8. Fehlen von Abflüssen und anderen Möglichkeiten, um Löschwasser schnell vom und aus dem Schiff zu entfernen.
9. Schmelzen der Trennschotten und -wände aus Leichtmetallegierungen.

Die zum Teil geringe Effektivität bei den Handlungen der Besatzungen ist bei der Brandbekämpfung unter anderem zurückzuführen auf

- die dezentralisierte Leitung der Brandbekämpfung im Zusammenhang mit dem Ausfall der schiffsinternen Nachrichtenmittel und Kommandoanlagen;
- das unbefriedigende Niveau der Dienstorganisation auf einer Reihe von Schiffen;
- die Unterschätzung der Gefahrensituation und damit verbunden, das unentschlossene Handeln der die Brandbekämpfung leitenden Kommandeure;
- die verspätet einsetzende Brandbekämpfung auf den Schiffen und in den Stützpunkten;
- die mangelhafte Kenntnis des Schiffes und der auf dem Schiff festgelegten Verkehrswege durch die Besatzung.

Zur Erhöhung der Sicherheit bei Bränden wurden Maßnahmen getroffen, um Besatzungsangehörige aus den von Brand, Rauch und Qualm erfaßten Räumen schnell und sicher zu evakuieren. Besonders ernst ist dieses Problem auf den Flugzeugträgern mit den vielen Verkehrswegen in horizontaler Richtung. Sie bilden ein regelrechtes Labyrinth, in dem eine Orientierung schon unter normalen Bedingungen schwierig ist. Äußerst schwer wird es dann, wenn Räume und Verkehrswege bei Bränden mit Rauch und Qualm gefüllt sind und zusätzlich, wie in den meisten der Fälle, die Innenbeleuchtung ausgefallen ist. Eine mögliche Orientierungserleichterung für die Besatzung bieten angebrachte besondere Hinweise, die es erleichtern, Ausgänge und offene Decks schnell zu finden.

Spezielle Versuche ergaben, daß in Räumen mit dichtem Rauch und Qualm selbst starke Lichtquellen nur auf geringe Entfernungen auszumachen sind. So ist bei mäßigem Rauch das Licht einer Handlampe nur bis zu zwei Meter und das Licht einer Quarzlampe bis zu 2,5 Meter sichtbar. Auf Grund dessen kam es zur Entwicklung neuer, nicht auf optischer Wahrnehmung beruhender Orientierungsmethoden. Erprobt wurden z. B. auch Tastmarkierungssysteme entlang der Fluchtwege, die jedoch auch nicht zu dem gewünschten Erfolg führten.

Bei nicht zu starkem Rauch und bei Ausfall der Beleuchtung bewähren sich am besten kombinierte Orientierungssysteme, die aus lumineszierenden und gut reflektierenden Hinweisen bestehen, in 1,5 Meter Abstand voneinander angebracht sind und die Lage der Schottüren und Luken bezeichnen. In besonderen Fällen empfiehlt es sich, diese Hinweise und die Schemata der Fluchtwege mit Lampen zu beleuchten.

Außer diesen Hinweisen befinden sich in den Decks Übersichtspläne, in denen der Verlauf der Verkehrswege sowie die Ausgänge, Auf- und Niedergänge enthalten sind. Diese Deckspläne sind für jedes Schiff angefertigt, da es bereits bei Schiffen ein und derselben Klasse im allgemeinen eine Reihe von Besonderheiten gibt.

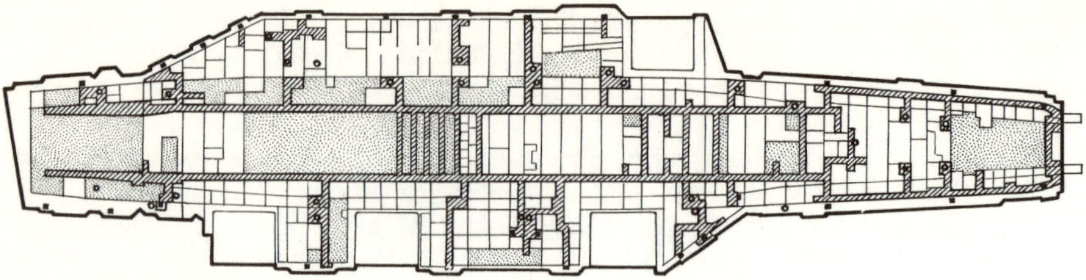

Schematische Darstellung des Galeriedecks eines Angriffsflugzeugträgers

Spezialisten der USA vertreten die Ansicht, daß das neue Hinweissystem nur dann seinen Zweck voll erfüllen kann, wenn die Besatzungen ihre Schiffe gut kennen und wenn an Bord systematisch unter unfallähnlichen Bedingungen trainiert wird.

In diesem Zusammenhang wurde auch der individuellen Brandschutzausrüstung der Besatzungsangehörigen größeres Augenmerk geschenkt. Das führte zur Entwicklung und Einführung eines neuen Atemschutzgerätes, das vollkommener als alle bisherigen ist. Bei der Entwicklung dieses Gerätes wurden die Erfahrungen und Erkenntnisse vorangegangener Unfälle und Katastrophen berücksichtigt (USS Oriskany CVA-34, USS Franklin D. Roosevelt CVA-42 – beide 1966). Das Atemschutzgerät besteht aus einer Maske und einem Ballon, in dem sich ein komprimierter Luftvorrat befindet, der für acht Minuten berechnet ist. Diese Zeit wird nach praktischen Versuchen durchaus als ausreichend angesehen, um von jedem beliebigen Raum eines Flugzeugträgers aus auf das Flugdeck zu gelangen. Die Herstellung der Einsatzbereitschaft des Gerätes und das Anlegen sind in weniger als 20 Sekunden möglich. Das Gewicht des gesamten Gerätes beträgt etwa zwei Kilogramm. Der Entwicklung dieses neuen individuellen Atemgerätes ging eine Analyse der bei Schiffsbränden frei werdenden Schadstoffe und Gase, ihrer Giftigkeit und anderer für den menschlichen Organismus gefährlicher Eigenschaften voraus. Hierunter fielen auch Studien über die Wirkung von Kohlenmonoxid und anderen Gasen auf den menschlichen Organismus (siehe Lit.-Verzeichnis Nr. 38 und Nr. 42.)

Kriegsschiffskollisionen

Kollisionen von Überwasserkriegsschiffen

Kollision der Schlachtkreuzer H. M. S. HOOD und H. M. S. RENOWN

Für den Januar 1935 hatte die britische Kriegsmarine eine Flottenübung geplant, an der die Schlachtkreuzer H.M.S. Hood (1920, 46 000 t), H.M.S. Renown (1916, 37 000 t) und ein U-Boot teilnehmen sollten.

Am 22. Januar 1935, kurz vor dem Auslaufen aus der Ria de Arosa (Spanien, Provinz Galicia), wurde vom Flaggschiff die Aufgabe gestellt, wonach beiden Schlachtkreuzern eine bestimmte Position in See vorgegeben war. Von dieser Position aus sollte die Hood einen Kurs von 192° und die Renown einen Kurs von 254° steuern. Zu einer festgelegten Zeit, gegen 11.00 Uhr, war von den Schiffen zum Zickzackkurs überzugehen. Nach Beendigung des Zickzackkurses sollte die Hood 254° und die Renown 192° steuern.

Nachdem beide Schiffe einander passiert hatten, war ein Ablaufkurs von 180° und eine Fahrt von 12 Knoten für beide Schlachtkreuzer geplant.

Am vorgesehenen Tag manövrierten die Schiffe entsprechend dieser Aufgabe. Auf Signal des Flaggschiffes wurde die Übung um 11.35 Uhr beendet. Nach dem Übungsplan hatte jetzt die Renown in das Kielwasser der Hood einzuscheren und danach den Ablaufkurs von 180° zu steuern.

Wie der Kommandant der Renown später meldete, schien es ihm nach Beendigung der Übung, als liefe die Hood bereits den Ablaufkurs von 180°. Diese Annahme veranlaßte ihn, mit seinem Schiff so zu manövrieren, um in das Kielwasser des

Schlachtkreuzer HOOD

Schlachtkreuzer RENOWN

Flaggschiffes einsteuern zu können. Tatsächlich aber lief die HOOD immer noch einen Kurs von 254°. Die Manöver der RENOWN begünstigten so eine unbeabsichtigte gefährliche Annäherung der beiden Schlachtkreuzer.

Nachdem der Verbandschef – offensichtlich zu spät – bemerkt hatte, daß sich beide Schiffe bedrohlich annäherten, machte er den Kommandanten der HOOD auf die Gefahr aufmerksam und ließ das Signal *Formation – Kiellinie, Kurs – 254 Grad, Fahrt – 12 Knoten* setzen. Zu diesem Zeitpunkt betrug der Abstand zwischen beiden Schiffen noch 7,5 Kabellängen (1 Kabellänge [kbl] = 185,2 m). Das Signal und dessen Ausführung kam zu spät, denn bereits vier Minuten später, um 12.22 Uhr, lief die RENOWN in die Steuerbordseite der HOOD.

Maßnahmen auf beiden Schiffen unmittelbar vor der Kollision

In einem Abstand von 5,5 Kabellängen von der HOOD befahl der Kommandant der RENOWN: *Stop Maschinen – Ruder hart Steuerbord*, bei Annäherung auf 2,5 Kabellängen: *Zurück – Volle Fahrt*, um die Kollision möglichst noch abzuwenden.

Die HOOD ihrerseits drehte anfangs nach Backbord auf Südkurs und erhöhte die Fahrt auf 15 Knoten. Eine Minute vor der Kollision ging sie mit auf Steuerbord übergelegtem Ruder *Voraus – Volle Fahrt*. Die Manöver beider Schiffe führten zwar zur Abschwächung der Kollisionswucht, die Kollision selbst war aber auf Grund der Manöverträgheit der großen Schiffe nicht mehr abzuwenden.

Beide Schlachtkreuzer wurden beschädigt. Die HOOD erlitt Beschädigungen an einem der Steuerbordpropeller – es war ein Vierpropellerschiff –, am Panzergürtel und an der Außenhaut. Die RENOWN hatte erhebliche Beschädigungen im Bereich des Vorstevens erlitten, wobei der Vorsteven selbst gerissen war. Zur Notreparatur mußten beide Schlachtkreuzer den Flottenstützpunkt Gibraltar und danach zur vollständigen Wiederherstellung der Einsatzbereitschaft Portsmouth anlaufen. Die Schadensbeseitigung auf der HOOD dauerte etwa sechs Wochen, die auf der RENOWN nahm eine längere Zeit in Anspruch.

Die Kollision der beiden Schlachtkreuzer wurde in der internationalen maritimen Literatur breit ausgewalzt, da sie keine alltägliche Erscheinung war.

Der Verbandschef und die Kommandanten beider Schlachtkreuzer mußten sich vor dem Marinegericht der Royal Navy, das die zur Kollision führenden Ursachen und Umstände untersuchte, verantworten. Im abschließenden Urteil wurden der Verbandschef und der Kommandant der HOOD für nicht schuldig befunden und der Kommandant der RENOWN seiner Dienststellung enthoben. In Abänderung des

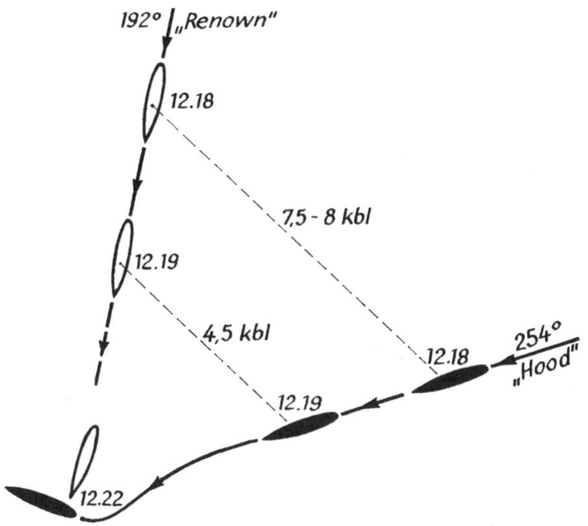

Manöverskizze, Lage der Schlachtkreuzer HOOD und RENOWN bis zum Zeitpunkt der Kollision

Urteils durch die Admiralität erhielten schließlich der Verbandschef und der Kommandant der HOOD eine Rüge. Die Strafe des Kommandanten der RENOWN wurde in einen strengen Verweis mit Verbleib in der Dienststellung umgeändert.

Untergang des Zerstörers H. M. C. S. FRASER DDE-233 nach Kollision mit dem Leichten Kreuzer H. M. S. CALCUTTA

Die Kollision ereignete sich während des zweiten Weltkrieges am 28. Juni 1940. Der britische Leichte Luftabwehrkreuzer H. M. S. CALCUTTA (Typ C, 1919, 4200 t) hatte Frankreich in Begleitung der beiden kanadischen Zerstörer H. M. C. S. FRASER DDE-233 und H. M. C. S. RESTIGOUCHE DDE-257 (1931, 1900 t, ehemalige britische Zerstörer) verlassen. Die FRASER lief an Steuerbordseite und die RESTIGOUCHE an Backbordseite des Kreuzers als Sicherung. Bei Einbruch der Dunkelheit befahl der Kommandant der CALCUTTA die Umformierung des Verbandes in Kiellinie, um Schwierigkeiten bei möglichen Manövern während der Überfahrt zu vermeiden und damit eine höhere Sicherheit zu gewährleisten.

Bei der richtigen Ausführung dieses Signals hätten beide Zerstörer jeweils vom Kreuzer wegdrehen müssen, um nach Durchlaufen des Drehkreises ihre Position im Kielwasser des Kreuzers einzunehmen. Die RESTIGOUCHE führte das Manöver auch ordnungsgemäß aus, indem sie nach Backbord abdrehte. Demgegenüber drehte die FRASER anstatt nach Steuerbord ebenfalls nach Backbord in der Absicht, den Kurs des Kreuzers vor (!) seinem Steven zu kreuzen. Der Wachoffizier des Kreuzers erkannte sofort die Gefahr und befahl *Stop Maschinen.* Gleich darauf beorderte er die Maschinen auf *Zurück.* Das Manöver konnte jedoch nicht mehr ausgeführt werden. Der Vorsteven der CALCUTTA traf den Zerstörer FRASER in Höhe der Brücke und schnitt ihn in zwei Teile. Das Vorderschiff sank sofort, nachdem es gekentert war, während das Achterschiff tief in das Wasser eintauchte. Später sank es dann ebenfalls.

Der Kommandant der FRASER sprang während der Kollision auf das Deck des Kreuzers. Gemeinsam mit dessen Kommandanten leitete er alle möglichen Maßnahmen zur Rettung der Besatzung seines Schiffes ein, die auch von Erfolg gekrönt waren. Lediglich vier Mann des Zerstörers kamen bei dieser Kollision ums Leben.

Der maritimen Fachliteratur Großbritanniens ist zu dieser Kollision zu entnehmen, daß das Fehlverhalten des Kommandanten in der Übermüdung und überhöhten Anspannung, denen die Kommandanten kleinerer Schiffe während des Krieges ausgesetzt waren, zu suchen ist. Offizielle Angaben, die eine detailliertere Auswertung des Unterganges der FRASER zulassen, wurden nicht veröffentlicht.

Untergang des schnellen Minensuchers USS HOBSON nach Kollision mit dem Flugzeugträger USS WASP CV-18

Während der Überfahrt von Überwasserkriegsschiffen aus den USA in das Mittelmeer führte der Verband am 27. April 1952 eine UAW-Übung durch. Dem Verband gehörten der Flugzeugträger USS WASP DV-18 (1943, 33000 t) als Flaggschiff und der schnelle Minensucher USS HOBSON DMS-26 ex DD-464 (ein als schneller Minensucher umgerüsteter Zerstörer des LIVERMORE-Typs, 1944, 2060 t) an. Die HOBSON hatte das Flaggschiff zu sichern und bereit zu sein, verunglückten Flugzeugbesatzungen Hilfe zu leisten. Der Kollision gingen folgende Handlungen voraus. Für die sichere Landung der in der Luft befindlichen Flugzeuge auf dem Flugzeugträger führte die WASP zur Einnahme einer günstigeren Lage zur Windrichtung ein Kursänderungsmanöver durch. Zuvor hatte die WASP das entsprechende Kursänderungssignal an die HOBSON abgesetzt, das von dieser jedoch nicht empfangen wurde. So lief die HOBSON ihren Kurs weiter, geradewegs in ihr Verderben. Bei der Ausführung der Kursänderung rammte der Flugzeugträger den schnellen Minensucher und schnitt ihn in zwei Teile. Die HOBSON sank innerhalb von vier Minuten. Von der 237 Mann zählenden Besatzung fanden 176 den Tod. Unter den Geretteten befanden sich viele Schwerverletzte.

Mängel in der Nachrichtenübermittlung beim Verbandsfahren führten so zu einer Tragödie für Hunderte von Menschen.

Die WASP war am Bugteil stark beschädigt worden; sie konnte daher nur noch zehn Knoten laufen und war gezwungen, zur Reparatur in den Flottenstützpunkt zurückzukehren.

Für die Presse war diese Katastrophe ein Resultat schlechter Nachrichtenverbindungen. Außerdem war die Organisation beim Fahren im Verband und beim Evolutionieren mangelhaft.

Gemessen an der Zahl der Opfer, kann diese Katastrophe als eine der größten nach dem zweiten Weltkrieg eingeschätzt werden. Die Katastrophe ereignete sich fast sieben Jahre nach Beendigung des Krieges. Sie war für einige USA-Journalisten ein willkommener Anlaß, diesen schweren Seeunfall mit der auf den Schiffen der US Navy befindlichen veralteten Technik und Ausrüstung zu begründen, um daraus die Forderung nach neuen Ausrüstungen und neuen Schiffen, speziell neuen Flugzeugträgern, zu erheben. Hieraus sind die Bestrebungen gewisser Kreise in den USA zu erkennen, die diese oder ähnliche Fälle spekulativ als Begründung für die Steigerung des Rüstungshaushaltes der Vereinigten Staaten, genauer gesagt für das Wettrüsten benutzen.

Natürlich muß der Technik eine große Bedeutung beigemessen werden, aber nur in geschickten Händen und durch bewußt handelnde, gut ausgebildete und erfahrene Menschen wird sie erst voll wirksam.

Kollision des Leichten Kreuzers H. M. S. SWIFTSURE mit dem Zerstörer H. M. S. DIAMOND D-35

Die Kollision der beiden Schiffe der britischen Marine ereignete sich 1959 während der NATO-Seekriegsübung «Mariner» etwa 80 Seemeilen vor der Küste Islands. Zur Kollision führten folgende Umstände:

In der Nacht vom 28. zum 29. September 1959 lief der aus acht Schiffen (ein Schlachtschiff, ein Kreuzer und sechs Zerstörer) bestehende Verband durch die zwischen Grönland und Island liegende Dänemarkstraße. Zum Verband gehörten der Leichte Kreuzer SWIFTSURE und der Zerstörer DIAMOND. Der Kreuzer war während des zweiten Weltkrieges gebaut und 1944 in Dienst gestellt worden. Sein volles Deplacement betrug 11 400 Tonnen. Der Zerstörer, erst 1953 in Dienst gestellt, hatte ein Deplacement von 3 600 Tonnen. Die hydrometeorologischen Bedingungen waren befriedigend. Es war bewölkt, die Sicht gut. Der aus Nordost wehende Wind verursachte einen leichten Seegang. Die Schiffe liefen abgeblendet und unter gefechtsmäßigen Bedingungen. Gegen Mitternacht setzte der Leichte Kreuzer SWIFTSURE, der als Führerschiff lief, an alle Schiffe des Verbandes ein Kurs- und Formationsänderungssignal ab. Eine Stunde später erfolgte das Ausführungssignal. Dem Signal zufolge hätte jetzt der Zerstörer DIAMOND eine Drehung nach Backbord machen, auf Gegenkurs gehen und eine Position an Backbordseite im Abstand von zwei Seemeilen vom Führerschiff einnehmen müssen. Einige Zeit nach dem Ausführungssignal bemerkten die Signalgasten der SWIFTSURE im Voraussektor in einer Entfernung von etwa einer Seemeile ein abgeblendet fahrendes Fahrzeug, das den Kurs des Kreuzers kreuzte. Bei diesem Fahrzeug handelte es sich um den Zerstörer DIAMOND. Dessen Kommandant hatte in der Stunde, die zwischen dem Ankündigungs- und dem Ausführungssignal lag, vergessen, nach welcher Seite er abdrehen sollte. Nach einer kurzen Beratung mit seinen Brückenoffizieren entschloß er sich schließlich, über Steuerbordbug um 180° zu wenden. Dieses Manöver führte dazu, daß der Zerstörer plötzlich vor dem Steven des Kreuzers auftauchte.

Auf dem Kreuzer reagierte man sofort auf die äußerst gefährliche Lage. Der Kommandant des Zerstörers erhielt den Befehl, sofort nach Backbord abzudrehen. Beide Schiffe setzten ihre Positionslichter. Auf der DIAMOND jedoch wurde der Befehl zum Abdrehen nach Backbord nicht ausgeführt, so daß beide Schiffe miteinander kollidierten. Die DIAMOND rammte den Leichten Kreuzer an Steuerbordseite in Höhe der Brücke. Die Kollision verursachte am Schiffskörper und an den Aufbauten des Leichten Kreuzers starke Beschädigungen. Beim Zerstörer traten ebenfalls schwere Beschädigungen im Bereich des Vorstevens auf. Infolge des Kollision brach auf der SWIFTSURE noch ein Brand aus, der nach etwa einer Stunde gelöscht werden konnte und zusätzliche Beschädigungen verursachte. Auf der SWIFTSURE wurden etwa 40 Matrosen und Offiziere verletzt, viele Besatzungsangehörige trugen Verbrennungen davon. Beide Schiffe liefen nach der Kollision in den Hvalfjördur (Island) zur Notreparatur. Danach folgte die Überführung nach Großbritannien zur endgültigen Schadensbeseitigung.

Bei der Untersuchung der zur Kollision führenden Umstände und Ursachen stellte sich heraus, daß der Kommandant des Zerstörers unmittelbar vor der Kollision vollkommen den Kopf verloren hatte. Obwohl der Kreuzer mit zwei kurzen Tönen eine Drehung nach Backbord anzeigte, schien es dem Zerstörerkommandanten, als ob es nur ein Ton gewesen wäre. Daraufhin war von ihm die Steuerborddrehung befohlen worden, die dann auch zur Kollision führte.

Das Seegericht stellte die alleinige Schuld des Zerstörerkommandanten am Zustandekommen des Seeunfalles fest. Dies kam auch im Spruch mit der Begründung zum Ausdruck, daß der Kommandant der DIAMOND seine Pflichten verbrecherisch vernachlässigt und mißachtet und das ihm anvertraute Schiff in eine äußerst gefährliche Lage gebracht hatte. In einem solchen Fall konnte nicht auf mildernde Umstände erkannt werden.

Folgen der Kollision zwischen dem Zerstörer USS EATON DDE-510 und dem Schlachtschiff USS WISCONSIN BB-64

Am 06. Mai 1956 sollten einige Schiffe der US Navy aus einem Stützpunkt zu einer Lehrvorführung auslaufen. Dabei kam es in der Chesapeake Bay zur Kollision des Schlachtschiffes USS WISCONSIN BB-64 (1944, 57 450 t) mit dem Zerstörer USS EATON DDE-510 (1942, 2 500 t). Es muß vorangestellt werden, daß die Schiffe am Tage und bei günstigen nautischen Bedingungen kollidierten. Zur Kollision kam es nicht in einem eng begrenzten, sondern in einem relativ breiten, genügend Manöverfreiheit bietenden Seegebiet, das den amerikanischen Seeleuten gut bekannt war.

Unter welchen Bedingungen fand die Kollision statt, und welche Folgen hatte sie für die beteiligten Schiffe?

Das Schlachtschiff stieß mit dem Vorsteven in die Steuerbordseite des Zerstörers, wobei diesem die Bordwand in einer Länge von etwa neun Metern und von der Wasserlinie bis zum Oberdeck aufgerissen wurde. Infolge der Zerstörungen lief eine Abteilung des Zerstörers voll Wasser, und drei weitere machten Wasser. Das vordere 12,7-cm-Geschütz war vom Fundament gerissen und außenbords geschleudert worden. Teile des zerstörten reaktiven Wasserbombenwerfers lagen in der Offiziersmesse. Schwere Beschädigungen trug auch das Schlachtschiff davon. Ihm wurde ein acht bis neun Meter langes Stück vom Vorschiff abgerissen.

Das Vorschiff der WISCONSIN wurde durch das des noch im Bau befindlichen Schwesterschiffes KENTUCKY ersetzt. Zu diesem Zwecke wurde das Vorschiff der KENTUCKY von Newport News nach Portsmouth (beide Hafenstädte liegen im USA-Bundesstaat Virginia) überführt.

Die Beschädigungen der EATON waren so schwer, daß zunächst die Frage geklärt werden mußte, Wiederinstandsetzung oder Verschrottung. Viele Spezialisten sprachen sich für eine Verschrottung aus. Schließlich setzte sich die Meinung nach einer Wiederinstandsetzung durch, wobei die Möglichkeit der Weiterverwendung der auf dem Zerstörer installierten teuren Ausrüstung ausschlaggebend war. Für die Wiederinstandsetzung der EATON wurden umfangreiche Mittel und viel Zeit aufgewendet.

Die Reparaturkosten der WISCONSIN betrugen 700 000 US-Dollar, die der EATON aber verschlangen Millionen US-Dollar, da ganze Sektionen des Schiffes neu gebaut werden mußten.

Der amerikanische Zerstörer EATON nach der Kollision mit dem Schlachtschiff WISCONSIN

Untergang des Schnellbootes HØGEN P 555 nach der Kollision mit dem Schnellboot FLYVEFISKEN P 500

Die zwei dänischen Schnellboote FLYVEFISKEN P 500 (1955, 110 t, 40 Knoten) und HØGEN P 555 (1944, 100 t, 36 Knoten) kollidierten, offensichtlich bei großen Geschwindigkeiten, am 04. September 1957 03.00 Uhr nachts im Großen Belt, sechs Seemeilen nordöstlich von Lohals (Insel Langeland). In der Nähe des Kollisionsortes handelten noch andere Schnellboote und die beiden Fregatten ROLF KRAKE F 342 und ESBERN SNARE F 341 (beide 1942, 1 630 t) [33]. Die hydrometeorologischen Bedingungen waren zu dieser Zeit gut; Wind 3, See 3.

Etwa 21 Minuten nach der Kollision traf die Fregatte ROLF KRAKE am Unfallort ein. Die Lage der Boote beim Eintreffen der Fregatte ist im Bild dargestellt.

Nach weiteren vier Minuten sank die HØGEN bei einer Wassertiefe von 17 Metern. Vom Zeitpunkt der Kollision bis zum Untergang der HØGEN vergingen somit insgesamt 25 Minuten. Während dieser Zeit gelang es der 23köpfigen Besatzung, auf

Dänisches Torpedoschnellboot vom Typ FLYVEFISKEN

die FLYVEFISKEN überzusteigen, so daß bei dieser Kollision niemand ums Leben kam. Von der am Unfallort befindlichen Fregatte wurden alle Maßnahmen eingeleitet, um die FLYVEFISKEN, die ebenfalls schwer beschädigt war, vor dem Untergang zu bewahren. Die Fregatte übernahm aus Sicherheitsgründen zunächst die Besatzungen beider Schnellboote außer einer kleinen Gruppe, die auf der FLYVEFISKEN als Sicherung während des Schleppmanövers zurückblieb.

Nachdem das Boot fest neben der Fregatte lag, wurden sofort alle Lenzmittel beider Fahrzeuge mit einer Gesamtförderleistung von etwas mehr als 200 t/h eingesetzt. Mit einem Lecksegel wurden die größten Lecks provisorisch abgedichtet. Während des Abschleppens konnte mit den Lenzmitteln der Wasserstand im Boot auf 30 Zentimeter gehalten werden. Die Schleppgeschwindigkeit betrug fünf Knoten.

Die dänischen Torpedoschnellboote Flyvefisken und HØGEN nach der Kollision

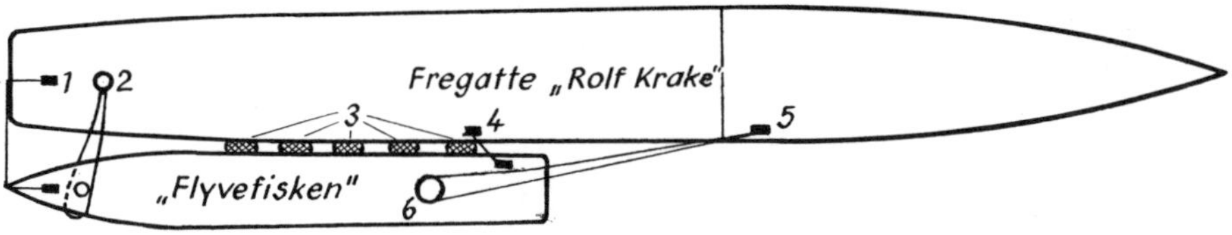

Leinenverbindungen beim Längseitsschleppen der FLYVEFISKEN durch die Fregatte ROLF KRAKE
1 – Achterschiff der Fregatte; 2 – Unterfangen der lecken Abteilung; 3 – Fender; 4 und 5 – Leinenverbindungen; 6 – Fundament der 40-mm-Waffe

Der Schleppverband erreichte nach etwa zwei Stunden 40 Minuten den Hafen Korsør. Hier konnten zusätzlich Pumpen des Hafens und des Werkstattschiffes HJÄLPEREN A-563 (1945, 1 170 t) eingesetzt werden.

Diese Maßnahmen führten dazu, daß das Schnellboot gegen 12.30 Uhr, nach fast neun Stunden, voll Lenz gehalten und von zwei Schiffen in den Flottenstützpunkt bugsiert werden konnte. Dort fand eine erste Notreparatur statt. Später wurde dann das Boot nach Holme zur vollständigen Wiederinstandsetzung überführt.

Der Befund in der Reparaturbasis zeigte, daß der Bootskörper fast in seiner gesamten Länge unterhalb und oberhalb der Wasserlinie erheblich beschädigt war. Die von der zuständigen Inspektion der dänischen Seestreitkräfte geführten Untersuchungen bestätigten, daß die Handlungen der Besatzung der FLYVEFISKEN richtig waren. Dabei wurde auch die Frage aufgeworfen, ob es nicht möglich gewesen wäre, den Totalverlust der HØGEN zu verhindern. Die Inspektion vertrat dazu die Meinung, daß ein gleichzeitiges Schleppen beider Boote unter den gegebenen Bedingungen nicht ungefährlich gewesen wäre.

Beschädigungen an den Zerstörern USS AMMEN DD-527 und USS COLLETT DD-730

Nach Abschluß von Umbau- und Modernisierungsarbeiten auf dem Zerstörer USS COLLETT DD-730 (1943, 2 750 t) fanden im Juli 1960 mit dem Schiff die Erprobungen in See statt.

Zu dieser Zeit war ein anderer Zerstörer, USS AMMEN DD-527 (1944, 3 300 t), nach San Diego (USA, Bundesstaat California) unterwegs. Das Schiff war für die pazifische Reserveflotte vorgesehen, hatte bereits die Munition abgerüstet und sollte «eingemottet» werden.

20 Seemeilen vor Long Beach kam es zur verhängnisvollen Begegnung beider Schiffe. Die COLLETT stieß bei hoher Fahrtstufe und in einem Kollisionswinkel von 60° in Höhe des hinteren Kesselraumes in die Backbordseite der AMMEN. Die Kollisionswucht war sehr stark. Der Vorsteven der COLLETT riß die Bordwand der AMMEN auf und drang kurz hinter dem Torpedorohrsatz fast bis zur Mittschiffslinie in diese ein.

Beide Schiffe erlitten schwere Beschädigungen. Dabei traf es das gerammte Schiff wie immer am schlimmsten. Die Backbordseite des Achterschiffes der AMMEN einschließlich der hinteren Decksaufbauten wurde fast bis zum Hauptspant zerstört. Das hintere 76-mm-Universalgeschütz und das Artilleriefeuerleitgerät wurden ebenfalls

Das zerstörte Vorschiff des amerikanischen Zerstörers COLLETT nach der Kollision mit dem Zerstörer AMMEN

schwer beschädigt. Letzteres war abgeknickt. Beschädigt waren ferner der Torpedorohrsatz, eine Reihe von Diensträumen, Kabelbahnen, einige Hilfsmechanismen und andere Anlagen. Der Backbordpropeller wies eine Reihe großer Einkerbungen auf. Das durch die aufgerissene Bordwand eindringende Wasser überflutete den hinteren Kessel- und Maschinenraum und setzte die Werkstatt teilweise unter Wasser.

Auf der COLLETT ging das Vorschiff bis zum Spant 14 vollständig zu Bruch. Es wurde beim Eindringen in den Schiffskörper der AMMEN um etwa 120° nach Steuerbord herumgebogen. Weitere Schäden traten an einzelnen Mechanismen und Systemen auf. Das Querschott auf Spant 18 war zwar deformiert, hielt aber dem Wasserdruck stand und blieb wasserdicht. Auf der COLLETT war an keiner Stelle

Der über dem aufgerissenen Schiffskörper des Zerstörers AMMEN gezogene Kofferdamm mit Notlängsspanten

Wasser eingebrochen. Die Kollision forderte auf beiden Schiffen insgesamt acht Tote und sieben Verletzte.

Sofort nach der Kollision trafen am Unfallort Schiffe und Hubschrauber ein, um den Zerstörern, die den Befehl erhalten hatten, Long Beach anzulaufen, Hilfe und Beistand zu leisten. Die COLLETT lief mit eigener Kraft ein, die AMMEN mußte Schlepperhilfe in Anspruch nehmen.

Nach der Dockaufnahme wurde für jedes der beiden Schiffe ein Kostenanschlag- und Reparaturplan ausgearbeitet. Nach diesen Plänen waren für die AMMEN nur Arbeiten zur Herstellung der vollen Schwimmfähigkeit vorgesehen, damit das Schiff sicher nach San Diego geschleppt werden konnte. Über ihr weiteres Schicksal sollte erst dort endgültig entschieden werden. Diese Arbeiten dauerten zwei Wochen, und am 02. August begann die Überführung nach San Diego. Hier angekommen, strich man einige Tage später das Schiff aus der Liste der amerikanischen Kriegsschiffe, da sich eine Wiederinstandsetzung als zu aufwendig erwiesen hätte.

Was die COLLETT betraf, so entschied man sich dafür, das Vorschiff durch das des Zerstörers USS SEAMAN DD-791 zu ersetzen, der eigentlich umgerüstet werden sollte. Die Vorschiffe der COLLETT und SEAMAN wurden am Spant 17,5 glatt durchgeschnitten. Danach wurde das Vorschiff der SEAMAN an den Schiffskörper der COLLETT angeschweißt.

Obwohl die Beschädigungen, die Methoden und Technologien bei der Reparatur in der Presse ausführlich beschrieben wurden, fehlten in den Veröffentlichungen jegliche Angaben über die Ursachen und Umstände, die zu dieser Kollision geführt hatten.

Das Vorschiff des Zerstörers SEAMAN, das für den Zerstörer COLLETT bestimmt ist, wird in die Paßlage gebracht

Das Vorschiff der SEAMAN wird an den Schiffskörper der COLLETT angepaßt

Kollision der Zerstörer USS ENGLISH DD-696 und USS WALLACE L. LIND DD-703

Im Oktober 1954 führte die USA-Atlantikflotte unter der Tarnbezeichnung «Lentflex» umfangreiche Flottenmanöver durch. An diesen Manövern waren über 200 Schiffe und weit über 70000 Mann beteiligt.

Ziel der kombinierten Manöver war eine großangelegte Anlandung starker Kräfte an einer zur Landungsabwehr eingerichteten Küste. Es waren auch Aufgaben zur Geleitsicherung zu lösen, Schwerpunkt lag dabei auf der Abwehr von U-Booten. Dazu handelten im Bestand der Verbände U-Jagd-Trägergruppen, die sich aus Flugzeugträgern und Zerstörern mit ihren für die U-Boot-Suche und U-Boot-Jagd ausgerüsteten Flugzeugen und Hubschraubern zusammensetzten. Eine solche U-Jagd-Trägergruppe, bestehend aus einem Flugzeugträger und acht Zerstörern, führte mit U-Booten als Gegnerdarstellung die entsprechenden Übungen im freien Seeraum durch.

Schiffe dieser Gruppe waren am 31. Oktober 1954 an zwei Kollisionen beteiligt. Die erste Kollision ereignete sich 270 Seemeilen östlich der Hauptbasis der USA-Atlantikflotte Norfolk (USA, Bundesstaat Virginia), wobei der Zerstörer USS NORRIS DDE-859 mit dem U-Boot USS BERGALL SS-320 kollidierte.

Etwa zwei Stunden später kam es 40 Seemeilen vom Unfallort der NORRIS entfernt zur zweiten Kollision. Diesmal kollidierten die beiden Zerstörer USS ENGLISH DD-696 (1944, 3320 t) und USS WALLACE L. LIND DD-703 (1945, 3320 t) miteinander. Zur Kollision kam es während eines «Angriffes» beider Zerstörer auf ein geortetes

U-Boot. Die Ursachen müssen der unbefriedigenden innerverbandlichen Nachrichtenverbindung und den falschen Handlungen der Kommandanten beider Schiffe zugeschrieben werden. Ohne daß sich die Kommandanten untereinander abgestimmt hatten, griffen beide Zerstörer auf sich kreuzenden Kursen ein und dasselbe Unterwasserziel an. Als die Kollision bereits unabwendbar war, versuchte der Kommandant des Zerstörers WALLACE L. LIND durch ein Hartrudermanöver abzudrehen, was jedoch nicht mehr gelang. Der Zerstörer ENGLISH rammte das Vorschiff der WALLACE L. LIND. Durch die Kollision wurde der ENGLISH ein über zehn Meter langes Stück im Bereich des Vorstevens abgerissen, und sein Opfer hatte ein etwa zwei Meter großes Loch in der Bordwand. Auf den Schiffen liefen durch die Zerstörungen eine Reihe von Räumen voll Wasser, was zu einer komplizierten Lage auf beiden Zerstörern führte. Eine vorläufige Notreparatur fand in Norfolk (USA, Bundesstaat Virginia) statt, wohin die Zerstörer unter großen Schwierigkeiten gebracht worden waren. Später wurden sie dann in die Werft nach Portsmouth (USA, Bundesstaat Virginia) zur endgültigen Wiederherstellung der vollen Einsatzbereitschaft überführt.

Beide Kollisionen, die fast zur gleichen Zeit erfolgten, hatten natürlich Auswirkungen auf den Verlauf der Flottenmanöver. Es fielen dadurch nicht allein nur die vier von den zwei Kollisionen betroffenen Schiffe aus. Auch die Fahrzeuge, die diese vier zum Flottenstützpunkt begleiteten, mußten aus dem weiteren Übungsverlauf ausscheiden.

Kollision zwischen dem Zerstörer USS PICKING DD-685 und einem Flugzeugträger

Mitte Oktober 1961 kollidierte der Zerstörer USS PICKING DD-685 (1943, 2790 t) im freien Seeraum mit einem in der Presse namentlich nicht genannten Flugzeugträger der US Navy. Dem Charakter der Beschädigungen nach kollidierte der Zerstörer mit dem Steuerbordvorschiff. Die Kollisionswucht war offensichtlich sehr stark, da am Vorschiff des Zerstörers bis hin zum Querschott auf Spant 30 schwere Beschädigungen auftraten. Diese schlossen unter anderem den Vorsteven, das Oberdeck und die Plattformdecks ein. Beide Anker und die Steuerbordankerklüse gingen verloren. Acht Schiffsräume liefen voll Wasser, darunter befanden sich der Munitionsraum für die 12,7-cm-Munition, der Raum mit der hydroakustischen Anlage, die Verpflegungslast und andere Vorratsräume sowie mehrere Diensträume. In diesen Räumen wurden die elektrischen Anlagen und andere Ausrüstungen beschädigt. Die Wiederinstandsetzungsarbeiten fanden auf der Marinewerft im USA-Flottenstützpunkt Subic Bay (Philippinen) statt. Das beschädigte Vorschiff des Zerstörers wurde abgeschnitten und durch ein neues ersetzt. Zur Überprüfung der Geometrie des Schiffskörpers nach der Wiederinstandsetzung nutzte man die Waffenleitgeräte. Bei der Reparatur der elektronischen Anlagen und anderer Ausrüstungen des Schiffes wurden Erfahrungen und Technologien, die bei der Wiederinstandsetzung des Angriffsflugzeugträgers CONSTELLATION nach der Brandkatastrophe vom Dezember 1960 gesammelt und entwickelt worden waren, genutzt.

Die Reparatur des Zerstörers dauerte vier Monate. Davon lag das Schiff 27 Tage im Dock und 93 Tage am Reparaturkai.

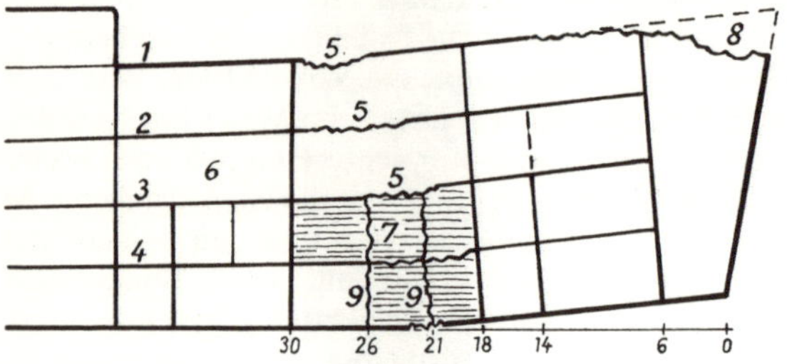

Schematische Darstellung der Beschädigungen des Vorschiffes des Zerstörers PICKING nach der Kollision mit einem Flugzeugträger
1 – Oberdeck; 2 – 1. Plattformdeck; 3 – 2. Plattformdeck; 4 – 3. Plattformdeck; 5 – Sicken im Oberdeck und in den Plattformdecks; 6 – Risse in der Bordwand; 7 – unter Wasser stehende Räume; 8 – Bereich des herausgerissenen Oberdecks (Bordwand); 9 – Sicken in den Querschotts

Das beschädigte Vorschiff des USA-Zerstörers PICKING

Untergang des Zerstörers H. M. A. S. VOYAGER D-04 nach Kollision mit dem Flugzeugträger H. M. A. S. MELBOURNE R-21

Der Flugzeugträger MELBOURNE und der Zerstörer VOYAGER gehörten zu den stärksten Einheiten der australischen Seekriegsflotte. In der der Kollision vorausgegangenen Zeit hatte ein Personalwechsel auf den Schiffen stattgefunden. Vor ihrer erneuten Aufnahme in den Kampfkern der Flotte sollten die Einheiten noch Verbandsübungen entsprechend dem Programm der Gefechtsausbildung absolvieren.

Die zur Kollision führenden Ereignisse stellen sich wie folgt dar:

Der Ausbildungsverband, bestehend aus dem Flottenflaggschiff, dem Flugzeugträger H. M. A. S. MELBOURNE R-21 (1955, 20320 t, 23 Knoten, ex MAJESTIC), dem Zerstörer H. M. A. S. VOYAGER D-04 (1957, 3600 t, 30 Knoten, DARING-Typ) und drei Räumfahrzeugen, lief in die Tasmansee. Geplant waren Start- und Landeübungen der auf dem Flugzeugträger stationierten Flugzeuge. Der Zerstörer hatte die Funktion eines Rettungsschiffes zu erfüllen. Er hatte bei etwaigen Flugunfällen die Aufgabe, die Piloten aus dem Wasser zu retten und wenn möglich die Flugzeuge zu bergen. Aus Sicherheitsgründen sollte die VOYAGER in einem angemessenen Abstand eine Position seitlich vom Flugzeugträger einnehmen.

Am Morgen des 10. Februar 1964 lief der Verband aus der Jervis Bay, die etwa 100 Seemeilen südlich Sydney liegt, aus und erfüllte den ganzen Tag über Ausbildungsaufgaben. Bei Einbruch der Dunkelheit verringerte die VOYAGER ihren Abstand zur MELBOURNE.

Es war eine dunkle, wolkenlose Nacht, ohne Mondschein, aber mit klarer Sicht. Die See war ruhig, es stand eine leichte Dünung. Der Wind wehte leicht aus unterschiedlichen Richtungen. Die Schiffe waren gut auszumachen. Sie fuhren nicht voll abgeblendet, und die Positionslichter brannten mit verminderter Lichtstärke. Außerdem hatten sie zwei rote Rundumlichter im Topp gesetzt.

Nachdem sich der Kommandant des Flugzeugträgers, der gleichzeitig den Verband befehligte, von der Lage auf dem Seeschauplatz sowie von der Richtung und Stärke des Windes überzeugt hatte, führte er mit beiden Schiffen eine Schwenkung auf Ost-Nord-Ost – Kurs 60° – und danach auf Nord-Nord-Ost – Kurs 20° – aus.

Die Flugausbildung sollte um 20.53 Uhr Ortszeit beginnen. Zu diesem Zweck setzte der Flugzeugträger das dafür vorgesehene Signal ab. Die VOYAGER hatte dem Signal zufolge einen Kurs von 20° mit einer Fahrt von 22 Knoten zu steuern. Das Signal wurde auf der VOYAGER empfangen und richtig verstanden. Gleichzeitig hatte der Zerstörer den Befehl erhalten, seine vorgegebene Sicherungsposition einzunehmen. Dies bedeutete einen Positionswechsel von 45° an Steuerbord auf 135° an Backbord, Abstand 0,5 bis 0,75 Seemeilen vom Flugzeugträger. Bei der Ausführung des Positionswechsels sollte die VOYAGER nach Steuerbord abdrehen, das Kielwasser hinter dem Heck der MELBOURNE kreuzen und die befohlene Position nach Peilung und Abstand an Backbordseite des Flugzeugträgers einnehmen. Dieses Manöver war einfach. Der Kommandant der VOYAGER hatte es bereits x-mal ausgeführt. Anstatt nun das Manöver wiederum so durchzuführen, drehte der Kommandant mit seinem Schiff diesmal über Backbordbug ab. Er hatte sich offensichtlich dazu entschlossen, wer kennt die Gründe, den Kurs des Flugzeugträgers vor dessen Steven zu kreuzen. Zwei Minuten vor der Kollision beider Schiffe – 20.45 Uhr – bemerkte plötzlich der sich in der Brückennock aufhaltende Kommandant der MELBOURNE, wie die VOYAGER nach Backbord und auf den Flugzeugträger zudrehte.

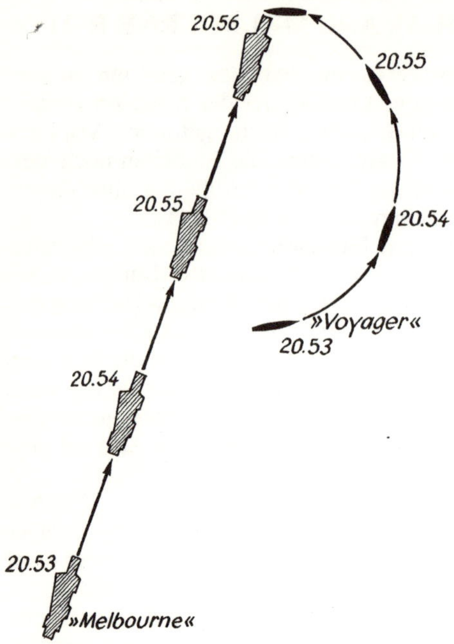

Schematische Darstellung der Manöver des Flugzeugträgers MELBOURNE und des Zerstörers VOYAGER

Zuerst nahm der Flugzeugträgerkommandant an, der Zerstörer habe vor, mit schnell wechselnden Ruderlagen zu manövrieren. Kurze Zeit später, nachdem er sich von der bedrohlichen Annäherung der Schiffe überzeugt hatte, lief er überstürzt und offensichtlich kopflos geworden in den Kartenraum. Erst dann gab er den Befehl *Zurück – Volle Fahrt*, um mit diesem Maschinenmanöver die Kollision zu verhindern. Der Befehl kam Sekunden vor der Kollision und damit zu spät. Auf dem Flugzeugträger dachte man auf Grund der sich überstürzenden Ereignisse nicht daran, das Ruder zusätzlich noch zu legen. Da die Kollision bereits für unvermeidlich gehalten wurde, war man auf der Brücke der Meinung gewesen, daß ein Ruderlegen zu diesem Zeitpunkt keinen Einfluß mehr auf den weiteren Ablauf der Ereignisse gehabt hätte.

Auf der Brücke der VOYAGER standen ein Wachoffizier und der Navigationsoffizier, beides junge Leutnants, am Kompaß. Von diesem Platz aus war der Flugzeugträger schlecht zu sehen, da er durch die Aufbauten, den Mast und den Schornstein verdeckt wurde. Nur von der Brückennock aus konnte der Flugzeugträger gut beobachtet werden. Als der Zerstörer nach Backbord abdrehte, stand der Kommandant von seinem Stuhl an der Steuerbordseite der Brücke auf und warf einen kurzen Blick in den Kartenraum. Danach rief er einen zur Brückenwache gehörenden Matrosen zu sich, um ihn etwas zu fragen. Dabei übersah er völlig den gefährlichen Kurs seines Schiffes. Erst 20 Sekunden vor der Kollision kam auf der VOYAGER das Kommando *Voraus – Volle Fahrt! Ruder hart Steuerbord!*. Mit diesem Manöver glaubte der Kommandant noch am Bug des Flugzeugträgers vorbeizukommen. Aber auch dieses Kommando kam zu spät. Beide Schiffe liefen mit einer Geschwindigkeit von 11 m/s (etwa 22 Knoten) und stehender Peilung aufeinander zu, bis sich der Vorsteven des Flugzeugträgers unmittelbar vor der Brücke in den Zerstörer hineinbohrte. Die Kollision erfolgte um 20.56 Uhr Ortszeit in der Nähe der Jervis Bay.

Die VOYAGER wurde buchstäblich in zwei Teile geschnitten. Das Vorschiff driftete einige Minuten an der Backbordseite des Flugzeugträgers und sank bald. Das zwei Drittel des Zerstörers ausmachende Hinterschiff hielt sich noch drei Stunden über Wasser und sank dann auch. Die zwei Teile der VOYAGER liegen auf einer Wassertiefe von 140 Metern.

Die Rettungsarbeiten dauerten bis Mitternacht und wurden durch die Dunkelheit, den zunehmenden Seegang und das auf der Wasseroberfläche schwimmende Öl erschwert. 232 Besatzungsangehörige des Zerstörers konnten gerettet werden, 82 Mann, darunter 14 Offiziere und der Kommandant, kamen ums Leben. Der Bug der MELBOURNE hatte starke Beschädigungen.

Am frühen Morgen nahm der Flugzeugträger Kurs auf Sydney. Die erlittenen Beschädigungen zwangen ihn zu einer Fahrtreduzierung auf sechs Knoten.

Zur Ermittlung der Ursachen, die zu dieser Katastrophe geführt hatten, wurde eine Regierungskommission gebildet. Diese übergab die Untersuchungsergebnisse dem dafür zuständigen Gericht. Obwohl das Verfahren vier Monate dauerte, konnte nicht festgestellt werden, wer in welchem Maße an der Tragödie die Schuld trug. Nach Meinung ausländischer Journalisten standen während der Verhandlung dem Gericht nur in ungenügendem Maße erfahrene Marinespezialisten als Gutachter zur Verfügung. Somit war es nicht imstande, ein zufriedenstellend begründetes Urteil in dieser Angelegenheit zu fällen.

Diese Katastrophe, die als die größte in der Geschichte der australischen Seekriegsflotte in Friedenszeiten gewertet wurde, war also «unerklärlich». Tatsächlich, es ist schwer eine Erklärung dafür zu finden. Die verantwortlichen Offiziere der beiden «besten» Schiffe der Flotte hatten unter einfachen Bedingungen die elementarsten Regeln des Verbandsfahrens außer acht gelassen und eine Katastrophe herbeigeführt, die so viele Menschenleben kostete.

Der Kommandant des Flugzeugträgers wurde seiner Dienststellung enthoben und in die Reserve, ohne Zuerkennung der Pension, versetzt. Berücksichtigt man dabei seine 34jährige Dienstzeit in der Flotte, war damit indirekt auf seine Mitschuld erkannt worden. Später schrieb er das Buch «One Minute of Time», in dem er die Einzelheiten dieser Katastrophe schilderte. In seinem Buch gibt er der Schiffsführung der VOYAGER die Schuld. Nach seiner Meinung wurde auf diesem Schiff die Beobachtung nicht nach Vorschrift durchgeführt, und erst 20 Sekunden vor der tragischen Kollision wurden erste Handlungen zum Ausweichen vor dem Flugzeugträger eingeleitet. An der Objektivität dieser Meinung kann man zweifeln, da sie die Meinung eines der zwei beteiligten Kommandanten an dieser Katastrophe ist.

Kollision des Zerstörers USS FRANK E. EVANS DD-754 mit dem Flugzeugträger H. M. A. S. MELBOURNE R-21

Seit der Tragödie in der Tasmansee, wo der australische Zerstörer VOYAGER nach der Kollision mit dem australischen Flugzeugträger MELBOURNE gesunken war, waren nicht mehr als fünf Jahre vergangen, als es erneut zu einer Katastrophe kam, an der derselbe Flugzeugträger beteiligt war.

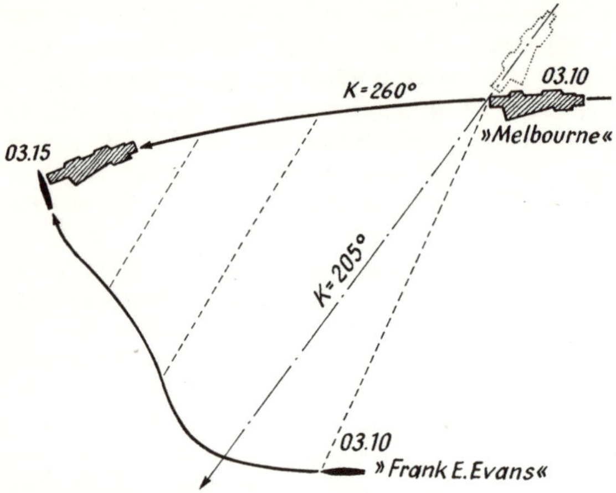

Schematische Darstellung der Manöver des Flugzeugträgers MELBOURNE und des Zerstörers FRANK E. EVANS

Bei SEATO-Manövern im Südchinesischen Meer kollidierte am 03. Juni 1969 die MELBOURNE mit dem Zerstörer USS FRANK E. EVANS DD-754 (1945, 3300 t). Obwohl die Kollision nicht zum Totalverlust des Zerstörers führte, forderte sie fast genau so viele Opfer wie bei der vorangegangenen Kollision mit der VOYAGER.

Gegen 03.10 Uhr erhielt der Zerstörer vom Flugzeugträger den Befehl, eine Position achteraus von ihm einzunehmen, um bei Unfällen während des Flugbetriebes Hilfe leisten zu können. Der Generalkurs der MELBOURNE betrug 220°. Sie befand sich aber zu dieser Zeit auf einem Teilkurs von 260°, da sie einen UAW-Zick-Zack lief. Der Abstand zwischen den Schiffen betrug etwa 1,5 Seemeilen. Um den Befehl auszuführen, nahm der Wachoffizier des Zerstörers sofort eine Kursänderung nach Steuerbord in der Annahme vor, daß die MELBOURNE einen Kurs von 205° steure. Nachdem er den Flugzeugträger in der angenommenen Peilung nicht ausmachen konnte, änderte er sofort den Kurs des Zerstörers um 5° nach Backbord.

Bei Erkennen der gefährlichen Annäherung beider Schiffe ließ der Kommandant des Flugzeugträgers dem Zerstörer das Bestehen einer akuten Kollisionsgefahr übermitteln, auf dem eigenen Schiff das Ruder nach Backbord legen und die Maschinen auf *Zurück* beordern. Auf dem Zerstörer wurde dem Rudergänger *Ruder Steuerbord* befohlen und die Maschinentelegraphen auf *Zurück – Volle Fahrt* gelegt. So näherten sich beide Schiffe einander.

Um 03.15 Uhr kollidierte der Flugzeugträger mit dem Zerstörer, wobei er diesem das Vorschiff abschnitt, das sofort sank. Die Kollision erfolgte in einem Seegebiet mit einer Wassertiefe von 1650 Metern.

Bei dieser Kollision kamen von den 274 Besatzungsmitgliedern der FRANK E. EVANS 74 ums Leben. 200 wurden gerettet. Außer dem Flugzeugträger MELBOURNE beteiligte sich unter anderen der Flugzeugträger USS KEARSARGE CVS-33, der den Befehl erhalten hatte, sofort zum Katastrophenort zu laufen, an der Rettung. Die MELBOURNE hatte unbedeutende Beschädigungen erlitten und keine Opfer zu beklagen.

Zur Ermittlung der Kollisionsursachen wurde eine gemischte amerikanisch-australische Seeunfalluntersuchungskommission gebildet, die zwei Tage nach der Katastrophe die Arbeit aufnahm. Die Kommission vernahm insgesamt 78 Zeugen, deren Aussagen in einigen Fällen widersprüchlich waren. Die Seeleute des Flugzeugträgers sagten z. B. aus, daß die Positionslichter der MELBOURNE acht Minuten vor der Kollision eingeschaltet worden seien und hell brannten. Im Gegensatz dazu hatten die Zeugen der FRANK E. EVANS keine Positionslichter des Flugzeugträgers ausmachen können. Auch die Offiziere der britischen Fregatte H. M. S. CLEOPATRA F-28, die sich nicht weit vom Kollisionsort befunden hatte, hatten keine Positionslichter erkennen können. Einige Zeugen bemängelten die vielen Lichter auf dem Flugzeugträger, die das eindeutige Ausmachen der Positionslichter erheblich erschwerten. Einer der Offiziere der MELBOURNE antwortete auf die Frage der Untersuchungskommission nach dem Grund der Kollision, daß die FRANK E. EVANS zu langsam auf das Signal reagiert habe, das auf den Kollisionskurs aufmerksam gemacht hatte.

Der Spruch der gemeinsamen Seeunfalluntersuchungskommission wurde nicht veröffentlicht. Eines kann aber aus der Schilderung der Vorgänge entnommen werden: Diese Katastrophe, die viele Menschenleben gekostet hat, hat ihre tieferen Ursachen in der nachlässigen und verantwortungslosen Dienstausführung der Offiziere bei der Schiffsführung. So war es auch bei der vorangegangenen Katastrophe, an der die MELBOURNE beteiligt war. Damals war ein australischer, diesmal ein Zerstörer der US Navy ihr Kollisionsgegner gewesen.

Der beschädigte Bug der MELBOURNE nach der Kollision mit der FRANK E. EVANS

Das schwimmfähig gebliebene Achterschiff des Zerstörers FRANK E. EVANS nach der Kollision mit dem Flugzeugträger MELBOURNE

Kollision der Lenkwaffenfregatte USS BELKNAP DLG-26 mit dem Flugzeugträger USS JOHN F. KENNEDY CV-67

Nach den Tragödien der Zerstörer H. M. A. S. VOYAGER (1964) und USS FRANK E. EVANS (1969) kam es zu einer schweren Kollision zwischen der Lenkwaffenfregatte USS BELKNAP DLG-26 (1964, 7 930 t) und einem Flugzeugträger.

Ende 1975 fanden im Mittelmeer die turnusmäßigen Übungen der 6. USA-Flotte statt. Am 22. November war vor der italienischen Küste eine Nachtübung geplant, an der außer dem Flugzeugträger USS JOHN F. KENNEDY CV-67 (1968, 80 000 t) [34] weitere sechs Schiffe als Sicherung des Flugzeugträgers teilnahmen. Führerschiff der Sicherungskräfte war die Lenkwaffenfregatte BELKNAP. Das Übungsziel bestand in der Durcharbeitung des Flugbetriebes, speziell des Startes und der Landung der Flugzeuge bei Nacht und die dabei zu koordinierenden Handlungen der als Sicherung eingesetzten Schiffe.

Kurz vor Mitternacht starteten die strahlgetriebenen Jagdflugzeuge vom Flugdeck der JOHN F. KENNEDY, der sich zu diesem Zeitpunkt etwa 70 Seemeilen östlich von Sizilien befand. Nach dem Start aller Maschinen begann der Flugzeugträger zu manövrieren. Die hydrometeorologischen Bedingungen berücksichtigend, wollte er günstige Voraussetzungen für die Landung der Flugzeuge auf dem Flugdeck schaffen. Derartige Manöver waren für die JOHN F. KENNEDY nicht außergewöhnlich. Die Sicherungsschiffe hatten dabei die befohlenen Positionen auch während des Manövrierens des Flugzeugträgers zu halten. Die JOHN F. KENNEDY setzte die BELKNAP, die in einem Abstand von etwa 1,6 Seemeilen an Backbordseite des Flugzeugträgers lief, von der unmittelbar bevorstehenden Kursänderung in Kenntnis. Die BELKNAP änderte daraufhin den Kurs nach Steuerbord. Mit diesem Manöver näherte sie sich schnell dem Flugzeugträger und kollidierte mit dem weit über die Bordseite hinausragenden, etwa 18 Meter über der Wasseroberfläche befindlichen Schräglandedeck des Flugzeugträgers. Die Aufbauten der Lenkwaffenfregatte verfingen sich am Schräglandedeck und wurden fast vollständig zerstört. Die Fregatte kam dabei unter dem Schräglandedeck zu liegen [35]. Infolge der Zerstörungen lief Flugzeugkraftstoff vom Flugzeugträger auf die Lenkwaffenfregatte, was auf beiden Schiffen zu einem Brand führte. Im Gegensatz zum Flugzeugträger, auf dem der Brand nach kurzer Zeit gelöscht werden konnte, dauerte es auf der Fregatte über zwei Stunden, bis der Brand gelöscht war. Dabei kam es zur Detonation von 76-mm-Granaten der Fla-Geschütze im unmittelbaren Brandbereich. Diese Kollision hinterließ auf der BELKNAP schwerste Beschädigungen, die zur Fahruntüchtigkeit und zum Ausfall des Schiffes führten.

Die Brandentwicklung und die schweren Zerstörungen auf der BELKNAP wurden dadurch begünstigt, daß die Aufbauten, wie auch auf den anderen modernen mittleren und leichten Schiffen der US Navy, aus leichten Aluminiumlegierungen mit einer relativ geringen Festigkeit und Feuerbeständigkeit bestehen.

Schiffe der US Navy, die an der Brandbekämpfung und bei der Rettung von Besatzungsmitgliedern Hilfe geleistet hatten, schleppten anschließend die BELKNAP in einen Flottenstützpunkt. Auf dem Flugzeugträger waren unbedeutende Beschädigungen an der Start- und Landebahn aufgetreten. Sie hatten keinen Einfluß auf die volle Einsatzbereitschaft des Flugzeugträgers, der nach der Kollision in vollem Umfang weiter an der Übung teilnahm.

Bei dieser Kollision fanden auf der Lenkwaffenfregatte sechs Mann den Tod, 47 wurden verletzt, davon 25 schwer. Auf dem Flugzeugträger kam ein Mann ums Leben. Die USA-Presse schrieb von Unfähigkeiten in der Schiffsführung, wenn ein relativ einfaches Manöver zweier Schiffe unter normalen und verhältnismäßig einfachen Bedingungen mit einer Tragödie enden müsse. Weiter war der Presse zu entnehmen, daß die US Navy im November und Dezember desselben Jahres noch zwei andere Kollisionen zu registrieren hatte. Am 20. November kollidierte in der Nordsee der Flugzeugträger USS INDEPENDENCE CV-62 mit einem amerikanischen Transporter, und am 17. Dezember kollidierte der Hubschrauberträger USS INCHON LPH-12 im Mittelmeer mit einem Tanker.

Die Kollisionen der USA-Schiffe deuten bis in die jüngste Zeit auf Unzulänglichkeiten bei der navigatorischen Sicherstellung der Fahrt und bei der Schiffsführung hin. Trotz vervollkommneter und moderner Navigations-Radar- und Kollisionsschutzanlagen konnten diese Kollisionen nicht vermieden werden.

Kollisionen zwischen Überwasserkriegsschiffen und U-Booten

Kollision des U-Bootes H. M. S. L 24 mit dem Linienschiff H. M. S. RESOLUTION

Bei Fernfahrten der Überwasserkriegsschiffe der britischen Marine ist es üblich, daß U-Boote Übungsangriffe auf diese Schiffe durchführen. Das trifft in der Regel auch auf andere Flotten zu.

Am 10. Januar 1924 befand sich ein Geschwader der Royal Navy in See. Das Linienschiff H. M. S. RESOLUTION (1916, 33 500 t) lief in der Kiellinie als letzte taktische Nummer. Plötzlich bemerkte man auf der RESOLUTION einen starken Stoß gegen den Unterwasserschiffskörper. Die Seeraumbeobachtung für den Nahbereich konnte zu dieser Zeit keinerlei Anzeichen, die auf die Anwesenheit eines U-Bootes schließen ließen, feststellen.

Einige Zeit später stellte man den Verlust des britischen U-Bootes H. M. S. L 24 (1918, 815/1 100 t) fest. Man nahm an, daß sich das U-Boot während eines Übungsangriffes dem Linienschiff zu weit genähert hatte und beim Auftauchen mit ihm kollidierte und danach gesunken ist. Der Kollisionsstoß gegen den Unterwasserschiffskörper der RESOLUTION war sehr heftig gewesen, wie eine anschließende Dockuntersuchung ergab.

Räumfahrzeuge und andere Schiffe fanden später das gesunkene U-Boot. Es lag auf einer Wassertiefe von 60 Metern auf dem Grund. Die 48köpfige Besatzung des U-Bootes war ums Leben gekommen.

Untergang des U-Bootes USS S 4 nach Kollision mit dem Zerstörer USS PAULDING

Die Kollision war ein seltenes Zusammentreffen von unglücklichen Umständen.

Am 17. Dezember 1927 um 15.37 Uhr befand sich der Coast Guard Zerstörer USS PAULDING (1910, 870 t) sechs Seemeilen vor Provincetown nahe Boston (USA, Bundesstaat Massachusetts) und versah den Zolldienst. Kein anderes Schiff war in diesem Seegebiet auszumachen. Die winterliche Dämmerung war hereingebrochen. Das Wetter war naßkalt.

Genau zu dieser Zeit hatte sich der Kommandant des U-Bootes USS S 4 (1919, 920/1 108 t) entschlossen, aufzutauchen. Durch das Sehrohr kontrollierte er die Wasseroberfläche. Dabei bemerkte er nicht den in unmittelbarer Nähe laufenden Zerstörer. Es wird angenommen, daß der U-Boot-Kommandant entgegen der Vorschrift handelte und vor dem Auftauchen die Wasseroberfläche nicht sorgfältig abgesucht hatte.

Es mag so oder anders gewesen sein. Zerstörer und U-Boot kollidierten miteinander. Auf dem U-Boot schlug der Druckkörper in Höhe der Akkumulatorenabteilung leck. S 4, durch das in das Boot eindringende Wasser stark kopflastig geworden, sank sofort mit vier Offizieren und 35 Mann an Bord auf den Grund und blieb auf einer Wassertiefe von etwas mehr als 30 Metern liegen. Sechs Mann der Besatzung krochen gemeinsam mit dem Kommandanten in die nicht geladenen Bugtorpedorohre.

Der als Rettungsschiff eingesetzte Minensucher USS FALCON lief eine Stunde nach Eingang der Meldung über den Untergang des U-Bootes aus New London (USA, Bundesstaat Connecticut) aus und traf am nächsten Tag, dem 18. Dezember, am Unfallort ein. Mit den im U-Boot eingeschlossenen und noch lebenden Seeleuten wurde Kontakt aufgenommen. Es wurde versucht, ihnen Luft und Nahrung zuzuführen. Der Versuch blieb jedoch erfolglos. Aufkommendes schlechtes Wetter veranlaßte das Rettungsschiff, den Unfallort zu verlassen und nach Boston abzulaufen. Die gesamte Besatzung von S 4 fand daraufhin den Tod. Drei Monate später wurde das U-Boot gehoben.

Der Coast Guard Zerstörer PAULDING war ebenfalls erheblich beschädigt. Ein Teil seines Vorstevens war im Druckkörper des U-Bootes steckengeblieben und dann abgebrochen. Nur unter großen Schwierigkeiten konnte der Zerstörer den Hafen Provincetown erreichen. Hier mußten alle Maßnahmen eingeleitet werden, um ihn bis zur Dockung schwimmfähig zu halten. Nach seiner Wiederinstandsetzung versah der Zerstörer weiter seinen Dienst bei der Coast Guard.

In der folgenden Seeamtsverhandlung wurden die Kommandanten beider Fahrzeuge an der Kollision für schuldig befunden. Es wurde empfohlen, den Chef der Control Force, Konteradmiral Brumby, dem auch die U-Boot-Kräfte im Atlantik unterstanden und der die Rettungsarbeiten geleitet hatte, von seiner Dienststellung zu entbinden. Ihm wurde das Fehlen jeglicher Initiative und eines gesunden Menschenverstandes bei der Leitung der Rettungsarbeiten, die bei ihm auf Grund seiner bisherigen Dienstzeit und seiner Erfahrungen vorausgesetzt werden mußten, vorgeworfen.

Der Untergang des U-Bootes S 4 bewegte die Öffentlichkeit in den USA sehr stark. War es doch im Verlauf von drei Jahren – 1925 bis 1927 – bereits das dritte U-Boot der US Navy, das nach einer Kollision verlorengegangen war. USS S 51 war am 25. September 1925, nachdem es von dem Dampfer CITY OF ROME gerammt worden war, gesunken. Am 29. August 1926 war nach einer Kollision mit dem Dampfer ALANDARE USS O 5 gesunken, und zum Verlust des dritten U-Bootes kam es, wie geschildert, 1927 nach der Kollision mit einem eigenen Coast Guard Schiff.

Diese Katastrophe und ihre Begleitumstände hatten in den USA eine Welle der Empörung entfacht. Die Kollision hatte im völlig freien Seeraum stattgefunden. Außerdem war es ein Coast Guard Schiff, das im Zolldienst stand und den Schutz der USA-Bürger vor der unerlaubten Alkoholeinfuhr gewährleisten sollte. Das U-Boot war somit ein Opfer des übertriebenen Bestrebens der USA-Regierung geworden, das sogenannte trockene Gesetz, das niemals in den Staaten populär gewesen war, mit allen Mitteln durchzusetzen. Schließlich gab es Vorwürfe an die Adresse der «Retter». Sie haben die im U-Boot eingeschlossenen Seeleute dem Erstickungstod preisgegeben.

Untergang des U-Bootes F 14 nach Kollision mit dem Torpedobootzerstörer GIUSEPPE MISSORI

Der Seeunfall ereignete sich am 06. August 1928 im Adriatischen Meer, sieben Seemeilen vor den Brunei-Inseln (Brijun Inseln). Im Verlauf von Flottenmanövern kollidierte der italienische Torpedobootzerstörer GIUSEPPE MISSORI (1915, 795 t) mit dem italienischen U-Boot F 14 (1917, 280/318 t). Zur Kollision kam es, als unmittelbar vor dem Steven des Torpedobootzerstörers das U-Boot auftauchte. Ein Ausweichen war für den Torpedobootzerstörer nicht mehr möglich. Dem U-Boot wurde bei der Kollision der Druckkörper leckgeschlagen, so daß es mit seiner 21köpfigen Besatzung sofort sank. Es blieb auf 40 Meter Wassertiefe auf dem Meeresgrund liegen. Etwa ein Drittel der Besatzung kam sofort ums Leben, die übrigen starben während der Bergungsarbeiten.

Relativ schnell waren dem verunglückten U-Boot aus Pola (Pula, jetzt SFR Jugoslawien) Rettungseinheiten zu Hilfe gekommen. Den zur Rettung der Besatzung und Bergung des U-Bootes eingesetzten Tauchern gelang es schnell, eine Luftzuführung in das Innere des U-Bootes herzustellen. Trotzdem fanden kurz vor Beginn der Hebearbeiten die im U-Boot noch lebenden Seeleute infolge Chlorgasvergiftung den Tod. Das Chlorgas hatte sich durch das in die Akkumulatoren eingedrungene Seewasser gebildet.

Die Bergungsarbeiten verliefen gut organisiert und zügig. Bereits 34 Stunden nach dem Untergang hatten die eingesetzten Bergungskräfte das U-Boot gehoben.

Kollision des Panzerkreuzers FYLGIA mit dem U-Boot BÄVERN

Am 26. September 1932 kam es während eines Flottenmanövers der schwedischen Seestreitkräfte in der Napo-Bucht zur Kollision zwischen dem Panzerkreuzer FYLGIA (1905, 4980 t) und dem U-Boot BÄVERN (1922, 500/650 t).

Das U-Boot hatte die Aufgabe, zur Übung die Küstenpanzerschiffe GUSTAV V. und DROTTNING VICTORIA anzugreifen. Zur Einnahme der Schußposition versuchte es zunächst, die Vorpostenlinie, die der Panzerkreuzer FYLGIA und der Torpedobootzerstörer PSILANDER bildeten, zu durchbrechen. Als um 14.01 Uhr der U-Boot-Kommandant das Sehrohr ausfahren ließ, um sich zu orientieren, kollidierte das U-Boot mit dem Panzerkreuzer FYLGIA.

Bis zur Kollision war der Panzerkreuzer mit einer Fahrt von 14 Knoten einen geraden Kurs gelaufen. Plötzlich hatte man auf der Brücke der FYLGIA das Sehrohr der BÄVERN im Voraussektor in einer Entfernung von 100 Metern ausgemacht. Nach den Beobachtungen verlief der U-Boot-Kurs im rechten Winkel zum Kurs des Panzerkreuzers. Auf dem Panzerkreuzer wurden sofort die Maschinen auf *Zurück – Volle Fahrt* befohlen und das Ruder auf hart Steuerbord gelegt. Im selben Augenblick, als das Sehrohr verschwand, verspürte man auf dem Panzerkreuzer an der Steuerbordseite des Unterwasserschiffskörpers in Höhe der Brücke einen Stoß.

Das U-Boot krängte durch den Kollisionsstoß stark über, und im Bereich des vorderen Sehrohres kam es zum Wassereinbruch. In dieser Situation nutzte der Kommandant der BÄVERN alle ihm zur Verfügung stehenden Möglichkeiten, das Boot zum Auftauchen zu bringen. Er ließ sofort alle Tauchzellen ausblasen und die Tiefenruder auf Auftauchen legen. Diese Maßnahmen führten zum Erfolg. Das U-Boot, das bereits 16 Meter durchgesackt war, schwamm schnell auf. Die Beschädigungen waren nicht so schwer, wie vorerst angenommen worden war. Der vordere Teil der Turmverkleidung war zusammengedrückt und das vordere Sehrohr verbogen. Der Maschinentelegraph und der Kompaß waren ausgefallen und die Antenne abgerissen. Doch auch diese Beschädigungen hätten durchaus zum Verlust des Bootes führen können, wenn der Kommandant nicht rechtzeitig und energisch alle Maßnahmen zur Rettung des U-Bootes und seiner Besatzung eingeleitet hätte. Die Beschädigungen am Panzerkreuzer FYLGIA waren nur geringfügiger Art.

Kollision des Zerstörers USS NORRIS DDE-859 mit dem U-Boot USS BERGALL SS-320

Während eines Seekriegsmanövers der USA-Atlantikflotte kam es am 31. Oktober 1954 zu zwei Seeunfällen. Bei einem dieser Seeunfälle kollidierte der Zerstörer USS NORRIS DDE-859 (1945, 3400 t) mit dem U-Boot USS BERGALL SS-320 (1944, 1550/2460 t).

Zur Kollision kam es, als der Zerstörer gemeinsam mit den anderen Schiffen der U-Jagd-Trägergruppe «gegnerische U-Boot-Angriffe» abwehrte. Bei einem dieser Übungsangriffe rammte die NORRIS das auf Sehrohrtiefe manövrierende U-Boot BERGALL. Beide Kommandanten waren außerstande, die Kollision zu verhindern. Der Zerstörer und das U-Boot waren danach schwer beschädigt. Auf der NORRIS liefen fünf Räume voll Wasser. Das U-Boot hatte am Turm starke Zerstörungen davongetragen. Beide Fahrzeuge wurden unklar und konnten nicht weiter an der Übung teilnehmen. Begleitet von Sicherungsschiffen mußten der Zerstörer und das U-Boot den Flottenstützpunkt Philadelphia (USA, Bundesstaat Pennsylvania) zu einem längeren Reparaturaufenthalt anlaufen.

Kollision der Geleitfregatte USS TABBERER DE-418 mit dem U-Boot USS DIABLO SS-479

Im März 1955 kollidierten bei einer zweiseitigen Übung der Atlantikflotte der USA, 65 Seemeilen südöstlich des Flottenstützpunktes Newport (USA, Bundesstaat Rhode Island), die Geleitfregatte USS TABBERER DE-418 (1943, 2 130 t) und das U-Boot USS DIABLO SS-479 (1944, 1570/2500 t) miteinander.

Zur Kollision kam es, als sich das U-Boot beim Auftauchen auf Sehrohrtiefe befand. Auf Grund eines Koppelfehlers geriet die DIABLO unter die Geleitfregatte und kollidierte mit ihr. Dabei wurde deren Unterwasserschiff auf etwa acht Meter aufgerissen. Das durch das Leck eindringende Wasser füllte sehr schnell die betroffene Abteilung, was die Fregatte zu einer merklichen Fahrtreduzierung zwang. Die Besatzung brachte ein Lecksegel aus, und nur unter großen Schwierigkeiten konnte die TABBERER zunächst nach Newport und später zum Eindocken nach Boston (USA, Bundesstaat Massachusetts) geschleppt werden.

Auf der DIABLO wurden die Turmverkleidung und das Sehrohr beschädigt. Das U-Boot konnte mit eigener Kraft seinen Heimatstützpunkt anlaufen.

Die Kollision der Geleitfregatte mit dem U-Boot wurde in den Kommentaren der USA-Presse als ein weiterer Beweis für eine nicht befriedigende Dienstorganisation auf den Schiffen der US Navy, für eine nicht ausreichende navigatorische Vorbereitung der U-Boot-Fahrer und für eine schlechte Sicherstellung der Übungen seitens der Führungsstäbe angesehen.

Untergang des U-Bootes USS STICKLEBACK SS-415 nach Kollision mit der Geleitfregatte USS SILVERSTEIN DE-534

Ende Mai 1958 kollidierten 16 Seemeilen nordwestlich Pearl Harbor (USA, Bundesstaat Hawaii) die Geleitfregatte USS SILVERSTEIN DE-534 (1945, 2 100 t) und das U-Boot USS STICKLEBACK SS-415 (Balao-Typ, modernisiert 1944, 1550/2460 t) miteinander. Im Ergebnis der Kollision sank die STICKLEBACK.

Beide Fahrzeuge waren zur Seeausbildung aus Pearl Harbor ausgelaufen. Nach dem Ausbildungsprogramm sollte die STICKLEBACK die Geleitfregatte zur Übung angreifen. Die Fregatte hatte diesen Angriff mit einem Gegenangriff auf das U-Boot zu beantworten. Nach dem «Torpedoangriff» des U-Bootes, bei welchem es ständig auf Sehrohrtiefe manövrierte, ging die SILVERSTEIN zum Angriff auf die STICKLEBACK über. Der Kommandant des U-Bootes, der die Manöver des «Gegners» beobachtete, befahl, das Boot sofort auf eine größere Tiefe einzusteuern. Gleichzeitig ließ er die Fahrt auf *Voraus – Volle Fahrt* erhöhen, um sich schnell von der Fregatte lösen zu können.

Während dieser Manöver brach auf dem U-Boot die gesamte E-Versorgung zusammen. Auf Grund fehlerhafter Handlungen des E-Personals kam es zusätzlich zum Ausfall der E-Antriebsanlage. Das im Abtauchen befindliche U-Boot wurde dadurch stark kopflastig und «stürzte» fast bis zur Grenztauchtiefe durch. Die im Boot eingeleiteten Maßnahmen zum Abfangen und schnellen Auftauchen des Bootes waren erfolgreich. Dabei trat aber eine neue Gefahr auf. Das U-Boot schoß jetzt, stark hecklastig, nach oben, alle Versuche, die Hecklastigkeit zumindest zu verringern, blieben erfolglos. Schnell näherte sich das U-Boot in Richtung der SILVERSTEIN der Wasseroberfläche.

Auf der SILVERSTEIN hatten weder der Kommandant noch die anderen Brückenoffiziere die geringste Ahnung von dem, was sich auf dem U-Boot abspielte.

Der am Sehrohr stehende Kommandant der STICKLEBACK sah, daß eine Kollision mit der Fregatte nicht mehr zu vermeiden war. Er befahl: *Gefechtsalarm – Kollisionsgefahr!* Auf diesen Befehl hin bereitete sich die Besatzung auf das Verlassen des U-Bootes vor.

Völlig unerwartet für die Brückenwache der SILVERSTEIN rammte sie die STICKLEBACK im Bereich des wasserdichten Querschotts zwischen der vorderen Akkumulatorenabteilung und der Zentrale. Die Fregatte durchstieß den Druckkörper des U-Bootes und blieb mit dem Steven in ihm stecken. Das verhinderte den sofortigen Untergang des U-Bootes, so daß sich die gesamte Besatzung retten konnte.

Das U-Boot ragte mit seinem Vorschiff ein wenig über die Wasseroberfläche hinaus. Langsam wurde es kopflastig, und nur ganz allmählich tauchte das Vorschiff unter die Wasseroberfläche. Die im Bugtorpedoraum befindlichen U-Boot-Leute stiegen über die auf dem Vorschiff befindliche Luke aus, wobei der letzte Mann diese wieder schloß und fest verriegelte. Kurz danach tauchte das Vorschiff des U-Bootes völlig unter Wasser. Die anderen U-Boot-Leute verließen ihr Boot diszipliniert durch andere Luken und stiegen auf die SILVERSTEIN über. Das U-Boot sank dann in der Folgezeit äußerst langsam weg.

Zur Hilfeleistung lief aus Pearl Harbor ein Rettungsschiff aus. Andere Kriegs- und Handelsschiffe, die sich in der näheren Umgebung befanden, änderten sofort ihren Kurs und liefen zur Hilfeleistung den Unfallort an.

Unmittelbar nach der Kollision hatte man sich zunächst mit dem Gedanken getragen, das U-Boot in ein Gebiet mit geringeren Wassertiefen zu schleppen. Dies war jedoch nicht möglich. Zum Starten der Dieselmotoren fehlte die Anlaßluft, da das Druckluftsystem durch die Kollision völlig zerstört worden war. Außerdem herrschte auf dem Boot ein vollständiges blackout. So waren alle Überlegungen, das Boot doch noch zu retten, nicht zu verwirklichen. Es sank auf eine große Wassertiefe.

Kollision des UAW-Flugzeugträgers USS ESSEX CVS-9 mit dem kernkraftgetriebenen U-Boot USS NAUTILUS SSN-571

Im November 1966 fanden im Nordatlantik US-amerikanische Seekriegsübungen statt. Für den 10. November war ein Torpedoschulschießen geplant, an dem das kernkraftgetriebene U-Boot USS NAUTILUS SSN-571 (erstes kernkraftgetriebenes

Kernkraftgetriebenes U-Boot NAUTILUS

U-Boot der USA, 1955, 3760/4000 t) und der UAW-Flugzeugträger USS Essex CVS-9 (1942, 38 500 t) [36] teilnahmen. Der Sicherung des Flugzeugträgers gehörten einige Zerstörer an.

Die Kollision mit der Essex ereignete sich beim Anlauf der Nautilus zum «Angriff». Die Schiffe befanden sich zu dieser Zeit etwa 360 Seemeilen vor der Küste des USA-Bundesstaates North Carolina. Nachdem die Nautilus in unmittelbarer Nähe des Flugzeugträgers ihre Tauchtiefe bis dicht unter die Wasseroberfläche verringert hatte, geriet sie unter dessen Vorschiff. Durch den Zusammenstoß wurde die vordere Verkleidung der auf dem Turm des U-Bootes befindlichen ausfahrbaren Geräte und Anlagen zerstört. Die Essex erhielt ein Leck unterhalb der Wasserlinie.

Sofort nach der Kollision tauchte die Nautilus auf und lief in Begleitung eines Zerstörers zur Beseitigung der Kollisionsschäden New London (USA, Bundesstaat Connecticut) an. Dabei betrug die durchschnittliche Marschfahrt in Überwasserlage etwa zehn Knoten.

Die Schäden auf der Nautilus wurden auf besondere Weisung innerhalb kurzer Zeit behoben. Der UAW-Flugzeugträger Essex dagegen lag zur Beseitigung seiner Beschädigungen einige Monate in der Werft.

Kollisionen zwischen Überwasserkriegsschiffen und Zivilschiffen

Kollision des Kreuzers H. M. S. HAWK mit dem Passagierschiff OLYMPIC

Vor 70 Jahren, im April 1912, ist die Titanic untergegangen. Diese Schiffskatastrophe ist weltweit bekannt. Seeleute und Schiffbauer beschäftigten sich intensiv mit dieser Katastrophe und deren Ursache und suchten nach Wegen und Methoden, der

Seeschiffahrt künftig eine größere Sicherheit zu geben. Ungeachtet der vielen Menschen, die beim Untergang der TITANIC ihr Leben lassen mußten, wurde diese Katastrophe Gegenstand einer breit ausgewalzten Seeromantik. Der Luxus-Liner sank nachts auf seiner ersten Reise. Mit ihm versank der größte Teil der an Bord befindlichen Menschen, etwa 1500, im eisigen Wasser. Romane und Memoiren wurden geschrieben, Gedichte und Poeme verfaßt, Lieder und Balladen gemacht. Die TITANIC tauchte in den Kinos, auf Bildern und in anderen Bereichen der Kunst auf. Diese Schiffskatastrophe wurde somit zu einer der «populärsten» und «klassischsten», zu einer der «Katastrophen des Jahrhunderts».

An der Kollision, über die im weiteren berichtet werden soll, war das Passagierschiff OLYMPIC beteiligt. Es war ein Schwesterschiff der TITANIC und nach den gleichen Bauplänen und Bauvorschriften gebaut und einige Monate früher in Dienst gestellt worden.

Die Kollision HAWK – OLYMPIC im Oktober 1911 wurde allerdings nicht so spektakulär und sensationell aufgemacht wie die Kollision der TITANIC mit einem Eisberg ein halbes Jahr später. Der materielle Schaden dieser Kollision war bei weitem nicht so groß, und Menschen kamen dabei nicht ums Leben.

Trotzdem ging dieser Seeunfall in die Geschichte der Seefahrt ein. Durch ihn wurde erstmals die physikalische Gesetzmäßigkeit des auftretenden Sogs zwischen fahrenden Schiffen nachgewiesen. Der Sog ist vielfach eine der Ursachen für die Kollision von Schiffen. Diese Entdeckung und weitere Forschungen auf diesem Gebiet führten zu klaren, auf wissenschaftlicher Grundlage basierenden praktischen Schlußfolgerungen. Seit diesem Seeunfall greifen oft Spezialisten und Gutachter bei der Untersuchung und Begutachtung theoretischer und praktischer Fragen, die im Zusammenhang mit Schiffskollisionen stehen, auf den Kollisionsfall HAWK – OLYMPIC und die daraus gezogenen Schlußfolgerungen zurück. Die Erkenntnisse und Lehren machen diese Kollision somit zum klassischen Beispiel ihrer Art. Ungeachtet der langen Zeit, die seit diesem Seeunfall verstrichen ist, soll er trotzdem mit den sich daraus ergebenden Schlußfolgerungen auch in diesem Buch angeführt werden. Das ist um so notwendiger, als es bis zum heutigen Tag eine große Anzahl weiterer Kollisionen gab, bei denen die Sogwirkung eine der Unfallursachen war.

Die OLYMPIC war das größte Passagierschiff der Welt, als sie am 14. Juni 1911 zu ihrer ersten Reise aus Southampton nach New York auslief. Im Herbst desselben Jahres, am 20. September, trat sie ihre fünfte Reise an, wobei es zu dieser «berühmten Begegnung» mit dem britischen Kreuzer H. M. S. HAWK kam.

Ohne auf die einzelnen vorbeugend eingeleiteten Manöver beider Schiffe näher einzugehen, stellen sich die Umstände, die schließlich zur Kollision führten, wie folgt dar:

Das Passagierschiff OLYMPIC (White Star Line) hatte ein Deplacement von 52000 Tonnen. Es war 260 Meter lang, 30 Meter breit und hatte einen Tiefgang von 10 Metern. Die Hauptabmessungen des Kreuzers betrugen: Deplacement – 7500 Tonnen, Länge über alles – 110 Meter, Breite – 18,3 Meter, Tiefgang – 7,2 Meter. Beide Schiffe liefen einen östlichen Generalkurs, wobei das Passagierschiff den Kreuzer an Steuerbord querab hatte. Die OLYMPIC lief mit 14, die HAWK mit 18 Knoten. Die Kurslinien beider Schiffe schnitten sich in einem sehr spitzen Winkel. Der seitliche Abstand zwischen den Schiffen betrug etwa 100 Meter.

Nachdem der Vorsteven der von achtern aufkommenden HAWK die Brücke der OLYMPIC fast querab hatte, lief der Kreuzer aus dem Ruder. Schnell näherte er sich

Das Passagierschiff OLYMPIC (White Star Line), das mit dem Kreuzer HAWK kollidierte

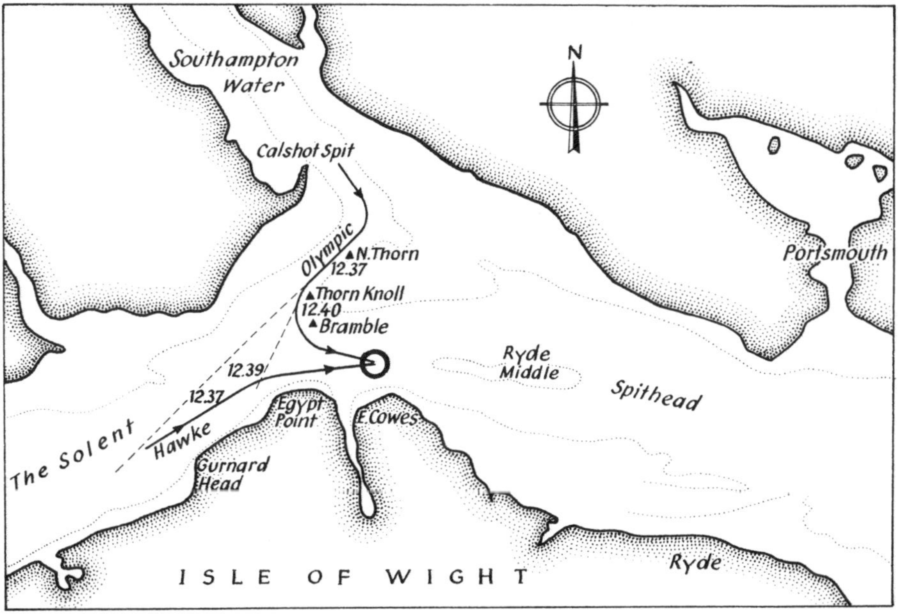

Die Ansteuerung von Southampton und die Kurse der OLYMPIC und der HAWK

dem an seiner Backbordseite laufenden Passagierschiff, obwohl Steuerbordruder anlag. Es kam zur Kollision, und beide Schiffe wurden beschädigt. Die Bordwand des Achterschiffes der Olympic war an der Steuerbordseite, etwa 25 Meter vom Heck entfernt, 12 Meter aufgerissen. Der Bug der Hawk war zusammengedrückt und nach Steuerbord verbogen. Ein Teil des Vorstevens war abgebrochen und gesunken. Dies sollte später noch eine wichtige Rolle spielen.

Der eingedrückte Bug des Kreuzers HAWK nach der Kollision mit der OLYMPIC

Die Frage, in welchem Augenblick der Teil des Vorstevens verlorengegangen war, wurde in der Folgezeit bei der Ermittlung der Schuldfrage Gegenstand großer Streitigkeiten. Der Teil des abgerissenen Stevens sollte zur genauen Bestimmung des Kollisionsortes beitragen. Dabei war zu klären, ob er unmittelbar bei der Kollision abgerissen worden war oder erst später, als der Kreuzer wieder mit der Fahrt anging, um die Fahrt nach Portsmouth fortzusetzen. Vorwegnehmend kann festgestellt werden, daß nach langwierigen «Beweisführungen» der beteiligten Seiten kein objektives Ergebnis erzielt werden konnte. Die gerichtlichen Untersuchungen der Kollision HAWK – OLYMPIC begannen kurz nach dem Ereignis und dauerten über anderthalb Jahre. Erst Anfang 1913 fanden sie ihren endgültigen Abschluß. Der Fall durchlief während dieser Zeit verschiedene Instanzen, dabei prallten stets zwei Meinungen aufeinander. Die Admiralität bewies, daß der Kurs der OLYMPIC den der HAWK kreuzte und die OLYMPIC demnach ausweichpflichtig gewesen wäre. Das Passagierschiff wäre zu nahe an den Kreuzer herangelaufen, wodurch dieser in den Gefahrenbereich des wirkenden Sogs kam und aus dem Ruder lief.

Die Vertreter der Oceanic Steam Navigation Company (White Star Line) vertraten demgegenüber die Ansicht, daß das Ruder der HAWK fälschlicherweise nach Backbord gelegt worden war, um der größeren und schwerer manövrierenden OLYMPIC das tiefere Wasser zu überlassen.

Da im Verlauf der Untersuchung nicht nur einmal die Frage nach der Sogwirkung an fahrenden Schiffen aufgetreten war, sollten spezielle Versuche zur Klärung dieser Frage beitragen. Das Experiment entsprach weitgehend den Bedingungen, die bei der HAWK-OLYMPIC-Kollision bestanden hatten. Hierzu dienten eine Dampfjacht mit einem Deplacement von 96 Tonnen und 27 Meter Länge als OLYMPIC und ein Motorboot von 2,6 Tonnen und neun Meter Länge als HAWK.

Im Abschlußbericht vermerkten die Professoren Gibson und Thompson vom Institute of Naval Architects, daß sich bei der Fahrt eines beliebigen Schiffes durch das Wasser am Bug und am Heck eine Zone höheren Druckes und im Hauptspantbereich eine Zone niederen Druckes infolge der Umverteilung der Druck- und Strömungsfelder am Schiff herausbilden.

Die Existenz der Unterdruckzonen zweier auf parallelen Kursen nebeneinander laufenden Schiffe begünstigen das Auftreten des Seitensogs, der die Schiffe einander anzieht. Diese Feststellung war insofern wichtig, als zu jener Zeit viele nautische Offiziere die Ansicht vertraten, dies treffe nur für Passier- und Überholmanöver in Kanälen oder engen Gewässern und bei Parallelfahrten in Flachwassergebieten zu.

Die experimentellen Untersuchungen bewiesen, daß ein kleineres Schiff vom größeren angezogen werden kann, wenn der Seitenabstand nicht größer als die 3,5fache Schiffslänge des kleineren Schiffes ist. Voraussetzung ist jedoch, daß alle Rudermanöver unterbleiben. Folglich hätte die gegenseitige Beeinflussung der an der Kollision beteiligten Schiffe bereits bei einem seitlichen Abstand von 385 Metern, was etwa zwei Kabellängen entspricht, erwartet werden können. Dieser Abstand ist bedeutend größer als 0,75 Kabellängen (139 m), den die Zeugen der HAWK und auch größer als 1,5 Kabellängen (278 m), den die Zeugen der OLYMPIC angegeben hatten. Damit war der Streit um den Abstand gegenstandslos geworden. Die gegenseitige Beeinflussung der Schiffe war voll wirksam und bei diesen Abständen unvermeidlich. Die kleinere HAWK hätte durch ein energisches und rechtzeitiges Steuerbordmanöver der Sogwirkung der OLYMPIC entgehen können. Hinzugezogene Gutachter wie die zu jener Zeit international anerkannten Hydrodynamiker Taylor und Biles wiesen ebenfalls nach, daß sich die HAWK in der gefährlichen Sogzone befunden hatte.

All das war für die Urteilsfindung des Gerichtes ausreichend überzeugend. Im Spruch des Obersten Gerichtes galt die Sogwirkung für das Zustandekommen der Kollision, bei der das kleinere Schiff, die HAWK, an das größere Schiff, die OLYMPIC, herangezogen worden war, als erwiesen. Im Spruch beanstandete das Gericht aber auch den ohne jede Notwendigkeit zu weit südlich gelaufenen Kurs der OLYMPIC. Er hatte die HAWK in eine zu vermeidende Gefahr gebracht.

Auf der Grundlage dieses Urteils wurde die Berufung der White Star Line endgültig zurückgewiesen.

Der Seitensog bei parallel oder fast parallel laufenden Schiffen als eine Ursache für das Zustandekommen von Kollisionen fand in diesem Grundsatzurteil erstmals offizielle Anerkennung.

Kollision des Torpedobootzerstörers USS SHAW mit dem Passagierschiff AQUITANIA

Ein recht ungewöhnlicher Vorfall auf See ereignete sich während des zweiten Weltkrieges. Ein Passagierschiff schnitt einen Leichten Kreuzer in zwei Teile, so daß dieser innerhalb kurzer Zeit sank, einige hundert Besatzungsangehörige mit in die Tiefe reißend.

Es handelte sich hierbei um das große Passagierschiff QUEEN MARY und den Leichten Kreuzer H. M. S. CURACOA. Beides waren britische Schiffe.

Unter völlig anderen Umständen und mit anderen Folgen trennte gegen Ende des ersten Weltkrieges ein britisches Passagierschiff einen Torpedobootzerstörer der

US Navy auseinander. Eine Rückerinnerung an die Kollision der OLYMPIC weist auf eine bestimmte Duplizität der Ereignisse hin.

Ungeachtet dessen, daß diese Kollision bereits längere Zeit zurückliegt, ist der Fall AQUITANIA – SHAW auch heute noch von großer Aktualität.

Die SHAW und noch vier andere Zerstörer der US Navy begleiteten im Oktober 1918 das britische Passagierschiff AQUITANIA, das, aus den USA kommend, 10000 amerikanische Soldaten nach Southampton bringen sollte. Am frühen Morgen des 09. Oktober 1918 dampfte die SHAW mit 27 Knoten etwas vorlicher als querab an Backbordseite des Truppentransporters, der 23 Knoten lief. Der seitliche Abstand zwischen beiden Schiffen betrug etwa 700 Meter. Die anderen Zerstörer liefen zu beiden Seiten der AQUITANIA im Abstand von zwei bis drei Seemeilen. Das Wetter war regnerisch, die Sicht schlecht.

Als das schnelle Geleit etwa 40 Seemeilen südwestlich Portland (Großbritannien) stand, kam es auf der SHAW zu einem Ruderversager, wobei das Ruder in einer Steuerbordruderlage verklemmt liegen blieb. Der Ruderversager konnte nicht sofort mit Bordmitteln behoben werden. Von diesem Zeitpunkt an bestand für die SHAW bereits keine Chance mehr, von der AQUITANIA freizukommen. Die Kollision beider Schiffe war unvermeidlich geworden.

Der Kommandant der SHAW hatte zwei Entscheidungsmöglichkeiten. Entweder zu versuchen, sein Schiff aufzustoppen, wobei er auf Grund des geringen Abstandes trotzdem in die Backbordseite des Passagierschiffes gelaufen wäre, was zu dessen Versenkung und zu großen Opfern unter den eingeschifften Truppen hätte führen können, oder die Fahrtstufe beizubehalten und sein Schiff von der AQUITANIA rammen zu lassen. Der Rammstoß würde dabei das Vorschiff des Torpedobootzerstörers treffen. Von beiden Übeln wählte der Kommandant das «kleinere». Die AQUITANIA mit ihren 50000 Tonnen stieß mit großer Wucht in die Steuerbordseite des Vorschiffes des Torpedobootzerstörers. Wie erwartet, wurde die SHAW von der AQUITANIA regelrecht in zwei Teile geschnitten. Das bis zur Brücke abgeschnittene Vorschiff sank sofort. Auf dem noch schwimmenden Teil waren außerdem schwere Beschädigungen aufgetreten. Der vordere Mast war abgebrochen und die Steuerbord-

Der schwer beschädigte USA-Zerstörer SHAW nach der Kollision mit dem Passagierschiff AQUITANIA

seite stark in Mitleidenschaft gezogen. Auf dem Torpedobootzerstörer brach zusätzlich ein Brand aus. Der Versuch, den Munitionsraum zu fluten, mißlang. Das Flutsystem war durch die Kollision beschädigt. So mußte ein Teil der Munition aus dem durch den Brand gefährdeten Munitionsraum außenbords geworfen werden. Beschädigt waren auch die Turbinen- und Kesselräume sowie der Steuerbordpropeller. Einsatzklar blieb lediglich die Backbordturbine. Der Torpedobootzerstörer entging dem Untergang nur dadurch, daß die Munition und die Wasserbomben nicht explodierten und das vordere wasserdichte Querschott des Kesselraumes Nr. 1 dem Wasserdruck standhielt.

Unmittelbar nach der Kollision wurde fast die gesamte Besatzung vom Zerstörer evakuiert. Der Zerstörer wurde dann nach Portland in die Werft geschleppt.

Bei dieser Kollision kamen 12 Besatzungsangehörige der SHAW ums Leben, 13 wurden verletzt. Die Wiederinstandsetzung des Schiffes dauerte fast sieben Monate. Im Juli 1919 wurde die SHAW wieder in Dienst gestellt.

Die Beschädigungen der AQUITANIA waren unbedeutend. Sie konnte die an Bord befindlichen Truppen sicher an ihren Bestimmungsort bringen.

Der in einer äußerst schwierigen und entscheidenden Situation schnelle und richtige Entschluß des Kommandanten des Torpedobootzerstörers SHAW bewahrte das mit Truppen voll besetzte Passagierschiff AQUITANIA vor einer möglichen Katastrophe. Ausgezeichnet aber mit einer Medaille der US Navy wurde der Kapitän der AQUITANIA!

Kollision zweier Zerstörer mit zwei Tankern

Im August 1942 gehörte der Zerstörer USS INGRAHAM DD-444 (1941, 1630 t) zur Sicherung eines Geleites, welches sich unweit von Halifax (Kanada) befand [37].

Am späten Abend des 22. August 1942 kreuzte der an der Spitze der Geleitsicherung laufende Zerstörer USS BUCK DD-420 (1939, 1570 t) den Kurs der zu geleitenden Schiffe. Plötzlich tauchte an seiner Steuerbordseite in einer Entfernung von höchstens 30 Metern der Tanker AWAITIA aus dem Nebel auf, dessen Vorsteven sich Sekunden später knirschend in die Steuerbordseite des Achterschiffes der BUCK bohrte. Durch den starken Kollisionsstoß rollte eine der auf der Schanz lagernden Wasserbomben außenbords, die in unmittelbarer Nähe der Propeller des Zerstörers detonierte. Sie zerstörte das Heckteil des Zerstörers, beschädigte den Backbordpropeller und führte zum Ausfall des Ruders.

Wenige Minuten später vernahm die Besatzung des beschädigten Zerstörers an Steuerbord, dort wo der Tanker CHEMUNG lief, eine heftige Explosion. Der Zerstörer INGRAHAM hatte sofort nach der Kollision BUCK – AWAITIA versucht, der BUCK zu Hilfe zu kommen. Dabei schnitt er bei dem dichten Nebel den Kurs des Tankers CHEMUNG in einem so gefährlichen Abstand, daß er vom Tanker überlaufen wurde. Der Steven des Tankers riß dem Zerstörer die Bordwand auf, wobei dieser stark überholte. In dieser Lage detonierte ein Teil der an Bord der INGRAHAM befindlichen Wasserbomben. Kurz danach kenterte der Zerstörer und riß 189 Mann der Besatzung mit sich in die Tiefe.

Der Zerstörer BUCK und der Tanker CHEMUNG erlitten schwere Beschädigungen. Der Tanker AWAITIA wurde durch die Kollision seeuntüchtig.

Auf Grund dieser zwei Kollisionen verringerte sich der Schiffsbestand des Geleites um drei Kriegsschiffe der Geleitsicherung und um zwei Tanker. Das dritte Kriegsschiff, der Zerstörer BRISTOL DD-857, erhielt den Befehl, die beschädigten Schiffe in den Abgangshafen des Geleites zurückzugeleiten.

Möglicherweise wäre dies alles nicht geschehen, wie amerikanische Historiker schreiben, wenn der relativ unerfahrene Hydroakustiker der BUCK nicht einen Delphinschwarm als ein gegnerisches U-Boot klassifiziert hätte. Außerdem war man im Geleit der Meinung, der Tanker CHEMUNG sei von einem U-Boot angegriffen worden. Dies führte im Geleit zu einem völligen Durcheinander und zu diesem jammervollen Ergebnis.

Verlust des Leichten Kreuzers H.M.S. CURACOA nach Kollision mit dem Passagierschiff QUEEN MARY

Die Seefahrt kennt genügend Beispiele, die beweisen, daß Schiffskollisionen nicht Folge plötzlich eintretender Umweltereignisse sind. Fast immer sind sie das Ergebnis von Unkenntnis und Nichtbeachtung der Manöverkennwerte des eigenen Schiffes, der elementarsten Regeln beim Fahren im Verband und der Kollisionverhütungsregeln durch die verantwortlichen Offiziere.

Das Passagierschiff QUEEN MARY, das den britischen Leichten Kreuzer CURACOA versenkte

Das zum Truppentransporter umgebaute britische Luxusschiff QUEEN MARY verläßt den Hafen von New York

Die Katastrophe, von der der Leichte Kreuzer CURACOA betroffen wurde, ist ein solcher Fall par excellence.

Ende September 1942 lief das britische Passagierschiff QUEEN MARY (83673 t, 31,6 kn, 314 m Länge) mit 11000 amerikanischen Soldaten an Bord von New York nach Clyde (Großbritannien).

Den größten Teil der Überfahrt sollte die QUEEN MARY als Einzelfahrer zurücklegen. Erst in der letzten Etappe war die Begleitung durch den britischen Leichten Kreuzer H. M. S. CURACOA (1917, 4290 t, 29 kn, 137,2 m Länge) vorgesehen. Beide Schiffe trafen sich am 02. Oktober 1942 um 09.00 Uhr vor der irischen Nordküste. Von diesem Zeitpunkt an lief die QUEEN MARY mit Großer Fahrt UAW-Zickzack. Der Leichte Kreuzer nahm eine Position an Steuerbordseite des Truppentransporters ein. Fünf Stunden liefen so beide Schiffe gemeinsam. Das Wetter war klar, die Sicht gut. Ein mäßiger Wind wehte aus Nordwest. Es gab keine Schwierigkeiten. Gegen 14.00 Uhr drehte die QUEEN MARY auf den Zickzackteilkurs von 106°, der gleichzeitig der zu laufende Generalkurs war. Zur selben Zeit befand sich der Leichte Kreuzer Steuerbord querab in einem Abstand von etwa zehn Kabellängen auf Parallelkurs. 14.04 Uhr änderte die QUEEN MARY ihren Kurs auf den nächsten Teilkurs von 131°. Dieser Kursänderung der QUEEN MARY wurde auf der CURACOA keine Beachtung geschenkt. Erst um 14.10 Uhr, als die QUEEN MARY schon lange auf dem neuen Teilkurs lag, bemerkte man auf der Brücke des Leichten Kreuzers die schnelle Annäherung beider Schiffe. Sofort befahl der Kommandant der CURACOA dem Rudergänger: *Ruder Steuerbord 15°.* Fast gleichzeitig wies der Kapitän der QUEEN MARY *Ruder hart Backbord* an. Doch das war alles schon zu spät.

Um 14.12 Uhr bohrte sich die QUEEN MARY mit einem Kollisionswinkel von etwa 30° zur Mittschiffslinie und 45 Meter vom Heck entfernt, in die Backbordseite der CURACOA.

Die Kollisionswucht war derart stark, daß der Leichte Kreuzer in zwei Teile geschnitten wurde. 40 Seemeilen nördlich der Insel Taree, die der Küste Nordirlands vorgelagert ist, sank der Kreuzer. Von der 430köpfigen Besatzung kamen 331 ums Leben. Unter den Geretteten befanden sich nur zwei Offiziere. Einer davon war der Kommandant des Leichten Kreuzers. Die QUEEN MARY hatte nur unbedeutende Beschädigungen am Vorschiff davongetragen. Sie konnte nach dem Ausbringen eines Lecksegels mit eigener Kraft Clyde anlaufen. Hier wurde sie auch repariert.

Die britischen Behörden verhängten mehrere Jahre über die CURACOA-Katastrophe eine Nachrichtensperre. Eine erste Veröffentlichung erschien 1946 in der Presse, und zwar im Zusammenhang mit der Untersuchung dieser Katastrophe vor Gericht. Die britische Admiralität verklagte die Eigner der White Star Line für den verursachten Schaden auf eine Summe von 1,5 Millionen Pfund Sterling. Die Eigentümer der QUEEN MARY gingen demgegenüber davon aus, daß an der Katastrophe ausschließlich die Schiffsführung der CURACOA schuld gewesen sei. Das Verfahren durchlief mehrere Instanzen und wurde erst 1947 abgeschlossen.

Zunächst wurde auf die volle Schuld der CURACOA erkannt. Schließlich bestätigte das Oberhaus das Urteil des Berufungsgerichtes, wonach die CURACOA zwei Drittel und die QUEEN MARY ein Drittel der Schuld zu tragen hatten.

Vom Berufungsgericht wurde betont, daß die Schuld an der Katastrophe hauptsächlich die Führung der CURACOA treffe, da auf ihr ein nachlässiger Brückendienst geduldet worden war. Der Kapitän der QUEEN MARY war nach Meinung des Berufungsgerichtes von der richtigen Annahme ausgegangen, wonach ein Sicherung fahrendes Schiff einem zu sichernden nicht den Kurs kreuzen darf. Das aber hatte die CURACOA getan. Der Kreuzer hätte dem zu sichernden Schiff die Möglichkeit geben müssen, entsprechend dem vorgegebenen Zickzackschema zu manövrieren.

Die Handlungen des Kapitäns der QUEEN MARY nach der Katastrophe erkannte das Gericht als richtig an. Er wollte nicht das Leben vieler Tausender Menschen aufs Spiel setzen, um nur einige hundert Schiffbrüchige zu retten. Das hätte ein Aufstoppen des Schiffes bedeutet, was gefährlich gewesen wäre, da in diesem Seegebiet mit gegnerischen U-Booten gerechnet werden mußte. So lief die QUEEN MARY sofort nach der Kollision weiter.

Im Verlauf der Untersuchungen wurde erneut die Frage aufgeworfen, inwieweit die Sogerscheinung eine Kollision begünstigte. Dazu wurden spezielle Versuche mit Modellen des Leichten Kreuzers und des Passagierschiffes im Versuchsbassin des National Physical Laboratory in Teddington gemacht. Sie bestätigten die Sogwirkung bei der Annäherung des Leichten Kreuzers an die QUEEN MARY. Hierbei wurden auch die aus der Kollision HAWK – OLYMPIC gezogenen Erfahrungen und die in diesem Zusammenhang geführten Untersuchungen berücksichtigt. Außerdem hatte man in den mehr als zwanzig Jahren, die seit dieser Kollision inzwischen vergangen waren, weitere Erkenntnisse gesammelt. Diese fußten auf Untersuchungsergebnissen von Kollisionen, bei denen die Sogwirkung eine Rolle gespielt hatte, und auf wissenschaftlich-experimentellen Untersuchungen zur weiteren Erforschung dieser Erscheinung.

Die Versuchsergebnisse CURACOA – QUEEN MARY bestätigten erneut das Auftreten des Sogs an Schiffen mit unterschiedlichem Deplacement, wenn diese in geringem

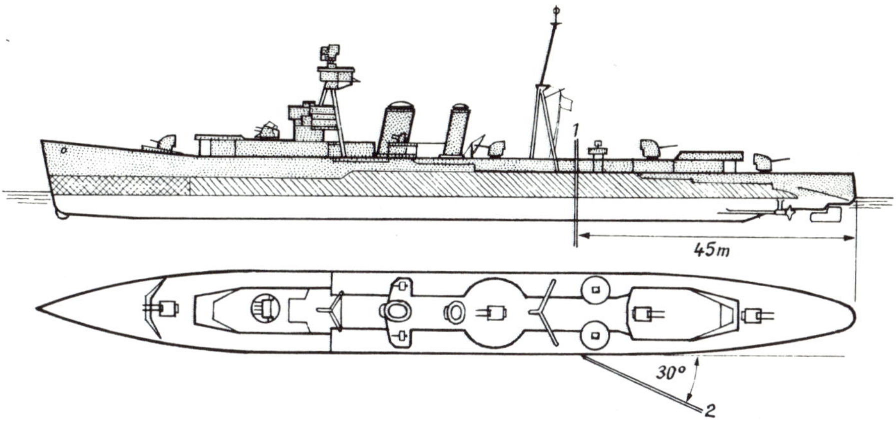

Der bei der Kollision mit der QUEEN MARY versenkte Leichte Kreuzer CURACOA
1 – hier rammte die QUEEN MARY den Leichten Kreuzer; 2 – Kollisionswinkel der QUEEN MARY

Querabstand mit großen Geschwindigkeiten auf Parallelkursen laufen. Die gleiche Erscheinung tritt auch beim Überholen eines Schiffes durch ein anderes auf. Im vorliegenden Falle lag das Größenverhältnis des Deplacements der CURACOA zur QUEEN MARY bei 1:20. Bei der HAWK – OLYMPIC – Kollision betrug es etwa 1:7. Es gab noch andere Faktoren, die den Sog begünstigten. Berechnet wurde die Größe des Sicherheitsabstandes A_b nach der Formel $A_b[m] \approx 1{,}5\,L[m] \cdot tg\,30°$, wobei L die Länge des größeren Schiffes in Metern ist. Bezogen auf diese Kollision wäre der Sicherheitsabstand ≈ 280 Meter gewesen. Die CURACOA und die QUEEN MARY hatten sich bereits auf diesen Abstand genähert, als auf beiden Schiffen die ersten Ruderkommandos eingeleitet wurden, um die Kollision zu verhüten. Unter Berücksichtigung der Vorauswege* der Schiffe – beim Passagierschiff lag dieser

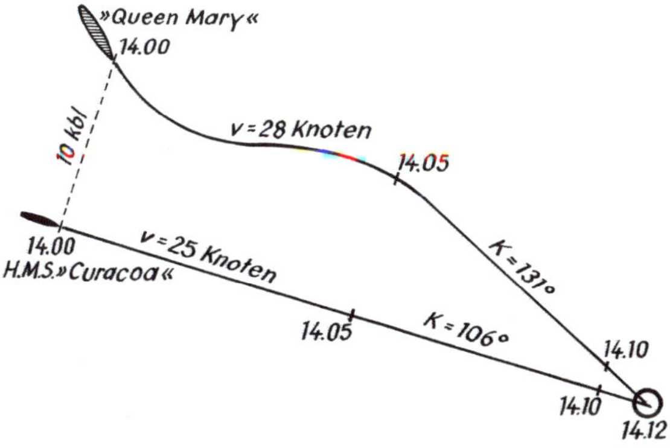

Schematische Darstellung der Manöver des Leichten Kreuzers CURACOA und des Passagierschiffes QUEEN MARY

* Als Vorausweg wird die Entfernung bezeichnet, die der Gewichtsschwerpunkt des Schiffes in Richtung des Ausgangskurses vom Zeitpunkt des Ruderlegens bis zur Drehung des Schiffes um 90° zurücklegt. Ihre Größe ist in den Grenzen 0,6 bis 1,2 D_D veränderlich, wobei D_D der Durchmesser des bestimmten Drehkreises ist.

zwischen 1000 und 2000 Metern, beim Leichten Kreuzer zwischen 400 und 800 Metern – und den von ihnen gelaufenen Geschwindigkeiten – QUEEN MARY 28 Knoten ≈ 15 m/s, CURACOA 25 Knoten ≈ 13 m/s – hätten die Ruderkommandos mindestens zwei bis drei Minuten früher gegeben werden müssen. Das trifft insbesondere auf den Leichten Kreuzer mit seiner etwas niedrigeren Fahrt und den besseren Manöverkennwerten zu. Somit waren die letzten Minuten für die CURACOA die verhängnisvollsten.

Der Fall CURACOA – QUEEN MARY fand in Großbritannien große Beachtung und wurde als äußerst lehrreich bezeichnet. Nicht ohne Grund wird er im Vorwort zum offiziellen Bericht der britischen Admiralität über Kollisionen (siehe Lit.-Verzeichnis Nr. 68) allen Offizieren der Royal Navy als Beispiel für die Verletzung der grundlegenden Bestimmungen der Kollisionsverhütungsregeln zum Studium empfohlen.

Kollision des UAW-Flugzeugträgers USS KEARSARGE CVS-33 mit dem Passagierschiff ORIANA

Die Kollision zwischen dem UAW-Flugzeugträger USS KEARSARGE CVS-33 (1946, 38500 t) und dem britischen Passagierschiff ORIANA am Morgen des 03. Dezember 1962 ist ein Musterbeispiel dafür, wie eine mangelhafte Dienstorganisation zu einem Seeunfall mit großen Unannehmlichkeiten für die Beteiligten führen kann.

Beide Schiffe standen unter dem Kommando von hochqualifizierten Offizieren. Allgemein wurde anerkannt, daß sich die funkelektronische Ausrüstung beider Schiffe technisch auf einem Stand befand, der ein sicheres Fahren unter allen beliebigen hydrometeorologischen Bedingungen gewährleistete.

Auf der KEARSARGE ortete man mit Radar auf der Ansteuerung zu den Häfen Long Beach und Los Angeles (USA, Bundesstaat California) «irgendein» Ziel in der Nähe des Flugzeugträgers. Für die Übermittlung dieser Radarinformation an die Schiffsführungsbrücke wurden zwei bis drei Minuten benötigt. Bevor auf dem Flugzeugträger irgendwelche wirksamen Maßnahmen eingeleitet werden konnten, stand das große weiße Passagierschiff 800 Meter Steuerbord voraus vor dem Bug des Flugzeugträgers. Es blieb wenig Zeit, eine Kollision zu verhindern. Beide Schiffe liefen mit kleiner Fahrt, fast stevengerecht, aufeinander zu. Die relative Fahrt durch das Wasser war verhältnismäßig klein, so daß bei der Kollision an beiden Schiffen nur geringe Schäden auftraten. Die Kollision führte zu einem etwa 12 Quadratmeter großen Loch im Vorschiff der ORIANA. Sie konnte nach einer recht kurzen Reparaturzeit ihre Reise nach Australien fortsetzen. Am Flugzeugträger waren keine nennenswerten Schäden entstanden.

Dieser Seeunfall beweist erneut mit Nachdruck, wie wichtig der Zeitfaktor für die Schiffsführung bei der Informationsgewinnung, Informationsübermittlung und Informationsauswertung ist. Ihm wird bei weitem noch nicht immer und überall die notwendige Bedeutung beigemessen! Es zeigte sich aber auch, daß das Bedienungspersonal oft nicht die ihm zur Verfügung stehende hochmoderne Technik mit all ihren Leistungsparametern voll auszunutzen versteht!

Das Passagierschiff ORIANA war mit Navigationsanlagen ausgerüstet, die zu dieser Zeit dem höchsten Entwicklungsstand entsprachen. Die Radaranlagen gestatteten sowohl die absolute als auch die relative Darstellung der Schiffsbewegungen.

Der Umstand, daß der Kapitän des Passagierschiffes nur die Relativanzeige genutzt und der Absolutanzeige keine Beachtung geschenkt hatte, wurde vom Gericht genau untersucht. In dieser speziellen Frage erkannte das Gericht auf ein schuldhaftes Verhalten des Kapitäns der ORIANA.

Das Thema Nutzung der Absolut- oder Relativanzeige auf Schiffen löste in der Presse der USA und Großbritanniens breite Diskussionen aus.

Der Kommandant der KEARSARGE wurde beschuldigt, den Flugzeugträger nicht aufgestoppt zu haben, als er die Signale der ORIANA gehört hatte. Er versuchte sich damit zu rechtfertigen, daß das Passagierschiff bessere Möglichkeiten gehabt hätte, sein Radar auszunutzen.

Auf dem Passagierschiff war mit Hilfe der Radaranlage beobachtet worden, daß die KEARSARGE, mehr als zwei Seemeilen von der Hafeneinfahrt entfernt, bis zum Kollisionsort im dichten Nebel fuhr, langsam ihre Fahrt verringerte und am Kollisionsort kaum noch Fahrt durch das Wasser machte. Für diese Strecke benötigte sie etwa 19 Minuten. Damit war die Fahrt der KEARSARGE kleiner als die kleinste, die notwendig gewesen wäre, um auf dem Bildschirm der ORIANA ihre Bewegungselemente ermitteln zu können. So konnte man den wahren Kurs und die wahre Geschwindigkeit des Zieles auf der ORIANA nicht ermitteln. Dies wäre auch bei der Absolutanzeige kaum erfolgversprechender gewesen. All das berücksichtigend, erkannte das Gericht zu gleichen Teilen auf schuldhaftes Verhalten des Kommandanten der KEARSARGE und des Kapitäns der ORIANA; also halbe-halbe.

Kollision des Flugzeugtransporters USS BUNKER HILL AVT-9 mit dem Tanker SIDNEY SPERO

Der Flugzeugtransporter USS BUNKER HILL AVT-9 (ESSEX-Typ) [38] war im zweiten Weltkrieg als Flugzeugträger eingesetzt. Gegen Ende des Krieges, im Mai 1945, wurde er durch japanische Kamikaze-Flieger schwer beschädigt, so daß er für den Rest des Krieges ausfiel.

In den Nachkriegsjahren wurde er zum UAW-Flugzeugträger und 1959 zum Flugzeugtransporter umgerüstet. Diesem Zweck diente er 14 Jahre bis zu seiner Verschrottung.

Obwohl die BUNKER HILL bereits eine Reihe von Seeunfällen auf ihrem Konto verbuchen konnte, traf es sie am Ende ihrer Dienstzeit erneut. Es sollte aber auch ihr letzter Seeunfall sein. Sie kollidierte mit einem Tanker, dessen Deplacement doppelt so groß war wie das eigene.

Am 25. Juli 1973, es war ihr letztes Dienstjahr, wurde die BUNKER HILL nach Tacoma (USA, Bundesstaat Washington) zur Verschrottung geschleppt. Im Seegebiet nördlich von San Francisco (USA, Bundesstaat California) näherte sich der unter liberianischer Flagge fahrende Tanker SIDNEY SPERO (62 500 BRT) von achtern aufkommend dem Schleppzug und überholte schnell den in Schlepp befindlichen Flugzeugtransporter. Aus den von dem Tanker gesteuerten Kursen erkannte der Kommandant der BUNKER HILL die Gefahr einer möglichen Kollision. Presseberichten der US Navy zufolge soll der Tanker, durch die Warnsignale des Schleppers auf die Gefahr aufmerksam gemacht, langsam vom Schleppzug abgedreht haben. Dabei kollidierte dessen Achterschiff mit dem Flugzeugtransporter, wobei dieser an der Steuerbordseite des Vorschiffes ein Loch erhielt. Auf dem Tanker wurden bei der Kollision die oberen Wohnräume der Besatzung zerstört. Als Kollisionsursache gab die Schiffsleitung der SIDNEY SPERO ein Versagen der Maschine an. Der Schleppzug setzte nach diesem Vorfall seine Fahrt nach Tacoma fort. Auf diese Weise kam der Flugzeugtransporter BUNKER HILL zu seinem nunmehr endgültig letzten Seeunfall.

Kollision zwischen dem Zerstörer NOORD BRABANT D-810 und dem Stückgutfrachter TACOMA CITY

Der niederländische Zerstörer NOORD BRABANT D-810 (1955, 2765 t) hatte Wasser übernommen und lag auf Flushing Reede vor Anker. Es war am frühen Morgen des 09. Januar 1974. Die Reede war in dichten Nebel eingehüllt. Der in unmittelbarer Nähe manövrierende Stückgutfrachter TACOMA CITY kollidierte dabei mit dem vor Anker liegenden Zerstörer, wobei beide Schiffe mit ihren Backbordseiten zusammenschlugen.

Diese Kollision bestätigte erneut, daß am gerammten Schiff in der Regel die schwereren Beschädigungen auftreten. So war es auch in diesem Fall. Der Schiffskörper des Zerstörers hatte schwere Schäden davongetragen. An der Backbordseite befand sich ein großes Loch. Die Schäden erstreckten sich fast über die gesamte Höhe des Schiffskörpers vom Kiel bis zum Oberdeck. Das Oberdeck war aufgerissen, und einige Plattengänge waren eingedrückt. In der Längsrichtung des Zerstörers führte die Kollision zur Beschädigung des Kessel- und vorderen Turbinenraumes, die sofort Wasser machten. Erhebliche Schäden traten dabei an einer Turbine, einem Kessel, einer Welle sowie an den Haupt- und Hilfsdampfleitungen auf. Ebenso hatten die Turbogeneratoren und Kabelbahnen gelitten. Schäden gab es auch an der Steuerbordseite des Zerstörers.

Von Schäden blieb auch die TACOMA CITY nicht verschont. Diese waren jedoch im Gegensatz zu denen des Zerstörers weitaus geringer. Der Stückgutfrachter war am Vorschiff beschädigt. Hier besonders an der Backbordseite des Wulstbuges. Der Höhe nach trugen vier Plattengänge der Bordwand Schäden davon.

Beide Schiffe wurden zunächst im Dock einer Notreparatur unterzogen, um sie danach in die für die endgültige Wiederinstandsetzung vorgesehenen Werften zu überführen.

Zusätzliche Angaben über Kriegsschiffskollisionen

Lfd. Nr.	Namen der Schiffe	Charakter, Umstände und Zeit des Seeunfalles	Beschädigungen und Folgen
Kollisionen von Überwasserkriegsschiffen			
1.	Zerstörer H. M. S. BATTLEAXE D-118, Zerstörer H. M. S. SKORPION D-64 (beide WEAPON-Typ, 1948, 2935 t), beide Großbritannien.	Kollision bei Übungen in der Biscaya. Die Kollision erfolgte bei Einbruch der Dunkelheit. Oktober 1954.	Das Vorschiff der BATTLEAXE wurde oberhalb der Wasserlinie beschädigt, was eine Werftreparatur erforderlich machte. Das Oberdeck der SKORPION wurde unbedeutend beschädigt.
2.	Schwerer Kreuzer USS COLUMBUS CA-74 (1945, 17200 t), Zerstörer USS FLOYD B. PARKS DD-884 (1945, 3480 t), beide USA.	Kollision bei Übungen der 7. USA-Flotte vor der Insel Luzon (Philippinen). Der Zerstörer kreuzte den Kurs des Schweren Kreuzers. März 1956.	Dem Zerstörer wurde das Vorschiff bis zur zweiten Doppellafette des Hauptkalibers abgerissen. Einige Besatzungsangehörige fanden dabei den Tod. Der Kreuzer hatte einige Löcher in der Bordwand, oberhalb der Wasserlinie.
3.	Fregatte INAZUMA DE-203 (1956, 1300 t), Fregatte AKEBONO DE-201 (1956, 1350 t), beide Japan.	Beide Fregatten kollidierten bei Flottenmanövern in der Sangarea Bay (Tsugaru-Kaikyō). 1960.	Beide Fregatten trugen Beschädigungen davon, die eine Werftreparatur notwendig machten. 2 Tote, 2 Verletzte.
4.	Leichter Kreuzer JEANNE D' ARC (1931, 9140 t), Fregatte COMMANDANT RIVIÈRE F-733 (1960, 2300 t), beide Frankreich.	Beide Schiffe kollidierten bei Flottenmanövern vor Dakar (Marokko). 1960.	Beide Schiffe trugen Beschädigungen davon. Auf dem Leichten Kreuzer fanden 2 Besatzungsangehörige den Tod, 4 wurden verletzt.
5.	Fregatte H. M. S. ST. BRIDE'S BAY F-600 (1948, 2460 t), Kleiner Minensucher H. M. S. DAMERHAM M-2628 (1957, 159 t), beide Großbritannien.	Kollision der beiden Fahrzeuge in Hongkong. Juli 1960.	Der Kleine Minensucher erlitt schwere Beschädigungen, die eine Werftreparatur notwendig machten. An der Fregatte traten unbedeutende Beschädigungen auf.

Lfd. Nr.	Namen der Schiffe	Charakter, Umstände und Zeit des Seeunfalles	Beschädigungen und Folgen
6.	Zerstörer USS COLAHAN DD-658 (1944, 2790 t), Zerstörer USS O'BRIEN DD-725 (1945, 3045 t), beide USA.	Kollision bei Flottenmanövern 100 Seemeilen südwestlich San Diego (USA, Bundesstaat California).	Der Zerstörer COLAHAN hatte im Heck ein 3 m × 1,5 m großes Loch. Er mußte zur Reparatur nach San Diego zurücklaufen. Die O'BRIEN hatte unbedeutende Schäden.
7.	UAW-Flugzeugträger USS BENNINGTON CVS-20 (1945, 38500 t), Zerstörer USS EDWARDS DD-619 (1942, 2000 t), beide USA.	Kollision während der Kraftstoffversorgung 175 Seemeilen vor der kalifornischen Küste. August 1960.	Auf dem UAW-Flugzeugträger wurde der Steuerbordaußenaufzug beschädigt. Erhebliche Beschädigungen traten an den Aufbauten des Zerstörers auf.
8.	Zerstörer INDOMITO D-559 (1958, 3800 t), Fregatte AIRONE F-545 (1956, 960 t), beide Italien.	Kollision während einer Flottenübung im Golf von Tarent. Oktober 1962.	Bei der Fregatte hatte sich der Vorsteven stark verzogen, so daß sie in den Stützpunkt geschleppt werden mußte. 1 Toter. Der Zerstörer konnte beschädigt mit eigener Kraft den Stützpunkt anlaufen.
9.	UAW-Flugzeugträger USS LAKE CHAMPLAIN CVS-39 (1945, 38500 t), Lenkwaffenzerstörer USS DECATUR DDG-31 (1956, 4050 t), beide USA.	Kollision während der Kraftstoffversorgung 150 Seemeilen vor Cape Henry (USA, Bundesstaat Virginia). Mai 1964.	Auf dem Zerstörer wurden die Aufbauten beschädigt und die Schornsteine zerstört. Er mußte zur Reparatur einlaufen. Am Flugzeugträger traten unbedeutende Beschädigungen auf. Er konnte weiter an der Übung teilnehmen.
10.	Angriffsflugzeugträger USS SHANGRI LA CVA-38 (1944, 38500 t), Zerstörer USS PERRY DD-844 (1945, 3550 t), beide USA.	Beide Schiffe kollidierten 127 Seemeilen vor der italienischen Küste. August 1965.	An beiden Schiffen traten Beschädigungen auf. 1 Toter, 1 Schwerverletzter.

Lfd. Nr.	Namen der Schiffe	Charakter, Umstände und Zeit des Seeunfalles	Beschädigungen und Folgen
11.	Zerstörer SÖDERMANLAND J-21 (1958, 2600 t), Schnellboot ALTAIR T-108 (1956, 170 t), beide Schweden.	Beide Schiffe kollidierten während der Seeausbildung. 1972.	Dem Schnellboot wurde der hintere Teil des Bootes abgeschnitten. Am Zerstörer traten unbedeutende Beschädigungen auf.
12.	Fregatte H. M. S. JAGUAR F-37, (1957, 2520 t), Fregatte H. M. S. GRENVILLE F-197 (1944, 2880 t), beide Großbritannien.	Kollision beider Fregatten im Flottenstützpunkt Portsmouth. Die JAGUAR kollidierte mit der in der Nähe der Mole vor Anker liegenden GRENVILLE Februar 1973.	Die JAGUAR hatte größere Schäden am Vorschiff. Die GRENVILLE hatte oberhalb der Wasserlinie in der Bordwand ein Loch. Beide Fregatten mußten eine Werftreparatur in Anspruch nehmen.
13.	Fregatte H. M. S. JAGUAR F-37 (1957, 2520 t), Großbritannien. Küstenwachschiff THOR (1951, 920 t), Island.	Beide Schiffe kollidierten während der Dunkelheit 30 Seemeilen östlich der isländischen Küste. September 1973.	Beschädigungen am Vorschiff der JAGUAR. An der THOR traten keine nennenswerten Schäden auf.
Kollisionen zwischen Überwasserkriegsschiffen und U-Booten			
14.	Kleiner Minensucher H. M. S. BADMINTON M-1149 (1954, 360 t), U-Boot H. M. S. TACTICIAN S-14 (1943, 1340/1600 t), beide Großbritannien.	Bei der Kollision befand sich das U-Boot in der Überwasserlage. August 1957.	Starke Einbeulung im vorderen Teil des U-Bootes. Es blieb schwimmfähig. Am Minensucher traten nur unbedeutende Schäden auf.
15.	Lenkwaffenzerstörer USS WADDELL DDG-24 (1961, 4500 t), kernkraftgetriebenes Raketen-U-Boot USS THOMAS A. EDISON SSBN-610 (1961, 6900/7900 t), beide USA.	Beide Fahrzeuge kollidierten während einer Flottenübung vor der Küste des Bundesstaates Virginia. April 1962.	An beiden Fahrzeugen traten nur unbedeutende Schäden auf.

Lfd. Nr.	Namen der Schiffe	Charakter, Umstände und Zeit des Seeunfalles	Beschädigungen und Folgen
16.	Geleitzerstörer H. M. S. BATTLEAXE D-118 (1948, 2 890 t), U-Boot H. M. S. SEALION S-07 (1961, 1 605/2 404 t), beide Großbritannien.	Beide Fahrzeuge kollidierten während einer Flottenübung. August 1962.	Beide Fahrzeuge wurden beschädigt.
17.	Fregatte H. M. A. S. QUEENBOROUGH F-270 (1942, 2 700 t), Australien. U-Boot H. M. S. TABARD S-42 (1945, 1 310/1 740 t), Großbritannien.	Beide Fahrzeuge kollidierten während einer Flottenübung 124 Seemeilen südlich Sydney in der Jervis Bay. Mai 1963.	An beiden Fahrzeugen traten erhebliche Schäden auf.
18.	Angriffsflugzeugträger H. M. S. CENTAUR R-06 (1953, 27 000 t), U-Boot H. M. S. PORPOISE S-01 (1960, 1 605/2 405 t), beide Großbritannien.	Kollision infolge Stromversetzung beim Auslaufen des U-Bootes aus Portsmouth. Das U-Boot wurde vom Strom gegen den Vorsteven des vor Anker liegenden Flugzeugträgers gesetzt. November 1963.	Am U-Boot entstanden keine nennenswerten Schäden.
19.	Fregatte H. M. S. YARMOUTH F-101 (1960, 2 560 t), U-Boot H. M. S. TIPTOE S-32 (1944, 1 280/1 700 t), beide Großbritannien.	Beide Fahrzeuge kollidierten während einer Flottenübung im Kanal. Das U-Boot lief auf Sehrohrtiefe mit ausgefahrenem Sehrohr. 1965.	Am U-Boot wurden das Sehrohr und die Radarantenne beschädigt. Die Beschädigungen an der Fregatte waren unbedeutend.

Lfd. Nr.	Namen der Schiffe	Charakter, Umstände und Zeit des Seeunfalles	Beschädigungen und Folgen
Kollisionen zwischen Überwasserkriegsschiffen und Transportern			
20.	Angriffsflugzeugträger USS FORRESTAL CVA-59 (1955, 76000 t), Tanker (Name nicht benannt), beide USA.	Beide Schiffe kollidierten bei NATO-Flottenmanövern im Nordatlantik während der Kraftstoffversorgung. 1957.	Am Flugzeugträger traten Beschädigungen auf, so daß er zur Reparatur einen Flottenstützpunkt anlaufen mußte.
21.	Zerstörer USS GEARING DD-710 (1945, 3520 t), Kohlenschiff MALDEN, beide USA.	Beide Schiffe kollidierten bei guter Sicht im Seegebiet vor Cape Henry (USA, Bundesstaat Virginia). Der Zerstörer kehrte innerhalb eines Verbandes zum Flottenstützpunkt Norfolk (USA, Bundesstaat Virginia) zurück. Das Kohlenschiff lief auf Gegenkurs. Die Kollision verschuldete der Kommandant der GEARING. Juli 1959.	Die Steuerbordseite des Zerstörers wurde leckgeschlagen. Drei Räume liefen voll Wasser. Einige Besatzungsangehörige wurden verletzt. Am Bug des Kohlenschiffes entstanden nur unbedeutende Schäden.
22.	Zerstörer USS BRISTOL DD-857 (1945, 3300 t), USA. Stückgutfrachter (Name nicht benannt), Italien.	Beide Schiffe kollidierten vor dem USA-Flottenstützpunkt Newport (USA, Bundesstaat Rhode Island). Oktober 1959.	Am Zerstörer traten ernste Schäden auf. Er mußte nach Boston (USA, Bundesstaat Massachusetts) zu einer längeren Werftreparatur überführt werden.
23.	Angriffsflugzeugträger USS FRANKLIN D. ROOSEVELT CVA-42 (1947, 62000 t), Tanker USS POWCATUK AO-108, beide USA.	Beide Schiffe kollidierten während der Treibstoffversorgung. Zur Kollision kam es wegen zu großer Annäherung des Tankers an den Flugzeugträger bei der Querabversorgung. 1959.	Am Flugzeugträger wurde die Bordwand und teilweise das Flugdeck beschädigt. Am Tanker traten keine nennenswerten Schäden auf.

Lfd. Nr.	Namen der Schiffe	Charakter, Umstände und Zeit des Seeunfalles	Beschädigungen und Folgen
24.	Geleitflugzeugträger KAREL DOORMAN R-81 (1945, 18300 t), Niederlande. Fischereifahrzeug FRANCE ELSA, Belgien.	Beide Schiffe kollidierten bei Nacht in der Deutschen Bucht. Oktober 1959.	Das Fischereifahrzeug sank. Am Flugzeugträger traten keine nennenswerten Schäden auf.
25.	Angriffsflugzeugträger USS SARATOGA CVA-60 USA. Erzfrachter BERND LEONHARDT (6135 BRT), BRD.	Beide Schiffe kollidierten nachts bei gutem Wetter vor der Küste des USA-Bundesstaates Virginia. Das Winkelflugdeck des Flugzeugträgers drang in die Brücke des Erzfrachters ein. Mai 1960.	Der Flugzeugträger mußte zur Beseitigung der entstandenen Schäden Norfolk (USA, Bundesstaat Virginia) anlaufen. An den Brückenaufbauten des Erzfrachters traten erhebliche Schäden auf.
26.	Geleitzerstörer USS DARBY DE-218 (1943, 2200 t), USA. Erzfrachter SOYA ATLANTIC, Schweden.	Beide Schiffe kollidierten morgens bei gutem Wetter. Der Geleitzerstörer kehrte nach längerer Seeausbildung zu seinem Flottenstützpunkt zurück und war einlaufend in die Chesapeake Bay. 1960.	Am Geleitzerstörer traten schwere Schäden auf. Er mußte in den Flottenstützpunkt eingeschleppt werden. 2 Tote, 13 Verletzte. Der Erzfrachter war nur unbedeutend beschädigt.
27.	Angriffsflugzeugträger USS INDEPENDENCE CVA-62 (1959, 76000 t), Munitionstransporter USS DIAMOND HEAD AE-19 (1945, 15295 t), beide USA.	Beide Schiffe kollidierten im Karibischen Meer. Zur Kollision kam es durch fehlerhaftes Manövrieren. März 1961.	Der Munitionstransporter wurde leckgeschlagen. Zwei Abteilungen liefen voll Wasser. Am Flugzeugträger entstanden nur unbedeutende Schäden.
28.	Geleitzerstörer USS HARTLEY DE-1029 (1954, 1914 t), USA. Stückgutfrachter BLUE MASTER (12000 BRT), Norwegen.	Beide Schiffe kollidierten nachts bei starkem Wind 1,5 Seemeilen von Cape Henry (USA, Bundesstaat Virginia) entfernt. Falsches Ausweichmanöver. Juni 1965.	Der Geleitzerstörer wurde im Bereich des Hauptspantes an Steuerbordseite leckgeschlagen und mußte mit starker Schlagseite nach Norfolk (USA, Bundesstaat Virginia) geschleppt werden. Am Stückgutfrachter traten nur unbedeutende Schäden auf.

Lfd. Nr.	Namen der Schiffe	Charakter, Umstände und Zeit des Seeunfalles	Beschädigungen und Folgen
29.	Fregatte COMMANDANTE HERMENOGILDO CAPELLO F-481 (1968, 2180 t), Portugal. Motorschiff KYOTAI MARU, Japan.	Das Motorschiff kollidierte mit der Fregatte beim Anlegemanöver im Hafen Beira (Moçambique). Dezember 1970.	Die Steuerbordseite der Fregatte wurde beschädigt, eine Reparatur war erforderlich. Am Motorschiff traten keine Schäden auf.
30.	Fregatte PRASAE Kenn-Nr. 2 (1944, 2100 t), Thailand. Tanker USS ASHTABULA AO-51 (1944, 25425 t), USA.	Beide Schiffe kollidierten nachts in der Singapore Strait. Januar 1970.	Die Fregatte wurde stark beschädigt. Am Tanker traten nur unbedeutende Schäden auf.
31.	Kleiner Minensucher KOSHIKI MSC-616 (1962, 340 t), Japan. Flüssiggastanker ZENON, Panama.	Beide Schiffe kollidierten im Seegebiet vor Inubō-Zaki, nordwestlich Yokohama. Juni 1973.	An beiden Schiffen traten Schäden auf. Auf dem Kleinen Minensucher wurden 2 Mann verletzt.
32.	Zerstörer COCHRANE DD-15 (1944, 3050 t), Motorschiff ANTOFAGASTA, beide Chile.	Beide Schiffe kollidierten morgens bei guter Sicht in der Hafeneinfahrt von Valparaiso. August 1973.	An beiden Schiffen traten Schäden auf.
33.	Lenkwaffenfregatte USS DAHLGREN DLG-12 (1961, 5800 t), USA. Tanker EGERIA, Italien.	Beide Schiffe kollidierten morgens im Nebel eine Seemeile vom Leuchtfeuer Old Point Comfort entfernt. Der Tanker lag vor Anker. Die Fregatte kehrte von der Seeausbildung zurück. März 1974.	An beiden Schiffen traten oberhalb der Wasserlinie Schäden auf.

Lfd. Nr.	Namen der Schiffe	Charakter, Umstände und Zeit des Seeunfalles	Beschädigungen und Folgen
34.	Lenkwaffenfregatte USS DAHLGREN DLG-12 (1961, 5 800 t), USA. Stückgutfrachter EURIBATES, Panama.	Beide Schiffe kollidierten in der Panamakanalzone in der Nähe des Hafens Colon. August 1975.	An beiden Schiffen traten Schäden auf.

Analyse von Kriegsschiffskollisionen

Statistische Analyse

Die statistische Analyse basiert auf 163 ausgewerteten Kollisionen. Von 93 Kollisionen, die nicht zum Verlust eines der beteiligten Schiffe bzw. Boote geführt haben, enthält das Buch 61. Die Anlage 2 enthält 70 Kollisionen, bei denen ein Kriegsschiff verlorenging. Sechs davon werden in diesem Abschnitt näher behandelt.

Verteilung der ausgewerteten Kollisionsfälle nach Schäden und Totalverlusten

Schiffsgruppen	Anzahl der Fälle		Gesamt
	Schäden	Verluste	
Kollisionen zwischen Überwasserkriegsschiffen	41	45	86
Kollisionen zwischen Überwasserkriegsschiffen und U-Booten	19	–	19
Kollisionen zwischen Überwasserkriegsschiffen und Transportern/Zivilschiffen	33	25	58
Gesamtzahl	93	70	163

Die Fälle, bei denen nach Kollisionen Schäden aufgetreten waren, beziehen sich auf eine Periode von 50 Jahren. Eine Ausnahme bilden hierbei die Kollisionen HAWK – OLYMPIC (1911) und SHAW – AQUITANIA (1918). Auf Grund ihrer Anschaulichkeit erschien es zweckmäßig, beide Kollisionen hier aufzunehmen. Die durch Kollisionen verursachten Kriegsschiffsverluste reichen bis zur Jahrhundertwende zurück, wie dies auch bei Bränden und Explosionen an Bord von Kriegsschiffen der Fall war.

Die Analyse von Kriegsschiffskollisionen (ohne Verlust der jeweils betroffenen Kriegsschiffe) läßt folgende Aussagen zu:

78% der Kollisionen ereigneten sich auf hoher See oder in Buchten, 13% in Flottenstützpunkten/Häfen oder auf deren Zufahrten und 9% in Meerengen und auf Flüssen. Von diesen Kollisionen trugen sich 44% bei Flottenübungen und ebensoviel unter normalen Ausbildungsbedingungen in See zu. 6% der Kollisionen fanden bei Kampfhandlungen statt und ebensoviel beim An- und Ablegen und während der Versorgung in See.

Das Dienstalter der Schiffe spielte hierbei praktisch keine Rolle, was auch in folgenden Zahlen zum Ausdruck kommt. Auf Schiffe mit einem Dienstalter bis zu zehn Jahren entfallen 47%, von zehn bis 20 Jahren 41% und über 20 Jahren 12% der Kollisionen.

Leider fehlen detaillierte Angaben über die hydrometeorologischen Bedingungen, die genaue Uhrzeit und andere Umweltbedingungen zum Zeitpunkt der Kollisionen. Aus den zur Verfügung stehenden Materialien ist jedoch zu entnehmen, daß sich eine verhältnismäßig große Anzahl der Kollisionen am Tage ereignete (über 20%). 15% fanden nachts statt. Über den prozentual größten Teil der Kollisionen gibt es keine verwertbaren Angaben.

An den ausgewerteten Kollisionen waren Kriegsschiffe von 20 Staaten beteiligt. Davon entfallen auf

– die USA	49%;
– Großbritannien	25%;
– Japan	11%;
– Frankreich	7%
– Italien	5%;
– übrige Staaten	3%.

Von großem Interesse ist das Ausmaß der Schäden an den Schiffen und die sich daraus ergebenden Folgen. Bei zwei Drittel der Fälle sind die Schäden, zumindest an einem der an der Kollision beteiligten Schiffe, mittlerer und schwerer Art. Bei einem Drittel der Kollisionen traten nur unbedeutende Schäden auf. Bemerkenswert ist aber, daß bei fast 50% der beteiligten Schiffe Reparatur- oder Wiederinstandsetzungsarbeiten notwendig wurden, wodurch die Schiffe teilweise über einen relativ langen Zeitraum ausfielen.

Im Gegensatz zu den verhältnismäßig großen materiellen Verlusten waren relativ wenig Menschenopfer zu beklagen. So kam es z. B. bei der Hälfte der Schiffskollisionen praktisch zu keinen Verlusten unter den Besatzungen. Bei 10% der Fälle fanden zehn und mehr Besatzungsangehörige den Tod. Bei 40% der Fälle konnte die Anzahl der Opfer nicht ermittelt werden.

Die Höhe der Totalverluste unterscheidet sich, wie bei den Bränden und Explosionen, von der Höhe der Schäden. Um die Schäden zu werten, war es notwendig, eine gewisse statistische Auswahl zu treffen. Sie kann deshalb nicht repräsentativ für alle Kollisionsfälle sein.

Die Analyse der Totalverluste berücksichtigt alle bekannt gewordenen Schiffsuntergänge. Außerdem wurde hierbei, wie bei den Bränden und Explosionen, der zu untersuchende Zeitabschnitt erweitert. Er reicht vom Beginn des 20. Jahrhunderts bis in unsere jüngste Vergangenheit.

Die statistische Wertung der Totalverluste von Kriegsschiffen als Folge von Kollisionen ergibt folgendes Bild:

Zwei Drittel der verlorengegangenen Kriegsschiffe waren leichte Einheiten, ihnen folgen zu gleichen Teilen Schnellboote und kleine Minensucher sowie Hilfsschiffe (13%). Die gepanzerten Schiffe liegen bei 10%. Dieses Resultat ist verständlich, wenn man von der relativ geringen und ihrer Bestimmung entsprechenden Standkraft der verlorengegangenen leichten Schiffe und Boote ausgeht.

Die Überwasserkriegsschiffe gingen in der Mehrzahl bei Kollisionen mit Handelsschiffen oder Transportern (29%) und mit gepanzerten Kriegsschiffen (23%) verloren. Damit sanken bei mehr als 50% aller Fälle die Fahrzeuge nach Kollisionen mit massiven Schiffen, die eine verhältnismäßig hohe Standkraft hatten. Eine kleinere Anzahl (16%) nach Kollisionen mit leichten Schiffen und nur 1% mit anderen Schiffen, im wesentlichen mit Schnellbooten und Räumfahrzeugen. Groß ist die Zahl der unbekannten Fälle (30%). Hier konnten die Kollisionsgegner nicht ermittelt werden!

Die Anzahl der Staaten, deren Schiffe nach Kollisionen verlorengegangen waren, ist nicht so groß wie die, deren Schiffe beschädigt wurden. Betroffen wurden die Seekriegsflotten von 13 Staaten.

Dem Anteil nach entfallen auf

– Großbritannien		46%;
– die USA		16%;
– Frankreich und Japan	je	3%;
– Deutschland, Italien und Kanada	je	6%;
– Dänemark, Niederlande, Norwegen und Österreich	je	3%;
– Argentinien und Chile	je	1%.

Welcher Dynamik waren die Überwasserkriegsschiffskollisionen in den kapitalistischen Flotten im Analysezeitraum unterworfen und welche Entwicklung ist zu erwarten?

Bei der Auswertung der Verluste wird die Aufmerksamkeit auf zwei Jahrzehnte gelenkt, in denen zwei Drittel der Schiffe verlorengegangen sind. Hierbei handelt es sich um das fünfte Jahrzehnt mit einem Schiffsverlust von 38% und um das zweite Jahrzehnt mit einem Schiffsverlust von 27%. Das wird verständlich, wenn man beachtet, daß in diesen Jahrzehnten der zweite und der erste Weltkrieg stattgefunden hatten. Auf das erste Jahrzehnt unseres Jahrhunderts entfällt etwa ein Viertel der Unfälle, was auf den noch ungenügenden Entwicklungsstand der Navigations- und Schiffsführungstechnik zurückzuführen ist und möglicherweise auch mit dem Russisch-Japanischen Krieg und seinen Kriegsschiffsverlusten zusammenhängt. Die übrigen Jahrzehnte sind jeweils mit 2% bis 4% vertreten. Im Verlauf der letzten zehn bis 15 Jahre gingen zwei Kriegsschiffe verloren. Der australische Zerstörer VOYAGER war davon der letzte. Er sank 1964 nach der Kollision mit dem australischen Flugzeugträger MELBOURNE. Die Frage ist, ob nunmehr eine Verringerung der Kollisionsgefahr bei Überwasserkriegsschiffen eingetreten ist. Um hierauf eine Antwort zu finden, ist es notwendig, sich nochmals den Kollisionen zuzuwenden, die lediglich zu Beschädigungen an den beteiligten Schiffen geführt haben. Wenn auf das dritte Jahrzehnt 16%, auf das vierte Jahrzehnt 12% und auf das fünfte Jahrzehnt 7% dieser Kollisionen entfallen, so sind es im sechsten Jahrzehnt 20% und im siebenten Jahrzehnt 30%. Auf die ersten vier Jahre des achten Jahrzehnts, 1970 bis 1974, entfallen bereits 14%. Dabei kam es allein 1973 zu vier Kollisionen von Überwasserkriegsschiffen mit anderen Schiffen. An diesen Kollisionen waren ein Flugzeugträger, ein Zerstörer und zwei Räumfahrzeuge beteiligt. 1974 kollidierten die Lenkwaffenfregatte USS DAHLGREN und der unter italienischer Flagge fahrende Tanker EGERIA. An beiden Schiffen traten Schäden auf, die eine Werftaufnahme erforderten. Dann im Jahre 1975 die Kollision zwischen der Lenkwaffenfregatte USS BELKNAP und dem Angriffsflugzeugträger USS JOHN F. KENNEDY. Das ist jedoch keine vollständige Aufstellung der Kollisionen von Überwasserkriegsschiffen der letzten Jahre [39]. Diese Angaben reichen natürlich nicht aus, um auf die oben gestellte Frage eine endgültige Antwort zu finden. Eines ist aber sicher, die Kollisionsgefahr bei Überwasserkriegsschiffen der kapitalistischen Flotten ist, und das sagen die Beispiele aus, keinesfalls geringer geworden. Das Gegenteil läßt sich beweisen. Die Tendenz ist steigend, ungeachtet des Ausbleibens von Totalverlusten. Zwei Zahlen sollen dabei auf einen zu beachtenden Umstand aufmerksam machen. Auf den zweiten Weltkrieg, das fünfte Jahrzehnt also, entfallen 38% der Totalverluste durch Kollisionen, und nur bei 7% trat der Totalverlust nicht ein. Es ist bezeichnend, daß gerade während des Krieges die Schiffskollisionen in den meisten Fällen zum Untergang eines der betroffenen Schiffe geführt haben. Eine Ursache hierfür besteht darin, daß in vielen Fällen eine sofortige Hilfeleistung durch andere Fahrzeuge nicht möglich war. In den Nachkriegsjahren stieg die Zahl der beschädigten Schiffe an, und die Zahl der Totalverluste ging zurück. Das ist sicherlich auf die schnelle und umfassende Hilfeleistung zurückzuführen, die zunächst auf die Erhaltung der Schwimmfähigkeit der beschädigten Schiffe ausgerichtet ist.

Ursachen der Kriegsschiffskollisionen, Charakter der Schäden und Maßnahmen zur Verhütung von Kollisionen

Bei der Mehrzahl der ausgewerteten Schiffskollisionen, insbesondere derjenigen, die zum Totalverlust geführt haben, mangelt es an umfassenden und zuverlässigen Informationen über die wahren Ursachen. Aus diesem Grunde ist auch eine aussagekräftige Ursachenanalyse nicht möglich. Bei näherer Betrachtung der bekannt gewordenen Tatsachen über den Hergang dieser Kollisionen kann man auf folgende Hauptursachen schließen:

1. Schlechte Nachrichtenverbindungen und -übermittlungen und eine mangelhafte Dienstorganisation an Bord und beim Brückendienst.
2. Mangelhafte Ausnutzung aller Möglichkeiten des Radars und der anderen Technik im Interesse der Schiffsführung.
3. Unterschätzung der visuellen Beobachtung beim Fahren im Verband.

Viele Fälle weisen auf eine ungenügende Vorbereitung der Wachoffiziere und Offiziere auf die Arbeit im Navigationsgefechtsabschnitt hin. Ihnen fehlten

- Kenntnisse über das Seegangsverhalten;
- Kenntnisse über das Manövrier- und Trägheitsverhalten des eigenen Schiffes;
- Kenntnisse über das Manövrier- und Trägheitsverhalten des anderen Schiffes (Kollisionsgegner);
- Kenntnisse über die Regeln und Gesetze beim Fahren im Verband, insbesondere bei geringen Abständen.

Beim Entstehen der Kollisionssituation spielten eine Rolle:

- fahrlässiges und verantwortungsloses Verhalten der Brückenoffiziere und Kommandanten (Pflichtverletzung);

– ein zu spätes Erkennen oder gar Nichterkennen der ständig zunehmenden Gefahrensituation;
– ein zu langsames und nicht durchgreifendes und energisches Reagieren auf die sich verändernde Lage;
– eine zu späte Entschlußfassung.

Oft mißachteten Wachoffiziere in unterschiedlichen Situationen auf dem Seeschauplatz gültige Dienstvorschriften, Instruktionen, Anleitungen und Befehle.

Kollisionen von Überwasserkriegsschiffen führten in vielen Fällen zu sehr ernsten Schäden, z. B. zum Abreißen des Vorschiffes. Nicht selten endeten derartige Kollisionen mit dem Untergang eines der beteiligten Schiffe. Schwerste Schäden traten dabei fast immer am gerammten Schiff auf. Durch die Kollisionen wurde nicht nur der Schiffskörper schwer beschädigt; auch die Aufbauten, die Artillerie- und Torpedobewaffnung und deren Leitgeräte, die Maschinenanlagen, die Elektroausrüstung, die funkelektronischen Anlagen und die Einrichtungen der Räume wurden in Mitleidenschaft gezogen. Dabei kam es zumeist in einer Abteilung oder in mehreren Abteilungen zum Wassereinbruch.

Die Kollisionen zwischen Überwasserkriegsschiffen und U-Booten sind zum Teil auf Nachlässigkeiten der U-Boot-Kommandanten zurückzuführen (REGENT, S 4 und DIABLO). Sie überzeugten sich vor dem Auftauchen nicht gründlich genug über die Lage an der Wasseroberfläche. In manchen Fällen gingen sie nicht rechtzeitig auf eine größere Tiefe. Aber auch die Kommandanten der Überwasserkriegsschiffe waren nicht immer schuldlos (Zerstörer SILVERSTEIN und GIUSEPPE MISSORI). Völlig unerwartet und überraschend fuhren sie auf die U-Boote «Angriffe» oder wichen nicht rechtzeitig vor ihnen aus. Bei solchen «Begegnungen» blieb in der Regel das Überwasserkriegsschiff der «Sieger». Nicht selten endete eine solche Kollision mit dem Totalverlust des U-Bootes. Es muß aber immer wieder festgestellt werden werden: Da, wo rechtzeitig umsichtige und energische Maßnahmen eingeleitet wurden, konnten selbst stark beschädigte U-Boote schwimmfähig gehalten werden, wie es die Kollision zwischen dem U-Boot BÄVERN und dem Panzerkreuzer FYLGIA beweist.

Die Kollisionen zwischen Überwasserkriegsschiffen und Transportern oder Zivilschiffen weisen auf «gegenseitige Erfolge» hin. Hier spielten die Massenverhältnisse, die Standkraft, insbesondere die Festigkeitsverhältnisse der Schiffe, die Kollisionswucht und der Kollisionswinkel eine große Rolle. Kollisionen großer Transporter oder Zivilschiffe mit leichten Kriegsschiffen bis hin zum Leichten Kreuzer führten oft zu schweren Schäden auf den Kriegsschiffen (Geleitzerstörer

Der niederländische Flugzeugträger KAREL DOORMAN

Shaw) oder zum Totalverlust (Leichter Kreuzer Curacoa). Umgekehrt kam es aber auch bei kleineren Zivilschiffen, die mit größeren Kriegsschiffen kollidierten, zu ernsthaften Schäden. Es gab auch Fälle, wo Zivilschiffe verloren gingen, wie im Falle des belgischen Fischereifahrzeuges France Elsa nach der Kollision mit dem niederländischen Flugzeugträger Karel Doorman 1959. Dann, wenn die Kollisionsgegner annähernd gleiche Hauptabmessungen und Deplacements hatten, traten Schäden unterschiedlicher Art auf, die zumeist die Schwimmfähigkeit der beteiligten Schiffe nicht beeinträchtigten.

Eine Ursache für Kollisionen zwischen Überwasserkriegsschiffen und Transportern oder Zivilschiffen ist der gegenseitig wirkende Sog. Die Analyse einer großen Anzahl solcher Seeunfälle und die Ergebnisse theoretischer und experimenteller Untersuchungen beweisen in ausreichendem Maße die physikalische Gesetzmäßigkeit dieser Erscheinung (siehe Lit.-Verzeichnis Nr. 59).

Um beim Überholen Kollisionen zu vermeiden, muß das überholende Schiff einen genügend großen Sicherheitsabstand gegenüber dem Schiff einhalten, das überholt wird. Von großer Bedeutung ist das Drehverhalten des Schiffes. Das wiederum hängt ab von den Hauptabmessungen, von der Schiffskörpergeometrie, von der Wirksamkeit der Ruderanlage, vom Massenträgheitsmoment, von der Umwelt und von anderen Faktoren. Daraus folgt: Schiffskollisionen sind nur durch Maßnahmen und Voraussetzungen konstruktiver, technischer und organisatorischer Art zu verhüten. Außerdem ist eine aufmerksame, überlegte und energische Schiffsführung auf der Grundlage der ermittelten konkreten Manöverkennwerte vorauszusetzen.

Die aus den Seeunfällen und Katastrophen gewonnenen Erfahrungen bildeten in ausländischen Flotten die Grundlage für die Erarbeitung bestimmter Empfehlungen. Diese Empfehlungen verfolgen das Ziel, die Wahrscheinlichkeit einer Schiffskollision möglichst auszuschließen; sie beinhalten unter anderem:

1. Übernahme verbesserter konstruktiver Lösungen bei der Projektierung und beim Bau von Kriegsschiffen, um ihnen Eigenschaften zu verleihen, bei beliebigen Bedingungen schnell die Bewegungsrichtung zu ändern.
2. Ständige Vervollkommnung der Radar- und der anderen Schiffsführungstechnik, um zu jeder Zeit schnell und zuverlässig den genauen Schiffsort zu bestimmen und die tatsächliche Bahn eines Schiffes unter allen Bedingungen, denen Überwasserkriegsschiffe und U-Boote unterworfen sind, zu ermitteln.
3. Verbesserung der Dienstorganisation auf den Brücken und in den Schiffsführungszentralen bei Einzel- oder Verbandsfahrt. Das bezieht sich auch auf die Flagg- bzw. Führerschiffe, wobei die genaue Abgrenzung der jeweiligen Dienstpflichten durchzusetzen ist.
4. Verbesserung des Ausbildungsstandes der Wachoffiziere, besonders aber der Kommandanten und Chefs der Schiffsverbände in der Schiffsführung. Durchsetzung einer Ausbildung, die zu stabilen Kenntnissen über das Seeverhalten und die anderen Eigenschaften der Schiffe, die zur vollen Nutzung der Navigationstechnik und die zur richtigen Anwendung der Kollisionsverhütungsregeln führt. Daneben sollen systematische Übungen und Auswertungen der Seeunfälle, besonders der Kollisionen, stattfinden.
5. Durchsetzung einer strengen Disziplin an Bord, besonders unter den Offizieren. Oberstes Gebot ist die genaue Erfüllung aller in den Dienstvorschriften und anderen Ordnungen und Empfehlungen enthaltenen Forderungen in bezug auf ein sicheres Fahren.

6. Erhöhte Aufmerksamkeit an Bord und Durchsetzung einer ständigen und lückenlosen Rundumbeobachtung, die bei mäßiger Sicht und nachts ganz besonderen Anforderungen unterliegt und zu verstärken ist.
7. Erziehung der Offiziere zum schnellen und entschlossenen Handeln bei einer unmittelbaren Kollisionsgefahr.

Eine andere Gruppe von Maßnahmen ist bei Schiffskollisionen darauf gerichtet, die Ausmaße der Schäden in Grenzen zu halten und ihre möglichen Folgen zu verringern. Hierunter fallen auch alle Handlungen der Kommandanten im Falle einer nicht mehr abzuwendenden Kollision, um die Schäden und Verluste an Menschen so klein wie nur möglich zu halten. Beispielgebend hierfür sind die Handlungen des Kommandanten des Torpedobootzerstörers SHAW. Außerdem haben diese Maßnahmen die Erhaltung der Standkraft des Schiffes im Auge.

Wie bekannt, wird die Standkraft eines Schiffes durch den konstruktiven, den technisch-organisatorischen und den ausbildungsabhängigen Faktor bestimmt.

Alle diese Maßnahmen sind nicht neu. Prinzipiell hat es sie schon vor Jahrzehnten gegeben. Allerdings muß der technische Entwicklungsstand zum jeweils konkreten Zeitpunkt berücksichtigt werden.

Die Untersuchungen von Seeunfällen beweisen, daß die Empfehlungen und Forderungen, die auf die Verhütung von Kollisionen gerichtet sind, auch heute noch ihrem Charakter nach die alten geblieben sind.

Seit vielen Jahren und Jahrzehnten werden neue Schiffsklassen und Schiffstypen entwickelt. Grundlegend veränderten sich ihre Technik und ihre Geschwindigkeit. Nicht nur einmal wechselte die Generation der Seeleute und Schiffbauer. Wertvolle Erfahrungen und Erkenntnisse wurden aus den Schäden und aus den Schiffsverlusten sowohl in Kriegs- als auch Friedenszeiten gesammelt und verarbeitet. Aber die Maßnahmen zur Verhütung von Kollisionen und zur Verringerung der Kollisionsschäden sind auch hier die gleichen geblieben.

Die Bedingungen sind neu, doch die Forderungen alt!

Also:

Vermeide Kollisionen!

Bei der Unvermeidbarkeit einer Kollision strebe möglichst geringe Schäden an!

Treten Schäden auf, kämpfe sofort mit allen zur Verfügung stehenden Mitteln um die Erhaltung des Schiffes und um das Leben der Besatzung!

Kriegsschiffe bei Grundberührungen und im Sturm

Flugzeugträger, Linienschiffe und Kreuzer

Seeschaden des UAW-Flugzeugträgers USS VALLEY FORGE CVS-45

Der UAW-Flugzeugträger USS VALLEY FORGE CVS-45 (ESSEX-Typ, 1945, 38 500 t) [40] gehörte zu einer U-Jagd-Trägergruppe, die im Februar 1959 im Atlantik, unweit des Flottenstützpunktes Norfolk (USA, Bundesstaat Virginia), U-Boot-Abwehrübungen durchführte.

Das Wetter war stürmisch. Stark stampfte der Flugzeugträger in der hochgehenden See. Hart trafen die Schläge der überkommenden Wassermassen das Vorschiff. Plötzlich bemerkte man auf der Schiffsführungsbrücke, wie sich der vordere Teil des Flugdecks an Backbordseite aufzubörteln begann.

Wenig später war das Flugdeck der VALLEY FORGE bis zum vorderen Backbordkatapult derart zerstört, daß es von der übergehenden See schließlich abgerissen wurde und im Atlantik versank.

Selbst das Katapult wurde aus dem Lager gerissen. Es hing vom Flugdeck herab über Bord und schlug bei jedem Brecher mit großer Wucht gegen die Bordwand des Flugzeugträgers. Durch das dabei in der Bordwand entstandene Loch machte die VALLEY FORGE stark Wasser. Auch über den abgerissenen Teil des Flugdecks drang Wasser in das Schiffsinnere. Am Abend sah sich der Kommandant des Flugzeugträgers gezwungen, die im Vorschiff untergebrachten Besatzungsangehörigen zu evakuieren.

Zur gleichen Zeit gingen auf der Schiffsführungsbrücke Meldungen über ernste Beschädigungen am Heck ein. Schäden traten auch im Hangar auf.

Mit Nachlassen des Sturmes kehrte der UAW-Flugzeugträger nach Norfolk zurück.

Die Schäden waren derart groß, daß eine Reparatur im Flottenstützpunkt ausgeschlossen war. Der Flugzeugträger mußte nach New York in die Werft. Die Wiederinstandsetzung dauerte zwei Monate.

Im Zusammenhang mit den Sturmschäden auf der VALLEY FORGE erinnerte die USA-Presse an die Kriegs- und Nachkriegsjahre, als schweres Wetter nicht nur einmal Beschädigungen auf den Flugzeugträgern des ESSEX-Typs verursachte. Nunmehr schenkte man der Festigkeit der amerikanischen Flugzeugträger bei Sturmfahrten mehr Beachtung. Die Flugzeugträger des ESSEX-Typs erhielten einen «Atlantik-Bug» («hurricane bow»). Jetzt waren die Flugzeugträger bei Sturmfahrten seetüchtiger. Diese konstruktive Verbesserung wurde bei allen Angriffsflugzeugträgern der USA eingeführt.

Verlust des Kreuzers H. M. S. RALEIGH nach dem Auflaufen auf die Felsenküste von Labrador

Im August 1922 lief der britische Kreuzer H. M. S. RALEIGH an der Küste von Labrador auf einen Felsen auf und sank. So lautete die kurze Mitteilung über den Untergang des Kreuzers. Die Ursache, die zu dieser Katastrophe geführt hatte, wurde vor Gericht untersucht.

Am 08. August 1922 um 10.30 Uhr steuerte der Kreuzer H. M. S. RALEIGH (1920, 9750 t) aus der Hawk Bay (Island of Newfoundland) kommend mit einer Geschwindigkeit von 12 Knoten die Forteau Bay (Labrador) an. Der Wind kam von achtern. Ständig änderte sich die Sicht infolge Regenschauer und starker Windböen. Gegen 15.00 Uhr kam die Küste Labradors kurzzeitig in Sicht, was jedoch für die genaue Schiffsortbestimmung nicht ausreichte. Nach Kopplung stand der Kreuzer etwa drei Seemeilen vor der Küste. In dieser Lage entschloß sich der Kommandant, die Forteau Bay mit ihrer größeren Wassertiefe anzulaufen. Dazu ließ er den Kurs ändern, um das Leuchtfeuer von Cape Armour optisch in Sicht zu bekommen. Der Kurs wurde um 15.25 Uhr geändert. Zu dieser Zeit stand der Kreuzer nach Kopplung, nur noch etwa zwei Seemeilen von der Küste entfernt. Um 15.37 Uhr, der Kreuzer lief im dichten Nebel mit acht Knoten, tauchte vor dem Steven die Steilküste und kurz danach schon die Brandung auf. Die Maschinen wurden auf dem Kreuzer sofort auf *Zurück* befohlen und das Ruder Backbord gelegt. Zwei Minuten später lief die RALEIGH 0,5 Seemeilen vom Leuchtfeuer Cape Armour entfernt auf einen Felsen auf und saß nach einer Minute trotz rückwärts arbeitender Maschinen fest.

Nachdem alle Versuche, den Kreuzer wieder frei zu bekommen, erfolglos geblieben waren, befahl der Kommandant der Besatzung, den Kreuzer zu verlassen. Außerdem befürchtete er, daß sein Schiff auseinanderbreche. Die Evakuierung der Besatzung nahm ungefähr vier Stunden in Anspruch und war gegen 20.00 Uhr abgeschlossen. Zehn Seeleute kamen bei dieser Katastrophe ums Leben, alle anderen – etwa 360 Mann – konnten mit Booten und in Hosenbojen die Küste erreichen. Einige Tage später nahm das kanadische Passagierschiff MANTROSE die Kreuzerbesatzung an Bord und brachte sie nach Liverpool.

Das Gericht sprach den Kommandanten des Kreuzers, Captain Bromley, wegen grober navigatorischer Fehler und wegen Mängel bei der Führung des Schiffes, die zum Verlust des Kreuzers RALEIGH geführt hatten, schuldig. Captain Bromley erhielt einen strengen Verweis und wurde als Kommandant abgelöst. Der Navigationsoffizier des Kreuzers wurde mit einem strengen Verweis bestraft.

Es sei der Vollständigkeit halber noch bemerkt, daß auch der zur damaligen Zeit bekannte Admiral der Royal Navy, Pakenham, seiner Dienststellung enthoben wurde. Er hatte auf der RALEIGH als Chef des 8. Kreuzergeschwaders, das sich zu dieser Zeit in den nordamerikanischen Gewässern aufhielt, seine Flagge gesetzt.

Untergang des Leichten Kreuzers NIITAKA während eines Taifuns

Häufig kommt es zu Katastrophen, wenn Schiffe bei Sturm oder Orkan in Küstennähe vor Anker liegen.

Solch eine Katastrophe war der Untergang des japanischen Leichten Kreuzers NIITAKA (1902, 3400 t) am 26. August 1922.

Der Leichte Kreuzer lag in der Nähe der Ozernaja-Mündung (Westküste von Kamtschatka) vor Anker, als er von einem Taifun überrascht wurde. Der schwere Sturm kam zunächst von der Küste her. Offensichtlich beabsichtigte der Kommandant diesen Umstand auszunutzen und unter dem Schutz der Küste zu verbleiben. Plötzlich sprang jedoch der Wind auf Südwest um, wobei der Leichte Kreuzer in eine äußerst bedrohliche Lage geriet. Die NIITAKA ging Anker auf und geriet bei schwerer See und Dunkelheit in die längs der Küste ausliegenden Fischereinetze. Der Leichte Kreuzer wurde durch die in die Propeller gedrehten Netze manövrierunfähig und auf das der Küste vorgelagerte Flachwassergebiet getrieben. Hier kenterte er. Die gesamte Besatzung – etwa 400 Mann – fand dabei den Tod.

Diese Katastrophe beweist wiederum, daß ein vor Wind und Seegang ungeschützter Ankerplatz unzuverlässig und äußerst gefährdet ist.

Die seemännische Praxis kennt aber auch ähnliche Fälle, in denen bei Sturm oder Orkan rechtzeitig vorausschauende Maßnahmen eingeleitet wurden und so Seeunfälle verhindert werden konnten (siehe Lit.-Verzeichnis Nr. 75).

Strandung und Verlust des Leichten Kreuzers USS TACOMA PG-32

Erst in den letzten Jahren sind die Umstände, die zum Verlust des Leichten Kreuzers TACOMA geführt hatten, an die Öffentlichkeit gedrungen. Publikationsorgane der amerikanischen Kriegsmarine berichteten über den Untergang als ein zurückliegendes Ereignis in der Geschichte der US Navy.

Mitte Januar 1924 erhielt der Leichte Kreuzer USS TACOMA (1904, 3200 t) den Befehl, aus Galveston (USA, Bundesstaat Texas) nach Veracruz (Mexiko) auszulaufen, um «den Schutz der dort lebenden USA-Staatsbürger während der inneren Unruhen in Mexiko» zu übernehmen. Genauer, der Kreuzer erhielt den Auslaufbefehl zur Unterdrückung der revolutionären Erhebungen gegen die damalige mexikanische Regierung.

Das Schiff stand am 16. Januar 1924 vor Sonnenaufgang vor Veracruz und steuerte die Hafeneinfahrt an. Dabei lief es vier Seemeilen vor der Küste mit 16 Knoten auf ein vorgelagertes Korallenriff. Nach tagelangen ergebnislosen Versuchen, das Schiff wieder vom Riff herunterzubekommen, wurde der Großteil der Besatzung an Land gebracht. Dort wartete die Besatzung auf den Leichten Kreuzer USS RICHMOND, der nach seiner Ankunft auch den Hauptteil der Besatzung an Bord nahm. Auf der TACOMA verblieb ein Kommando von zehn Offizieren und 50 Unteroffizieren und Matrosen, um einem «Diebstahl» durch die örtlichen revolutionären Kräfte vorzubeugen.

Auffallend ist, daß in den Veröffentlichungen nichts über Versuche einer organisierten Abbergung und über den Kampf um die Erhaltung des Leichten Kreuzers geschrieben wurde. Statt dessen schrieb man nur vom «Schutz des festsitzenden Kriegsschiffes» vor Handlungen der Revolutionäre. Einsetzender Sturm vergrößerte die Schäden. Das an Bord verbliebene Kommando begann mit der Zeit an Bord nach Kleidung und Nahrung zu suchen. Der Kommandant und vier Mann kamen während dieser Zeit in den Resten des zerstörten Kreuzers ums Leben. Nachdem am 22. Januar der Sturm nachgelassen und sich das Meer etwas beruhigt hatte, traf ein Rettungsschiff ein. Es nahm den Rest des Kommandos, unter ihnen 20 Verletzte, an Bord.

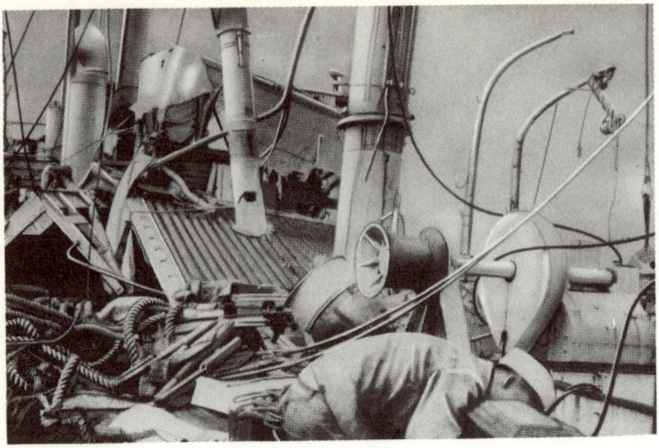

Das verwüstete Oberdeck des US-amerikanischen Leichten Kreuzers TACOMA

Über die Gründe, die zum Auflaufen auf das Riff geführt hatten, kann den Veröffentlichungen folgende Version entnommen werden: Die Kennungen der Seezeichen am Riff und an der Ansteuerung sollen nicht mit den in den Karten und in anderen nautischen Veröffentlichungen befindlichen übereingestimmt haben. Heute ist die Richtigkeit dieser Version schwerlich zu überprüfen, zumal keine weiteren Angaben über Ursachen und Umstände bekannt wurden.

Auflaufen des Leichten Kreuzers H. M. S. DAUNTLESS auf einen Felsen

Die Katastrophe der RALEIGH und der Seeunfall der DAUNTLESS liegen zeitlich etwa sechs Jahre auseinander. Sie ereigneten sich im selben Seegebiet. Die Ursachen, die zum Seeunfall der DAUNTLESS geführt hatten, waren die gleichen wie bei der RALEIGH: falsche navigatorische Berechnungen.

Der britische Leichte Kreuzer H. M. S. DAUNTLESS (1919, 4650 t) wurde 1928 in die kanadischen Gewässer entsandt, um einen Gedenkstein nach Cape Armour (Labrador) zu bringen. Dieser Stein war dem Gedenken der dort 1922 ums Leben gekommenen Seeleute des Kreuzers RALEIGH gewidmet.

Am 02. Juli 1928 gegen 14.00 Uhr lief die DAUNTLESS bei unsichtigem Wetter, fünf Seemeilen von Halifax entfernt, auf einen Felsen!

Das Seegericht stellte fest, daß das Auflaufen der DAUNTLESS auf ein Felsenriff der fehlerhaften Arbeit des Navigationsoffiziers zuzuschreiben war. Er hatte den Kurs des Kreuzers falsch bestimmt. Der Schiffsführung war es deshalb nicht möglich, die auf dem Kurs liegende Tonne richtig zu identifizieren, zumal sie noch eine schlecht erkennbare Farbe trug. So lief der acht Knoten Fahrt machende Leichte Kreuzer mit dem gesamten Vorschiff bis Höhe Brücke auf das Felsenriff auf. Einige der vorderen Abteilungen liefen durch die beim Auflaufen entstandenen Leckagen sofort voll Wasser. Der Leichte Kreuzer konnte sich auch bei einsetzender Flut durch die Gewichtszunahme des eingedrungenen Wassers nicht von dem Felsen lösen. Stärker werdender Seegang drohte nunmehr die DAUNTLESS auseinanderzubrechen. Der Kommandant entschloß sich deshalb, die Besatzung zu evakuieren. Er wurde dabei durch einen Schlepper und ein Bergungsschiff, die inzwischen am Unfallort eingetroffen waren, unterstützt. An Bord verblieben allein die Schiffsoffiziere. Um das Schiff zu retten und vom Felsen abzubergen, leichterte man den Kreuzer. Die Bewaffnung, die Munition, der Proviant und viele Ausrüstungsgegenstände wurden von Bord gegeben. Sogar die Schornsteine demontierte man und übergab sie an andere Fahrzeuge. Neun Tage nach dem Auflaufen war es dann soweit. Der Leichte Kreuzer konnte vom Felsen heruntergezogen werden. An der Bergung waren einige Schlepper und der zur Hilfe gekommene Leichte Kreuzer H. M. S. DESPATCH beteiligt. Die DAUNTLESS wurde danach über den Achtersteven nach Halifax geschleppt und dort eingedockt. Das in Plymouth den Seeunfall verhandelnde Seegericht sprach den Kommandanten und den Navigationsoffizier des Leichten Kreuzers schuldig. Beide erhielten einen strengen Verweis und wurden von ihren Dienststellungen abgelöst.

Abgesehen von einigen Details glich der Seeunfall des Leichten Kreuzers DAUNTLESS der Katastrophe des Kreuzers RALEIGH.

Die Briten sind zwar alte und erfahrene Seefahrer, doch auch sie sind vor den Lektionen der Seefahrt nicht gefeit.

Untergang des Panzerkreuzers EDGAR QUINET nach dem Auflaufen auf ein Felsenriff

Der französische Panzerkreuzer EDGAR QUINET (1907, 14000 t) befand sich am 04. Januar 1930 als Schulschiff auf der Überfahrt von Algier nach Casablanca. Der Panzerkreuzer hatte etwa 1000 Kadetten an Bord.

Bei Cap Blanco, etwa 18 Seemeilen von Oran entfernt, lief der Panzerkreuzer auf ein Felsenriff. Das Schiff wurde dabei so schwer beschädigt, daß es bald darauf auseinanderbrach. Von einer Bergung des Kreuzers konnte daher keine Rede mehr sein. Die gesamte Besatzung wurde gerettet.

Das Seegericht sprach den Kommandanten des Panzerkreuzers, Kapitän zur See Benoi, schuldig. Ihm wurden eine leichtsinnige Schiffsführung in nautisch schwierigen Gewässern und ein Mangel an umsichtigen und notwendigen Maßnahmen zur Rettung des Panzerkreuzers zur Last gelegt. Obwohl sich der Beschuldigte auf fehlende Angaben über das Felsenriff in den Seekarten berief, schenkte das Seegericht dieser Tatsache keine Beachtung und entzog ihm für zwei Jahre die Berechtigung zur Schiffsführung.

Untergang des Kreuzers MIGUEL DE CERVANTES

Im Frühjahr 1930 war der Bau des spanischen Kreuzers MIGUEL DE CERVANTES (9145 t) abgeschlossen. Bald nach seiner Indienststellung im Sommer desselben Jahres kam es zu einem Seeunfall, der dem Charakter nach selten auftritt. Der Kreuzer lag in El Ferrol del Caudillo (Spanien). Bei starkem ablandigem Sturm brachen die Festmacherleinen des Kreuzers, so daß er durch den Hafen trieb und gegen die Mole geworfen wurde. Infolge der dabei am Schiffskörper verursachten schweren Schäden sank er.

Bald nach dem Untergang wurde der Kreuzer wieder gehoben. Eine umfangreiche und aufwendige Wiederinstandsetzung des Schiffskörpers, der Antriebsanlagen, der Bewaffnung und der anderen Ausrüstung war vonnöten, damit er wieder in den Bestand der spanischen Seekriegsflotte eingegliedert werden konnte.

Beim Aufenthalt eines Schiffes im Hafen, besonders während eines Sturmes, gehört es zur seemännischen Praxis, die ausgebrachten Leinen ständig zu überwachen und zu kontrollieren.

Kollision des Leichten Kreuzers USS BOISE CL-47 mit einem Felsen

Dieser Seeunfall ereignete sich während des zweiten Weltkrieges. Ein Verband der USA-Pazifikflotte, bestehend aus den Leichten Kreuzern USS Boise CL-47 (1938, 11 580 t) und USS Marblehead CL-12 (1924, 7 050 t) und acht Zerstörern, hatte die Aufgabe, japanische Flottenkräfte in der Makassar Strait (Selat Makassar) abzufangen.

Der Verband lief am 20. Januar 1942, nachdem die Schiffe Kraftstoff übernommen hatten, mit Westkurs durch die Sawusee (Laut Sawu), drehte dann auf Nordkurs, um die Straße von Sape (Selat Sape), die zwischen den Inseln Komodo und Sumbawa (Indonesien) gelegen ist, zu durchlaufen. Inmitten der Straße von Sape ragt ein in den Seekarten eingetragener dolchartiger, spitzer Felsen eben aus dem Wasser. Auf Grund einer fehlerhaften Navigation des Kommandanten und des Navigationsoffiziers lief der Leichte Kreuzer Boise auf diesen Felsen auf. Der Schiffskörper im Bereich des Kiels wurde schwer leckgeschlagen, so daß er zur Wiederherstellung der Einsatzbereitschaft in den nächsten Stützpunkt gebracht werden mußte. Die gestellte Aufgabe konnte er somit nicht erfüllen.

Ein Zerstörer mußte die beschädigte Boise in den Reparaturstützpunkt begleiten.

Zerstörer, Fregatten und Torpedoboote

Untergang des Torpedobootes S 2 im Sturm

Am 04. Oktober 1925 wurde ein finnischer Schiffsverband während der Seeausbildung im Bottnischen Meerbusen vom Sturm überrascht.

Im Sturm sank das zum Verband gehörende Torpedoboot S 2 (1901, 254 t). Niemand von der 56köpfigen Besatzung konnte gerettet werden. Die mit dem Torpedoboot laufende Fregatte Hannemaa trieb an die schwedische Küste ab und kehrte danach beschädigt zurück.

In einer den Seeunfall behandelnden Untersuchung wurde dem Befehlshaber der finnischen Seestreitkräfte zur Last gelegt, den Marsch der Schiffe bei ungünstigen Wetterbedingungen und starkem Seegang zugelassen zu haben, ohne dabei die geringe Seetüchtigkeit der Schiffe, den ungenügenden Ausbildungsstand und die mangelhafte Erfahrung der Besatzungen zu beachten. Die Ermittlungen hatten ergeben, daß die finnischen Marineoffiziere nicht die erforderliche seemännische Praxis besaßen und das Schärengebiet mit all seinen navigatorischen und hydrometeorologischen Besonderheiten nicht genügend kannten. Der Kommandant des gesunkenen Torpedobootes ließ eine Reihe grober Fehler bei der Berechnung, Festlegung und Kopplung der Kurse zu. Man stellte seine völlige Unkenntnis in der Schärenfahrt und sein Unvermögen fest, sich in den Schären zu orientieren. Während des Sturmes hatte er auf gut Glück und ohne Begründung begonnen, wahllos die Kurse zu ändern, so daß das Schiff schließlich auf Grund lief und kenterte. Nachdem das Torpedoboot im August 1926 gehoben worden war, konnten am Bootskörper keine Schäden festgestellt werden. Das Oberdeck sowie die Bewaffnung und Ausrüstung an Oberdeck waren demgegenüber stark beschädigt. Expertenmeinungen zufolge führte der schwere Seegang zum Kentern des Schiffes. Das Torpedoboot wurde anschließend verschrottet.

Schlußfolgerungen aus der Katastrophe des Torpedobootes TOMOZURU

Kurz nach der Indienststellung lief das japanische Torpedoboot Tomozuru (1934, 527 t) am 06. März 1934 zur Teilnahme an einer Übung aus Sasebo (Japan) aus. Nach Beendigung der Übung geriet der Schiffsverband, zu dem auch die Tomozuru gehörte, in ein Sturmgebiet. Mit Nachlassen des Sturmes legte sich über das gesamte Seegebiet für einige Tage dichter Nebel. Nachdem dieser sich am 12. März aufgelöst hatte, fehlte unter den verstreut vor Anker liegenden Schiffen des Verbandes die Tomozuru. Noch am selben Tage wurde sie kieloben schwimmend gefunden. In dieser Lage schleppte sie der Leichte Kreuzer Tatsuta nach Sasebo ein. Von der 113köpfigen Besatzung waren etwa 100 Mann ums Leben gekommen.

Eine offizielle Untersuchung dieser Katastrophe führte zu dem Ergebnis, daß für das Kentern des Torpedobootes der zu kleine und für stürmische Wetterlagen nicht ausreichende Stabilitätsumfang verantwortlich war.

Der Fall Tomozuru war nicht nur eine besondere Episode mit tragischen Folgen, er wurde auch zu einem Wendepunkt für die gesamte japanische Seekriegsflotte der dreißiger Jahre. Bis zu diesem Zeitpunkt strebte der japanische Kriegsschiffbau danach, die Überwasserkriegsschiffe bei minimalem Deplacement mit einem Maximum an Bewaffnung auszurüsten. Das war ein schwerwiegender Irrtum. Alle Hauptklassen der japanischen Überwasserkriegsschiffe hatten bis zu diesem Zeitpunkt einen viel zu kleinen Stabilitätsumfang. Signale, die auf die ungenügende Stabilität der Schiffe der japanischen Seekriegsflotte hinwiesen, gab es bereits vor dem Fall Tomozuru. Doch erst die Tomozuru veranlaßte die japanische Führung, die Stabilitätsvorschriften für die Schiffe der japanischen Seekriegsflotte einer generellen Revision zu unterziehen. Das war auch der Grund, weshalb die Kommission zur Untersuchung der Tomozuru-Katastrophe den Auftrag erhielt, nach Abschluß der Ermittlungen neue Stabilitätsvorschriften nicht nur für die Torpedoboote, sondern auch für alle anderen Überwasserkriegsschiffe zu erarbeiten. In dieser Kommission arbeiteten sogar Admirale der japanischen Seekriegsflotte mit. Die neuen Stabilitätsvorschriften wurden von den dafür zuständigen Instanzen bestätigt und dienten als Grundlage für die Umprojektierung und den Umbau vieler Überwasserkriegsschiffe.

Mit der Verbesserung der Stabilität wurde die Artilleriebewaffnung der japanischen Kriegsschiffe verändert. Die Anzahl der Geschütztürme wurde zum Teil reduziert. Die Hauptabmessungen der Schiffe und ihr Verhältnis zueinander fanden bei neuen Projekten volle Berücksichtigung. Das Stabilitätsproblem wurde nach Gewicht und Form gelöst. Entweder mußte das Deplacement der Schiffe vergrößert oder bei Beibehaltung des Deplacements die Bewaffnung verringert werden. Um den neuen Forderungen an die Stabilität der Torpedoboote bei Erhalt der Hauptkaliber von 3 x 120-mm-Geschützen gerecht zu werden, mußte z. B. das Deplacement um fast 70 Tonnen von 527 auf 595 Tonnen, d. h. um mehr als 13% erhöht werden. Die 16 Torpedoboote des Bauprogramms 1935/1936 hatten bereits ein neues größeres Deplacement.

Ein weiteres Beispiel sind die japanischen Schweren Kreuzer des MOGAMI-Typs mit ihrer überladenen Artilleriebewaffnung und Panzerung. Ihre Stabilität war ebenfalls mangelhaft. Zur Verbesserung der Stabilität wurde von diesen Schiffen ein Drillingsturm des 155-mm-Hauptkalibers von Bord genommen. Auf den nachfolgenden Schweren Kreuzern gleichen Deplacements verzichtete man von vornherein auf einen der Geschütztürme. Gleichzeitig wurde der Schiffskörper um einen Meter verbreitert, was zu einer verbesserten Stabilität dieser Schiffe führte.

Auf diese Weise wurden die Fehler japanischer Kriegsschiffskonstrukteure korrigiert. Die Führung der kaiserlich-japanischen Seekriegsflotte und ihre Konstrukteure mußten mit dem TOMOZURU-Fall die traurige Erfahrung machen, daß ein Maximum aus einem Minimum herauszuholen zwar äußerst verlockend, aber nicht in jedem Falle möglich oder günstig ist. Wie es so oft der Fall ist, mußte diese Erkenntnis erst mit beträchtlichen Verlusten an Menschen und Material bezahlt werden.

Die für die Umprojektierung und Umrüstung der Schiffe notwendig gewordenen Maßnahmen und Arbeiten waren gleichzeitig ein großer Zeitverlust für die weitere Entwicklung der damaligen japanischen Seekriegsflotte. Aber das mußte in Kauf genommen werden, wenn auch die Zeit ein militärischer Faktor ist, der oft genug unersetzlich ist.

Die TOMOZURU-Katastrophe hat viele vieles, nicht nur in der japanischen Seekriegsflotte, gelehrt.

Totalverlust des Zerstörers USS TRUXTUN DD-229

Im Februar 1942 begleiteten die Zerstörer USS TRUXTUN DD-229 (1920, 1 500 t) und USS WILKES DD-441 (1939, 1 630 t) das Depotschiff USS POLLUX AK-54 von Portland (USA, Bundesstaat Maine) nach Argentia (Kanada, Island of Newfoundland). In der Nacht zum 18. Februar 1942 kam in diesem Seegebiet starker Sturm mit heftigem Schneefall auf. Die Sicht ging auf ein extremes Minimum zurück, so daß die Schiffe faktisch «blind» fuhren. Nach dem Einlaufen des Geleites in die Placentia Bay, zuvor hatte es Ferryland Head passiert, war es auf der TRUXTUN unmöglich geworden, den genauen Schiffsort zu bestimmen. So konnte auch nicht festgestellt werden, daß das Geleit vom vorgegebenen Kurs abgewichen war.

Die Gefahr erkannte als erster der Signalgast. Es war aber schon zu spät. Die TRUXTUN lief auf die felsige Küste auf und war den schweren Grundseen und der Brandung ausgesetzt. Über das Deck des mit Schlagseite auf dem Felsen festliegenden Zerstörers rollten schwere Seen. Sie zerschlugen die Aufbauten, rissen diese mit sich fort und schleuderten schließlich die TRUXTUN quer gegen die aus dem Wasser aufragende Felsenküste. Dabei entstanden am Schiffskörper schwere

Der Zerstörer TRUXTUN

Schäden, Löcher wurden in die Bordwand geschlagen, Spanten brachen und wurden deformiert. Das eisige Seewasser drang in den Zerstörer ein.

Kurze Zeit später brach die TRUXTUN auseinander und versank.

Bei diesem Seeunfall fanden mehr als 100 Seeleute den Tod. Einige konnten von den in der Nähe des Unfallortes lebenden Küstenbewohnern mit kleinen Fischereifahrzeugen und Booten gerettet werden.

Auf die Felsen liefen auch die anderen beiden Schiffe des Geleites. Die Besatzung der POLLUX gelangte über die Masten und das Ladegeschirr sowie über ausgebrachte Laufstege an Land. Diese Landverbindungen wurden aber durch die tobende See bald wieder unterbrochen. Der Zerstörer WILKES konnte durch ein volles Rückwärtsmanöver mit eigener Kraft wieder von der Felsenküste freikommen. Trotz schwerer Schäden gelang es ihm, mit eigener Kraft den nächsten Hafen zu erreichen. Auf diese Art und Weise scheiterte die Überführung eines Depotschiffes der US Navy im Schutze zweier Zerstörer. Ursachen waren die schlechte navigatorische und hydrometeorologische Vorbereitung und Sicherstellung der Fahrt.

Totalverlust des Zerstörers USS WORDEN DD-352

Der Zerstörer USS WORDEN DD-352 (1935, 1 800 t) gehörte zu den alliierten Kräften, die im Seegebiet der Aleutian Islands gegen die von den Japanern besetzten Inseln Kiska und Attu (USA, Bundesstaat Alaska) handelten. Die Inseln sind die meiste Zeit des Jahres in dichten Nebel gehüllt. Ihnen unmittelbar vorgelagert, befinden sich schroffe Felsenriffe.

In der Nacht zum 12. Januar 1943 hatte die WORDEN den Befehl, ein Truppenkontingent von der Insel Adak zu der westlich von ihr liegenden Insel Amchitka zu überführen. Dort sollten sie einen Flugzeugstützpunkt einrichten, der näher an den von den Japanern besetzten Inseln lag. Die Nacht war dunkel, das Wetter sichtig, und nach einem vorangegangenen Sturm hatte sich die See beruhigt.

Beim Anlaufen des Hafens Constantine Harbor wurden von der Brücke aus die zum Teil aus dem Wasser herausragenden Felsen und die vorspringende felsige Land-

Der amerikanische Zerstörer WORDEN vor Constantine Harbor

Die Schleppverbindung zum Zerstörer DEWEY ist gebrochen, die WORDEN ist auf die Felsen getrieben

Der Zerstörer droht zu kentern und auseinanderzubrechen. Die Besatzung verläßt das Schiff

Der gekenterte und auseinandergebrochene Zerstörer WORDEN

zunge ausgemacht. Nach der genauen Überprüfung des Schiffsortes und nach Präzisierung der nautischen Lage vor der Hafeneinfahrt lief der Zerstörer ohne Vorkommnisse in den Hafen ein. Unmittelbar nachdem der letzte Mann der abzusetzenden Truppen von Bord gegangen war, lief der Zerstörer um 07.30 Uhr wieder aus. Ein verschärfter Ausguck war organisiert. Der Zerstörer hatte die Bucht fast verlassen, als der Unterwasserschiffskörper mit einem unterhalb der Wasseroberfläche befindlichen scharfkantigen Felsen kollidierte, wodurch im Bereich des Turbinenraumes schwere Schäden auftraten. Obwohl der Schiffssicherungszug des Zerstörers mit all ihm zur Verfügung stehenden Mitteln und unter Einsatz aller an Bord vorhandenen Lenzmöglichkeiten den Wassereinbruch unter Kontrolle zu halten versuchte, lief der Turbinenraum schnell voll Wasser. Nachdem der Zerstörer keine Fahrt mehr durch das Wasser machte, driftete er, beschädigt und manövrierunfähig, mit der Küstenströmung auf die felsige Uferzone zu. Jetzt ließ der Kommandant den Anker fallen, um das Schiff nicht quer auf die Felsen auftreiben zu lassen. Bei der zu dieser Zeit herrschenden Flaute lag das Schiff ruhig.

Mit Tagesanbruch kam wieder Wind auf, und die dadurch auch stärker werdende Brandung ließ jetzt das Heck der WORDEN gegen die unter Wasser befindlichen Felsen schlagen. Die Besatzung kämpfte dabei aufopferungsvoll um den Erhalt ihres Schiffes. Der inzwischen am Unfallort eingetroffene Zerstörer USS DEWEY DD-349 konnte auch nicht mehr helfen. Es war zwar gelungen, eine Schleppverbindung mit der WORDEN herzustellen, diese brach jedoch beim Anschleppen. Die WORDEN trieb auf die Felsen zu und kam auf ihnen fest. Als der Zerstörer eine Krängung von 35° erreicht hatte, befahl der Kommandant der Besatzung, das Schiff zu verlassen.

Um 12.25 Uhr brach der Zerstörer WORDEN auseinander.

Strandung und Verlust des Zerstörers USS BALDWIN DD-624

Der Zerstörer USS BALDWIN DD-624 (1943, 2580 t) sollte im Schlepp von Boston (USA, Bundesstaat Massachusetts) zur «Einmottung» nach Philadelphia (USA, Bundesstaat Pennsylvania) überführt werden. Während der Überführung brach im Sturm die Schleppverbindung, und der Zerstörer trieb mit etwa 290° und einer Geschwindigkeit von 1,8 Knoten auf die Küste von Long Island zu. Die Windgeschwindigkeit betrug zu dieser Zeit 20 m/s (Stärke 8 nach Beaufort).

Anfangs wurde vermutet, daß das Schiff in den Long Island Sound treiben würde, wo man günstigere Bedingungen zur Wiederherstellung der Schleppverbindung anzutreffen hoffte. Die Überführung des Zerstörers hätte dann fortgesetzt werden können. Doch alle Versuche, mit dem driftenden Zerstörer wieder eine Schleppverbindung herzustellen, blieben erfolglos. Ein zweiter herbeigerufener Schlepper konnte auch keine wesentliche Hilfe leisten. Durch die eintretende Ebbe kenterte der Strom, und der Zerstörer trieb jetzt in 273°. Am 16. April 1961 strandete die BALDWIN zwei Seemeilen westlich von Montauk Point an der amerikanischen Atlantikküste. Das Schiff saß auf 2,44 Meter Wassertiefe fest auf dem Strand auf. Sein Tiefgang betrug etwa 5 Meter. Der Grund war sandig und felsig und mit einzelnen großen Steinen bedeckt. Zur Abbergung des Zerstörers mußte das Gewicht und damit der Tiefgang verringert werden. Außerdem war das Schiff an großen Steinen vorbeizuziehen.

Für die Bergung wurde eine Bergungsabteilung gebildet, die aus zwei Hochseeschleppern und vier Bergungsfahrzeugen bestand.

Der gestrandete amerikanische Zerstörer BALDWIN

Die Wetterverhältnisse ließen erst drei Tage nach der Strandung die notwendigen Taucheruntersuchungen am Schiffskörper der BALDWIN zu. Eine vollständige Untersuchung des Unterwasserschiffes gelang jedoch nicht, da Teile davon bereits durch Sandumlagerungen nicht mehr zugänglich waren. Viele Abteilungen und Räume standen bis zur Wasseroberfläche unter Wasser.

Nachdem ein Teil der Lecks abgedichtet und das Wasser aus den Abteilungen und Räumen gepumpt worden war, begann das Abbergen des Zerstörers, wobei sogenannte Beach gears* verwendet wurden.

Die Arbeiten verliefen mit wechselndem Erfolg. Störend wirkten sich dabei das Wetter und der ständige Seegang aus. Ein Leichtern des Zerstörers, was die Bergungsarbeiten günstig beeinflußt hätte, war ausgeschlossen. Eine zwischen Zerstörer und Strand 25 bis 50 Meter hoch aus dem Wasser aufragende Felswand ließ das Verlegen einer Rohrleitung zur Heizölabgabe an Land nicht zu. Die Abgabe des Heizöls an Bargen war ebenfalls nicht möglich. Die örtlichen Bedingungen ließen es nicht zu, diese Bargen näher als 150 Meter an den Zerstörer heranzubringen.

Der Bergungsabteilung gelang es schließlich, die leckgeschlagenen Abteilungen abzudichten. Anschließend pumpte man das Wasser aus dem Schiff heraus und schuf in den einzelnen Abteilungen Luftpolster. Bei ständigem Einsatz der Lenzmittel konnte schließlich die BALDWIN lenz gehalten werden. Nachdem sie etwa 60 Meter seewärts gezogen worden war, schwamm sie auf. Die relativ starke Bergungsabteilung brauchte hierfür ganze sechs Wochen. Während der Bergungsarbeiten verunglückte ein Mann tödlich, und ein anderer wurde schwer verletzt.

Mit der Bergung hatte auch die Säuberung der Wasseroberfläche und des Küstenstreifens von dem ausgeflossenen Heizöl begonnen. Verwendet wurde dabei karbonisierter Sand. Mit Beendigung der Bergungsarbeiten war auch die Ölverschmutzung beseitigt.

Die Entscheidung über dic Außerdienststellung des Zerstörers war bereits vor der Abbergung getroffen worden. Begründet wurde diese Entscheidung mit den hohen

* Beach gear – ein in den USA verwendetes System, das aus einem Anker (wird eingespült) von 3,6 Tonnen, einer Stahltrosse, Taljen und einer Winde von 50 Tonnen Zugkraft besteht und zum Abbergen gestrandeter Schiffe bestimmt ist.

Instandsetzungskosten. Diese standen in keinem Verhältnis zum Nutzen für die US Navy, zumal die BALDWIN zur Reserveflotte gehörte.

In den ersten Junitagen 1961 schleppte man die BALDWIN auf den Atlantik hinaus und versenkte sie auf einer Wassertiefe von über 500 Metern.

Abbergung des Radarvorpostenzerstörers USS FRANK KNOX DDR-742

Der Radarvorpostenzerstörer USS FRANK KNOX DDR-742 (1945, 3550 t) lief am frühen Morgen des 18. Juli 1965 im Südchinesischem Meer, etwa 180 Seemeilen südöstlich von Hongkong, auf ein Riff des Pratas-Atolls (Dongshadao). Es herrschte ruhiges Wetter, die See war glatt.

Bei 119 Metern Gesamtlänge saß der Zerstörer mit dem gesamten Vorderschiff auf 75 Metern so fest auf dem Riff, daß ein sofortiger Versuch, ihn vom Riff wieder herunterzuziehen, mißlang.

Der Schiffsboden war stark beschädigt. Viele Räume standen unter Wasser. Der Suchkopf der hydroakustischen Station war abgerissen. Die vier Kessel blieben unter Dampf, und der E-Abschnitt stellte weiter die volle Energieversorgung des Schiffes

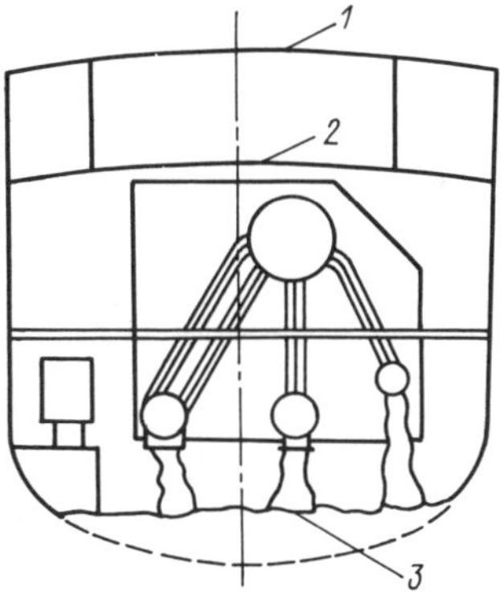

Beschädigungen am Schiffsboden des Radarvorpostenzerstörers FRANK KNOX im Bereich des vorderen Kesselraumes (Blick in Richtung Vorsteven)
1 – Aufbaudeck; 2 – Hauptdeck; 3 – Beschädigungen am Schiffsboden

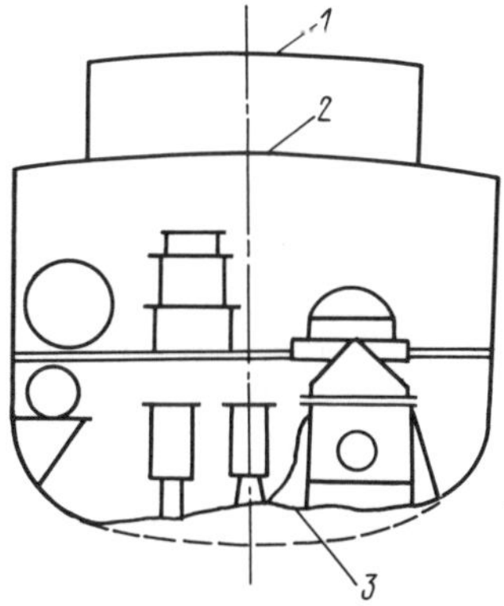

Beschädigungen am Schiffsboden der FRANK KNOX im Bereich des vorderen Turbinenraumes (Blick in Richtung Vorsteven)
1 – Aufbaudeck; 2 – Hauptdeck; 3 – Beschädigungen am Schiffsboden

sicher. Von der Besatzung wurden sofort alle Maßnahmen zur Sicherung und Abbergung des Schiffes eingeleitet.

Damit der Seegang das Schiff nicht noch mehr beschädigt, wurden alle vorderen Zellen geflutet. Außerdem begann man noch vor dem Eintreffen der Hauptbergungskräfte, den Zerstörer zu leichtern. Dies war eine notwendige Vorbereitung für eine zügige Abbergung. Der sich in der Nähe aufhaltende Bergungsschlepper wurde zur Unterstützung eingesetzt; er brachte eine Barge an den Zerstörer heran. Mit Hilfe des Schleppers und der Barge konnten über 150 Tonnen Bewaffnung und andere Technik von Bord des Zerstörers geholt werden. Das Kesselspeisewasser wurde außenbords und das Heizöl in die achteren Bunker gepumpt. Ständig arbeiteten die Lenzpumpen, um die FRANK KNOX lenz zu halten.

Nach zwei Tagen traf das Bergungsschiff USS GRAPPLE ARS-7 (2206 kW Maschinenleistung) am Unfallort ein. Ihm gelang es mit Hilfe des Beach gear, die FRANK KNOX einige Meter zu bewegen.

Der heranziehende Taifun «Gilda» und der zunehmende starke Seegang zwangen die Bergungskräfte, die Arbeiten zeitweilig zu unterbrechen. Die FRANK KNOX mußte wieder Ballast übernehmen. Die Schläge der hochgehenden See und die der beladenen, längsseits liegenden Barge gegen den Schiffskörper vergrößerten die Schäden. Es kam zu erneuten Wassereinbrüchen. Alle Zellen und Räume im Vorschiff, einschließlich des vorderen Kessel- und Turbinenraumes, sowie einzelne Heizölbunker liefen voll Wasser. Im hinteren Kesselraum ereignete sich zwar nur ein unbedeutender Wassereinbruch, aber das Fundament des Kessels Nr. 3 wurde zerstört und die achtere Kesselspeisewasserzelle durch eindringendes Seewasser versalzen. Der Kiel wurde im Bereich des vorderen Turbinenraumes zerstört, das Hauptdeck und der Schergang deformiert.

Als nach den Sturmtagen die Bergungsarbeiten wieder aufgenommen werden konnten, befand sich am Unfallort eine Armada von Kriegs-, Hilfs- und Bergungsschiffen. Ihr gehörten ein Flugzeugträger, ein Tanker, ein Reparaturschiff für Zerstörer, zwei Bergungsschiffe, zwei Hochseeschlepper, ein U-Boot-Rettungsschiff und mehrere andere kleine Fahrzeuge an. Mit Hubschraubern des Flugzeugträgers wurden die zur Bergung eingesetzten Kommandos, einschließlich ihrer Ausrüstung und Technik, auf die FRANK KNOX geflogen. Sturm und Seegang machten es den kleinen Fahrzeugen unmöglich, am Zerstörer anzulegen.

Der Plan für die Bergungsoperation sah die Wiederherstellung der Schwimmfähigkeit und die Bereitstellung entsprechender Zugkräfte vor. Bei günstigen hydrometeorologischen Bedingungen und einem verringerten Bodenreibungskoeffizienten sollte die FRANK KNOX vom Riff gezogen werden. Voraussetzung dafür waren aber ein ausreichender Stabilitätsumfang und eine genügend große Festigkeit des Schiffskörpers für die sofortige Überführung in einen Reparaturstützpunkt. Um bei gleichzeitiger Gewichtsverringerung die Schwimmfähigkeit herzustellen, sollten zusätzliche Ausrüstungsgegenstände von Bord gegeben werden. Es war auch vorgesehen, alles zu unternehmen, um das Schiff lenz zu halten, außerdem sollten Schwimmpontons eingesetzt werden. Nachdem der Unterwasserschiffskörper durch Taucher untersucht worden war, wurden die Lecks abgedichtet, Lecksegel ausgebracht und beschädigte und deformierte Schottwände mit Leckbalken abgestützt und stabilisiert. Trotz der zusätzlich auf die FRANK KNOX gebrachten Havarielenzpumpen konnte das eingedrungene Seewasser nicht gänzlich aus dem Schiff entfernt werden. Nunmehr brachte man Kompressoren auf das Schiff und versuchte mit Preßluft, das Wasser aus den Abteilungen und Räumen zu drücken. Als auch dieser Versuch fehlschlug, entschloß sich der Bergungsstab, Schaum* einzusetzen.

Im Verlauf der Bergungsarbeiten tauchte auch der Gedanke auf, die vollgelaufenen Abteilungen und Räume mit kleinen Polystyrolkugeln an Stelle von Schaum zu füllen. Der Gedanke wurde jedoch verworfen. Die kleinen, sich nicht miteinander verbindenen Kunststoffkugeln hätten wegen ihrer guten Auftriebsfähigkeit das Bestreben gehabt, durch den beschädigten Schiffskörper wieder außenbords zu gelangen. Außerdem setzte sich die Annahme durch, daß die Masse der kleinen Kugeln wie eine Luftblase wirkt, die sich durch die Schiffsbewegungen ebenfalls bewegt und folglich als Resultierende der Auftriebskraft regelrecht «schwimmt». Dieser Umstand sprach ebenfalls gegen den Einsatz der Polystyrolkugeln.

Die auf der FRANK KNOX verwendete Schaummasse wurde in der Mischkammer hinter der Spezialdüse hergestellt und durch diese in die entsprechenden Abteilungen und Räume gedrückt. Der in halbflüssiger Form durch die Düse gedrückte Schaum verfestigte sich auf einer relativ kurzen Entfernung (1,5 bis 2,0 m) zu einer kompakten Masse. Die Schaumdichte betrug $0{,}050\,g/cm^3$. Mit diesem Schaum füllte man eine große Anzahl der Abteilungen und Räume des Vorderschiffes. Insgesamt waren es 76 Tonnen Schaum, die 1240 Tonnen Wasser verdrängten. Die Schwimmfähigkeit konnte dadurch bedeutend verbessert werden, obwohl die Arbeiten zum Füllen der verschiedenen Räume mit Schaum viel Zeit in Anspruch nahmen.

Unter den Schiffskörper wurden speziell aus den USA zum Unfallort geholte Gummiauftriebskissen geschoben. Taucheruntersuchungen hatten ergeben, daß Teile des Schiffsbodens durch die Korallen aufgerissen und andere Teile stark eingebeult waren. Um nun weiteren Beschädigungen am Schiffsboden vorzubeugen, sprengte man einen kanalartigen Graben in das Korallenriff. Zusätzliche Zugmittel, so auch neue Beach-gear-Systeme, wurden vorbereitet. Schließlich sollten der Kessel Nr. 3 und die hintere Turbine wieder in Betrieb genommen werden. Alle diese Maßnahmen,

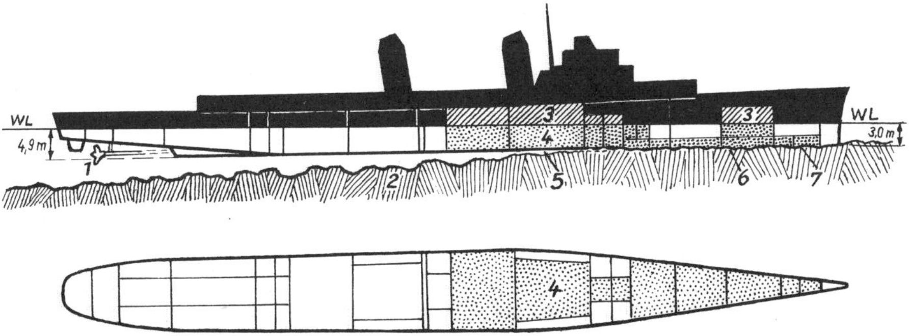

Die mit Schaum gefüllten Abteilungen und Räume des amerikanischen Radarvorpostenzerstörers FRANK KNOX
1 – beschädigter Propeller; 2 – Korallenriff; 3 – Schaumfüllung zum wasserdichten Verschluß; 4 – Schaumfüllung zur Verdrängung des Wassers aus den unteren Räumen; 5 – beschädigter Schiffsboden; 6 – Ort, an dem sich der abgerissene Suchkopf der hydroakustischen Station befand; 7 – Teil des Vorschiffes, der in den Korallen steckenblieb

* Die Verwendung von Schaum bei Bergungsarbeiten wird in den USA als FIS – Foam-In-Salvage (Schaum für Bergungsarbeiten) – bezeichnet.

Die mit Schaum gefüllten Feldwebelräume auf der FRANK KNOX

einschließlich des Einsatzes des Steuerbordpropellers auf *Zurück*, hielt man für ausreichend, um die FRANK KNOX vom Riff zu ziehen.

Berechnungen hatten ergeben, daß es möglich war, die FRANK KNOX bei gutem Wetter in einen Hafen zu schleppen, vorausgesetzt, sie breche infolge der unausgeglichenen Gewichtszunahme durch das in den Schiffskörper eingedrungene Wasser beim Abbergen vom Riff nicht auseinander. Der Tiefgang vorn betrug 6,7 Meter, achtern 4,6 Meter. In diesem Zustand hatte die metazentrische Höhe noch einen Wert von 0,46 Metern, was für eine Überführung völlig ausreichend war.

Zweifel bestanden jedoch bezüglich der Längsfestigkeit. Es wurde damit gerechnet, daß der beschädigte Zerstörer beim Aufschwimmen durchbricht. Zur Gewährleistung einer genügenden Längsfestigkeit sollten zunächst Längsträger auf das Hauptdeck aufgeschweißt werden. Solche Träger kamen aus dem Flotten- und Reparaturstützpunkt der US Navy Subic Bay (Philippinen). Im Verlauf der Bergungsarbeiten wurde diese Maßnahme aber wieder verworfen, da man von der Qualität der Schweißarbeiten nicht voll überzeugt war. Detaillierte Untersuchungen und Berechnungen führten außerdem zu dem Ergebnis, daß allein die aufgeschweißten Längsträger das Problem nicht lösen würden.

Das Füllen des Zerstörers mit Schaum löste mit einem Schlage das Stabilitätsproblem wie auch das der Festigkeit. Mit der Leichterung des Zerstörers verringerte sich gleichzeitig die Gefahr einer kritischen Durchbiegung und damit die Möglichkeit des Durchbrechens des Schiffes.

Mehr als ein Monat war für die Vorbereitungsarbeiten notwendig, um das Schiff vom Riff ziehen zu können. Einen Tag vor dem Ereignis herrschte gutes Wetter. Die See war ruhig.

Am 24. August 1965 konnte schließlich der Radarvorpostenzerstörer USS FRANK KNOX DDR-742 während der Flut (1,06 m über dem örtlichen Seekartennull) mit rückwärtslaufendem Steuerbordpropeller und mit Unterstützung eines Schleppers sowie sechs Beach-gear-Systemen vom Riff heruntergezogen werden.

Das Bergungsschiff USS CONSERVER ARS-39 schleppte die FRANK KNOX anfangs über das Heck, um die dynamische Belastung des beschädigten Vorschiffes während der Überführung zu verringern. Der Zerstörer wurde zunächst in die Werft nach Gaoxiong (Taiwan) zu einer provisorischen Notreparatur gebracht, um ihn danach sicher nach Yokosuka (Japan) zur vollständigen Wiederinstandsetzung überführen zu können.

Für die Beseitigung der schweren Schäden am Vorschiff war ein großer Arbeitsumfang vonnöten. Es genügt festzustellen, daß allein zur Wiederherstellung des Schiffskörpers mehr als 200 Tonnen Stahl bereitgestellt werden mußten. Bei den Wiederinstandsetzungsarbeiten traten Schwierigkeiten auf, als der verfestigte Schaum aus den einzelnen Räumen entfernt werden sollte. Die Beständigkeit und damit die Vorzüge des Schaumes bei der Abbergung des Zerstörers hatten sich jetzt in ein Hemmnis bei der Wiederinstandsetzung verwandelt. Der Schaum hatte sich relativ fest mit dem Metall des Schiffskörpers, der Anlagen, Geräte und Armaturen verbunden, so daß als erstes ein zweckmäßiges Verfahren gefunden werden mußte, ihn schnell, aber ohne Beschädigungen der Schiffskonstruktionen und -ausrüstung aus dem Zerstörerinneren wieder zu entfernen. Das war eine wesentliche Voraussetzung, um die Reparaturarbeiten termingerecht abschließen zu können. Nach anfänglichen Mißerfolgen wurde der Schaum schließlich durch mechanische und hydraulische Verfahren und letzten Endes manuell beseitigt.

Während dieser Arbeiten kam es verschiedentlich zu Wassereinbrüchen, die zusätzliche Anstrengungen zum Abdichten der Lecks erforderten. So zog sich die Entfernung des Schaumes aus dem Zerstörer über einige Monate hin, was wiederum zu Verzögerungen bei der Wiederinstandsetzung führte. Groß war der Aufwand zur Wiederinstandsetzung der Hauptantriebsanlage. Die Turbinen und Kessel, aber auch die dazugehörigen Hilfsmaschinen der vorderen Gruppe mußten demontiert und zum größten Teil in der Werft überholt werden. Die Kessel Nr. 1 und 2 wurden fast vollständig neu berohrt, und viele Ausrüstungen der E-Anlage wurden in den Gewerken der Werft wiederhergestellt. Auch ein Teil der Artillerie- und der anderen Bewaffnung und die Waffenleitgeräte kamen zur Instandsetzung.

Da die FRANK KNOX ein Radarvorpostenzerstörer war, wurde der Überholung und Reparatur der funkelektronischen Anlagen und Ausrüstung ein ganz besonderes Augenmerk geschenkt. Etwa 200 Anlagen- und Ausrüstungsteile dieser Technik mußten demontiert und von der Werft instand gesetzt und kalibriert werden. Die chemische Säuberung der Schalttafel und der Relais, der elektronischen Geräte und anderer Details organisierten die einzelnen Gewerke.

Die Wiederinstandsetzung des Zerstörers erhielt vor allem anderen absoluten Vorrang, was in den geleisteten Nachtschichten und in der Sonntagsarbeit zum Ausdruck kam. Trotz dieser Arbeitsintensität dauerte die Wiederinstandsetzung eineinhalb Jahre und kostete eine Million US-Dollar. Diese Summe ist aber nur relativ. Sie liegt erheblich höher, wenn die aufwendigen Abbergungsarbeiten mit einbezogen werden. Umfang, Charakter und Technologie der Wiederinstandsetzung der FRANK KNOX sind ausführlich von W. E. Searly und A. Rynecki sowie von A. Winer und M. Munger (siehe Lit.-Verzeichnis Nr. 84 und Nr. 88) beschrieben worden.

Nach der Standprobe, den Pier- und See-Erprobungen konnte die FRANK KNOX Ende 1966 wieder in den Bestand der Flotte eingegliedert werden.

Der Seeunfall der FRANK KNOX in der Mitte der sechziger Jahre zog die breite Öffentlichkeit der USA in seinen Bann.

Interessant ist aber, daß in keiner der vielen Veröffentlichungen die Ursache für das Auflaufen des Radarvorpostenzerstörers auf das Riff bei ruhigem Wetter und spiegelglatter See genannt wurde.

Strandung und Totalverlust des Geleitzerstörers USS BACHE DDE-470

Am Abend des 06. Februar 1968 strandete der Geleitzerstörer USS BACHE (1942, 2990 t) 130 bis 140 Meter vor der Einfahrt zum Hafen Ródos an der steinigen Küste der gleichnamigen griechischen Insel. Es herrschte Sturm mit Windgeschwindigkeiten von 23 m/s (Stärke 8 nach Beaufort). Die BACHE hatte vor Ródos vor Anker gelegen. Im Sturm trieb der Geleitzerstörer mit ausgebrachtem Anker in den unmittelbaren Bereich der äußeren Hafenbegrenzung und auf die dort liegenden Steine. Der Kommandant erstattete über die Geschehnisse Meldung und bat gleichzeitig um Hilfe und Unterstützung. In der ersten Meldung hieß es, daß der vordere Maschinenraum voll Wasser gelaufen sei und der Geleitzerstörer auseinanderzubrechen drohe. Bald darauf wurde diese Meldung widerrufen und die Rettung des Geleitzerstörers erwogen.

Der Lenkwaffenzerstörer USS CONYNGHAM DDG-17, der Zerstörer USS VOGELGESANG DD-862 und das Bergungsschiff USS HOIST ARS-40 erhielten den Befehl, sofort zum Unfallort zu laufen. Zusätzlich wurde der Angriffsflugzeugträger USS FRANKLIN D. ROOSEVELT CVA-42, der sich zu dieser Zeit in der Soudas Bucht der Insel Kreta aufhielt, angewiesen, dem gestrandeten Geleitzerstörer im erforderlichen Umfang Hilfe zu gewähren und die Rettungs- und Bergungsarbeiten zu koordinieren und zu leiten. Am frühen Morgen des folgenden Tages nahm der Wind ab. An Bord der BACHE verblieben 28 Mann der Besatzung unter Führung des Kommandanten. Die anderen 204 wurden an Land gebracht. Zu diesem Zeitpunkt hatte die BACHE bereits schwere Beschädigungen erlitten. Beide Turbinenräume, der hintere Kesselraum und die Munitionsräume standen unter Wasser. Taucheruntersuchungen ergaben, daß der Schiffsboden praktisch über die gesamte Länge vom Bug bis zum Heck Zerstörungen aufwies und das Schiff in diesem Zustand beim Freischleppen sinken würde. So entschloß man sich, den Geleitzerstörer abzurüsten. Die Munition, verschiedene Ausrüstungen und Materialien wurden an Trockenbargen und das Heizöl an eine Ölbarge übergeben. Gleichzeitig kamen vom Angriffsflugzeugträger etwa 400 Kilogramm karbonisierter Sand auf die BACHE. Er sollte das aus den Bunkern austretende Heizöl soweit wie möglich binden und einer größeren Ölverschmutzung vorbeugen.

Zur Teilnahme an den Bergungsarbeiten und zur Unterstützung des Bergungsstabes wurde ein Offizier der US Navy zum Unfallort entsandt, der große Erfahrungen bei der Abbergung des Radarvorpostenzerstörers USS FRANK KNOX DDR-742 gesammelt hatte. Gleichzeitig waren alle vorbereitenden Maßnahmen zur Abbergung der BACHE angelaufen. Nach zweitägiger intensiver Arbeit schlug der Leiter der Bergung vor, die Bergungsarbeiten einzustellen und den Geleitzerstörer als verloren zu betrachten. Dieser Vorschlag wurde vom vorgesetzten Stab nicht gebilligt. Im Gegensatz dazu erteilte er die Weisung, die Bergungsarbeiten unvermindert fortzusetzen.

Am 12. Februar meldete der Leiter der Bergung erneut den hoffnungslosen Zustand des Geleitzerstörers und bat, einen verantwortlichen Vertreter des vorgesetzten Stabes zum Unfallort zu entsenden, damit sich dieser selbst an Ort und Stelle von dem Zustand des Geleitzerstörers überzeugen und über die Zweckmäßigkeit der Fortsetzung der Bergungsarbeiten entscheiden könne. Eine speziell dazu befohlene Kommission empfahl nun endlich, nachdem sie sich am Unfallort mit der Lage der

Der auf steinigem Grund aufsitzende amerikanische Geleitzerstörer BACHE

Dinge vertraut gemacht hatte, die weiteren Bergungsarbeiten abzubrechen, den Geleitzerstörer USS Bache DDE-470 aus dem Bestand der Flotte zu streichen und das Wrack beseitigen zu lassen.

Extrem schlechtes Wetter fügte dem gestrandeten Geleitzerstörer weitere Schäden zu. Am 26. Februar 1968, 20 Tage nach der Strandung des Geleitzerstörers Bache, wurde er außer Dienst gestellt und am 01. März 1968 aus dem Naval-Register der USA gestrichen.

Schiffsverbände

Die Geschichte der Seefahrt kennt Katastrophen, von denen ganze Kriegsschiffsverbände betroffen waren. Die Schiffe strandeten gemeinsam oder gingen bei schwerem Wetter verloren. Im folgenden werden drei solcher Katastrophen und Seeunfälle von Schiffsverbänden der US Navy vorgestellt.

Gleichzeitiger Schiffbruch und Verlust von sieben Zerstörern

Am 08. September 1923 kam es zum gleichzeitigen Schiffbruch von sieben Zerstörern der US-amerikanischen Kriegsmarine. Die Zerstörer gehörten zu einem Typ, waren 1918 gebaut worden, hatten ein glattes Oberdeck und ein Deplacement von 1 215 t.

Die Tragödie spielte sich an der Küste des USA-Bundesstaates California, im Nordeingang des Santa Barbara Channel ab. Seit dieser der Art nach seltenen Katastrophe vergingen Jahrzehnte, bis einige der bei der Untersuchung und Kriegsgerichtsverhandlung ermittelten Einzelheiten an die Öffentlichkeit drangen. Sie dürften auch heute noch von allgemeinem Interesse sein.

Am 07. September 1923 erhielt das in der San Francisco Bay vor Anker liegende XI. Zerstörergeschwader den Befehl, nach San Diego (USA, Bundesstaat California) zu laufen. Das Geschwader ging am 08. September um 07.00 Uhr Anker auf und trat im Bestand von 14 Zerstörern die Überfahrt an. Die See war spiegelglatt und ruhig. Der Chef des Geschwaders, Captain Edward Botson, hatte sein Kommandozeichen auf dem Zerstörer USS DELPHY, dem Führerschiff, gesetzt. Um 08.30 Uhr ging das Geschwader auf den Generalkurs von 160° rechtweisend. Die Marschfahrt wurde auf 20 Knoten erhöht. Gegen 11.30 Uhr erfolgte die letzte terrestrische Ortsbestimmung. Nach drei Stunden änderte das Geschwader den Kurs auf 150° rechtweisend und lief ab 16.30 Uhr in der Formation Kiellinie. Die Umformierung wurde aller Wahrscheinlichkeit nach wegen der eingetretenen Wetterverschlechterung vorgenomen.

Zu bemerken ist, daß den Schiffen, die ihren Standort außerhalb der Landsicht oder unter schlechten meteorologischen Bedingungen bestimmen wollten, eine Reihe von Funkpeilstellen (RG) entlang der USA-Küste zur Verfügung stand. Eine dieser Funkpeilstellen befindet sich auf Point Arguello an der kalifornischen Küste.

Das Geschwader näherte sich gegen 18.00 Uhr dem Nordeingang des Santa Barbara Channel. Auf eine Anfrage vom Führerschiff antwortete nach 13 Minuten die Funkpeilstelle auf Point Arguello, daß sie die Signale in rechtweisend 320° peilt. Im weiteren übermittelte sie dann 30 Minuten lang ununterbrochen die Peilungen an die DELPHY. Nach diesen Werten führte der Kurs des Geschwaders direkt auf Point Arguello zu! Diese Tatsache hätte bereits zu diesem Zeitpunkt den Chef des Geschwaders nachdenklich stimmen müssen. Er schenkte jedoch den Angaben der Funkpeilstelle keine Beachtung und befahl: *Kurs 150°, Geschwindigkeit – 20 Knoten!*

Der Vollständigkeit halber ist anzumerken, daß es nach den in diesem Geschwader herrschenden Gepflogenheiten nur dem Geschwaderchef gestattet war, Peilungen von den Funkpeilstellen zu erfragen. Folglich wurden die Peilungen nur an das Führerschiff und nicht an ein anderes Schiff des Geschwaders übermittelt. Eine derartige Festlegung war durchaus nicht notwendig. Sie führte zum Ausschluß der Schiffe des Geschwaders von der Funknavigation und nahm ihnen die Möglichkeit, ihre Standorte mit den Angaben der Funkpeilstation zu überprüfen.

Um 20.00 Uhr, das Geschwader war nunmehr schon 13 Stunden auf dem Marsch, übermittelte das Führerschiff allen Schiffen des Geschwaders die auf ihm errechneten Koordinaten der 20.00-Uhr-Position. Der Geschwaderchef forderte jedoch nicht, daß die Kommandanten der in Kiellinie folgenden taktischen Nummern ihren 20.00-Uhr-Standort zum Vergleich meldeten. Diese elementare Regel beim Fahren im Verband, die von allen Flotten der Welt beachtet wird, befolgte der Geschwaderchef aus wer weiß welchen Gründen nicht. Somit war die gegenseitige Kontrolle der Standorte nicht möglich. Von diesem Zeitpunkt an gingen die Navigationsoffiziere auf den nachfolgenden Zerstörern bei ihrer Kopplung und den anderen nautischen Berechnungen vom 20.00-Uhr-Standort des Führerschiffes aus. Allgemein herrschte ja die Meinung vor, der vom Führerschiff ermittelte Standort sei zuverlässiger und gleichzeitig bindend für alle.

Auf einer Reihe von Zerstörern stimmten die Koordinaten der 20.00-Uhr-Position nicht mit denen des Führerschiffes überein. Nach den Angaben des Führerschiffes standen die Schiffe bedeutend südlicher. Die Berichtigung der Standorte auf den

Zerstörern erfolgte somit in die falsche, in die gefährliche Richtung. Kein Divisionschef und kein Kommandant hatte den Mut, die Zweifel ihrer Navigationsoffiziere an der Richtigkeit des Standortes des Führerschiffes dem Geschwaderchef zu melden. Nach den Peilungen der Funkpeilstelle um 20.39 Uhr – Peilung 330° rechtweisend und um 20.58 Uhr – Peilung 323° rechtweisend stand das Geschwader nördlich von Point Arguello und nicht südlich davon, wie auf dem Führerschiff zu dieser Zeit angenommen wurde. Doch auch diesmal war der Geschwaderchef von der Unfehlbarkeit seines Navigationsoffiziers so überzeugt, daß er wiederum die erhaltenen Peilungen in den Wind schlug. Diese durch nichts zu begründende Selbstsicherheit des Geschwaderchefs führte demzufolge zu keinerlei Vorsichtsmaßnahmen in dem für das Geschwader so bedeutenden Augenblick. Nach der Katastrophe zeigte es sich, daß der Fehler im Standort des Führerschiffes 20 Seemeilen(!) betrug.

Ohne ein Ankündigungssignal drehte um 21.00 Uhr das Führerschiff auf einen Kurs von 95° rechtweisend und verschwand im dichten Nebel. Das Kursänderungssignal mit dem neuen Kurs wurde den in Kiellinie folgenden taktischen Nummern nachträglich übermittelt. Das Geschwader ging auf den Kurs, der es in die Katastrophe führte. Fünf Minuten nach der Kursänderung lief das Führerschiff, die DELPHY, mit 20 Knoten Fahrt auf die Felsen der kalifornischen Küste. Jeder weitere in Kiellinie folgende Zerstörer folgte ihrem Schicksal, ohne die Fahrt verringert zu haben. Es waren die Zerstörer USS S. P. LEE DD-310, USS CHAUNCEY DD-296, USS FULLER DD-297, USS WOODBURY DD-309, USS NICHOLAS DD-311 und USS YOUNG DD-312.

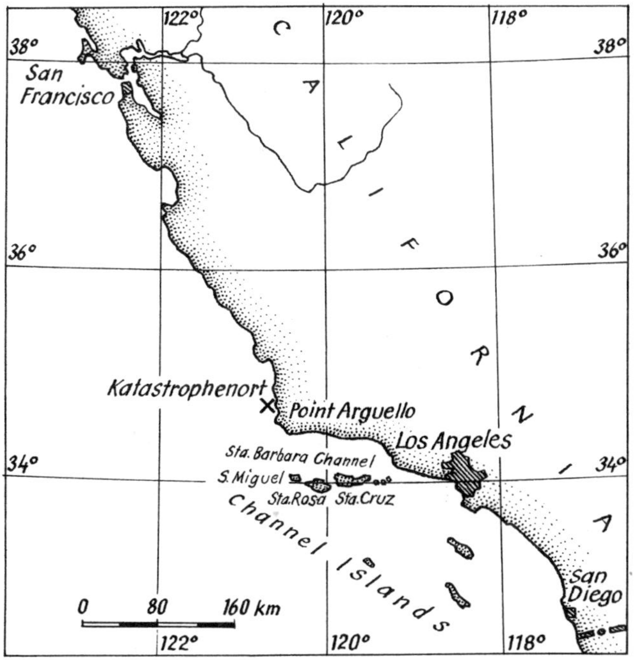

Ort des Schiffbruches der sieben amerikanischen Zerstörer

Die sieben Zerstörer lagen 75 bis 100 Meter voneinander entfernt an der felsigen Küste. Bei der Katastrophe kamen 22 Mann ums Leben. Der als taktische Nummer 7 laufende Zerstörer YOUNG kenterte beim Auflaufen, so daß auf ihm die meisten Opfer – 19 Mann – zu beklagen waren. Die restlichen sieben Zerstörer des Geschwaders konnten sich durch energische Rückwärtsmanöver vor dem Unheil retten, nachdem sie das Signal der vor ihnen laufenden Zerstörer über den Schiffbruch erhalten hatten.

Nach der Katastrophe kamen 11 Personen, der Chef des Geschwaders, zwei Divisionschefs, die Kommandanten der aufgelaufenen Zerstörer und der Navigationsoffizier der DELPHY, vor das Oberste Kriegsgericht. Sie wurden der Unfähigkeit und der Nachlässigkeit bei der Erfüllung ihrer Dienstpflichten beschuldigt. Das Gericht sprach vier von ihnen schuldig, für die übrigen sieben lautete das Urteil auf Freispruch. Bei einem der vier für schuldig Befundenen, dem Kommandanten des Zerstörers NICHOLAS, wurde die Entscheidung des Gerichtes durch eine übergeordnete Behörde aufgehoben. Die Hauptschuld traf den Chef des Geschwaders, den Kommandanten und den Navigationsoffizier des Führerschiffes. Für alle drei war das Strafmaß das gleiche – Zurückstellung von der nächsten Beförderung.

Von allgemeinem Interesse dürften die Stellung des Gerichtes zu der Katastrophe und die aus ihr gezogenen Lehren sein. Das Oberste Kriegsgericht vertrat die Auffassung, daß der Verlust der sieben Zerstörer vor allen Dingen auf grobe navigatorische Fehler zurückzuführen sei. Besonders scharf kritisierte es das blinde Festhalten an dem Prinzip «Fahren hinter dem Führerschiff». Es vertrat dazu folgenden Standpunkt:

Ein Abweichen von einem Plan oder einer strategischen Aufgabenstellung ist nur in den denkbar seltensten Fällen zulässig; bei der taktischen Ausführung einer Aufgabe aber ist dem Unterstellten jegliche Initiative gestattet.

Die Navigation und die Schiffsführung sind Elemente der Taktik.

Die Divisionschefs und Kommandanten der einzelnen Schiffe sind in jedem Falle für die Sicherheit ihrer Schiffe verantwortlich, unabhängig davon, wer führt. Eine Ausnahme ist lediglich bei Gefechtshandlungen zulässig, da hier der bestimmende Faktor die Vernichtung des Feindes und nieht die Sicherheit des eigenen Schiffes ist. Nichts kann den gesunden Menschenverstand des Unterstellten ersetzen!

Die Ursachen der Katastrophe sah das Gericht darin, daß sich niemand auf den verlorengegangenen Zerstörern der Gefährlichkeit der Situation bewußt war.

Nach dem Auflaufen der sieben Zerstörer der US-amerikanischen Kriegsmarine

Diese Tragödie war eine der ersten Katastrophen des Jahrhunderts auf See. Sie war nicht nur eine tragische, sondern auch eine unrühmliche Episode in der Geschichte der US Navy. Gleichzeitig wies sie auf die Rücksichtslosigkeit und Unwissenheit des Geschwaderchefs und auf die schlechte Navigationsausbildung der damaligen US-amerikanischen Seeoffiziere hin.

28 Jahre vor dem Auflaufen der sieben USA-Zerstörer auf die Felsen der kalifornischen Küste hatte es schon einmal eine «kollektive Grundberührung» von Kriegsschiffen gegeben. Im November 1895 liefen vier Schiffe des 7. französischen Mittelmeer-Panzerschiffgeschwaders, welche Vice-Admiral Gervais befehligte, auf Grund. Damals war das ein «ungewöhnlicher Fall in den Chroniken der europäischen Flotten» und für lange Zeit Pressegespräch in den Zeitungen Frankreichs und anderer Staaten. Der Fall war aber doch etwas anders geartet. Begünstigt wurde das Auflaufen der Panzerkreuzer dadurch, daß in den Seekarten das betreffende Flachwassergebiet nicht eingedruckt war. Auch handelte der Geschwaderchef verantwortlicher. Er warnte rechtzeitig die Schiffe seines Geschwaders vor der Gefahr. Unter seiner persönlichen Leitung kamen auch die Schiffe relativ schnell, ohne irgendwelche Schäden wieder frei, und es traten keine Verluste unter den Angehörigen des Geschwaders auf. Das waren auch die Gründe, weshalb die Kommandanten der betroffenen Panzerkreuzer und selbst der Geschwaderchef straffrei ausgingen.

Der Verlust der sieben Zerstörer der US Navy im Jahre 1923 ist somit in seiner Art nach wie vor einmalig.

Geschwaderkatastrophe im Taifun und deren Lehren

Wenige Jahre nach einer der größten Katastrophen auf See wurde das bis dahin geheimgehaltene Ereignis der Öffentlichkeit zugänglich gemacht. Die Konfidenz-Direktive (Vertrauliche Weisung) «Subject: Damage in typhoon, Lessons of»* von Admiral C. W. Nimitz, damaliger Befehlshaber der USA-Pazifikflotte, gelangte in der relativ kurzen Zeit von 12 Jahren in die Presse. Es ist in der Regel nicht so, daß Mitteilungen über größere Schiffskatastrophen in einem solch kurzen Zeitraum bekanntgemacht werden. Gewöhnlich geschieht dies, wenn überhaupt, erst nach einigen Jahrzehnten.

Die Konfidenz-Direktive beinhaltete konkrete Angaben über den Hergang der Katastrophe, interessante Schlußfolgerungen und auch Gedanken führender amerikanischer Admirale über dieses Ereignis.

Der hauptsächliche Beweggrund, das Geheimnis zu lüften, lag offensichtlich in der Erkenntnis, daß alle Fragen, die mit der Standkraft und der Stabilität von Seeschiffen zusammenhängen, von außerordentlichem Gewicht sind und eine praktische Bedeutung haben. Auffallend häufig waren diese Fragen Gegenstand näherer Betrachtungen, wenn es darum ging, Seeunfälle und Katastrophen, die sich in den Nachkriegsjahren nur zu oft in der amerikanischen Kriegsmarine ereignet haben, auszuwerten. Solche Seeunfälle und Katastrophen in allen Einzelheiten zu behandeln und auszuwerten, ist natürlich eine gute Methode, sie einzuschränken, Ursachen aufzudecken und das alles dem fahrenden Personal in geeigneter Weise zugänglich zu machen.

* «Anlaß: Schaden im Taifun, Lehren daraus»

Die Ursachen der Seeunfälle und Katastrophen können verschiedenartig sein. Es kann sich um Konstruktionsfehler oder um fehlerhafte Handlungen der Besatzungsangehörigen handeln. Am häufigsten jedoch spielen Fehlentscheidungen von Offizieren und auch Admiralen eine Rolle.

Mit der ausgesprochenen Absicht, die Seeausbildung zu verbessern und zu erweitern, indem aus den Seeunfällen und Katastrophen entsprechende Schlußfolgerungen gezogen werden, hielt es die US Navy für möglich und notwendig, die aus der Taifun-Katastrophe 1944 gezogenen Schlußfolgerungen zu veröffentlichen.

Welches waren nun die Umstände, Folgen und Schlußfolgerungen dieser Katastrophe?

Die Ereignisse trugen sich am 18. Dezember 1944, 300 Seemeilen östlich der Insel Luzon (Philippinen) zu. Schiffe der 3. USA-Flotte, die die Landung amerikanischer Truppen auf den Philippinen sicherzustellen hatten, gerieten in das Zentrum eines Taifuns, wobei sie schwere Verluste erlitten.

Im Taifun [41] kenterten und sanken die Zerstörer USS HULL DD-350 (1934, 1800 t), USS MONAGHAN DD-354 (1934, 1800 t) und USS SPENCE DD-512 (1934, 2600 t). Diese drei Zerstörer gehörten zur Fernsicherung und hatten sich zur Übernahme von Heizöl von einem Tanker dem Flottenverband genähert.

Die SPENCE [42] geriet als erstes Schiff in eine bedrohliche Lage. Sie begann stark nach Backbord zu rollen, wobei Wasser durch die Lüfter in das Schiffsinnere drang und einen Kurzschluß in der Hauptschalttafel verursachte. Das Ruder blieb auf hart Steuerbord liegen. Gegen 11.10 Uhr holte sie stark nach Backbord über, blieb einen Augenblick so liegen, richtete sich wieder auf, rollte erneut stark und schlug schließlich in einer schweren See um. Der Zerstörer sank mit 341 Mann, dem größten Teil der Besatzung. Nur 24 Mann konnten gerettet werden.

Als nächstes Schiff war die HULL [43] an der Reihe. Nach einer Kursänderung des Flottenverbandes lief sie ihre neue Sicherungsposition an. Im Verlauf dieses Manövers reagierte das Schiff plötzlich nicht mehr auf die Ruderlagen und blieb quer zum Wind in der schweren See liegen. Sie holte teilweise bis zu 50°, später bis zu 70° nach Lee über, richtete sich einige Male wieder auf und wurde dann von einer schweren Sturmbö, in der Windgeschwindigkeiten von etwa 56 m/s auftraten, so weit auf die Steuerbordseite gedrückt, daß durch die Schornsteine und andere Oberdecksöffnungen Seewasser in das Schiffsinnere drang. Kurze Zeit später sank die HULL. Von den an Bord befindlichen 201 Besatzungsangehörigen konnten nur 62 gerettet werden.

Die MONAGHAN [44] kenterte und sank eine halbe Stunde nach der HULL. Nach dem Ausfall der Stromversorgung und der Rudermaschinen holte sie ebenfalls mehrere Male stark nach Steuerbord über und blieb dann, bevor sie sank, noch eine gewisse Zeit auf der Steuerbordseite liegen. Von ihrer 162köpfigen Besatzung wurden nur sechs Mann gerettet.

Vom gesamten Flottenverband wurden weitere neun Schiffe ernsthaft beschädigt. So der Leichte Kreuzer USS MIAMI CL-89 (1944, 12000 t), drei Leichte Flugzeugträger – USS MONTEREY CV-26 (1943, 13000 t), USS COWPENS CV-25 (1943, 13000 t) und USS SAN JACINTO CVL-30 (1943, 13000 t) –, zwei Geleitflugzeugträger – USS CAPE ESPERANCE CVE-88 (1943, 10200 t) und USS ALTAMAHA CVE-18 (1943, 13890 t) – sowie drei Zerstörer – USS AYLWIN DD-355 (1935, 1700 t), USS DEWEY DD-349 (1935, 1700 t) und USS HICKOX DD-673 (1944, 2500 t).

Neunzehn Schiffe, von der Fregatte bis zum Schweren Kreuzer und zum Schlachtschiff, erlitten leichte Beschädigungen. Insgesamt wurden 31 Schiffe der 3. USA-Flotte durch den Taifun in Mitleidenschaft gezogen; drei davon gingen verloren. 146 Flugzeuge wurden auf den verschiedensten Schiffen durch Brände zerstört oder beschädigt sowie durch die hochgehende See zerschlagen oder über Bord gespült. Bei dieser Orkankatastrophe fanden 790 Mann der 3. USA-Flotte den Tod, 80 weitere wurden verletzt.

Die Besatzungen der dem Taifun entronnenen Zerstörer berichteten später, daß ihre Schiffe bis zu 70° krängten und ebenfalls dem Kentern nahe gewesen wären.

Nach dieser Katastrophe konnte die 3. Flotte die in der Zeit vom 19. bis 21. Dezember 1944 gegen die Insel Luzon geplanten Schläge und Handlungen nicht durchführen. Die Schiffe waren gezwungen, den Flottenstützpunkt auf dem Ulithi-Atoll zur Reparatur und zur Erholung der Besatzungen anzulaufen. Erst nach zehn Tagen war die 3. Flotte wieder in der Lage, die operativen Handlungen fortzusetzen.

Die durch den Taifun entstandenen personellen und materiellen Verluste der 3. Flotte, schlußfolgerte Admiral Nimitz in seiner Direktive, seien größer gewesen, als sie in irgendeiner beliebigen Seeschlacht zu erwarten gewesen wären. Er forderte von allen Offizieren mehr Entschlußfreudigkeit und eine bessere Vorbereitung auf orkanartige Stürme.

Welche Lehren wurden aus dieser Katastrophe gezogen? Nach Meinung von Admiral Nimitz hätten die schweren Verluste vermieden werden können, wenn rechtzeitig die notwendigen Maßnahmen im Flottenverband und auf den Schiffen eingeleitet worden wären. Die Kommandeure aller Stufen verließen sich auf die Wetterberichte des meteorologischen Zentrums der US Navy in Pearl Harbor. Sie analysierten nicht die aktuellen Wettermeldungen im Umkreis von 240 bis 300 Seemeilen, wo sich faktisch der Taifun entwickelte. Den ersten Anzeichen des heranziehenden Taifuns schenkten sie nicht die gebührende Aufmerksamkeit. Als die Flotte in das Gefahrengebiet des Taifuns geriet, war ein Ausweichen nicht mehr möglich, da jegliche Angaben über seine Verlagerungsrichtung fehlten. Trotzdem versuchten es einige Schiffsgruppierungen.

Die Schäden und Verluste waren auch deshalb so groß, weil die Chefs und Kommandanten versuchten, unter allen Umständen die befohlenen Kurse und Geschwindigkeiten, ja sogar die Marschordnung und Positionen innerhalb der Formation zu halten. Die Kommandanten vermochten nicht richtig die entstandene Lage, in der sie sich befanden, einzuschätzen. Anstatt die gesamte Aufmerksamkeit auf die Sicherheit der Schiffe und Besatzungen sowie auf die Erhaltung der Kampfkraft zu richten, orientierten sie sich nur darauf, unter allen Umständen ihre Positionen zu halten. Die Bedingungen während des Marsches der 3. Flotte, das Verhalten der Schiffe und die Handlungen der Besatzungen während des Taifuns werden in der Direktive von Nimitz charakterisiert. Danach habe die Sicht bis zu 900 Meter betragen. Die Schiffe hätten nicht nur stark übergeholt, sondern wären durch den an den Aufbauten angreifenden Wind mit ständiger Krängung gelaufen. Über Lüfter und andere Öffnungen auf dem Ober- und den Aufbaudecks sei das Wasser in die Schiffe eingedrungen und hätte in vielen Räumen, einschließlich der Bilgen, zeitweilig 60 bis 90 Zentimeter Höhe erreicht. Schalttafeln und E-Motoren verschiedener Typen seien infolge Kurzschlusses ausgebrannt. All das hätte den Einsatz der Hauptantriebs-, Schiffsführungs- und Schiffssicherungsanlagen erschwert. Zeitweilig seien verschiedene Mechanismen, Anlagen und Systeme, die elektrische Beleuchtung, die Funkmeßstationen und die Nachrichtenverbindungen ausgefallen. Durch diese

Widrigkeiten wäre es oft nicht möglich gewesen, ordnungsgemäß zu führen. Ein Teil der auf den Flugzeugträgern festgelaschten Flugzeuge hätte sich losgerissen und wäre gegeneinander geschleudert worden, wodurch Brände entstanden seien. Orkanböen und überkommende schwere Seen hatten Masten, Schornsteine, Davits mit Booten über Bord gerissen und die Decksaufbauten zerstört. Den Besatzungen sei es unmöglich gewesen, die allerorts losgeschlagenen und losgerissenen Ausrüstungen wieder festzusetzen oder außenbords zu werfen, wie dies im Interesse der Erhaltung der Stabilität und aus anderen Gründen notwendig gewesen wäre.

Die Schiffe der 3. USA-Flotte manövrierten bis zum Untergang, wobei sie versuchten, den ihnen in der Formation zugewiesenen Platz zu halten. Ein Grund dafür, daß der Zerstörer DEWEY den Taifun überstand, war der Verzicht auf derartige Versuche, die ohne Zweifel eine große Gefahr auch für diesen Zerstörer bedeutet hätten. Den Handlungen und dem Entschluß des Kommandanten der DEWEY schenkte man deshalb ein besonderes Augenmerk. Er änderte den Kurs seines Schiffes auf 40°, um einer Kollision mit dem auf Stop liegenden Flugzeugträger MONTEREY zu entgehen. Auf dem Flugzeugträger war es in den Hangars zu einem Brand gekommen, den die Besatzung bekämpfte. Auf dem neuen Kurs liegend, stellte der Kommandant des Zerstörers ein günstigeres Seeverhalten seines Schiffes fest, so daß er diesen Kurs beibehielt. Rechnet man noch den aufopferungsvollen Kampf der Besatzung um die Erhaltung der Standkraft ihres Schiffes hinzu, so waren das die Faktoren, die die DEWEY vor dem Untergang bewahrten. Demgegenüber kenterten die Zerstörer HULL und MONAGHAN als Schwesterschiffe der DEWEY bei gleichen Stabilitätsverhältnissen. Die Ursache dafür wird darin gesehen, daß es den Besatzungen nicht gelungen war, die leeren Heizölbunker mit Ballastwasser zu fluten. Dadurch hätte eine Stabilitätsverbesserung erreicht werden können. Zum anderen soll es auf den gekenterten Zerstörern schlecht mit dem Kampf um die Erhaltung der Standkraft bestellt gewesen sein. So hat z. B. das Maschinenpersonal panikartig seine Gefechtsstationen verlassen, was zum Ausfall der Hauptantriebsanlagen der Zerstörer führte.

Daß außer der DEWEY auch der Zerstörer AYLWIN den Taifun überstand, ist ebenfalls den richtigen Handlungen und dem standhaften Verhalten der Besatzung zu verdanken.

Bevor die verlorengegangenen Zerstörer kenterten, lagen sie eine gewisse Zeit mit einer konstanten Krängung von 50° bis 80° nach der Leeseite auf dem Wasser, wobei sich ihre Reserveschwimmfähigkeit nicht bemerkbar machte. Das wird der ungenügenden dynamischen Stabilität der Zerstörer im schweren Wetter angelastet.

Von den zwei Zerstörern des FLETSCHER-Typs sank die SPENCE. Die HICKOX überstand den Orkanwirbel. Die SPENCE kenterte und sank, weil durch die Schiffsführung nicht rechtzeitig Maßnahmen zur Beseitigung der freien Flüssigkeitsoberflächen in den Bunkern und Zellen sowie zum Fluten der leeren Bunker und zum Umpumpen des restlichen Heizöles eingeleitet worden waren. In einer speziellen Festlegung zur Stabilität heißt es, daß es notwendig sei, Maßnahmen einzuleiten, die gewährleisteten, daß die Kommandanten aller Schiffe, besonders aber die der Zerstörer und kleineren Fahrzeuge, gut den Stabilitätsumfang ihrer Schiffe kennen. Sie könnten unter diesen Voraussetzungen bewußt und rechtzeitig Sicherheitsmaßnahmen einleiten, um ein Eindringen des Wassers in das Schiff zu verhindern; auch könnten freie Flüssigkeitsoberflächen, die einen negativen Einfluß auf die Stabilität hätten, vermieden werden.

Diese Katastrophe wies auf eine Reihe wesentlicher Konstruktionsmängel der Schiffe hinsichtlich ihres Seeverhaltens, ihrer Unsinkbarkeit und der Standkraft einzelner technischer Ausrüstungen in wassermachenden Räumen hin. Aber auch die mangelhafte Einsatzbereitschaft der Besatzungen bei der Schiffssicherung und die schlechte Organisation zielgerichteter Handlungen durch die Offiziere traten offen zutage. In der Direktive wird hervorgehoben, daß auch die größte technische Vollkommenheit nicht die Kunst der Führung ersetzen könne! Ebensowenig sei die Technik in der Lage, den Besatzungen die Verantwortung für die ihnen anvertrauten Schiffe und Anlagen abzunehmen!

Die Kommandanten wurden verpflichtet, ständig eigene Wetterprognosen aufzustellen, wobei den örtlichen Wettervorhersagen keinesfalls ein höherer Stellenwert einzuräumen sei als den von den meteorologischen Stationen herausgegebenen. Jedem beliebigen Navigationsoffizier gebühre ein Tadel, wenn er sich blind nur auf die Anzeige der zur Wetterbeobachtung an Bord befindlichen Meßinstrumente verlasse, ohne sie mit den Beobachtungen und Meldungen verglichen zu haben. Genauso gebühre dem Kommandanten ein Tadel, der bei einer über Funk ausbleibenden Sturm- oder Orkanwarnung annehme, es sei alles in bester Ordnung, und dabei örtliche Warnungen und Vorhersagen mißachte und in den Wind schlage.

Die Aufmerksamkeit wurde weiter auf die Verantwortlichkeit der älteren Offiziere gegenüber den jüngeren gelenkt. Allen Chefs und Kommandanten wurde empfohlen, sich ernsthaft mit dem Seeverhalten ihrer Schiffe, besonders aber mit den Grundlagen und Normen der Stabilität und Unsinkbarkeit sowie mit den Prinzipien der Gewichtsverteilung auf einem beschädigten Schiff durch Umpumpen von Flüssigkeiten (Heizöl, Wasser) zu beschäftigen. Das gelte vor allem für das Fahren bei schwerem Wetter.

Die Direktive machte auch auf die Fragen aufmerksam, die mit der Erhaltung der Standkraft der Schiffe zusammenhängen. Dabei wurde hervorgehoben, daß die Schiffsoffiziere die Hauptverantwortung für die Erhaltung der Standkraft des Schiffes tragen. Dies drücke sich durch große Umsicht und Aufmerksamkeit, durch gute Beobachtungsgabe und durch schnelles Reagieren auf jede Lageveränderung aus.

Die Kenntnis aller Grundsatzdokumente, die mit der Standkraft und deren Erhaltung zusammenhängen, sei ganz besonders wichtig.

Eine letzte Aufgabe für die Kommandanten und Navigationsoffiziere bestehe darin, sich die neuesten Erkenntnisse über Wirbelstürme, deren Zugrichtung und die speziellen hydrometeorologischen Bedingungen der Meere und Ozeane, die ihre Schiffe befahren, anzueignen.

Das die Katastrophe der 3. USA-Flotte untersuchende Kriegsgericht stellte schwerwiegende Fehler bei der Bestimmung sowohl der Lage des Orkanzentrums als auch seiner Bahn fest.

Für die bei dieser Unwetterkatastrophe aufgetretenen Verluste wurden der Befehlshaber der 3. Flotte, Admiral W. F. Halsey, und in geringerem Maße die ihm unterstellten Offiziere verantwortlich gemacht. Wie das Gericht feststellte, sind die Fehler, die zu dieser schweren Katastrophe geführt haben, unter dem Einfluß der angespannten Kampfhandlungen und durch die feste Entschlossenheit, die militärischen Aufgaben zu erfüllen, entstanden. Aus diesen Gründen wurde auch auf keine Strafen durch das Kriegsgericht erkannt. Nach dieser Taifunkatastrophe wurden amerikanischen Pressemeldungen zufolge der Orkan- und Sturmwarndienst und die

Wetterprognosen für die US Navy verbessert. Doch die Ereignisse, die sich ein halbes Jahr später zutrugen, bestätigen keinesfalls diese Zeitungsmeldungen.

Am 05. Juli 1945, der Krieg näherte sich bereits seinem Ende, geriet die 3. Flotte erneut in das Gefahrengebiet eines Taifuns. Wiederum wurde sie erheblich in Mitleidenschaft gezogen. Diesmal war es im Seegebiet vor Okinawa. Es traten zwar keine Totalverluste auf, aber ernsthaft beschädigt wurden vier Flugzeugträger, darunter USS HORNET CV-12 und USS BENNINGTON CV-20 sowie drei Kreuzer. Bei einem von ihnen, dem Schweren Kreuzer USS PITTSBURGH CA-72, wurde das Vorschiff auf etwa 30 Metern bis zum vorderen Drillingsturm abgerissen. Der Kreuzer wurde danach zum Flotten- und Reparaturstützpunkt Guam geschleppt. Weitere 26 Schiffe, unter ihnen drei Schlachtschiffe, erlitten leichtere Schäden. Der Taifun hinterließ 76 zerstörte und 70 beschädigte Flugzeuge und forderte sechs Tote und vier Verletzte.

Die Verluste der 3. Flotte in diesem Taifun waren im Vergleich mit denen des Jahres 1944 zwar geringer, doch auch sie wirkten sich spürbar auf den Verlauf der Operationen aus.

Auch in diesem Falle hielt es das Kriegsgericht für nicht erforderlich, ein Verfahren gegen die Schuldigen anzustrengen. Vielleicht unterblieb dies wegen ihrer Kriegsverdienste.

Der Chef der damaligen USA-Flotte, Admiral Ernest J. King, äußerste sich zu den Handlungen der Besatzungen in beiden Fällen und meinte, daß in jedem Falle genügend Informationen vorgelegen hätten, um dem Schlimmsten zu entgehen. Aber die Offiziere hätten auf die sich entwickelnde Wetterlage nicht so reagiert, wie es von Berufsseeleuten erwartet werden könnte.

Zu den aus den Taifunkatastrophen gezogenen Schlußfolgerungen gehörte eine Reihe konstruktiver Veränderungen auf den Schiffen der US Navy.

Der Umstand, daß sich auf vielen Schiffen durch den Aufbau von Radarstationen und zusätzlichen Fla-Waffen der Stabilitätsumfang verringert hatte, machte es zwingend notwendig, die Heizölbunker in dem Maße mit Ballastwasser zu füllen, wie Heizöl verbraucht wurde. Die Taifunkatastrophen zeigen, daß diese Forderung nicht oder nicht rechtzeitig bei den leichten Schiffen (Zerstörern) beachtet worden war. Es wurden auch Maßnahmen zur Gewichtsverringerung der oberen Teile der Schiffe und zum besseren Schutz der Schalttafeln vor eindringendem Seewasser getroffen.

Außerdem wurden neue Systeme zum Erkennen tropischer Wirbelstürme und zu deren Voraussage entwickelt und der meteorologische Warndienst verstärkt ausgebaut. Die US Navy lenkte ihre besondere Aufmerksamkeit auf die bis dahin stark vernachlässigte hydrometeorologische Sicherstellung der Flotte.

Orkan über dem Hafen Newport

Was sich in der Nacht zum 16. März 1956 im Hafen von Newport (USA, Bundesstaat Rhode Island) zutrug, kann mit dem 07. Dezember 1941, dem Tag, an dem die Japaner die USA-Pazifikflotte in Pearl Harbor überfielen, verglichen werden. Dieser Vergleich ist nicht zufällig gewählt. In beiden Fällen brach der «Feind» unerwartet, plötzlich und mit voller Stärke über die Schiffe herein. Es bedurfte erst der Mobilisierung aller Kräfte und Möglichkeiten, um gegen den orkanartigen Sturm ankämpfen zu können und die Folgen auf ein Minimum zu reduzieren.

Im Hafen von Newport lagen etwa 20 Schiffe der USA-Atlantikflotte. Unter ihnen befanden sich Fregatten und Zerstörer.

Die Mehrzahl von ihnen hatte zum Wochenende den Hafen angelaufen. Den Besatzungen sollte nach dem monatlichen Einsatz im Atlantik etwas Ruhe und Erholung gewährt werden. Aus diesem Grunde befanden sich auch die Kommandanten und die Ersten Offiziere nicht an Bord. Auf einer Reihe der Schiffe fehlten zusätzlich die Navigationsoffiziere oder Steuerleute. Ein großer Teil der Seeleute befand sich an Land, so daß auf den Schiffen nicht mehr als ein Drittel der Besatzungen anwesend war. Das war die Lage auf den Schiffen, als der Hafen von einem Orkan heimgesucht wurde, der die ganze Kraft und das ganze Können erfahrener Seeleute, sowohl Matrosen und Unteroffiziere als auch Offiziere, erfordert hätte.

Am 15. März um 11.40 Uhr meldete die für diesen Bereich zuständige meteorologische Station der US Navy die Entstehung eines Zyklons 200 Seemeilen südwestlich von Newport, der sich mit 20 Knoten in nordöstlicher Richtung bewege; dazu mäßige Niederschläge, östliche Winde und einen Luftdruck von 1005,2 mbr (754 mm), Tendenz fallend. 20 Minuten später folgte eine Sturmwarnung. Gegen Abend wurde das Aufeinandergleiten der Fronten zweier Tiefdruckgebiete, einer Warmfront von Süden und einer Kaltfront von Norden, etwa 200 Seemeilen südlich von New York gemeldet. Beide Tiefdruckzentren, mit zunächst relativ geringen Windstärken, entwickelten sich nach ihrer Vereinigung zu einem tropischen Zyklon, der unter den Bewohnern von New England als «Nord-Ost» bekannt ist. Bei weiterer Vertiefung und ständig zunehmenden Windgeschwindigkeiten erreichte er bald eine Zuggeschwindigkeit von 50 Knoten in nordöstlicher Richtung mit Winden von orkanartiger Stärke, die von heftigen Schneeschauern begleitet waren. Gegen 22.00 Uhr erreichten die Windgeschwindigkeiten dieses Monstrums, noch zwei Stunden von Newport entfernt, 70 Knoten (36 m/s, Stärke 12 nach Beaufort). Zu dieser Zeit wurden auf den im Hafen liegenden Schiffen erste Maßnahmen zu ihrer Sicherung vor dem heranziehenden Orkan getroffen. Die Festmacherleinen aus Fasertauwerk wurden durch zusätzliche Stahldrahtleinen und Ketten verstärkt. Auch weitere Anker wurden fallen gelassen. Einige Schiffe begannen mit dem Seeklarmachen, um in die freie See auslaufen zu können. Fast alle an Bord verbliebenen Besatzungsangehörigen, einschließlich des Maschinen-, Turbinen- und Kesselpersonals, befanden sich zur Unterstützung des Deckpersonals beim Ausbringen der Zusatzleinen an Oberdeck. Die Kammern blieben leer, und die Wachen in den unteren Dienst- und Betriebsräumen waren auf ein Minimum reduziert.

Beim Herannahen des Orkans und durch den stärker werdenden Wind kam immer mehr Zug auf die Festmacherleinen der zumeist im Päckchen liegenden Schiffe. Dünung und Wellen rollten mit zunehmender Kraft und Höhe in den Hafen. Die vereisten und verschneiten Oberdecks waren zudem kaum noch sicher passierbar.

Gegen 22.15 Uhr riß sich ein aus vier Zerstörern bestehendes Päckchen vom Liegeplatz los und driftete mit schlierenden Ankern durch den Hafen. Bei einem anderen Päckchen am Pier I, bestehend aus Zerstörern und Geleitzerstörern, brachen kurz danach ebenfalls die Festmacherleinen. Hier gelang es aber den Besatzungen, die Querleinen zwischen den Schiffen zu kappen, so daß diese einzeln drifteten. Schließlich versuchten mehr als zehn Schiffe auf der begrenzten Wasserfläche zu manövrieren, was selbst bei ruhigem Wetter sehr viel Können erfordert und bei diesem Orkan äußerst riskant war. Mit großer Verspätung, erst nach Mitternacht, trafen die Kommandanten und die Ersten Offiziere im Hafen ein. Ihnen gelang es nur unter außerordentlich großen Schwierigkeiten, an Bord ihrer Schiffe zu kommen. Das vom Orkan aufgepeitschte Wasser drang durch offenstehende Luken, Schotten, Lüfter und andere Öffnungen in die Schiffe ein. Einige der Schiffe wurden leckgeschlagen. Hauptantriebsanlagen, Befehlsstände und Befehlsübermittlungs-Verbindungen fielen aus. In einzelnen Fällen hatten sich die Leinen in den Propellern vertörnt. Beim Durchzug des Orkans war es unmöglich, auf den Sichtgeräten der Radaranlagen irgend etwas zu erkennen. Die Blaulichter auf Pier I waren die einzigen Orientierungspunkte.

Als gegen Morgen des anbrechenden Tages der Wind merklich nachließ und das Meer sich zu beruhigen begann, wurden die Folgen des Orkans sichtbar. Einige Schiffe lagen mit beschädigter Bordwand an der Pier. Andere schlugen mit dem Unterwasserschiff auf den harten Grund der Narragansett-Bay auf. Alle waren über die gesamte Wasserfläche verstreut. Ein Teil der Schiffe lag vor Anker.

Der Radarvorpostenzerstörer USS Fiske DDR-842 (1945, 3 360 t) strandete an der Küste der Insel Gould. Quer zur Küste lag in der Bucht auf einer Untiefe der zum gleichen Typ gehörende Zerstörer USS Myles C. Fox DDR-829. Neben ihm auf einem Steingrund lag der Geleitzerstörer USS Coolbaugh DE-217 (1943, 2 170 t) und in dessen unmittelbarer Nachbarschaft ein Hochseeschlepper der US Navy. Weiter im Südwesten der Bucht saß die neue Fregatte USS Willis A. Lee DL-4 (1954, 4 730 t) mit dem Vorschiff auf einem Felsen. Alle diese Schiffe mußten nach ihrer Abbergung einer umfangreichen Wiederinstandsetzung unterzogen werden.

Bei der guten Hälfte der Schiffe, die nach dem Orkan anscheinend wohlbehalten vor Anker in der Bucht oder noch an den Piers lagen, wurden sowohl an den Schiffskörpern als auch an bestimmten Mechanismen und Ausrüstungen Reparaturarbeiten notwendig.

Zu diesen Schiffen gehörten drei Zerstörer eines Typs – USS Blair DE-147, USS Calcaterra DER-390 und USS Harveson DER 316 (1943, 1 850 t) –, die Geleitzerstörer USS Greenwood DE-679 (1943, 2 170 t) und USS Hammerberg DE-1015 (1955, 1 930 t) sowie einige andere Schiffe.

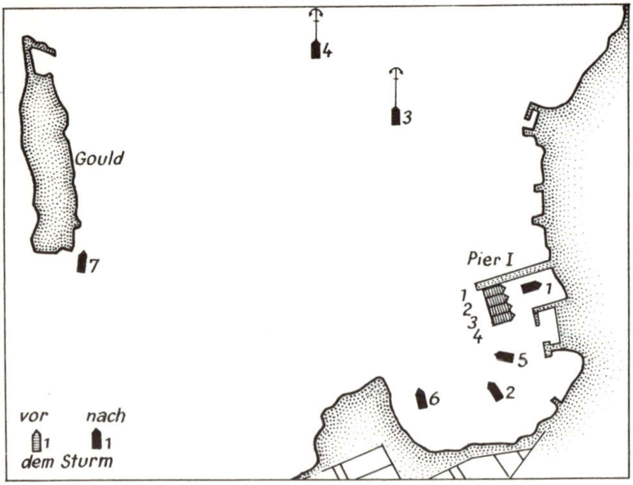

Lage einiger Schiffe während des Orkans und nach dem Durchzug des Orkans am 16. März 1956
1 – Geleitzerstörer HAMMERBERG; 2 – Geleitzerstörer COOLBAUGH; 3 – Geleitzerstörer GREENWOOD; 4 – Geleitzerstörer BLAIR; 5 – Hochseeschlepper auf Grund aufsitzend; 6 – Radarvorpostenzerstörer MYLES C. FOX auf Grund festsitzend; 7 – Radarvorpostenzerstörer FISKE, vor der Insel Gould gestrandet

Vollständige Angaben über die Folgen des Orkans wurden nicht veröffentlicht. Bekannt wurde nur der Tod von vier Matrosen durch Erfrierungen.

Die Seekriegsleitung der USA bezeichnete diese Katastrophe als eine sehr lehrreiche und kostspielige Lektion für die US Navy. Nach Meinung der Amerikaner wurde diese Katastrophe mit einer Kontrolle (!) der Organisation des Dienstes an Bord auf den leichten Schiffen der Atlantikflotte verglichen. Sie war eine Überprüfung der Richtigkeit der von der Führung gefaßten Entschlüsse und des Könnens sowie der Einsatzbereitschaft der Besatzungen beim Kampf um die Erhaltung der Standkraft der Schiffe unter extremen Wetterbedingungen. Diesen Kampf mußten in vielen Fällen Offiziere führen, die noch nie ein Schiff in See befehligt hatten. Der Personalbestand war unterbesetzt und zum Teil unerfahren.

Wenn keine Gewähr besteht, daß in außergewöhnlichen Fällen die an Bord befindlichen Offiziere das Schiff selbständig führen können, so muß der Kommandant oder sein Erster Offizier an Bord verbleiben. Sie können dann nicht beide, wie es auf einer Reihe von Schiffen gehandhabt worden war, das Schiff verlassen. So lautete eine der Hauptschlußfolgerungen aus dieser Katastrophe. Der an Bord verbleibende Wachoffizier muß in jedem Falle ein qualifizierter Seeoffizier sein, der den Kommandanten voll vertreten kann. Er muß in der Lage sein, das Schiff im Verband zu führen. Er darf unter schwierigen hydrometeorologischen Bedingungen nicht die Übersicht verlieren und muß imstande sein, in außergewöhnlichen Fällen mit dem Schiff auszulaufen usw. usf. Die letzte Forderung ergibt sich aus der Tatsache, daß der Wachoffizier bei Abwesenheit des Kommandanten oft durch die Fülle der zu verarbeitenden Informationen für eine richtige Entscheidungsfindung gewissen Streßsituationen ausgesetzt ist. Bei der Anwesenheit des Kommandanten gibt es wiederum nur wenig Möglichkeiten der direkten Aneignung notwendiger praktischer Erfahrungen bei der Führung des Schiffes und der Besatzung durch die Wachoffiziere. Viele Beschädigungen an den Schiffen hätten vermieden werden können, wenn die Wachoffiziere in der selbständigen Schiffsführung unter erschwerten Bedingungen besser ausgebildet gewesen wären.

In der Fachpresse wurde nochmals eindringlich auf die Notwendigkeit der ständigen und besseren praktischen Ausbildung der Wachoffiziere in der Schiffsführung verwiesen!

Kleine Fahrzeuge und Hilfsschiffe

Abbergung des auf einen Felsvorsprung aufgelaufenen Flußkanonenbootes DOUDART DE LAGRÉE

Dieser Seeunfall ereignete sich vor mehr als 50 Jahren. Ungeachtet dessen ist er für Seeleute auch heute noch lehrreich. Lehrreich, weil er zeigt, wie mit Hilfe geringer technischer Mittel ein Flußkanonenboot aus großer Gefahr gerettet und vor dem sicheren Untergang bewahrt werden konnte. Voraussetzungen dafür waren Organisation, Selbstbeherrschung, Energie, Ausdauer und seemännischer Spürsinn. Dieser Spürsinn wird auch als der sogenannte sechste Sinn der Seeleute bezeichnet, mit dem sie nicht selten mit den Urgewalten der See fertig geworden sind.

Der Vorfall ereignete sich im August 1921. Das französische Flußkanonenboot DAUDART DE LAGRÉE (1909, 214 t) lief bei Tage mit voller Fahrt auf dem oberen Jangtsekiang (Changjiang, China) auf einen Felsen auf. Dabei wurde der Boden des Bootes vom Vorsteven bis zum Kesselraum aufgerissen. Das Boot bewegte sich ständig um den Auflagepunkt, wodurch die unmittelbare Gefahr des Auseinanderbrechens bestand.

Sofort nach dem Auflaufen wurden von der 45köpfigen Besatzung alle Maßnahmen zur Rettung des Bootes eingeleitet.

In 15 Tagen angestrengter Arbeit leistete die Besatzung unter der Leitung des Kommandanten Beachtliches. Sie fertigte während dieser Zeit einen zusätzlichen hölzernen Kiel an, bohrte Löcher in den Felsen, auf dem das Boot aufsaß, und stützte es mit Hölzern ab. Die Lecks wurden mit Zement verschlossen. Zusätzlich machte man an beiden Bordseiten Dschunken* fest, um dem Boot wegen der voll Wasser gelaufenen vorderen Abteilungen eine zusätzliche Schwimmfähigkeit und Stabilität zu verleihen. Einsetzendes Hochwasser und die starke Strömung trieben das Kanonenboot flußabwärts, wobei es in einen Stromwirbel geriet. In dieser Situation kam das britische Kanonenboot H. M. S. TEAL zu Hilfe. Diesem gelang es, eine Schleppverbindung herzustellen und das französische Boot mit den längsseits festgemachten Dschunken gegen die Strömung in eine geschützte Bucht zu schleppen. Für die Reparaturarbeiten am Bootskörper baute die Besatzung an Ort und Stelle eine Art Caisson. Dazu diente ihr eine der Dschunken. Die gesamte Kontruktion wurde gut angepaßt, befestigt und abgedichtet. Den nicht vorhandenen Hanf für diese Zwecke ersetzte man durch abgeschälte Bambusrinde. Die Lecksegel wurden aus Segeltuch und dem Sonnensegel gefertigt. Nach zehn Tagen war der «Dschunken-Caisson» montiert und am Boot angebracht. Danach wurde der Kessel angefahren und mit den an Bord befindlichen Pumpen und Ejektoren das eingedrungene Wasser aus dem Boot gepumpt.

Nach diesen Vorbereitungen begannen die Arbeiten am Bootskörper. Eine von der Besatzung geschaffene kleine Werkstatt half ihr, die Schäden an der Außenhaut zu beseitigen und einige Verbände zur Verbesserung der Festigkeit des beschädigten Bootskörpers zu verstärken.

Durch ein Mißgeschick sank der «Dschunken-Caisson». Im Verlaufe weniger Tage wurde er durch einen neuen, ebenso angefertigten wieder ersetzt, und die restlichen Arbeiten konnten am Bootskörper zu Ende geführt werden. So stellte die Besatzung allein die Überfahrt des Kanonenbootes zum Reparaturhafen sicher, den es auch in diesem Zustand wohlbehalten erreichte.

Dieser Fall ist ein Schulbeispiel, weil er zeigt, wie mit vorhandenen «inneren Reserven» vieles getan werden kann. Wer die Kunst beherrscht, alle Reserven an Kräften und Mitteln zu mobilisieren, kann «vieles mit wenigem» erreichen.

Schiffbruch und Totalverlust des Transporters ANGAMOS

Der chilenische Transporter ANGAMOS (1890, 5975 t) war ehemals der italienische Dampfer CITTA DI VENEZIA. 1926 wurde er umgebaut und modernisiert.

* Die Dschunke ist ein chinesisches Segelboot mit flachem Boden, stark nach außen gewölbten Bordwänden und geringem Tiefgang. Mit der Dschunke ist es möglich, in flache Flußmündungen einzulaufen.

Am 06. Juli 1928 lief der Transporter aus Punta Arenas (Chile) aus. An Bord des Schiffes befanden sich neben der 215köpfigen Besatzung 76 Passagiere, unter ihnen Werftarbeiter. Der Transporter hatte Kohle für die chilenischen Seestreitkräfte geladen.

Noch am gleichen Abend geriet die ANGAMOS in ein Sturmgebiet. Dabei wurde die Ruderanlage stark beschädigt und das Schiff steuerlos. Später, gegen 22.00 Uhr, setzte der Transporter bei Punta Morguillas auf einen Felsen auf und erlitt schwere Schäden.

Versuche, die Rettungsboote zu Wasser zu bringen, blieben infolge des starken Seeganges erfolglos. Die letzte Meldung der ANGAMOS fing, kaum noch verständlich, das Passagierschiff TARPANO auf. Die ANGAMOS hatte nur 300 Meter von der Küste entfernt auf einem Felsen gesessen. Gegen 01.00 Uhr nachts brach das Schiff auseinander und ging verloren. Von den an Bord gewesenen Menschen konnten sich nur acht retten, die anderen kamen um.

Totalverlust des Minenräumfahrzeuges H. M. S. PETERSFIELD nach dem Auflaufen auf ein Felsenriff

Das zu den in China stationierten britischen Kriegsschiffen gehörende Räumfahrzeug H. M. S. PETERSFIELD (1919, 800 t) lief am 07. November 1931 während eines Sturmes in der Nähe von Fuzhou (Futschou, China) auf ein Steinriff. Die Besatzung des Räumfahrzeuges und die zusätzlich an Bord befindlichen Personen wurden von dem deutschen Passagierdampfer DERFFLINGER aufgenommen. Der Minensucher selbst blieb auf dem Riff liegen und ging verloren.

Nach Abschluß der Untersuchungen der Umstände, die zum Totalverlust der PETERSFIELD geführt hatten, sprach das verhandelnde Seegericht den Kommandanten wegen unvertretbaren risikohaften Verhaltens schuldig und bestrafte ihn mit einem strengen Verweis. Die britische Admiralität bestätigte dieses Urteil im Berufungsverfahren.

Das Urteil des Seegerichtes und dessen Bestätigung durch die Admiralität rief unter den Seeoffizieren der Royal Navy große Empörung und Unzufriedenheit hervor, da die alleinige Schuld dem Kommandanten der PETERSFIELD angelastet worden war, obwohl sich an Bord der Geschwaderchef – ein Admiral – befunden hatte. Nach den Aussagen des Kommandanten hatte sich der an Bord befindliche Geschwaderchef unaufhörlich für die Kurse des Räumfahrzeuges interessiert, sich ständig in die Schiffsführung eingemischt, den Kommandanten gestört und letzten Endes den verhängnisvollen Kurs bestätigt. Während der Seegerichtsverhandlung stritt der Admiral diese Behauptungen des Kommandanten ab.

Das von Beauftragten der Admiralität geleitete Berufungsverfahren bestätigte das Urteil des Seegerichtes mit der Begründung, daß ungeachtet aller Sympathien für den Kommandanten, der sich tatsächlich in einer schwierigen Lage befunden hatte, mit allem Nachdruck auf dessen alleinige (!) Verantwortung, gleich unter welchen Umständen auch immer, bestanden werden muß. Für die Schiffsführung, so wurde weiter unterstrichen, trägt in jedem Fall der Kommandant des Schiffes die volle Verantwortung.

Es ist keinesfalls zulässig, diese Verantwortung, mit wem es auch immer sei, zu teilen!

Verlust des Transporters PIONEER MUSE nach dem Auflaufen auf eine felsige Küste und Ablauf der Rettungsarbeiten

Der USA-Transporter PIONEER MUSE (20000 BRT) befand sich mit wichtigen militärischen Gütern auf der Reise nach Okinawa. Im Morgengrauen des 09. Oktober 1961 lief er an der felsigen Küste der unbewohnten Insel Kita-daito-Jima auf Grund. Die Insel ist vulkanischen Ursprungs und liegt etwa 190 Seemeilen von Okinawa entfernt. Die an Bord befindliche Munition hatte einen geschätzten Wert von ungefähr 1,5 Millionen US-Dollar. Außer dieser Munition befanden sich noch andere Güter an Bord.

Am Morgen des darauffolgenden Tages brach der Transporter auseinander, und das Achterschiff wurde an die Felsenküste getrieben.

Die Rettungsarbeiten wurden ohne Verzug durch den im gleichen Seegebiet handelnden Hubschrauberträger USS PRINCETOWN LPH-37 aufgenommen. Seine Hubschrauber brachten zunächst die 40köpfige Besatzung des aufgelaufenen Transporters auf den Hubschrauberträger. Zur Unterstützung der Bergungsarbeiten befahl gleichzeitig der Chef des Einsatzverbandes 73 das Bergungsschiff USS CONSERVER ARS-39 (1900 t) zum Unfallort. Noch vor Ankunft der CONSERVER traf am Ort des Geschehens der Flottenschlepper USS MUNSEE ATF-107 (1675 t) ein. Zwei andere Hochseeschlepper waren schon vor der CONSERVER und MUNSEE eingetroffen.

Am 11. Oktober erreichte die CONSERVER den Unfallort. Einer ersten Befundsaufnahme zufolge saß das Vorderschiff der PIONEER MUSE bei einer Krängung von 12° nach Steuerbord fest auf einem Felsenriff auf. Die ersten 15 Meter des Schiffsbodens waren aufgerissen. Ein Teil der Laderäume stand unter Wasser. Eine Abbergung war nach Einschätzung von Experten nicht mehr möglich. Alle Handlungen waren von diesem Zeitpunkt an nur noch auf die Bergung der hochwertigen Ladung, der Munition, ausgerichtet. Zu diesem Zweck wurde auf das Vorderschiff ein Dieselgenerator gebracht und aufgestellt. Mit Hilfe der dort befindlichen Winsch hievte man nun die mit Granaten gefüllten Munitionscontainer aus den Laderäumen an Oberdeck. Von hier wurden die wasserdichten Container mit Leinen durch das Wasser zur CONSERVER gezogen, von dieser aufgenommen und an andere Fahrzeuge übergeben. Auf diese Weise konnten innerhalb von zwei Tagen alle Container von der PIONEER MUSE abgeborgen und die Munition unbeschädigt nach Okinawa gebracht werden. Die auf Okinawa stationierten USA-Truppen waren zwar mit Munition versorgt worden, aber mit welch einem hohen Preis.

Beschädigung und Reparatur des Reparaturschiffes USNS CORPUS CHRISTI BAY T-ARVH-1

Das Hubschrauberreparaturschiff USNS CORPUS CHRISTI BAY T-ARVH-1, ex USS ALBEMARLE AV-5 (1940, umgebaut zum Raparaturschiff 1965, 13475 t) befand sich Ende August 1973 im Pazifik, im Seegebiet der Gesellschafts-Inseln. Hier stellte man am Schiffskörper schwere Schäden fest, die offensichtlich von der vorangegangenen Sturmfahrt herrührten. Der Unterwasserteil des Schiffskörpers hatte Risse bis zu 13 Millimeter Breite und bis zu 1,7 Meter Länge. Auch die stählernen Querwände in einigen Leerzellen des Wallganges waren beschädigt, wobei aber die Außenhaut des Schiffes nicht deformiert war.

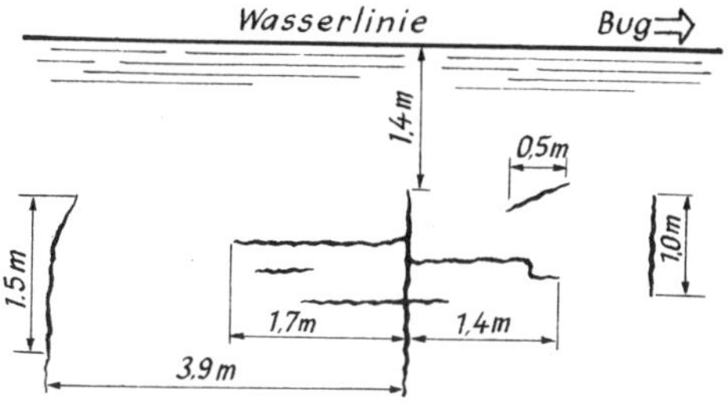

Rißbildungen in der Außenhaut des Reparaturschiffes CORPUS CHRISTI BAY im Bereich einer Abteilung

Nach Meinung von USA-Spezialisten war der schlechte Zustand des Schiffskörpers auf das Alter des Schiffes zurückzuführen.

Auf Grund dieser Schäden machten eine Reihe von Leerzellen stark Wasser. Außerdem war die Festigkeit des Schiffskörpers im Ganzen wie auch in einzelnen begrenzten Bereichen stark herabgesetzt. Eine Rückführung in die USA erschien deshalb äußerst risikoreich. Aus diesem Grunde entschied man sich, den Hafen Papeete auf Tahiti zu einer Notreparatur anzulaufen, um danach das Schiff sicher in die USA zurückzuführen.

Die technische Untersuchung des Schiffes ergab, daß vier Leerzellen an Steuerbord bis zur Wasserlinie voll Wasser standen. Um sie zu lenzen, mußten zunächst die Risse in der Bordwand, die Ursache des Wassereinbruches, mit einem speziellen in Neuseeland hergestellten Zweikomponenten-Harzgemisch abgedichtet werden.

Dieses Harzgemisch kaufte man in einem einschlägigen örtlichen Eisenwarengeschäft!

Nachdem so die Außenhaut des Schiffes behandelt worden war, wurden die vollgelaufenen Leerzellen gelenzt, wobei sich die Zuverlässigkeit des Dichtungsmittels bestätigte. Im Anschluß daran fand eine gewissenhafte Besichtigung des gesamten Schiffskörpers statt, um Charakter und Umfang der Reparatur exakt bestimmen zu können.

Zur Auswahl standen drei Reparaturvarianten. Zwei davon wurden von vornherein abgelehnt. Sie bestanden einmal im vollständigen Auswechseln der beschädigten Platten und zum anderen im Aufsetzen von Dopplungsplatten. Das hätte aber eine Dockung des Schiffes erfordert. Doch ein Dock gab es in Papeete nicht. Außerdem wären Schweiß- und Schneidearbeiten notwendig geworden, die eine zusätzliche Gefahr für das Schiff bedeutet hätten. Außerdem sind solche Arbeiten immer kompliziert und kosten- und zeitaufwendig.

Die dritte Variante sah vor, die Bordwand mit Beton abzudichten. Dazu gab es zwei Untervarianten. Eine bestand im Aufbringen einer verhältnismäßig dünnen Betonschicht auf die Innenseite der Bordwand. Die zweite sah das Auffüllen der Leerzellen bis in Höhe der Wasserlinie mit Beton vor. Die erste Untervariante hatte den Vorteil des geringeren Massezuwachses, was sich vorteilhaft auf die Schiffsfestigkeit ausgewirkt hätte. Die recht schwachen Verbände wären damit keinen zusätzlichen Belastungen ausgesetzt gewesen. Diese Variante wurde ebenfalls verworfen, da hierzu spezielle Formen zum Einbringen des Betons notwendig gewesen wären und in der gegebenen Situation einen sehr großen technologischen Aufwand bedeutet hätten.

Schließlich hatte die große Entfernung des Schiffes von den Reparaturstützpunkten der US Navy entscheidenden Einfluß auf die Wahl des Reparaturverfahrens. Man entschied sich für die zweite Betonuntervariante. Sie war zwar gegenüber den anderen Varianten weniger «elegant» und mit mehr Masse verbunden, dafür aber einfacher in der Ausführung, ökonomischer und weniger zeitaufwendig. Dabei konnten die vorhandenen, wenn auch beschädigten Konstruktionselemente der Leerzellen im Schiff verbleiben. Berechnungen hatten ergeben, daß die Belastung des Schiffes durch den einzubringenden Beton in vertretbaren Grenzen bleibe. Eine derartige Reparaturmethode rechtfertigte allein die Perspektivlosigkeit des Schiffes, da es praktisch unmöglich war, den Beton wieder aus dem Schiff zu entfernen.

Nach Fertigstellung einer entsprechenden Technologie und der Überwindung einiger mit der Reparaturvorbereitung verbundener Schwierigkeiten wurden die beschädigten Leerzellen mit Beton ausgefüllt. Die Arbeiten dauerten ohne Unterbrechung einen Tag. Danach lief das Schiff in die USA ab.

Die Reparatur der CORPUS CHRISTI BAY zeigt, daß die Reparaturmethode immer den realen Bedingungen und Möglichkeiten angepaßt sein muß. Außerdem sind immer der technische Zustand und die Perspektive des Schiffes zu berücksichtigen. Befindet sich das Schiff zudem noch weit entfernt von eigenen Stützpunkten, müssen alle Arbeiten mit den örtlich vorhandenen Kräften und Mitteln realisiert werden.

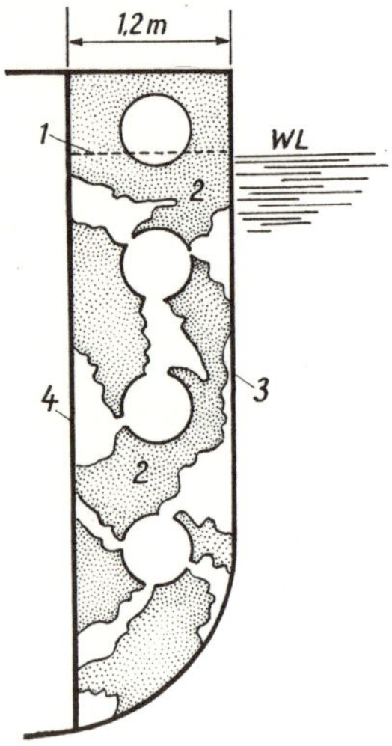

Typische Beschädigungen der Querwand einer Leerzelle an der Steuerbordseite des amerikanischen Reparaturschiffes CORPUS CHRISTI BAY
1 – Höhe der Betonfüllung; 2 – Reste der Zellenquerwand; 3 – Bordwand; 4 – Längsschott

Zusätzliche Angaben über Kriegsschiffe bei Grundberührungen und im Sturm

Lfd. Nr.	Namen der Schiffe	Charakter, Umstände und Zeit des Seeunfalles	Beschädigungen und Folgen
Flugzeugträger, Schlachtschiffe und Kreuzer			
1.	Schlachtschiff USS MISSOURI **BB-63** (USA, 1944, 52000 t).	Das Schlachtschiff lief eine Seemeile außerhalb des Fahrwassers auf Grund. Die Ursache war mangelhafte Kenntnis der Lage der Seezeichen in diesem Gebiet durch die Schiffsführung. Januar 1950.	Das Schlachtschiff wurde abgeborgen, nachdem es um 12500 t geleichtert und zu dem aufsitzenden Schiff eine Rinne gespült worden war.
2.	Schlachtschiff USS WISCONSIN **BB-64** (USA, 1944, 52000 t).	Bruch der Ankerkette des im Hudson River vor Anker liegenden Schlachtschiffes. Seitens der Schiffsführung wurde nichts unternommen, um den Reserveanker auszubringen. Das Schiff trieb auf eine Sandbank. August 1951.	Das Schlachtschiff mußte mit Hilfe von 13 Schleppern von der Sandbank abgeborgen und zur Reparatur in ein Dock gebracht werden.
3.	Angriffsflugzeugträger USS RANDOLPH CVA-15 (USA, 1944, 38500 t).	Der Flugzeugträger geriet bei Flottenmanövern im Nordatlantik in einen schweren Sturm. 1954.	Es traten schwere Seeschäden am Flugdeck, an den Katapultanlagen, an den Flugzeugaufzügen und an der funknavigatorischen Ausrüstung auf. Der Flugzeugträger mußte zur Wiederinstandsetzung Portsmouth (Virginia) anlaufen.
4.	Schlachtschiff H. M. S. KING GEORGE V. (Großbritannien, 1940, 43400 t).	Beim Bugsieren des Schlachtschiffes zu seinem festen Liegeplatz lief es im Gebiet Stonebeach im Firth of Clyde auf Grund. August 1955.	Das Schlachtschiff konnte mit Hilfe von 10 Schleppern wieder freigezogen werden. Es wurde beschädigt.
5.	Geleitflugzeugträger USS CORREGIDOR CVE-58 (USA, 1943, 10560 t).	Der Geleitflugzeugträger geriet im zentralen Teil des **Atlantiks in einen schweren** Sturm. Mai 1959.	Der Geleitflugzeugträger wurde im Vorderschiff leckgeschlagen, wodurch mehrere Abteilungen voll Wasser liefen. Unter großen Schwierigkeiten gelang es noch, die Azoren zur Reparatur zu erreichen.

Lfd. Nr.	Namen der Schiffe	Charakter, Umstände und Zeit des Seeunfalles	Beschädigungen und Folgen
6.	UAW-Flugzeugträger USS Essex CVS-9 (USA, 1942, modernisiert 1954, 38 500 t).	Infolge eines groben Navigationsfehlers der Schiffsführung lief der UAW-Flugzeugträger im Seegebiet der Insel Puerto Rico auf Grund. Januar 1967.	Der UAW-Flugzeugträger wurde beschädigt und blieb während der lang andauernden Reparatur unklar.
Zerstörer und Fregatten			
7.	U-Jagdfregatte H. M. S. Tyrian F-67 (Großbritannien, 1944, 2 570 t).	Die U-Jagdfregatte lief bei Flottenmanövern bei Highsborough Sand (Nordsee) auf Grund. Es wurde ein falscher Kurs gesteuert.	Die U-Jagdfregatte trug erhebliche Beschädigungen davon und mußte in eine Reparaturwerft überführt werden. Aus dem Flottenmanöver schieden weitere 5 Schiffe aus, die die Fregatte zur Reparaturwerft begleiteten und sicherten.
8.	U-Jagdfregatte H. M. S. Wrangler F-157 (Großbritannien, 1943, 1 710 t).	Bei gemeinsamen Flottenübungen der NATO-Seestreitkräfte lief die U-Jagdfregatte in der Bucht von Villefranche (Frankreich) auf Klippen auf. 1955.	Erhebliche Schäden.
9.	Zerstörer USS Manley DD-940 (USA, 1955, 4 200 t).	Der Zerstörer geriet vor der spanischen Küste in einen schweren Sturm. Februar 1959.	Erhebliche Schäden 2 Tote, 2 Verletzte.
10.	Zerstörer USS Daly DD-519 (USA, 1945, 3 050 t).	Der Zerstörer geriet im Atlantik 200 Seemeilen von der USA-Küste entfernt während eines UAW-Trainings in einen schweren Sturm. Februar 1960.	Erhebliche Schäden an den Aufbauten und der Oberdecksausrüstung. 9 Tote.
11.	Geleitlenkwaffenfregatte USS Julius A. Furer DEG-6 (USA, 1966, 3 426 t).	Die Geleitlenkwaffenfregatte lief nachts, 3 Seemeilen westlich Den Helder (Niederlande), auf Grund. Juni 1974.	Das Schiff wurde beschädigt und mußte mit Hilfe von 3 Schleppern wieder freigezogen werden.

Lfd. Nr.	Namen der Schiffe	Charakter, Umstände und Zeit des Seeunfalles	Beschädigungen und Folgen
Kriegsschiffsverbände			
12.	4 USA-Zerstörer USS RICH DDE-820 (3500 t); USS HAROLD J. ELLISON DD-864 (3520 t); USS MOALE DD-693 (3220 t); USS ALLEN M. SUMNER DD-692 (3220 t).	Der Schiffsverband geriet auf der Höhe von Cape Hatteras (USA-Atlantikküste) in einen schweren Sturm. Oktober 1959.	An den Schiffskörpern und Aufbauten der beiden erstgenannten Schiffe traten Schäden auf. Auf der RICH liefen 2 Abteilungen voll Wasser. Die achteren Aufbauten der MOALE wurden beschädigt, und im Oberdeck traten Risse auf. Auf der ALLEN M. SUMNER traten ebenfalls Schäden auf. Ein Besatzungsmitglied kam ums Leben.
13.	2 australische Patrouillenboote H. M. A. S. ARROW P-88 H. M. A. S. ATTACK P-90 (146 t).	Die Boote lagen im Hafen Darwin (Australien) und waren einem über Stadt und Hafen hinwegziehenden Zyklon ausgesetzt. Der Zyklon richtete schwere Schäden an, eine Reihe von Fahrzeugen sank oder wurde auf Grund gesetzt. Unter den auf Grund gesetzten Fahrzeugen befanden sich die beiden Patrouillenboote. Auf der ARROW explodierte dabei die Munitionslast. Dezember 1974.	Auf der ATTACK traten erhebliche Schäden auf. Die ARROW sank nach schwersten Zerstörungen; dabei gab es einen Toten und 2 Vermißte.

Analyse der Schiffsverluste und -beschädigungen, die durch Grundberührungen und Sturm hervorgerufen wurden

Statistische Analyse

Der statistischen Analyse liegen 162 Fälle zugrunde, in denen Schiffe entweder auf Grund, auf Klippen bzw. auf Riffe aufliefen oder im Sturm und bei schwerem Wetter verlustig gingen bzw. Schaden nahmen. Sie sind zahlenmäßig in der folgenden Tabelle erfaßt.

Schiffsgruppen	Anzahl der Fälle		Gesamt
	Beschädigungen	Verlust	
Gepanzerte Schiffe	20	31	51
Leichte Schiffe	21	50	71
Boote und Minenräumfahrzeuge	3	4	7
Hilfsschiffe	2	31	33
Gesamtzahl	46	116	162

Verteilung der ausgewerteten Schiffsverluste und -beschädigungen, die durch Grundberührungen und Sturm hervorgerufen wurden

Von den 46 Fällen, in denen die Schiffe beschädigt wurden, sind hier 28 angeführt. Eine tabellarische Aufstellung von 116 Totalverlusten, hervorgerufen durch Grundberührungen und Sturm, enthält Anlage 3. In diesem Kapitel wurden 24 Schadensfälle der letzten 50 Jahre behandelt. Die Fälle, die zum Verlust der betroffenen Schiffe geführt haben, beziehen sich auf die Zeit ab 1900.

Die Seeunfallstatistik über diese Arten der Seeunfälle ist nicht sehr ergiebig. Dennoch sind einige zahlenmäßige Beurteilungen möglich. Das trifft besonders auf die erwähnten Fälle zu, die zum Verlust eines Schiffes geführt haben. Sie können durchaus für den Leser von Interesse sein.

Zunächst muß eingeräumt werden, daß es schwierig war, die Seeunfälle nach ihrer Art (Grundberührung, extrem schlechte Wetterlage) exakt voneinander zu trennen. In einer Reihe von Fällen überschnitten sich diese Ereignisse, und ein Auflaufen hatte nicht selten seinen Ausgangspunkt in der jeweils vorherrschenden extremen Schlechtwetterlage. Von den ausgewerteten Fällen beziehen sich 49% auf ein «reines» Auflaufen, 40% auf Sturm oder andere extreme Wetterlagen und 11% auf ein Zusammenfallen beider Ereignisse. Diese Unterteilung ist zwar relativ, sie kann aber unter Berücksichtigung des Charakters der jeweiligen Schäden und Ursachen, die zum Verlust geführt haben, durchaus nützlich sein. So wie die Einwirkungen unterschiedlicher Art waren, so gab es auch die unterschiedlichsten Ursachen für die Seeunfälle und verschiedenartige Möglichkeiten, sie zu verhindern.

Die leichten Schiffe bilden mit 43 % den größten Anteil. Gleiche Anteile – je 27 % – entfallen auf die gepanzerten Schiffe und die Hilfsschiffe. Auf Boote und Minenräumfahrzeuge entfallen 3 % der Fälle.

Von diesen Unfallarten mit Totalverlust wurden Schiffe der Seestreitkräfte von 16 Staaten betroffen. Davon entfallen auf

– die USA	34%;
– Großbritannien	30%;
– Frankreich	10%;
– Japan	4%;
– Italien und Deutschland (bis 1945) je	3%;
– die restlichen 10 Staaten etwa	16%.

Die Verteilung der Totalverluste über den untersuchten Zeitraum läßt folgende Aussage zu. Der Hauptteil der Fälle (37%) entfällt auf die Zeit des zweiten Weltkrieges. Danach folgen fast zu gleichen Teilen (16% und 17%) das erste und zweite

Jahrzehnt. Auf das dritte und vierte Jahrzehnt entfallen jeweils 15% und 9%. Die letzten 25 Jahre vereinen etwa 6% der Fälle auf sich. Obwohl die Anzahl der Schiffsverluste infolge der in diesem Kapitel beschriebenen Ursachen stark rückgängig war, treten sie dennoch bis in die jüngste Vergangenheit auf. Als Beispiel sollen die Geleitzerstörer USS BACHE DDE-470 und USS PHILIP DDE-498 sowie das australische Patrouillenboot H. M. A. S. ARROW P-88 genannt sein.

Diese Seeunfälle forderten oft große Menschenopfer. Obwohl bei 50% der Fälle die Anzahl der Opfer nicht veröffentlicht wurde und bei 25% der Fälle bekannt ist, daß die Besatzungen gerettet werden konnten, ist die Anzahl der bei den restlichen 25% der Fälle ums Leben gekommenen Seeleute nicht unbedeutend.

Bei den beschädigten Schiffen entfallen auf die gepanzerten 44% und auf die leichten Schiffe 46% der Fälle. Es folgen die Boote und Minenräumfahrzeuge mit 6% und die Hilfsschiffe mit 4%. Aus diesen Zahlen läßt sich ableiten, daß die leichten Schiffe im fast gleichen Verhältnis (46%:43%) beschädigt wurden oder verlorengingen. Bei den gepanzerten Schiffen ist dagegen eine wesentliche Verschiebung festzustellen. Hier gingen nur 27% Schiffe verloren, während 44% beschädigt wurden. Das ist auch völlig natürlich, wenn man die relative Standkraft dieser unterschiedlichen Schiffsklassen zugrunde legt. Ebenso verhält es sich bei den Booten und Minenräumfahrzeugen (3%:6%), da diese wiederum leichter abzubergen sind. Bei den Hilfsschiffen liegt die Prozentzahl der Totalverluste mit 27% wesentlich höher als die der Schäden mit nur 4%. Das ist auf die verhältnismäßig geringe Standkraft und ihre weniger große Bedeutung zurückzuführen. Letzteres war auch der Grund dafür, daß es mitunter als nicht immer gerechtfertigt angesehen wurde, größere Mittel für die Bergung der Hilfsschiffe auszugeben, nachdem die Ladung abgeborgen und sichergestellt worden war.

Die USA-Marine war mit 59%, die Marine Großbritanniens mit 17%, die Marine Frankreichs mit 7% und die Italiens mit 2% an der Gesamtzahl der beschädigten Schiffe beteiligt. Auf die übrigen Staaten entfallen etwa 15%. Die Verteilung der Schiffsbeschädigungen auf den untersuchten Zeitraum lenkt die Aufmerksamkeit auf die fünfziger Jahre. Während dieser Jahre mußten allein 44% der Schäden registriert werden.

Unter diesen Schiffen befinden sich der UAW-Flugzeugträger VALLEY FORGE, der Angriffsflugzeugträger RANDOLPH und der Geleitflugzeugträger CORREGIDOR, die Schlachtschiffe MISSOURI und WISCONSIN, mehr als zehn Zerstörer der US-amerikanischen Marine und britische Schiffe. Diesem Jahrzehnt folgen nach der Anzahl der Fälle die zwanziger und dreißiger Jahre mit jeweils 17%, die siebziger Jahre mit 13% in nur vier Jahren, die sechziger Jahre mit 7% und schließlich die vierziger Jahre mit 2%.

In den letzten Jahren steigt die Anzahl der Grundberührungen wieder. So lief z. B. im Juni 1974 die Geleitlenkwaffenfregatte JULIUS A. FURER an der niederländischen Küste auf Grund.

Im beschädigten Zustand mußte das Schiff mit Hilfe von drei Schleppern wieder freigeschleppt werden. Im Dezember des gleichen Jahres wurden die zwei australischen Patrouillenboote ARROW und ATTACK auf Grund geworfen. Beide Boote erlitten schwere Schäden. Dieser Unfall forderte ein Menschenleben. Die ARROW sank.

Zwei Jahre vordem hatte der britische Küstenminensucher BRINTON Sturmschäden erlitten, die eine Reparatur des Fahrzeuges notwendig machten.

Ursachen und Charakter der Schäden, Sicherheitsmaßnahmen

Hauptursachen für Grundberührungen

1. Fehler in den navigatorischen Berechnungen und Fehler beim Koppeln der Schiffskurse. Ursache hierfür war der niedrige Ausbildungsstand der Seeoffiziere sowie das nachlässige, routinehafte und zeitweilig verantwortungslose Verhalten der Kommandanten und Wachoffiziere gegenüber ihren Dienstpflichten (Kreuzer RALEIGH, Leichter Kreuzer DAUNTLESS, Panzerkreuzer EDGAR QUINET, Leichter Kreuzer BOISE, 7 Zerstörer der US Navy, die 1923 im Verband an felsiger Küste scheiterten, Torpedoboot S 2).
2. Nichtbeachtung der Regeln und Vorschriften für das Fahren im Verband. Fehlende gegenseitige Kontrolle der zu laufenden Kurse und der Koordinaten der Schiffsorte. Blindes Vertrauen auf die navigatorischen Berechnungen des Flaggschiffes (Totalverlust der 7 Zerstörer der US Navy 1923).
3. Nachlässigkeiten und Routine, verbunden mit falschen Manövern (Zerstörer LONGSHAW). Passieren nautisch gefährlicher Gewässer ohne zwingende Notwendigkeit mit unbegründetem Risiko (Panzerkreuzer EDGAR QUINET) und willkürliches Abweichen vom vorgegebenen Kurs (Zerstörer TRUXTUN).
4. Ausfall der Hauptantriebsanlage oder anderer Technik an Bord, was zum Verdriften der Schiffe auf Untiefen, Klippen oder Riffe mit schweren Folgen führte (Totalverlust des Transporters VILLE DE TAMATAVE – 1943; Beschädigung des Schlachtschiffes WISCONSIN – 1951; Totalverlust des Zerstörers BALDWIN – 1961).
5. Ungewißheit über den wahren Standort der Schiffe unter extrem schlechten meteorologischen Bedingungen oder bei Nacht. Ursachen waren fehlerhafte Handlungen der Kommandanten und Schiffsoffiziere oder das Fehlen entsprechender Schiffsführungstechnik an Bord (Zerstörer BACHE, Zerstörer BALDWIN).
6. Ungenügende navigatorische und meteorologische Vorbereitung der Schiffe auf den Einsatz in See und mangelhafte navigatorische und meteorologische Sicherstellung im entsprechenden Handlungsgebiet.
   Das Fehlen wichtiger hydrographischer Angaben über Untiefen, Klippen, Riffe, Unterwasserhindernisse usw. in den Seekarten sowie eine zum Teil mangelhafte nautische Einrichtung des Seeschauplatzes und bestimmter Ansteuerungen führte zu schweren Seeunfällen (Schlachtschiff FRANCE, Leichter Kreuzer TACOMA, Kreuzer EFFINGHAM).

Schiffe, die auf Sandbänke, Klippen oder Riffe aufgelaufen waren, erlitten, abhängig von der Schiffsklasse und dem Typ, von der Geschwindigkeit und der Bewegungsrichtung, von der Art und der Struktur des Unterwasserhindernisses oder der Küste und von den Bedingungen beim Auflaufen, die unterschiedlichsten Beschädigungen, die wiederum zu den verschiedensten Folgen bis hin zum Totalverlust des betroffenen Schiffes führten. Charakteristisch waren dabei die Beschädigungen am Unterwasserschiffskörper, die oft mit großen Wassereinbrüchen verbunden waren. Im äußersten Falle, beim allgemeinen Festigkeitsverlust, brachen die Schiffe auseinander. Begleiterscheinungen waren auch Schäden an den elektrotechnischen Anlagen und Ausrüstungen, in den Munitionsräumen und in anderen Räumen mit technischen Ausrüstungen und Anlagen, die den Einsatz der Bewaffnung sowie der technischen Mittel und Ausrüstungen für den Kampf um die Erhaltung der Standkraft des Schiffes gewährleisten. Zur Rettung der Schiffe und ihrer Besatzungen wurden oft ganze Gruppierungen von Kriegs-, Rettungs- und Bergungsschiffen, einschließlich Hubschrauber, eingesetzt.

Nicht selten erstreckten sich derartige Rettungs- und Bergungsarbeiten über längere Zeiträume, und manchmal endeten sie trotz aller Anstrengungen mit einem Mißerfolg. Der Totalverlust von über 50 Schiffen spricht für sich.

Hauptursachen für Totalverluste im Sturm und bei schwerem Wetter

1. Kentern der Schiffe durch Stabilitätsverlust als Folge des zu gering projektierten Stabilitätsumfanges (Zerstörer Harusame, Zerstörer Savarabi, Torpedoboot Tomozuru, alles japanische Schiffe, Zerstörer USS Warrington) oder durch falsche Handlungen der Besatzungen, die eine Stabilitätsverringerung zuließen und nicht rechtzeitig alle erforderlichen Maßnahmen zur Wiederherstellung normaler Werte und zum Austrimmen bereits beschädigter Schiffe bei schwerem Wetter einleiteten.
2. Durchbrechen der Schiffe wegen ungenügender Längsfestigkeit. Das war einerseits die Folge von Konstruktions- und Schiffbaufehlern und -mängeln (zu geringe Festigkeitsvorgaben, Überschätzung der Festigkeit der Schiffskonstruktionen und installierten Technik beim Einsatz im schweren Wetter) und andererseits das Resultat bestimmter Nachlässigkeiten durch die Besatzung. So wurden nicht rechtzeitig alle Maßnahmen zum Schutz des Schiffskörpers und seiner wasserdichten Abteilungen sowie eines einwandfreien Verschlußzustandes eingeleitet. Dies führte zu Wassereinbrüchen und zum Stabilitätsverlust.
3. Einlaufen der Schiffe in Sturmgebiete, weil zuverlässige und aktuelle Informationen über die Entstehung, Lage und Zugrichtung von Orkanwirbeln und Tiefdruckgebieten fehlten. Ursachen hierfür waren nicht nur ungenügend arbeitende Informationsdienste, sondern auch grobe Dienstpflichtverletzungen durch die Kommandanten und die Chefs der Schiffsverbände. Die eigenen Wetterbeobachtungen, Analysen und Prognosen im Interesse der Wetternavigation waren mangelhaft. Die Kommandanten und Verbandschefs verließen sich ausschließlich auf die von Land ausgestrahlten Wetterberichte (Taifun 1944).
4. Fehlende Flexibilität und Initiative bei den Kommandanten und Chefs der Schiffsverbände, die, ohne mögliche Folgen zu berücksichtigen, nur bestrebt waren, unter allen Umständen ohne Beachtung der vorherrschenden extremen Wetterbedingungen die einmal befohlenen Fahrtstufen und Formationen zu halten.
   Ein Anpassen der Fahrt und der Formation an die jeweils bestehenden Wetterbedingungen liegt immer im Interesse der Erhaltung der Schiffe und dient dem Schutz der Besatzungen und somit der Gefechtsbereitschaft (Taifun 1944).
5. Unbefriedigender Stand der Dienstorganisation auf den Schiffen. Er verhinderte in einer Reihe von Fällen das rechtzeitige Einleiten notwendiger Sicherheitsmaßnahmen in schwerem Wetter. Das trifft nicht nur für den Aufenthalt in See, sondern auch für das Liegen im Hafen zu. Dies führte auf den Schiffen zu großen Schäden und nicht selten zum Totalverlust (Leichter Kreuzer Niitaka, Kreuzer Miguel de Cervantes).
6. Ungenügender Ausbildungsstand der Besatzungen in der Schiffssicherung, was ein vorzeitiges und überstürztes Verlassen der Gefechtsstationen zur Folge hatte. Dadurch blieben oft die Schiffe in der hochgehenden See manövrierunfähig

liegen, und an Bord konnten keine Maßnahmen zum Fluten der Ballasttanks und keine weiteren Sicherheitsmaßnahmen eingeleitet werden (Zerstörer SPENCE, Zerstörer HULL, Zerstörer MONAGHAN).

Charakteristisch waren Schäden am Schiffskörper, Zerstörungen an den Aufbauten, Lecks einzelner Abteilungen und der Ausfall verschiedener Teile und Teilsysteme der Bewaffnung und Technik. Nach solchen Schäden fielen fast ausnahmslos die betroffenen Schiffe für unterschiedliche Zeiträume aus. In den fünfziger und sechziger Jahren wurden durch schweres Wetter z. B. die amerikanischen Flugzeugträger RANDOLPH (1954), VALLEY FORGE und CORREGIDOR (1959), die Zerstörer RICH, ALLEN M. SUMNER (1959) und DALY (1960) auf diese Weise beschädigt.

Eine Analyse der Schiffsbeschädigungen in der britischen Marine während des zweiten Weltkrieges läßt den Schluß zu, daß viele ihrer Schiffe in schwerem Wetter beschädigt wurden (Flugdeckschäden der Flugzeugträger H. M. S. VICTORIOUS und H. M. S. ILLUSTRIOUS). Britischen Veröffentlichungen zufolge waren auch zwei USA-Flugzeugträger des ESSEX-Typs im Jahre 1945 von Beschädigungen, vor allem im vorderen Bereich des Flugdecks, nicht verschont geblieben.

Die Erkenntnisse und Erfahrungen, die aus diesen Seeunfällen und Katastrophen gewonnen wurden, führten in ausländischen Seestreitkräften zu einer Reihe von Maßnahmen, die auf die Senkung derartiger Seeunfälle ausgerichtet sind.

Dem nautischen und meteorologischen Warndienst sowie der richtigen Nutzung dieser Warnungen an Bord wird gegenwärtig eine große Aufmerksamkeit geschenkt. Dabei erfuhr der meteorologische Warndienst in den letzten Jahren eine besondere Aufwertung, da er auch für die Volkswirtschaft der betreffenden Länder von großer Bedeutung ist.

Empfehlungen für das Verhalten der Kommandanten und Kapitäne zum Ausweichen vor Orkanwirbeln und Sturmgebieten dienen dem gleichen Ziel wie die Verbesserung der nautisch-hydrographischen und hydrometeorologischen Sicherstellung der Schiffe und Verbände im jeweiligen Handlungsgebiet.

Eine Reihe von Maßnahmen zur Minderung der Folgen von Seeunfällen ist auf die Verbesserung der Organisation der Rettungs- und Bergungsarbeiten und der ständigen Vervollkommnung der dazu notwendigen Technik, Mittel, Ausrüstungen und Verfahren gerichtet. Das trifft auch auf die Maßnahmen zu, die die Standkraft der Schiffe während der Bauphase, während des Flottendienstes und unter Seeunfallbedingungen verbessern sollen. Großes Augenmerk wird auch auf die weitere Verbesserung des Stabilitätsumfanges, der Festigkeit und der Unsinkbarkeit der Schiffe gelegt. Das bezieht sich ebenfalls auf die Entwicklung technischer Mittel und Systeme für den Kampf um die Erhaltung der Standkraft der Schiffe.

Schlußfolgerungen und Probleme

Das Seeunfallgeschehen in ausländischen Flotten

Seeunfallstatistiken

Die Gesamtanalyse basiert auf 518 ausgewerteten Seeunfällen und Katstrophen. Die nachfolgende Tabelle enthält deren Unterteilung nach den Seeunfallarten und -folgen.

Gesamtzahl der Seeunfälle, unterteilt nach Seeunfallarten und -folgen

Seeunfallarten	Anzahl der Fälle		Gesamt
	Beschädigungen	Totalverluste	
Brände und Explosionen	137	56	193
Kollisionen	93	70	163
Auflaufen auf Grund, Klippen und Riffe sowie Einwirkungen von Sturm und schwerem Wetter	46	116	162
Gesamt	276	242	518

Die Totalverluste der 242 Überwasserkriegsschiffe, ihre Ursachen, ihr zeitliches Auftreten und ihre Verteilung auf die Flotten und Schiffsklassen sind aus den folgenden Statistiken und graphischen Darstellungen zu entnehmen. Die obenstehende Tabelle sagt aus, daß in dem zur Auswertung genutzten Zeitraum die Mehrzahl der Totalverluste (etwa 48 %) durch Grundberührungen und Sturm auftraten. Mit 29 % folgen die Kollisionen mit anderen Überwasserkriegsschiffen, U-Booten und Handelsschiffen. 23 % der Totalverluste haben ihre Ursache in Schiffsbränden und Explosionen.

Die zahlenmäßig größten Verluste traten im fünften (etwa 39 %) und im zweiten Jahrzehnt (über 21 %) auf. Es waren die Jahrzehnte, in denen die Weltkriege stattfanden. Einer Zeit also, in der die Intensität des Flotteneinsatzes und die Anzahl der Schiffe sehr groß war.

Zeitliche Aufgliederung der Schiffsverluste

Zeitraum	Ursachen für den Schiffsuntergang				Gesamt
	Brand und/ oder Explosion	Kollision	Auflaufen auf Grund, Klippen u. Riffe sowie Einwirkung von Sturm und schwerem Wetter	Schiffe	in %
1900–1909	11	15	19	45	18,7
1910–1919	13	19	20	52	21,5
1920–1929	2	3	17	22	9,1
1930–1939	3	2	10	15	6,2
1940–1949	24	27	43	94	38,9
1950–1959	–	3	2	5	2,0
1960–1969	1	1	3	5	2,0
1970–1974	2	–	2	4	1,6
Gesamtzahl	56	70	116	242	
in %	23,2	29,0	47,8	100	100

Eine verhältnismäßig große Anzahl der Schiffsverluste ist auch im ersten Jahrzehnt zu registrieren, was mit der damals noch wenig entwickelten Technik und Ausrüstung zu erklären ist. Im Verlauf der letzten Jahrzehnte ist dagegen die Anzahl der verlorengegangenen Überwasserkriegsschiffe zurückgegangen. Diese Entwicklung ist für alle Seeunfallarten nahezu identisch. Bedeutet diese Feststellung nun, daß in den ausländischen Flotten alles in bester Ordnung ist und Maßnahmen für ein unfallfreies Fahren überflüssig geworden sind? Diese Frage muß mit einem Nein beantwortet werden. Der Analyse der einzelnen Seeunfallarten ist zu entnehmen, daß

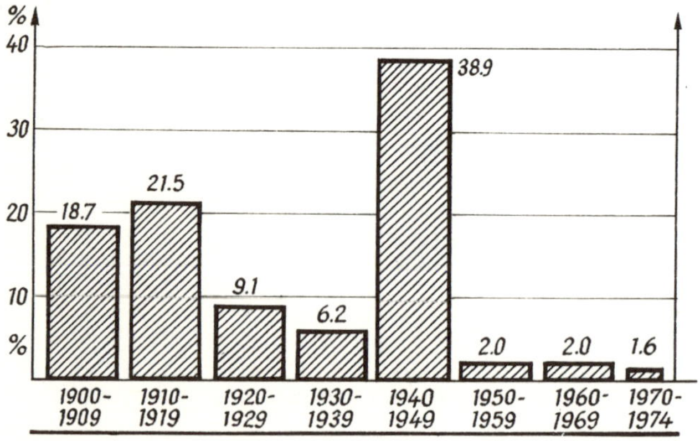

Auf die Jahrzehnte aufgeschlüsselte Totalverluste

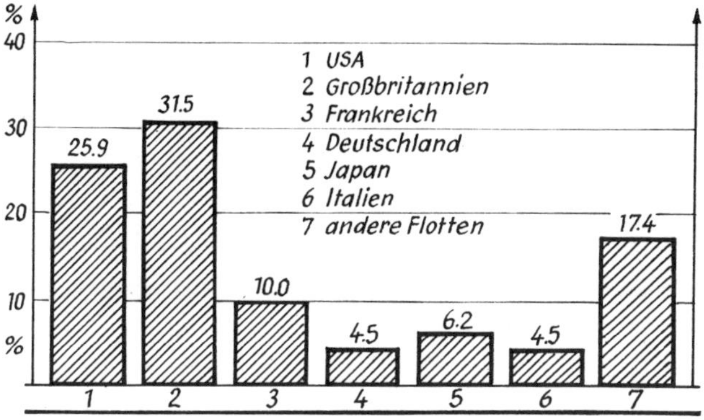

Auf die einzelnen Flotten aufgeschlüsselte Totalverluste

seitens der Führungsorgane der Seestreitkräfte der kapitalistischen Staaten den Fragen der Schiffssicherheit große Bedeutung beigemessen wird. Das trifft ganz besonders auf die letzten Jahre zu.

Von den einzelnen Seekriegsflotten der Welt entfallen auf die britische und die amerikanische Marine die größten Schiffsverluste. Sie machen zusammen etwas mehr als 60% aus. Ihnen folgen Japan, Frankreich, Deutschland (bis 1945) und Italien. Auf diese vier Staaten entfallen etwa ein Viertel der Schiffsverluste. Alle übrigen Flotten vereinen 17% auf sich, obwohl deren Schiffsbestand insgesamt um ein Vielfaches größer ist.

Verteilung der Schiffsverluste auf die einzelnen Seekriegsflotten

Seekriegsflotte	Ursachen für den Schiffsuntergang			Gesamt	
	Brand und/ oder Explosion	Kollision	Auflaufen auf Grund, Klippen u. Riffe sowie Einwirkung von Sturm und schwerem Wetter	Schiffe	in %
USA	13	11	39	63	25,9
Großbritannien	9	32	35	76	31,5
Frankreich	8	4	12	24	10,0
Deutschland (bis 1945)	5	3	3	11	4,5
Japan	5	4	6	15	6,2
Italien	4	3	4	11	4,5
andere Flotten	12	13	17	42	17,4
Gesamtzahl	56	70	116	242	
in %	23,2	29,0	47,8	100	100

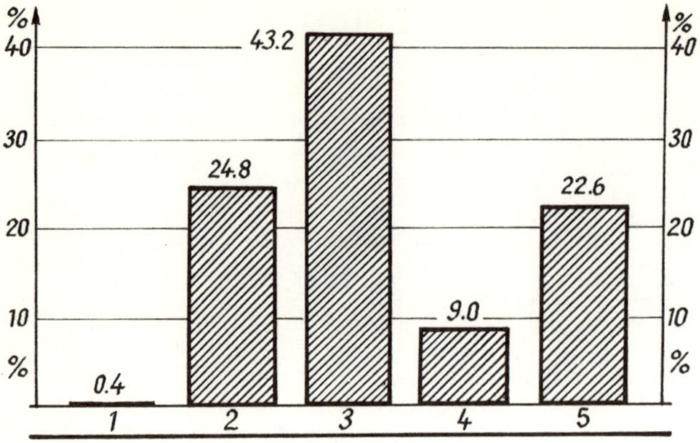

Schiffsverluste, aufgegliedert nach Schiffsklassen
1 – Flugzeugträger; 2 – gepanzerte Schiffe ohne Flugzeugträger; 3 – leichte Schiffe; 4 – Boote und Minenräumfahrzeuge; 5 – Hilfsschiffe

Schiffsverluste, aufgegliedert nach Schiffsklassen

Schiffsklassen	Ursachen für den Schiffsuntergang			Gesamt	
	Brand und/ oder Explosion	Kollision	Auflaufen auf Grund, Klippen u. Riffe sowie Einwirkung von Sturm und schwerem Wetter	Schiffe	in%
gepanzerte Schiffe (ohne Flugzeug) träger)	22	7	31	60	24,8
Flugzeugträger	1	–	–	1	0,4
leichte Schiffe	10	44	50	104	43,2
Boote und Minenräumfahrzeuge	8	10	4	22	9,0
Hilfsschiffe	15	9	31	55	22,6
Gesamtzahl	56	70	116	242	
in %	23,2	29,0	47,8	100	100

Die Analyse der Schäden, die nicht zum Verlust des jeweils betroffenen Schiffes geführt haben, basiert auf 276 ausgewerteten Fällen. Hier machen die Brände und Explosionen ungefähr die Hälfte aus. Schäden durch Kollisionen nehmen etwa ein Drittel der Gesamtzahl ein. Weniger als 17% der Schäden sind durch Grundberührungen oder Sturm entstanden. Diese prozentualen Anteile spiegeln die Häufigkeit der Seeunfallarten bei den Überwasserkriegsschiffen wider. Eine Gegenüberstellung dieser Verhältniszahlen mit denen der Totalverluste läßt die Aussage zu, daß die Überwasserkriegsschiffe bei Bränden häufiger «erhalten» geblieben sind als bei Grundberührungen oder Sturm. Die Kollisionen nehmen wie auch bei den Totalverlusten zahlenmäßig den mittleren Rang ein.

Ohne hier alle statistischen Angaben wiederzugeben, sind doch folgende Bemerkungen notwendig. Im Verlauf der letzten zehn bis 15 Jahre [45] führten alle drei Seeunfallarten bei den Überwasserkriegsschiffen zu keinem Totalverlust, obwohl in diesem Zeitraum Brände und/oder Explosionen besonders auf den Flugzeugträgern der US Navy die bestimmende Seeunfallart waren [46].

Allgemeine Ursachen der Kriegsschiffsunfälle und -katastrophen und ihre Folgen

Ungeachtet der Spezifik jeder Seeunfallart und der einzelnen Unfallereignisse ist festzustellen, daß der Großteil der Seeunfälle und Katastrophen unabhängig von der Art und den jeweils vorherrschenden konkreten Bedingungen vieles gemeinsam hatte. Dieses Allgemeingültige sind tiefverwurzelte Mängel, die zu den Seeunfällen, oft mit schwersten Folgen, geführt haben. Diese Mängel lassen sich grob in zwei Gruppen einteilen:

1. Gruppe

Zu dieser Gruppe gehören die konstruktiv-technischen Mängel. Sie treten während des gesamten Entstehungsprozesses des Schiffes, angefangen von der Projektierung bis hin zur Indienststellung, auf. Bei der Projektierung des Schiffes als Ganzes werden bei der in das Projekt aufzunehmenden Technik (Hauptantriebsanlage mit ihren Hilfsmechanismen, Waffen und ihre Leitsysteme, Schiffsführungsanlage sowie andere Anlagen und Systeme) Fehler zugelassen sowie Versäumnisse und Oberflächlichkeiten toleriert, was zu mehr oder weniger großen Abweichungen des Projektes von den vorgegebenen operativen Forderungen, den Regeln für die Projektierung und der geforderten Bauausführung führt. Außerdem werden nicht in genügendem Maße die unterschiedlichen Bedingungen beim Einsatz in See berücksichtigt. Bei der Ausführung eines Projektes werden verschiedentlich technische Lösungen akzeptiert, deren Berechnungen und vorangegangene Experimente und Erprobungen ungenügend sind. Es wäre aber falsch, alle Fehler dieser Entstehungsetappe des Schiffes, der Projektierung, anzulasten. Es gibt auch Versäumnisse der verschiedenen Bereiche der Seestreitkräfte, weil zwischen den operativen Forderungen und dem späteren Einsatz des Schiffes Widersprüche bestehen, die dazu führen, dem Schiff unreale Aufgaben und nichtvertretbare Forderungen zu stellen.

Die Fehler und zugelassenen Versäumnisse der Projektierung führen schließlich beim in Dienst gestellten Schiff zu unbefriedigenden Werten bei der Stabilität, Festigkeit, Unsinkbarkeit und Manövrierfähigkeit. Diese Fehler und Versäumnisse können sich auch negativ auf die Explosions- und Brandresistenz sowie auf den Explosions- und Brandschutz auswirken.

Auch beim Schiffbau werden Fehler zugelassen, die zu Seeunfällen führen können. Solche Fehler sind die Nichtübereinstimmung des fertig gebauten Schiffes mit dem Projekt, die Verwendung minderwertiger Schiffbaumaterialien, die Nichteinhaltung der vertraglich gebundenen qualitätsmäßigen Ausführung der Arbeiten der Bauwerft und/oder ihrer Vertragspartner, eine falsche Bautechnologie und Nachlässigkeiten bei der Einhaltung der Baubestimmungen. Eine mangelhafte und nachlässige Bauüberwachung und -aufsicht sowie fehlende oder nicht ausreichende Stand- und See-Erprobungen können zur Verschleierung von Fehlern und Mängeln und nach der Indienststellung des Schiffes durchaus zu Seeunfällen führen. An dieser Stelle muß aber auch bemerkt werden, daß die Verantwortung für die Baufehler und die Mängel nicht allein nur bei den Bauwerften zu suchen ist, sondern auch bei den Bauaufsichten und Erprobungskommandos der Seestreitkräfte. Sie haben die Beseitigung aller ermittelten Fehler, Mängel und Unzulänglichkeiten nicht mit allem Nachdruck gefordert und durchgesetzt.

Es erscheint richtig, das Augenmerk nochmals auf die möglichen Folgen einer falschen oder fehlerhaften Bau-, Reparatur- bzw. Modernisierungstechnologie zu richten. Sie ist eine der Ursachen, die in den Werften und Docks zu Unfällen und Katastrophen geführt hat.

Die Folge waren schließlich Menschenopfer und eine verzögerte Indienststellung der Schiffe.

2. Gruppe

Zu dieser Gruppe gehören Mängel, die während der Dienstzeit der Schiffe sowohl unter normalen Fahrbedingungen als auch unter Seeunfallbedingungen festgestellt wurden.

Ursachen für Seeunfälle unter normalen Fahrbedingungen

1. Ungenügender Ausbildungsstand der Besatzungen hinsichtlich
   - des Kennens der taktisch-technischen Angaben, des Stabilitätsumfanges und des Seeverhaltens ihrer Schiffe;
   - der sie umgebenden Umwelt;
   - der sicheren Bedienung der an Bord installierten Technik;
   - des Einsatzes der Technik.
2. Ungenügende Dienstorganisation an Bord, besonders bei der Planung der Ausbildung und der rollenmäßigen Einteilung der Besatzungen mit genau festgelegten Dienstpflichten.
3. Mangelhafte Disziplin der Besatzung, leichtsinniges und verantwortungsloses Verhalten gegenüber den von ihnen zu erfüllenden Dienstpflichten und Verletzung oder Mißachtung gültiger militärischer Bestimmungen und Betriebsanleitungen.
4. Nachlässigkeit und Routine bei der Dienstdurchführung, mangelhafte Aufmerksamkeit, Umsicht und Vorsicht.
5. Mißachtung der vorherrschenden Umweltbedingungen.

Eine große Rolle spielte bei den Seeunfällen und den daraus entstandenen Folgen die unbefriedigende nautisch-hydrographische Sicherstellung der Schiffe in See. Das zeigte sich

- in verspäteten und falschen Wetterprognosen, speziell für Wind und Seegang;
- im Fehlen von Angaben über Unterwasserhindernisse und anderen nautischen Informationen in den Seekarten, Handbüchern und anderen Auskunftsunterlagen;
- in der fehlenden oder nicht ausreichenden nautischen Einrichtung des jeweiligen Seegebietes.

Seeunfälle endeten nicht selten mit sehr hohen Verlusten an Menschen und Material und oft auch mit dem Totalverlust von Kriegsschiffen.
Begünstigt wurde dies durch
- mangelhafte Kenntnis der Eigenschaften und der Technik der Schiffe sowie der konkreten Methoden und Maßnahmen beim Kampf um die Erhaltung der Standkraft;
- die zum Teil niedrige Moral und Disziplin der Besatzungen, die auf den Kampf- und Hilfsschiffen schnell zu Paniksituationen geführt haben;
- die zum Teil unklaren und in Qualität und Quantität ungenügenden technischen Mittel für den Kampf um die Erhaltung der Standkraft des Schiffes;
- die Unterschätzung der Gefahr und der Folgen eines Seeunfalles durch die Schiffsführung und die unbefriedigende Organisation bei der Leitung des Kampfes um die Erhaltung der Standkraft;
- Maßnahmen, die der sich entwickelnden akuten Unfallsituation zuwiderliefen und keinen vorbeugenden oder herabmindernden Charakter trugen.

Seeunfallursachen in der USA-Marine von 1970 bis 1972

Ursachen	Anzahl der Seeunfälle	in % (zur Gesamtzahl)
falsche Handlungen, Nachlässigkeiten und Routine der Besatzungen	1 880	49,7
konstruktive Mängel und Materialmängel	881	23,2
Einwirkung der Umwelt	304	8,0
gefährliche Bedingungen	168	4,4
Einleitung falscher Maßnahmen	152	4,0
als Folge vorangegangener Seeunfälle	139	3,7
nicht bestimmbare Ursachen	263	7,0
Gesamtzahl	3 787	100,0

Interessant sind in dieser Tabelle die absoluten Zahlen, die auf die vielen Seeunfälle in der amerikanischen Kriegsmarine hinweisen. Etwa ein Drittel aller Schiffe der US Navy, die auf irgendeine Art und Weise in einen Seeunfall verwickelt waren, meldeten diesen, wie amerikanische Quellen bestätigen, überhaupt nicht. So sind tatsächlich noch größere absolute Zahlen den offiziellen zugrunde zu legen.

Was die Unfallfolgen betrifft, so betrugen nach offiziellen Angaben allein die materiellen Verluste der US Navy 1972 11,5 Millionen US-Dollar. 4 300 Reparaturtage waren notwendig, um die Schiffe wieder in einen einsatzklaren Zustand zu versetzen.

Die tatsächlichen Zahlen über die Verluste sind in der Regel größer, weil die Schiffe und Verbände nicht jeden Seeunfall meldeten und Angaben auch frisiert worden sind. Darüber heißt es in einer anderen Quelle (siehe Lit.-Verzeichnis Nr. 104), daß die US Navy 1972 bei Seeunfällen, die nicht in die Presse gelangten, etwa 700 Mann verlor. Die Zahl der Verletzten wird mit 5 000 Mann angegeben.

Mängel im Entstehungsprozeß eines Schiffes

Projektierungsphase	Bauphase
Widerspruch zwischen den operativen Forderungen und dem späteren Einsatz des Schiffes.	Keine Übereinstimmung mit dem Projekt.
Keine Übereinstimmung des Projektes mit den späteren Aufgaben.	Verarbeitung minderwertiger Materialien.
Keine Übereinstimmung des Projektes mit den Regeln der Projektierung.	Keine qualitätsgerechte Ausführung der Arbeiten.
Keine Übereinstimmung mit dem praktischen Einsatz des Schiffes.	Anwendung einer falschen Bautechnologie.
Anwendung technischer Lösungen, die weder durch umfassende theoretische Berechnungen noch durch praktische Versuche begründet sind.	Ungenügende Kontrolle der ausgeführten Arbeiten.
Fehlende oder unzureichende Dokumentation für den Kampf um die Erhaltung der Standkraft des Schiffes.	Unzureichende Erprobungen des Schiffes, der Mechanismen, Anlagen und Systeme.

Mängel während der Dienstzeit eines Schiffes

Normale Bedingungen	Seeunfallsituationen
Ungenügender Ausbildungsstand der Besatzung.	Unvorbereitetes Schiff auf den Kampf um die Erhaltung der Standkraft.
Unbefriedigende Dienstorganisation auf dem Schiff.	Unklare oder nicht in Bereitschaft befindliche technische Mittel für den Kampf um die Erhaltung der Standkraft des Schiffes.
Mangelhafte Disziplin der Besatzung.	Schlechte Ausbildung des Personalbestandes im Kampf um die Erhaltung der Standkraft des Schiffes.
Fehlen energischer Maßnahmen zur Verhütung von Seeunfällen.	Schwache Moral und Disziplin der Besatzung; Panikerscheinungen.
Fehlen ausreichender Umsicht und Vorsicht.	Mangelhafte Organisation bei der Leitung des Kampfes um die Erhaltung der Standkraft des Schiffes.
Nicht ausreichende meteorologische, hydrometeorologische und nautisch-hydrographische Sicherstellung des Schiffes.	Ungenügende und nicht durchgreifende Maßnahmen zur Minderung der Unfallfolgen.

Fragen zur Sicherheit der Schiffe

Die wachsende Anzahl der mit erheblichen Verlusten an Menschen und Material verbundenen Seeunfälle in kapitalistischen Seekriegsflotten hat der Sicherheit der Kriegsschiffe dieser Staaten einen erstrangigen Platz eingeräumt.

Eine besondere Aufmerksamkeit erlangte das Seeunfallgeschehen in den USA in den sechziger Jahren, als es zu der großen Brandkatastrophe auf dem Flugzeugträger USS Constellation (1960) kam. Danach ging unter «geheimnisvollen Umständen» das «erstklassige» kernkraftgetriebene U-Boot USS Thresher (1963) verloren. Wiederum einige Jahre später kam es zu den Katastrophen auf den Flugzeugträgern USS Oriskany, USS Forrestal und USS Enterprise (1966 bis 1969). Diese Ereignisse wurden von vielen Unfällen und Katastrophen in den amerikanischen Marinefliegerkräften begleitet.

Die die Unfälle und Katastrophen untersuchenden Kommissionen klärten und lösten nur Fragen, die das jeweilige konkrete Unfallereignis betrafen. Einige von ihnen waren aber auch beauftragt, umfassendere Empfehlungen zu erarbeiten, die für jeweils eine Schiffsklasse, z. B. U-Boote oder Flugzeugträger, gültig sind. All das waren Teilaufgaben zur Lösung des Gesamtproblems, nämlich, eine höhere Sicherheit in der Flotte zu erreichen. Im Verlauf der Untersuchungen wurde jedoch auch klar, daß viele Unfälle nicht durch einzelne Seeleute oder ganze Besatzungen, sondern durch die Verbands- und Flottenstäbe und auch durch die Marineleitung selbst verursacht worden sind. Da die Ursachen vieler Seeunfälle in konstruktiven Mängeln der Schiffe begründet lagen, wurden in diesen Problemkreis auch die Werften, Industriebetriebe und andere Einrichtungen sowie staatliche Organe einbezogen.

Die entstandene Situation nötigte die USA-Marineleitung, kurzfristig durchgreifende Maßnahmen einzuleiten, um die Anzahl der Seeunfälle zu senken und die Sicherheit ihrer Schiffe zu erhöhen. Im Zusammenhang damit wurde in den USA das Naval Safety Center [47] geschaffen. Dieses Sicherheitszentrum sollte ein effektives und vorausorientiertes Unfallverhütungsprogramm schaffen, das bei gleichzeitiger Senkung der Todesfälle und Verletzungen die Einsatzbereitschaft erhöhte und auch die «zufälligen» materiellen Verluste und Schäden in der Marine einschränkte (siehe Lit.-Verzeichnis Nr. 106, S. 56). Als Standort für das Naval Safety Center wurde Norfolk (USA, Bundesstaat Virginia) vorgesehen. Sein Stellenplan umfaßt 300 uniformierte und zivile Mitarbeiter. Strukturell besteht es aus vier Direktoraten (Überwasserschiffe, U-Boote, Marinefliegerkräfte, Küstenverteidigung) und einigen selbständigen Abteilungen. Zur Realisierung des Sicherheitsprogramms wurden dem Naval Safety Center großzügig zusätzliche Einheiten der Marine und andere Kräfte und Mittel zur Verfügung gestellt.

Eine der Hauptaufgaben besteht darin, systematisch und überraschend zu kontrollieren, um Gefahrenquellen und Bedingungen für mögliche Seeunfälle rechtzeitig zu erkennen und zu beseitigen. Dabei ist unter Gefahrenquelle und Unfallbedingung ein beliebiger Zustand zu verstehen, bei dem der Eintritt eines Seeunfalles gegeben oder wahrscheinlich ist, z. B. schlechter Zustand im materiellen Bereich oder in der Ausrüstung, das Fehlen von Schutz- und Warnanlagen oder -systemen, versetzte Verkehrswege, Ausgänge und Notausgänge, mangelhafte Beleuchtung und ungenügende Sauerstoffzufuhr.

Notwendig erscheint es auch, auf die jetzt neue und breitere Auslegung des Begriffes Seeunfall in der USA-Marine hinzuweisen.

Unter einem Seeunfall wird dort ein beliebiger, nicht geplanter oder nicht gewollter Vorfall oder ein Ereignis verstanden, bei dem an der Ausrüstung, der Ladung oder am Schiff selbst Schäden auftreten und/oder Personen verletzt oder getötet werden.

Diese neue Definition basiert hauptsächlich auf ökonomischen Überlegungen. Nach Meinung von Spezialisten der US Navy war es notwendig geworden, nicht nur ein Unklarwerden der Schiffe und einen Ausfall von Besatzungsangehörigen zu verhindern, sondern auch die Reparaturen und Wiederinstandsetzungen, auf jeden Fall aber deren Kosten zu senken. Faktisch führen alle nicht geplanten Ereignisse, die die Mission eines Schiffes herabmindern, letzten Endes zu Finanzausgaben.

Das Programm führte zur Senkung der Seeunfälle und folglich zur Einsparung von bewilligten Budgetmitteln für die US-amerikanischen Seestreitkräfte.

Da das bestehende Meldesystem über Seeunfälle den modernen Anforderungen nicht entsprach, erarbeitete das Naval Safety Center eine neue Methode zur Erfassung und Bearbeitung aller Schadens- und Seeunfälle. Alle Angaben über Seeunfälle werden in den zur technischen Ausrüstung des Naval Safety Center gehörenden Computer eingegeben, in ihm verarbeitet und gespeichert. Konteradmiral Nelson, der Leiter des Naval Safety Center, vergleicht den Computer mit einem «Wachhund», der den Zustand der Sicherheit in der US Navy ständig analysiert und ihre Objekte vor Seeunfällen und sonstigen Gefahren schützt.

Das Naval Safety Center überarbeitet zudem Vorschriften, Instruktionen und Anleitungen und gibt auch neue Dokumente zur Erhöhung der Sicherheit auf den Gefechtsstationen und Befehlsständen heraus. In diesen Bestimmungen wird jede beliebige Abweichung von den Bedienungsrichtlinien und Einsatzverfahren, die die Wahrscheinlichkeit eines Seeunfalles erhöht, als eine gefährliche Handlung charakterisiert. Hierunter fallen u. a. Handlungen oder Arbeiten ohne ausreichende Kenntnis oder Fertigkeiten für den speziellen Handlungs- oder Arbeitsablauf, allgemeine Arbeiten bei hohen Fahrtstufen, Verwendung von nicht normgerechten Materialien, Konstruktionen, Apparaturen oder Armaturen, das Verlassen der Stationen und Unaufmerksamkeit.

Darüber hinaus leistet das Naval Safety Center eine große publizistische Informations- und Aufklärungsarbeit, indem es eine Reihe von Zeitschriften herausgibt. 1975 erschienen allein sechs solcher Veröffentlichungen mit richtungweisenden Ausbildungshinweisen.

Das Sicherheitszentrum gibt auch Lehrbücher und Ausbildungsfilme heraus, die den Fragen einer hohen Sicherheit und dem Verhalten in Seeunfallsituationen gewidmet sind.

Im Jahre 1973 erarbeitete und unterbreitete das Naval Safety Center eine neue Methode zur Gewährleistung der Schiffssicherheit. Diese Methode wurde allgemein als Sicherheitssystem bezeichnet und als solches auch bekannt. Die Erarbeiter projektierten mit Hilfe dieses Sicherheitssystems die Schiffe und deren Einrichtungen, wobei die vorbeugende Verhütung von Seeunfällen im Mittelpunkt stand. Dieses Sicherheitssystem ist für die Gesamtdienstzeit eines Schiffes berechnet. Es wurde erstmals bei der Projektierung und dem Bau des kernkraftgetriebenen U-Bootes USS LOS ANGELES SSN-688, des Zerstörers USS SPRUANCE DD-963, der Raketentragflächenboote und anderer Schiffe angewendet.

Die Hauptursache von Seeunfällen auf den Schiffen der US-amerikanischen Kriegsmarine ist menschliches Versagen!

Um diesem Problem beizukommen, hatte man empfohlen, den biorhythmischen Leistungszyklus des an einem Seeunfall für schuldig Befundenen zur analytischen Auswertung des Seeunfallgeschehens mit heranzuziehen.

Das alles sind einige neue Gesichtspunkte zur Lösung des Sicherheitsproblems auf amerikanischen Kriegsschiffen. Ihre Zweckmäßigkeit und Effektivität lassen sich aber erst nach ihrer Bewährung in der Praxis beurteilen. Keinesfalls aber werden die traditionellen Methoden verworfen, auch wenn sie durch die Erfahrungen aus den letzten Seeunfällen und Katastrophen modifiziert werden.

Auf der Grundlage dieser Erfahrungen konnten bestimmte Empfehlungen, Forderungen und vorbeugende Maßnahmen ausgearbeitet und getroffen werden. Sie sind auf das Zurückdrängen des Seeunfallgeschehens und auf die Erhöhung der Sicherheit auf den Kriegsschiffen unter allen beliebigen Bedingungen ausgerichtet. Dabei sind sie auf die Konstruktion, den organisatorisch-technologischen Ablauf und die Handlungen der Besatzungen zugeschnitten.

Es erscheint richtig, noch auf einige allgemeine Maßnahmen aufmerksam zu machen, die die Standkraft der Schiffe erhalten sollen, zumal dieser Frage im Ausland gegenwärtig eine weit größere Aufmerksamkeit als in früheren Jahren geschenkt wird. Das trifft besonders auf die Ausbildung der Besatzung im Schiffssicherungsdienst beim Kampf um die Erhaltung der Standkraft zu. In den USA gibt es dafür eine große Anzahl von Spezialkursen und -schulen, um die Besatzungen im Kampf um die Erhaltung der Standkraft, in der Brandbekämpfung und in der umfassenden Unfallbekämpfung auszubilden. Zur Zeit bestehen 78 derartige Lehreinrichtungen, die in den Flottenstützpunkten an der Atlantik- und Pazifikküste untergebracht sind. Davon befassen sich 33 mit dem Kampf um die Erhaltung der Standkraft, 27 mit dem Brandschutz und 18 mit dem Atom-, biologischen und chemischen Schutz. Das Ausbildungszentrum für den Kampf um die Erhaltung der Standkraft befindet sich in Philadelphia (Pennsylvania), wo ständig sechs Offizierskurse und 13 Unteroffiziers- und Mannschaftslehrgänge stattfinden.

Zur qualitativen Verbesserung der Ausbildung des Bordpersonals werden an die Kursus- und Lehrgangsteilnehmer immer höhere psychische und physische Anforderungen gestellt, wobei die praktische Ausbildung nahezu realen Bedingungen angepaßt ist.

Unter Bordbedingungen wird sehr große Aufmerksamkeit auf das verbesserte Zusammenwirken der einzelnen Gefechtsabschnitte im Kampf um die Erhaltung der Standkraft des Schiffes gerichtet. Großer Wert wird darauf gelegt, daß die Kommandeure der Schiffssicherungsdivisionen (auf großen Schiffen) ihre Dienstpflichten ernst nehmen. Sie sind von allen zusätzlichen Aufgaben zu entbinden und haben ihre ganze Aufmerksamkeit auf das Studium der Erfahrungen und Erkenntnisse, gewonnen aus Seeunfällen und Schäden, sowie auf die richtige qualitative und zahlenmäßige Zusammensetzung der Schiffssicherungs- und Reparaturgruppen zu richten.

In den letzten Jahren erschienen eine Reihe von Veröffentlichungen zu Fragen der Standkraft von Schiffen. Einige Spezialisten vertreten darin die Meinung (siehe Lit.-Verzeichnis Nr. 100), daß viele Seeunfälle und Katastrophen deshalb aufgetreten sind, weil den Fragen der Standkraft bisher nicht die notwendige Aufmerksamkeit geschenkt wurde. Die Spezialisten weisen in diesem Zusammenhang auf die notwendige Schaffung eines speziellen Dienstes hin, der sich ausschließlich mit der Erhaltung der Standkraft befassen sollte.

Dieser Dienst könnte u. a. folgende Aufgaben erfüllen:

1. Koordinierung aller systematischen und prophylaktischen Maßnahmen auf diesem Gebiet.
2. Übungen zur Erhaltung der Standkraft des Schiffes.
3. Schaffung einer effektiven Organisation für den Kampf um die Erhaltung der Standkraft.
4. Koordinierung und Vergabe von Reparaturaufträgen.
5. Führung der Dokumentation über konstruktive Veränderungen während der Dienstzeit des Schiffes und bei Reparaturen.

Um Seeunfälle zu verhindern, werden vor allem vorbeugende Maßnahmen den Vorrang erhalten.

Schlußbemerkungen

Brände und Explosionen auf Schiffen, Kollisionen, Grundberührungen und Sturm haben zu Seeunfällen und Katastrophen geführt, die mitunter mit den Folgen kriegerischer Handlungen vergleichbar sind und in einer Reihe von Fällen diese sogar in ihren Auswirkungen überstiegen.

Die Hauptursachen der Seeunfälle und Katastrophen ohne Einwirkung gegnerischer Gefechtsmittel sind entweder konstruktiv-technische Mängel infolge von Projektierungs- oder Baufehlern oder Fehler und Nachlässigkeiten der Besatzungen. Die subjektiven Faktoren rangieren dabei vor den konstruktiv-technischen.

Die Schlußfolgerungen aus den im Verlauf einiger Jahrzehnte aufgetretenen Seeunfällen und Katastrophen können als zuverlässig angesehen werden, sie sind auch unter den heutigen Bedingungen voll gültig. Die gegenwärtige schnelle Entwicklung der Seekriegstechnik übt einen zum Teil widerspruchsvollen Einfluß auf das Seeunfallgeschehen, die Standkraft der Schiffe und ihre Sicherheit aus. Einerseits ermöglicht die Entwicklung der neuen Technik, neue Mittel und Verfahren zur Verhütung und Bekämpfung von Seeunfällen zu schaffen, was für die Erhaltung der Standkraft und die Sicherheit positiv ist. Andererseits geht diese Entwicklung mit der Verkomplizierung und dem nicht vollen Ausschöpfen der Technik und ihrer Möglichkeiten einher. Somit entstanden in den Seekriegsflotten aller Länder unter den neuen Bedingungen Disproportionen im System «Mensch-Technik», die zu einer Reihe von Seeunfällen geführt haben. Die übermäßige Anspannung der Seeleute im täglichen Gefechtsdienst und bei Kampfhandlungen war eine zusätzliche Ursache für das Auftreten von Seeunfällen.

Diese Faktoren in ihrer Gesamtheit sind die Ursachen dafür, daß sich in den meisten Flotten, besonders auch in der US-amerikanischen Kriegsmarine, die Seeunfälle und Katastrophen häuften und die Fragen der Sicherheit auf den Überwasserschiffen und U-Booten zu einem Problem von gesamtstaatlichem Interesse wurden. So war man in den USA gezwungen, die Sicherheit auf den Flugzeugträgern und U-Booten, als den schlagkräftigsten Schiffsklassen, ein ganz besonderes Augenmerk zu schenken.

In den letzten Jahren dienten viele radikale Maßnahmen in den USA dem alleinigen Ziel, die Sicherheit auf den Schiffen zu erhöhen. So entstand das Naval Safety Center. Ein umfangreiches Sicherheitsprogramm dient der Sicherheit, für dessen Verwirklichung sowohl Organe der USA-Marine als auch nicht zu ihr gehörende wissenschaftliche und industrielle Kreise einbezogen sind. Neben dem weiteren Ausbau der traditionellen Maßnahmen konstruktiv-technischen und organisatorisch-technologischen Charakters werden neue Methoden zur Erhöhung der Sicherheit entwickelt und bei der Projektierung der Schiffe berücksichtigt. Sie lassen eine hohe Sicherheit des Schiffes in allen Phasen der Dienstzeit erwarten. Große Aufmerksamkeit wird der Senkung der durch Besatzungsangehörige verursachten Seeunfälle und Schäden gewidmet. Diesem Zweck dient ein spezielles Melde- und Informationssystem, auf dessen Grundlage alle Seeunfälle analysiert und praxiswirksame Empfehlungen für die ständige Vervollkommnung des Schiffssicherungsdienstes gegeben werden. Nach den Angaben der USA-Marine zeigen alle eingeleiteten Maßnahmen bemerkenswerte Resultate. Gleichzeitig wird jedoch auch eingeräumt, daß der Grad ihrer Effektivität erst im Laufe der Zeit aus den dann vorliegenden praktischen Erfahrungen eindeutig bestimmt werden kann.

Anlagen

Anlage 1
Kriegsschiffsverluste durch Brand und Explosionen

Lfd. Nr.	Klasse und Name des Kriegsschiffes	Gebiet und Zeit des Verlustes	Ursachen, Umstände, Verluste
1.	Torpedoboot SEHAM (Türkei, 83 t)	Beirut (Beiroût) 1900[1]	Kesselexplosionen, gesunken mit der gesamten Besatzung
2.	Kanonenboot CONDOR (Spanien, 48 t)	Ria de Vigo Januar 1902	Kesselexplosion, 18 Tote und Verletzte (von 22 Mann)
3.	Kreuzer KAI SHI (China, 2 110 t)	1902	Explosion in einem Munitionsraum, 150 Tote
4.	Kanonenboot GENERAL RIVERA (Uruguay, 241 t)	Montevideo Oktober 1903	Explosion in der Kartuschkammer, 4 Tote
5.	Küstenpanzerschiff IVER RETFELDT (Dänemark, 3 450 t)	Kopenhagen Dezember 1903	Brand im Kohlebunker, Totalverlust
6.	Kleiner Kreuzer BENNINGTON (USA, 1 710 t)	San Diego 21. Juli 1905	Kesselexplosion, Totalverlust, 30 Tote und 80 Verletzte (von 195 Mann)
7.	Linienschiff MIKASA (Japan, 15 200 t)	Sasebo 11./12. September 1905	Feuer und Explosion in einer Kartuschkammer und Explosion eines Torpedos, gesunken, 256 Tote und 343 Verletzte (von 935 Mann)
8.	Linienschiff AQUIBADAN (Brasilien, 4 950 t)	Rio de Janeiro Januar 1906	Explosion in einer Kartuschkammer, gesunken innerhalb von 3 min, 196 Tote und 36 Verletzte (von 350 Mann)
9.	Torpedo-Schulschiff ALGÉSIRAS (Frankreich, 5 087 t)	Toulon 1906	Brand in der Segellast, Totalverlust, Besatzung gerettet

[1] Genauer Zeitpunkt konnte hier und an anderen Stellen der Anlagen nicht ermittelt werden.

Lfd. Nr.	Klasse und Name des Kriegsschiffes	Gebiet und Zeit des Verlustes	Ursachen, Umstände, Verluste
10.	Linienschiff JÉNA (Frankreich, 11 870 t)	Toulon März 1907	Explosion in den Munitionskammern, Totalverlust, 118 Tote und 35 Verletzte
11.	Kleiner Kreuzer MATSUSHIMA (Japan, 4 277 t)	Makung (Pescadores Inseln–Penghuliedao) 30. April 1908	Explosion in einer Kartuschkammer, gesunken, 206 Tote (von 347 Mann)
12.	Linienschiff LIBERTÉ (Frankreich, 14 900 t)	Toulon September 1911	Explosion in einer Kartuschkammer, gesunken, zusammen mit den Opfern auf den Nachbarschiffen 204 Tote und 184 Verletzte
13.	Linienschiff BULWARK (Großbritannien, 15 000 t)	Sheerness 26. November 1914	Explosion bei der Munitionsübernahme, die BULWARK sank kurz nach der Explosion, 738 Tote, 12 Mann wurden gerettet
14.	Minenleger PRINCESS IRENE (Großbritannien, 5 934 t)	Sheerness 27. Mai 1915	Detonation der an Bord befindlichen Minen, das Schiff lag im Hafen, Totalverlust, 400 Tote
15.	Linienschiff BENEDETTO BRIN (Italien, 13 427 t)	Brindisi Oktober 1915	Brand und Explosionen in den hinteren Munitionsräumen, Totalverlust, 385 Tote (von 726 Mann)
16.	Panzerkreuzer NATAL (Großbritannien, 13 500 t)	Cromarty-Firth 30. Dezember 1915	Brand und Explosionen in den hinteren Munitionsräumen. Die NATAL sank sofort, 405 Tote (von 704 Mann)
17.	Linienschiff LEONARDO DA VINCI (Italien, 22 000 t)	Taranto August 1916	Brand und Explosionen in den Munitionsräumen, gesunken innerhalb von 45 min, 248 Tote (von 1 190 Mann)
18.	Panzerkreuzer TSUKUBA (Japan, 13 750 t)	Yokosuka-Bucht 14. Januar 1917	Brand und Explosionen in den vorderen Munitionsräumen, gesunken innerhalb von 20 min, 200 Tote (von 817 Mann)
19.	Linienschiff VANGUARD (Großbritannien, 19 250 t)	Scapa Flow Juli 1917	Explosionen in den Munitionsräumen, von 670 Mann überlebten 2
20.	Transporter MONT BLANC (Frankreich, 3 121 t)	Halifax 6. Dezember 1917	Brand und Explosion von Sprengstoffen (siehe weiter vorn)
21.	Linienschiff KAWACHI (Japan, 21 420 t)	Tokuyama-Bucht 12. Juli 1918	Innere Explosion, gesunken innerhalb von 4 min, über 500 Tote
22.	Geschützter Kreuzer ETRURIA (Italien, 2 280 t)	Livorno August 1918	Innere Explosion, Totalverlust

Lfd. Nr.	Klasse und Name des Kriegsschiffes	Gebiet und Zeit des Verlustes	Ursachen, Umstände, Verluste
23.	Küstenpanzerschiff (Monitor) GLATTON (Großbritannien, 5 700 t)	Dover 16. September 1918	Explosionen in den Munitionsräumen; zur Verhinderung von Schäden an den Hafenanlagen wurde die GLATTON durch einen britischen Zerstörer torpediert und versenkt, 77 Tote, viele Verletzte
24.	Geschützter Kreuzer BASILICATA (Italien, 2 480 t)	Port Said (Bûr Saîd) August 1919	Innere Explosion, Totalverlust
25.	Truppentransporter VINH LONG (Frankreich)	Konstantinopel (Istanbul) Dezember 1923	Ausgebrannt; von den 300 Besatzungsangehörigen und den 500 senegalesischen Kolonialsoldaten wurden 15 Mann vermißt
26.	Großes Torpedoboot KASZUB (Polen, 349 t)	Danzig (Gdansk) Juli 1925	Kesselexplosion im Hafen, Totalverlust, 3 Tote und 6 Verletzte
27.	Wachboot VM V 3 (Finnland, 43 t)	Seegebiet vor Helsinki 10. Januar 1931	Brand und Explosion durch Kurzschluß, gesunken (siehe weiter vorn)
28.	Torpedoboot LUCHS (fasch. Deutschland, 1 000 t)	Nördliche Nordsee 1939 [48]	Innere Explosion, gesunken
29.	Minenkreuzer LA TOUR D'AUVERGNE (Frankreich, 4 773 t)	Casablanca 13. September 1939	Detonation der an Bord befindlichen Minen, gesunken, 215 Tote (von 396 Mann)
30.	Zerstörer LA RAILLEUSE (Frankreich, 1 800 t)	Casablanca 23. April 1940	Innere Explosion, wahrscheinlich Kesselexplosion, stark beschädigt und gesunken, 28 Tote (von 159 Mann)
31.	Zerstörer MAILLE-BRÉZÉ (Frankreich, 3 000 t)	Greenock 30. April 1940	Brand und Explosion im Schiff, Totalverlust, 28 Tote (von 240 Mann)
32.	Zerstörer (Flottenführer) KHARTOUM (Großbritannien, 1 690 t)	Rotes Meer bei Perim Harbour 23. Juni 1940	Innere Explosion; danach auf Grund gesetzt und seinem Schicksal überlassen
33.	Zerstörer GÖTEBORG (Schweden, 1 200 t)	Stockholmer Schären 17. September 1941	Innere Explosion mit Ausbruch eines Brandes im Schiff (siehe weiter vorn)
34.	Zerstörer KLAS HORN (Schweden, 1 050 t)	Wie lfd. Nr. 33	Brand (siehe weiter oben)

Lfd. Nr.	Klasse und Name des Kriegsschiffes	Gebiet und Zeit des Verlustes	Ursachen, Umstände, Verluste
35.	Zerstörer KLAS UGGLA (Schweden, 1050 t)	Wie lfd. Nr. 33	Brand (siehe weiter oben)
36.	Truppentransporter LAFAYETTE ex NORMANDIE (USA, 83420 t)	New York 9. Februar 1942	Brand, gekentert (siehe weiter oben)
37.	Schnellboot S. 101 (fasch. Deutschland, 86 t)	24. März 1942	Brand (siehe weiter oben)
38.	Schneller Minensucher WASMUTH (USA, 1190 t)	Aleutian Islands 29. Dezember 1942	Detonation der an Bord befindlichen Wasserbomben, Totalverlust
39.	Transporter ARTHUR MIDDLETON (USA, 7176 t)	Oran (Ouahran) Januar 1943	Innere Explosion, gesunken, 46 Tote
40.	Flugzeugträger DASHER (Großbritannien, 12000 t)	Clyde 27. März 1943	Innere Explosion, hervorgerufen durch Benzindämpfe, Totalverlust
41.	Schlachtschiff MUTSU (Japan, 38000 t)	Hiroshima-Bucht 8. Juni 1943	Innere Explosion, Totalverlust
42.	Minensuchboot M 27 (fasch. Deutschland, 600 t)	Stützpunkt 2. Dezember 1943	Brand und Explosion (siehe weiter oben)
43.	Zerstörer TURNER (USA, 1700 t)	Ambrose Feuer (Ansteuerung New York) 3. Januar 1944	Innere Explosion, Totalverlust, 37 Tote (von 200 Mann)
44.	Transporter FORT STIKENE (Großbritannien, 7120 t)	Bombay 14. April 1944	Brand und Explosion von Sprengstoff (siehe weiter oben)
45.	Tanker JOHN STRAUB (USA, 7176 t)	Sanak Inseln 19. April 1944	Innere Explosion, gesunken mit der gesamten Besatzung, 65 Mann
46.	Transporter QUAINAULT VICTORY (USA, 7608 t)	Chicago 17. Juli 1944	Explosion bei der Übernahme von Munition, Totalverlust, 270 Tote
47.	R-Boot R 5 (fasch. Deutschland, 45 t)	Stützpunkt Juli 1944	Entzündung von Treibstoffdämpfen durch Kurzschluß, Detonation der Munition, Totalverlust, Besatzung gerettet
48.	Schnellboot S 20 (fasch. Deutschland, 62 t)	In See September 1944	Brand und Explosion eines Treibstoffbunkers, stark beschädigt und gesunken

Lfd. Nr.	Klasse und Name des Kriegsschiffes	Gebiet und Zeit des Verlustes	Ursachen, Umstände, Verluste
49.	Munitionstransporter MOUNT HOOD (USA)	Seeadler, Admiralty Islands 11. November 1944	Explosion von Sprengstoffen, Totalverlust (siehe weiter oben)
50.	Transporter EMPIRE PATROL (Großbritannien, 3340 t)	Port Said (Bûr Saîd) September 1945	Brand, Totalverlust, 33 Tote
51.	Tanker HOMESTEAD (USA, 10448 t)	Jacksonville 5. August 1946	Brand durch Blitzschlag, Totalverlust nach achttägigem Brand
52.	Transporter HIGHFLYER (USA, 6214 t)	Texas City 16. April 1947	Brand und Explosion von Sprengstoffen (siehe weiter oben)
53.	Transporter WILSON B. KEENE (USA, 7176 t)	Wie lfd. Nr. 52	Explosion von Sprengstoffen (siehe weiter oben)
54.	Transporter WOOMERA (Australien, 600 t)	Sydney 1960	Brand, gesunken, Besatzung gerettet
55.	Transporter SIRIUS (USA, 13000 t)	Seattle Januar 1972	Brand, gekentert (siehe weiter oben)
56.	Großer Minensucher FORCE (USA, 750 t)	Atlantik April 1973	Explosion und Brand, Totalverlust, die aus 65 Mann bestehende Besatzung wurde von einem britischen Frachter gerettet

Anlage 2
Kriegsschiffsverluste durch Kollisionen

Lfd. Nr.	Klasse und Name des Kriegsschiffes	Gebiet und Zeit des Verlustes	Ursachen, Umstände, Verluste
1.	Torpedobootzerstörer FRANCE (Frankreich, 314 t)	Saint Vincent August 1900	Gesunken nach Kollision mit dem Panzerschiff BRENNUS, 44 Tote (von 58 Mann)
2.	Kleiner Kreuzer WACHT (Deutschland, 1250 t)	Nordöstlich Kap Arkona 4. September 1901	Gesunken nach Kollision mit dem Panzerschiff SACHSEN
3.	Torpedoboot S 42 (Deutschland, 145 t)	Elbemündung 24. Juni 1902	Gesunken nach Kollision mit dem britischen Dampfer FIRSBY, 5 Tote (von 16 Mann)

Lfd. Nr.	Klasse und Name des Kriegsschiffes	Gebiet und Zeit des Verlustes	Ursachen, Umstände, Verluste
4.	Torpedobootzerstörer ORWELL (Großbritannien, 300 t)	Insel Korfu (Kérkyra) Januar 1903	Gerammt vom britischen Kleinen Kreuzer PIONEER und gesunken, 15 Tote und Vermißte
5.	Kreuzer HUAN TAI (China, 13 000 t)	Hongkong August 1903	Gesunken nach Kollision mit dem Postdampfer EMPRESS OF INDIA, 14 Tote
6.	Geschützter Kreuzer YOSHINO (Japan, 4 160 t)	Lao Tang (östlich Lüda) 15. Mai 1904	Gekentert und gesunken nach Rammstoß durch den Panzerkreuzer KASUGA, 329 Tote (von 419 Mann)
7.	Kanonenboot OSHIMA (Japan, 630 t)	Östlich Port Arthur (Lüshun) 16. Mai 1904	Gesunken am 17. 5. nach Kollision im Nebel am 16. 5. mit dem japanischen Kanonenboot AKAGI, Besatzung gerettet
8.	Torpedoboot DECOY (Großbritannien, 260 t)	Sizilien August 1904	Gesunken nach Kollision mit dem Torpedoboot ARUN, 1 Toter
9.	Torpedoboot HAVHESTEN (Dänemark, 109 t)	1904	Gesunken nach Kollision mit dem Torpedoboot STÖGEN, Besatzung gerettet
10.	Hochseetorpedoboot S 126 (Deutschland, 420 t)	Nordteil der Kieler Förde 17. November 1905	Gesunken nach Kollision mit dem Kleinen Kreuzer UNDINE, 33 Tote (von 56 Mann)
11.	Torpedoboot NR. 84 (Großbritannien, 85 t)	Malta April 1906	Gesunken nach Rammstoß durch den Torpedobootzerstörer ARDENT, 1 Toter
12.	Torpedobootzerstörer TIGER (Großbritannien, 389 t)	Spithead April 1906	Gesunken nach Rammstoß durch den Kreuzer BERWICK, 24 Tote (von 57 Mann)
13.	Kreuzer GLADIATOR (Großbritannien, 5 750 t)	Isle of Wight April 1908	Nach Kollision mit dem Dampfer ST. PAUL schwer beschädigt, danach auf Strand gesetzt
14.	Torpedobootzerstörer GALA (Großbritannien)	Sheerness April 1908	Gesunken nach Kollision mit dem Geschützten Kreuzer ATTENTIVE, 1 Toter
15.	Torpedobootzerstörer BLACKWATER (Großbritannien, 550 t)	April 1909	Gesunken nach Kollision mit dem Dampfer HERO, Besatzung gerettet
16.	Torpedobootzerstörer FANTASSIN (Frankreich, 450 t)	Insel Korfu (Kérkyra) 5. Juni 1916	Gesunken nach Kollision mit dem Torpedobootzerstörer MAMELUCK
17.	Torpedobootzerstörer EDEN (Großbritannien, 550 t)	Kanal vom 16. zum 17. Juni 1916	Gesunken nach Kollision mit einem anderen Schiff, die Hälfte der Besatzung konnte gerettet werden

Lfd. Nr.	Klasse und Name des Kriegsschiffes	Gebiet und Zeit des Verlustes	Ursachen, Umstände, Verluste
18.	Torpedobootzerstörer Yatagan (Frankreich, 310 t)	Dieppe 7. Dezember 1916	Gesunken nach Kollision mit dem britischen Transporter Teavoit
19.	Torpedobootzerstörer Negro (Großbritannien, 1 025 t)	Nordsee, nördlich Fair Isle Feuerschiff 21. Dezember 1916	Gesunken nach Kollision mit dem Flottenführer Hoste
20.	Flottenführer Hoste (Großbritannien, 1 660 t)	Wie lfd. Nr. 19	Gesunken nach Kollision mit dem Torpedobootzerstörer Negro
21.	Torpedobootzerstörer Setter (Großbritannien, 1 040 t)	Auf der Höhe von Harwich 17. Mai 1917	Gesunken nach Kollision mit dem Torpedobootzerstörer Seelier, Besatzung gerettet
22.	Wachboot Mohawk (USA, 980 t)	Ambrose Feuerschiff 1. Oktober 1917	Gesunken nach Kollision mit einem anderen Schiff
23.	Torpedobootzerstörer Marmion (Großbritannien, 1 029 t)	Nordsee 21. Oktober 1917	Gesunken nach Kollision mit einem anderen Schiff
24.	Wachschiff McCulloch (USA, 1 280 t)	Pazifik Nahe Conception Point 13. Juni 1917	Gesunken nach Kollision mit dem Dampfer Governor
25.	Torpedobootzerstörer Wolverine (Großbritannien, 986 t)	Vor der irischen Küste 1917	Gesunken nach Kollision mit einem Handelsschiff
26.	U-Boot-Begleitschiff Hazard (Großbritannien, 1 070 t)	Kanal, auf der Höhe von Bill of Portland 28. Januar 1918	Gesunken nach Kollision mit einem anderen Schiff
27.	Torpedoboot Boxer (Großbritannien, 280 t)	Kanal 8. Februar 1918	Gesunken nach Kollision mit einem anderen Schiff
28.	Torpedobootzerstörer Faulx (Frankreich, 745 t)	In der Straße von Otranto 10. März 1918	Gesunken nach Kollision mit dem Torpedobootzerstörer Mangini
29.	Torpedobootzerstörer Arno (Großbritannien, 550 t)	Dardanellen 23. März 1918	Gesunken nach Kollision mit einem anderen Schiff
30.	Torpedobootzerstörer Falcon (Großbritannien, 408 t)	Nordsee 1. April 1918	Gesunken nach Kollision mit einem anderen Schiff
31.	Torpedobootzerstörer Bittern (Großbritannien, 360 t)	Auf der Höhe von Bill of Portland 4. April 1918	Gesunken nach Kollision mit dem britischen Dampfer Kenilworth

Lfd. Nr.	Klasse und Name des Kriegsschiffes	Gebiet und Zeit des Verlustes	Ursachen, Umstände, Verluste
32.	Bewaffnete Yacht WAKIVA II (USA, 853 t)	Biskaya 22. Mai 1918	Gesunken nach Kollision mit dem Schiff WABASH
33.	Torpedobootzerstörer NESSUS (Großbritannien, 1022 t)	Nordsee 8. September 1918	Gesunken nach Kollision mit dem Geschützten Kreuzer AMPHITRITE
34.	Torpedobootzerstörer ULYSSES (Großbritannien, 1090 t)	Firth of Clyde 29. Oktober 1918	Gesunken nach Kollision mit einem britischen Dampfer
35.	Minenleger HYDRA (Niederlande, 670 t)	Villingen 1921	Gesunken nach Kollision mit einem Torpedoboot
36.	Torpedobootzerstörer SPEEDY (Großbritannien, 1087 t)	Marmara-Meer September 1922	Gesunken nach Kollision mit einem niederländischen Handelsschiff
37.	Torpedobootzerstörer WARABI (Japan, 770 t)	Bungo-Suido 25. August 1927	Gesunken nach Rammstoß durch den Kreuzer JINDSU bei 30 kn Fahrt, 102 Tote
38.	Zerstörer MIYUKI (Japan, 1880 t)	Auf der Höhe von Tsushima 29. Juni 1934	Stark beschädigt nach Kollision mit dem Schwesterschiff, dem Zerstörer INAZUMA, gesunken während des Abschleppmanövers, 6 Tote, 4 Verletzte
39.	Zerstörer DUCHESS (Großbritannien, 1375 t)	Westlich Schottland 13. Dezember 1939	Gesunken nach Kollision mit dem Schlachtschiff BARHAM, 129 Tote
40.	Zerstörer FRASER (Kanada, 1900 t)	Girondemündung 28. Juni 1940	Gesunken nach Kollision mit dem Leichten Luftabwehrkreuzer CALCUTTA (siehe weiter vorn)
41.	Zerstörer IMOGEN (Großbritannien, 1370 t)	Pentland Firth 16. Juli 1940	Gesunken nach Kollision im Nebel mit einem anderen Schiff, 18 Tote
42.	Korvette GODETIA (Großbritannien, 925 t)	Nördlich Irland 6. September 1940	Gesunken nach Kollision mit einem anderen Schiff
43.	Zerstörer MARGAREE (Kanada, 1375 t)	Nordatlantik 22. Oktober 1940	Gesunken nach Kollision mit einem Handelsschiff, 140 Tote
44.	Torpedoboot CONFIENZA (Italien, 862 t)	Nördlich Brindisi 20. November 1940	Gesunken nach Kollision mit dem italienischen Hilfskreuzer CAPITANO CECHI
45.	Minenleger NAUTILUS (Niederlande, 800 t)	Saltfleet (britische Küste) 22. Mai 1941	Gesunken nach Kollision mit einem Handelsschiff

Lfd. Nr.	Klasse und Name des Kriegsschiffes	Gebiet und Zeit des Verlustes	Ursachen, Umstände, Verluste
46.	Wachfahrzeug Kos XVI (Norwegen, 258 t)	Irish Sea 24. August 1941	Gesunken nach Kollision mit einem Handelsschiff
47.	Zerstörer COOIENTES (Argentinien, 1 375 t)	Mar del Plata Oktober 1941	Gesunken nach Kollision mit dem Kreuzer ALMIRANTE BROWN, 2 Tote, 8 Vermißte
48.	Korvette WINDFLOWER (Kanada, 925 t)	Westatlantik 7. Dezember 1941	Gesunken nach Kollision mit einem Handelsschiff im Nebel, 23 Tote
49.	Zerstörer PUNJABI (Großbritannien, 1 870 t)	Nordostatlantik 1. Mai 1942	Gesunken nach Kollision mit dem britischen Schlachtschiff KING GEORG V
50.	Minensucher NIGER (Großbritannien, 815 t)	Nordwestlich Island 5. Juli 1942	Gesunken nach Kollision mit einem anderen Schiff
51.	Zerstörer INGRAHAM (USA, 1 630 t)	Nova Scotia 22. August 1942	Gesunken nach Kollision mit dem Tanker CHEMUNG im Nebel, bei Geleitsicherung, 189 Tote (von 200 Mann)
52.	Transporter EMPIRE SOLDIER (Großbritannien, 4 539 t)	Auf der Fahrt von New York nach Halifax 1942	Gesunken nach Kollision mit dem Handelsschiff WOLF
53.	Leichter Kreuzer CURACOA (Großbritannien, 4 290 t)	Auf der Höhe von Bloody Foreland 2. Oktober 1942	Gesunken nach Kollision mit dem Passagierschiff QUEEN MARY (siehe weiter vorn)
54.	Torpedoboot CIRCE (Italien, 679 t)	Castellammare di Stabia 27. November 1942	Gesunken nach Kollision mit dem Transporter CITTA DI TUNESI (5 400 BRT)
55.	Korvette ARDENTE (Italien, 860 t)	Westlich Sizilien 12. Januar 1943	Gesunken nach Kollision mit dem italienischen Zerstörer GRECALE (1 449 t)
56.	Minensucher WALLAROO (Australien, 733 t)	Frementle (Westküste Australiens) 19. Juni 1943	Gesunken nach Kollision mit dem USA-Handelsschiff COSTIN, 15 Verletzte
57.	Zerstörer PERKINS (USA, 1 465 t)	Östlich Neuguinea 29. November 1943	Gesunken nach Kollision mit dem australischen Truppentransporter DUNTROON, 9 Tote (von 237 Mann)
58.	Kanonenboot ST. AUGUSTINE (USA, 1 535 t)	Vor der Küste des USA-Bundesstaates New Jersey 6. Januar 1944	Gesunken nach Kollision mit dem Dampfer CAMAS MEADOWS
59.	Minensucher CHEDABUCTO (Kanada, 672 t)	St. Lawrence River 6. Februar 1944	Gesunken nach Kollision mit einem Handelsschiff

Lfd. Nr.	Klasse und Name des Kriegsschiffes	Gebiet und Zeit des Verlustes	Ursachen, Umstände, Verluste
60.	Transporter SVEVE (Großbritannien, 1216 t)	Blyth März 1944	Gesunken nach Kollision mit einem Handelsschiff
61.	Zerstörer PARROT (USA, 1190 t)	Norfolk 2. Mai 1944	Gesunken nach Kollision mit dem Dampfer JOHN NORTON, 3 Tote, 7 Verletzte
62.	Schnelltransporter NOA (USA, 1190 t)	Pazifik, Palau Islands 12. September 1944	Gesunken nach Kollision mit dem USA-Zerstörer FULLAM
63.	Transporter DON MARQUIS (USA, 7176 t)	Seeadler, Admiralty Islands September 1944	Gesunken nach Kollision mit dem Tanker MISSIONARY RIDGE (10195 BRT)
64.	Minensucher GEELONG (Australien, 733 t)	Vor der Nordküste Australiens 18. Oktober 1944	Gesunken nach Kollision mit dem USA-Tanker YORK
65.	Korvette ROSE (Norwegen, 925 t)	Nordatlantik Oktober 1944	Gesunken nach Kollision mit dem britischen Zerstörer MARNE
66.	Transporter FORT MASSAC (Großbritannien, 7157 t)	Februar 1946	Gesunken nach Kollision mit dem Transporter GUERNESY
67.	Lazarettschiff BENEVOLENCE (USA, 11800 t)	San Francisco Bay 25. August 1950	Gesunken nach Kollision mit dem Dampfer MARY LUCKENBACH, 18 Tote
68.	Schneller Minensucher HOBSEN (USA, 2060 t)	Auf der Überfahrt von den USA in das Mittelmeer 27. April 1952	Gesunken nach Kollision mit dem Flugzeugträger WASP (siehe weiter vorn)
69.	Schnellboot HØGEN (Dänemark, 110 t)	Großer Belt 4. September 1957	Gesunken nach Kollision mit dem Schnellboot FLYVEFISKEN (siehe weiter vorn)
70.	Zerstörer VOYAGER (Australien, 3600 t)	Tasmansee 10. Februar 1964	Gesunken nach Kollision mit dem Flugzeugträger MELBOURNE (siehe weiter vorn)

Anlage 3
Kriegsschiffsverluste durch Grundberührungen und Sturm

Lfd. Nr.	Klasse und Name des Kriegsschiffes	Gebiet und Zeit des Verlustes	Ursachen, Umstände, Verluste
1.	Torpedoboot BOUET WILLAOMEZ (Frankreich)	Île Bréhat Oktober 1900	Auf Felsen aufgelaufen und gesunken, Besatzung gerettet
2.	Kanonenboot SANDPIPER (Großbritannien)	Hongkong November 1900	Verlorengegangen im Taifun, Besatzung bis auf einen Mann gerettet
3.	Korvette (Schulschiff) GNEISENAU (Deutschland, 2856 t)	Mole Malaga 16. 12. 1900	Im Orkan, Anker nicht getragen, auf die Mole getrieben und gesunken, 41 Tote, viele Verletzte (von 460 Mann)
4.	Hilfskreuzer CARIDDI (Italien, 1123 t)	Massaua Dezember 1900	Im Nebel auf Grund aufgelaufen, Totalverlust
5.	Panzerkreuzer SYBILLE (Großbritannien, 3400 t)	Lambertsbaai Januar 1901	Im Sturm Ankerkette gebrochen, auf Grund getrieben und Totalverlust, Besatzung bis auf einen Mann gerettet
6.	Hilfskreuzer YOSEMITE (USA)	San Luis d'Apra Guam 13. Dezember 1900	Im Sturm, Anker nicht getragen, auf ein Riff getrieben, schwer beschädigt und gesunken, 5 Tote
7.	Torpedoboot 91 (Frankreich, 54 t)	Brest März 1901	Auf Grund aufgelaufen, schwer beschädigt und gesunken
8.	Torpedoboot VIPER (Großbritannien, 350 t)	Channel Islands 1901	Auf einen Felsen aufgelaufen, auseinandergebrochen und gesunken, Besatzung gerettet
9.	Torpedoboot COBRA (Großbritannien, 350 t)	In See September 1901	Auf Grund aufgelaufen, auseinandergebrochen und gesunken, 67 Tote (von 79 Mann)
10.	Torpedobootzerstörer ESPIGNOLE (Frankreich, 303 t)	Cheri Îles 1903	Auf eine Untiefe aufgelaufen, danach auf 37 m Wassertiefe gesunken
11.	Kleiner Kreuzer HAI TIEN (China, 4300 t)	April 1904	Auf ein Felsenriff aufgelaufen und gesunken, 2 Tote
12.	Torpedobootzerstörer SPARROW HAWK (Großbritannien, 360 t)	Chesney (Insel) Juni 1904	Auf einen nicht in der Seekarte verzeichneten Felsen aufgelaufen und zerschellt

Lfd. Nr.	Klasse und Name des Kriegsschiffes	Gebiet und Zeit des Verlustes	Ursachen, Umstände, Verluste
13.	Großer Kreuzer SULLY (Frankreich, 9856t)	Golf von Tongking (Vinh băc bô) 1905	Auf ein Felsenriff aufgelaufen, Totalverlust, die Besatzung wurde von zwei anderen Kreuzern übernommen
14.	Kleiner Kreuzer PRESIDENTE PINTO (Chile, 2080t)	Juni 1905	Auf ein Felsenriff aufgelaufen und schwer beschädigt
15.	Großer Kreuzer CARDENAL CISNEROS (Spanien, 7000t)	Kap Marento Oktober 1905	Auf ein Felsenriff aufgelaufen; nach 40 min gesunken, Besatzung gerettet
16.	Torpedoboot NR. 56 (Großbritannien, 60t)	Damietta (Dumyât) Mai 1906	Im Sturm gekentert und gesunken, 7 Tote (von 15 Mann)
17.	Linienschiff MONTAGUE (Großbritannien, 1400t)	Lundy Islands Mai 1906	Während einer Flottenübung beide Propeller verloren und auf Grund aufgelaufen, Totalverlust
18.	Großer Kreuzer CHANZY (Frankreich, 4750t)	Neue Hebriden Saddle Island/ Île Valua Mai 1907	Auf Grund aufgelaufen, nach zwei Wochen zerstört, Totalverlust
19.	Torpedobootzerstörer HUSZAR (Österreich-Ungarn, 400t)	Golf von Triest Dezember 1908	Im Nebel und bei grober See auf Grund aufgelaufen und gesunken
20.	Torpedoboot NR. 192 (Frankreich, 84t)	Santa Margarita (Insel) Januar 1910	Auf Grund aufgelaufen, schwer beschädigt, Totalverlust, Besatzung gerettet
21.	Großer Kreuzer BEDFORD (Großbritannien, 9800t)	Semarang August 1910	Bei frischer Brise auf Grund aufgelaufen, schwer beschädigt, Totalverlust, 18 Tote und Vermißte
22.	Kleiner Kreuzer SAO RAFAEL (Portugal, 1800t)	Oktober 1911	Bei Sturm und schlechter Sicht auf ein Felsenriff aufgelaufen und auseinandergebrochen, 1 Toter, 12 Verletzte
23.	Torpedobootzerstörer HARUSAME (Japan, 365t)	Japanisches Meer November 1911	Im Sturm gestrandet, dabei gekentert und später aufgegeben, 45 Tote (von 60 Mann)
24.	Kleiner Kreuzer MAGDEBURG (Deutschland, 4500t)	Odensholm (Insel) (Osmussaar) 26. August 1914	Im Nebel auf Grund aufgelaufen und schwer beschädigt, von der Besatzung gesprengt, 15 Tote
25.	Panzerkreuzer ARGYLL (Großbritannien, 10850t)	In der Nähe von Dundee 28. Oktober 1915	Im Sturm gestrandet, Totalverlust, Besatzung gerettet

Lfd. Nr.	Klasse und Name des Kriegsschiffes	Gebiet und Zeit des Verlustes	Ursachen, Umstände, Verluste
26.	Torpedobootzerstörer LOUIS (Großbritannien, 965 t)	Suvla-Bucht (Küçük Anafarta Liman) 10. November 1915	Bei schwerem Wetter gestrandet und zerstört, keine Verluste (am 12. 11. 1915 von türkischer Artillerie vollständig zusammengeschossen)
27.	Torpedobootzerstörer MEDUSA (Großbritannien, 1 007 t)	Nordsee 25. bis 27. März 1916	Bei schwerem Wetter von der Besatzung aufgegeben, 12 h danach gesunken [49]
28.	Geschützter Kreuzer (Schulschiff) KASAGI (Japan, 4 992 t)	Tsugaru-Kaikyō-Straße 13. August 1916	Im Sturm bei einer Rettungsaktion für ein Handelsschiff gestrandet, Totalverlust
29.	Panzerkreuzer MEMPHIS (USA, 16 000 t)	Santo Domingo 29. August 1916	Auf die Küste getrieben und wrackgeschlagen, 33 Tote
30.	Torpedobootzerstörer GAIRET-Ï-WATANIEH (Türkei, 620 t)	Varna 30. Oktober 1916	Auf einen in den Seekarten nicht verzeichneten Felsen aufgelaufen, auseinandergebrochen und gesunken
31.	Panzerkreuzer MILWAUKEE (USA, 9 700 t)	Samoa Islands 13. Januar 1917	Bei schwerem Wetter auf Grund aufgelaufen, in der Folgezeit total zerstört
32.	Geschützter Kreuzer OTOWA (Japan, 3 050 t)	In japanischen Gewässern 1. August 1917	Im schweren Sturm gestrandet, Totalverlust
33.	Torpedobootzerstörer RACOON (Großbritannien, 920 t)	Nordküste von Irland, bei Buncrana 9. Januar 1918	Im Schneesturm auf Felsen aufgelaufen und gesunken, die gesamte Besatzung, 91 Mann, fand dabei den Tod
34.	Torpedobootzerstörer OPAL (Großbritannien, 1 000 t)	Pentland Skerries 12./13. Januar 1918	Im Sturm und in heftigen Schneeschauern zusammen mit dem Torpedobootzerstörer NARBROUGH auf Felsen aufgelaufen und gesunken
35.	Torpedobootzerstörer NARBROUGH (Großbritannien, 1 000 t)	Wie lfd. Nr. 34	Im Sturm und in heftigen Schneeschauern zusammen mit dem Torpedobootzerstörer OPAL auf Felsen aufgelaufen und gesunken
36.	Torpedobootzerstörer COLDANCH (Großbritannien, 747 t)	Orkney Islands Februar 1918	Im Sturm und Nebel gesunken
37.	Hilfsschiff CYCLOPS COLLIER (USA, 19 360 t)	Auf der Fahrt von den Bermuda-Inseln nach Baltimore 4. März 1918	Im schweren Sturm mit allen an Bord befindlichen Personen – 213 Offiziere und Mannschaften und 67 Passagiere – gesunken

Lfd. Nr.	Klasse und Name des Kriegsschiffes	Gebiet und Zeit des Verlustes	Ursachen, Umstände, Verluste
38.	Torpedobootzerstörer PINCHER (Großbritannien, 975 t)	Seven Stones 24. Juli 1918	Auf die Seven-Stones-Felsen aufgelaufen und gekentert
39.	Panzerkreuzer COCHRANE (Großbritannien, 13 500 t)	Auf dem Mersey November 1918	Im Sturm und Nebel auf Grund aufgelaufen und auseinandergebrochen, Besatzung gerettet
40.	Geschützter Kreuzer RALEIGH (Großbritannien, 9 750 t)	Küste von Labrador 8. August 1922	Im Nebel auf die Felsenküste aufgelaufen und gesunken, 10 Tote (siehe weiter vorn)
41.	Geschützter Kreuzer NIITAKA (Japan, 3 420 t)	Küste von Kamtschatka 26. August 1922	Im Taifun mit der gesamten Besatzung (etwa 400 Mann) gesunken (siehe weiter vorn)
42.	Linienschiff FRANCE (Frankreich, 23 120 t)	Baie de Quiberon 26. August 1922	Während eines Sturmes bei klarer Nacht auf einen in den Seekarten nicht verzeichneten Felsen aufgelaufen, nach 3 h gesunken, 3 Tote
43.	Linienschiff ESPAÑA (Spanien, 15 450 t)	Küste von Marokko August 1922	Im Nebel auf einen Felsen aufgelaufen und schwer beschädigt, gesunken, nachdem 12 500 t Wasser in das Schiff eingedrungen waren
44. bis 50.	7 Zerstörer des gleichen Typs: DELPHY, S. P. LEE, FULLER, YOUNG, NICHOLAS, WOODBURY, CHAUNCEY (USA)	Point Arguello 8. September 1923	Infolge eines Navigationsfehlers bei Nacht und Nebelfeldern nacheinander auf die felsige Küste aufgelaufen, Totalverlust der 7 Zerstörer, 22 Tote (siehe weiter vorn)
51.	Geschützter Kreuzer TACOMA (USA, 3 200 t)	Veracruz 16. Januar 1924	Auf ein Riff aufgelaufen und in der Folgezeit wrackgeschlagen, 4 Tote (siehe weiter vorn)
52.	Torpedoboot S 2 (Finnland, 254 t)	Bottnischer Meerbusen 4. Oktober 1925	Im Sturm in den Schären aufgelaufen, von schweren Seen überrollt und verlorengegangen (siehe weiter vorn)
53.	Minensucher VALERIAN (Großbritannien, 1 250 t)	Gibb's Hill, Bermuda-Inseln Oktober 1926	Im Hurrikan von schweren Seen überrollt, Explosion der Kessel, gesunken, 86 Tote (von 105 Mann)
54.	Kanonenboot MAQUESE (Frankreich)	Fernöstliche Gewässer 1927	An der Küste auf Grund aufgelaufen, Totalverlust
55.	Transporter ANGAMOS (Chile, 5 975 t)	Punta Morguillas 6. Juli 1928	Gestrandet und Totalverlust, 283 Tote (von 291 Mann) (siehe weiter vorn)
56.	Zerstörer MUGGIA (Italien, 850 t)	Amo März 1929	An der Küste auf Grund aufgelaufen, Totalverlust, die Besatzung wurde gerettet

Lfd. Nr.	Klasse und Name des Kriegsschiffes	Gebiet und Zeit des Verlustes	Ursachen, Umstände, Verluste
57.	Panzerkreuzer EDGAR QUINET (Frankreich, 14 100 t)	Bei Oran (Ouahran) 4. Januar 1930	Im Nebel auf einen in den Seekarten nicht verzeichneten Felsen aufgelaufen und auseinandergebrochen (siehe weiter vorn)
58.	Marineschlepper ST. GENNY (Großbritannien, 800 t)	Kanal Januar 1930	Im schweren Sturm gesunken, 22 Tote (von 27 Mann)
59.	Geschützter Kreuzer MIGUEL DE CERVANTES (Spanien, 9 145 t)	El Ferrol del Caudillo Sommer 1930	Im Sturm Festmacherleinen gebrochen, gegen die Mole getrieben, schwer beschädigt und gesunken (siehe weiter vorn)
60.	Geschützter Kreuzer SUMATRA (Niederlande, 7 050 t)	Insel Pelliton Mai 1931	Auf einen Felsen aufgelaufen und schwer beschädigt, am Unfallort abgewrackt
61.	Minensucher PETERSFIELD (Großbritannien, 800 t)	Fuzhou (Futschou) November 1931	Im Sturm auf einen Felsen aufgelaufen, Totalverlust (siehe weiter vorn)
62.	Geschützter Kreuzer BLAS DE LEZO (Spanien, 4 725 t)	Capo Finisterre Juli 1932	Beim Evolutionieren auf einen Felsen aufgelaufen und gesunken, die Besatzung wurde gerettet
63.	Segelschulschiff NIOBE (Deutschland, 650 t)	Fehmarn Belt 26. Juli 1932	In einer schweren Gewitterböe gekentert und gesunken, 69 Tote
64.	Zerstörer SAWARABI (Japan, 820 t)	Insel Formosa (Taiwan) 5. Dezember 1932	Im Sturm gekentert und gesunken, 106 Tote (von 120 Mann)
65.	Torpedoboot TOMOZURU (Japan, 527 t)	Sasebo 12. Dezember 1934	Im schweren Wetter gekentert, 97 Tote (von 113 Mann)
66.	Kanonenboot FRIDTJOF NANSEN (Norwegen, 1300 t)	In den norwegischen Schären Dezember 1934	Mit Großer Fahrt (15 kn) auf Grund aufgelaufen, schwer beschädigt und gesunken
67.	Flottentanker BOARDALE (Großbritannien, 8 406 t)	Narvik April 1940	Auf einen Felsen aufgelaufen, schwer beschädigt und gesunken, 40 Tote
68.	Kreuzer EFFINGHAM (Großbritannien, 9 770 t)	Norwegen, Westfjord 17. Mai 1940	Auf einen in den Seekarten nicht verzeichneten Felsen aufgelaufen und gesunken, keine Verluste unter der Besatzung
69.	Zerstörer STURDY (Großbritannien, 905 t)	Westlich Schottland 30. Oktober 1940	Im schweren Wetter gesunken, 5 Tote

Lfd. Nr.	Klasse und Name des Kriegsschiffes	Gebiet und Zeit des Verlustes	Ursachen, Umstände, Verluste
70.	Torpedoboot BRANLEBAS (Frankreich, 610 t)	Kanal, 25 sm süd-südöstlich Eddystone Rock 14. Dezember 1940	Im Sturm gesunken, 3 Tote
71.	Zerstörer CAMERON (Großbritannien, 1 190 t)	Nordatlantik 15. Dezember 1940	Im Sturm gesunken
72.	Transporter ERNA III (Großbritannien, 1 590 t)	Montreal September 1941	Im schweren Sturm gesunken
73.	Transporter SAUTERNES (Großbritannien, 1 049 t)	Svinø, Färöer Dezember 1941	Im schweren Sturm gesunken, die gesamte Besatzung (19 Mann und 5 Passagiere) fand den Tod
74.	Zerstörer TRUXTUN (USA, 1 500 t)	Placentia Bay, Island of New-foundland 18. Februar 1942	Im Sturm und schweren Schnee-treiben auf die Felsenküste auf-gelaufen und gesunken, etwa 100 Tote (siehe weiter vorn)
75.	Zerstörer LANCIERE (Italien, 1 620 t)	Ionisches Meer 23. März 1942	Im schweren Sturm zusammen mit dem Zerstörer SCIROCCO gesunken
76.	Zerstörer SCIROCCO (Italien, 1 449 t)	Wie lfd. Nr. 75	Im schweren Sturm zusammen mit dem Zerstörer LANCIERE gesunken
77.	Zerstörer HAVOCK (Großbritannien, 1 335 t)	Vor der Küste von Tunesien 6. April 1942	Im Sturm auf Grund aufgelaufen, Totalverlust, die Besatzung wurde bis auf einen Mann gerettet
78.	Zerstörer VOYAGER (Australien, 1 100 t)	Südküste von Timor 23. September 1942	Auf Grund aufgelaufen, Total-verlust, Besatzung wurde gerettet
79.	Coast Guard Boot NATSEK (USA, 225 t)	Strait of Belle Isle 17. Dezember 1942	Im schweren Wetter gesunken
80.	Zerstörer WORDEN (USA, 1 800 t)	Amchitka Island 12. Januar 1943	An der felsigen Küste gestrandet, Totalverlust (siehe weiter vorn)
81.	Transporter VILLE DE TAMATAVE (Frankreich, 6 276 t)	Nordatlantik Januar 1943	Im Sturm nach Bruch des Ruders und nach Verlust der Manövrier-fähigkeit gesunken
82.	Zerstörer LEOPARD (Frankreich, 2 126 t)	Bei Tobruk (Tubruq) 27. Mai 1943	Beim Fahren unter schwierigen navigatorischen Bedingungen gestrandet, Totalverlust
83.	Transporter EMPIRE ACTIVITY (Großbritannien, 5 329 t)	Pickford Oktober 1943	Beladen auf ein Riff aufgelaufen, Totalverlust

Lfd. Nr.	Klasse und Name des Kriegsschiffes	Gebiet und Zeit des Verlustes	Ursachen, Umstände, Verluste
84.	Transporter JOSEPH SMITH (USA, 7 176 t)	Nordatlantik Januar 1944	Im schweren Sturm gesunken
85.	Transporter ROBERT ERSKINE (USA, 7 176 t)	Januar 1944	Im stürmischen Wetter auf Grund aufgelaufen und auseinandergebrochen
86.	Transporter WILLIAM H. WELCH (USA, 7 200 t)	Black Bay Februar 1944	Auf Grund aufgelaufen und auseinandergebrochen, 62 Tote
87.	Zerstörer WARRINGTON (USA, 1 850 t)	Bei den Bahama-Inseln 13. September 1944	Im Hurrikan gekentert und gesunken
88.	Coast Guard Boot JACKSON (USA, 220 t)	Auf der Höhe von Cape Hatteras 14. September 1944	Im Hurrikan gesunken
89.	Coast Guard Boot BEDLOE (USA, 220 t)	Auf der Höhe von Cape Hatteras 14. September 1944	Im Hurrikan gesunken
90.	Zerstörer SKEENA (Kanada, 1 337 t)	Newfoundland Island 25. Oktober 1944	Im schweren Wetter gesunken, 15 Tote
91.	Zerstörer HULL (USA, 1 800 t)	Philippine Sea 18. Dezember 1944	Im Taifun zusammen mit den Zerstörern MONAGHAN und SPENCE gesunken (siehe weiter vorn)
92.	Transporter PANAMA (USA, 6 650 t)	Im Atlantik April 1945	Im Sturm gekentert und gesunken, 45 Tote (von 50 Mann)
93.	Transporter RUSSEL H. CHITTENDEN (USA, 7 207 t)	Neuguinea Mai 1945	Auf ein Riff aufgelaufen, auseinandergebrochen und gesunken
94.	Zerstörer LONGSHAW (USA, 2 050 t)	Insel Okinawa 18. Mai 1945	Auf Grund fehlerhafter Manöver auf ein Riff aufgelaufen und bewegungsunfähig liegengeblieben, danach durch japanische Küstenbatterien vollends zerstört
95.	Transporter FRANCIS PRESTON BLAIR (USA, 7 194 t)	Manila Juli 1945	Auf Grund aufgelaufen, Totalverlust
96.	Transporter CHARLES C. RANDLEMAN (USA, 7 198 t)	Philippinen August 1945	Auf einen Felsen aufgelaufen, Totalverlust
97.	Flottentanker GLENN'S FERRY (USA, 10 448 t)	Insel Batag Oktober 1945	Auf Grund aufgelaufen und auseinandergebrochen, Totalverlust

Lfd. Nr.	Klasse und Name des Kriegsschiffes	Gebiet und Zeit des Verlustes	Ursachen, Umstände, Verluste
98.	Transporter JUTA (Großbritannien, 1 559 t)	Insel Caldy Oktober 1945	Im Nebel auf einen Felsen aufgelaufen und schwer beschädigt, Totalverlust
99.	Transporter HARRINGTON EMERSON (USA, 7 176 t)	Insel Okinawa Oktober 1945	Im Taifun auf Grund aufgelaufen, Totalverlust
100.	Minenräumschiff SALTBURN (Großbritannien, 710 t)	Spithead Oktober 1945	Im schweren Sturm gesunken
101.	Zerstörer ASSINIBOINE (Großbritannien, 1 390 t)	Prince Edward Island November 1945	Beim Fahren unter schwierigen navigatorischen Bedingungen gesunken
102.	Transporter JOSEPH S. McDONAGH (USA, 7 198 t)	Cañete-Flußmündung März 1946	Auf Grund aufgelaufen und auseinandergebrochen, Totalverlust
103.	Transporter CHARLES S. HAIGHT (USA, 7 198 t)	Roquefort April 1946	Im Sturm gesunken
104.	Transporter GEORGETOWN VICTORY (USA, 7 604 t)	April 1946	Auf einen Felsen aufgelaufen und auseinandergebrochen, keine Personenverluste
105.	Transporter DAVID CALDWELL (USA, 7 176 t)	Bei Bordeaux September 1946	Auf Grund aufgelaufen und auseinandergebrochen, Totalverlust
106.	Schlachtschiff WARSPITE (Großbritannien, 33 000 t)	Mounts Bay April 1947	Auf einen Felsen aufgelaufen, alle Abbergungsversuche scheiterten
107.	Transporter SAMKEY (Großbritannien, 7 219 t)	Im Atlantik Januar 1948	Im schweren Sturm gesunken
108.	Schlachtschiff SAO PAULO (Brasilien, 19 281 t)	Bei den Azoren November 1951	Bei der Überführung in eine Abwrackwerft ging das Schiff nach dem Sinken seiner beiden Schlepper ebenfalls verloren
109.	Minenräumschiff GUADALETS (Spanien, 700 t)	Auf der Fahrt von Centa Melilia nach Spanisch-Marokko März 1954	Im Sturm gesunken, 33 Tote
110.	Zerstörer BALDWIN (USA, 2 580 t)	Montauk Point 16. April 1961	Bei der Überführung im Sturm Schleppleine gebrochen und gestrandet, nach dem Abbergen gesunken (siehe weiter vorn)
111.	Transporter PIONEER MUSE (USA, 20 000 t)	Kita-daito-Jima 9. Oktober 1961	Auf ein Felsenriff aufgelaufen, auseinandergebrochen und zerstört (siehe weiter vorn)

Lfd. Nr.	Klasse und Name des Kriegsschiffes	Gebiet und Zeit des Verlustes	Ursachen, Umstände, Verluste
112.	Zerstörer BACHE (USA, 2990 t)	Vor dem Hafen Rodos 6. Februar 1968	Im Sturm auf die steinige Hafenbegrenzung getrieben und zerstört (siehe weiter vorn)
113.	Zerstörer PHILIP (USA, 3050 t)	Hawaii Februar 1972	Im schweren Wetter nach Volllaufen mehrerer Räume über das Heck gesunken (der Zerstörer wurde überführt und befand sich im Schlepp)
114.	Patrouillenboot ARROW (Australien, 146 t)	Port Darwin 25. Dezember 1974	Während des Durchzugs des Zyklons «Tracy» im Hafen gesunken, 1 Toter, 2 Vermißte

Anmerkungen des Bearbeiters der deutschen Ausgabe

[1] Bruchschranke (engl. crash barrier oder barrier)
Die Bruchschranke ist eine Art Netz aus Nylonbändern oder -seilen, das außerordentlich dehnbar ist und vor dem Landen von Flugzeugen quer zur Landebahn gespannt wird. Die Bruchschranke kann als eine Art «Notbremse» bezeichnet werden, die nur für unvorhergesehene Ereignisse dient (Bruch der Bremsseile oder des Flugzeuglandehakens oder wenn der Flugzeuglandehaken kein Bremsseil erfaßt). Auf Flugzeugträgern mit normalem Landedeck dient sie als Schutz für die auf dem vorderen Teil des Flugdecks ab- oder bereitgestellten Flugzeuge.
Auch nach der Einführung des Schräglandedecks wurde die Bruchschranke für Notfälle beibehalten.

[2] USS Leyte CV-32
Kiellegung: Februar 1944; Stapellauf: August 1945;
Indienststellung: 11. April 1946; Deplacement: Standard – 30800 t; voll beladen – 38500 t; Länge über alles: 270,8 m; Breite Flugdeck (später): 39,6 m; Breite in der WL: 28,4 m; Tiefgang: 8,7 m;
Geschwindigkeit: 33 kn.
Umklassifiziert zum Angriffsflugzeugträger (CVA) im Oktober 1952. Nach Modernisierung umklassifiziert zum UAW-Flugzeugträger (CVS) im August 1953.
Im Mai 1959 zur Reserveflotte und umklassifiziert zum Flugzeugtransporter (AVT).
Als CVS etwa 1000 Mann Besatzung, 80 bis 100 Flugzeuge. Aus der Flottenliste gestrichen am 01. Juni 1969 und danach verschrottet.

[3] Nach Pawlowski, G. L., in: «Flat-Tops and Fledglings – A History of American Aircraft Carriers –», South Brunswick and New York: A. A. Barnes and Company, London: Thomas Yoscloff Ltd. S. 262 geschah der Unfall an Bord der Oriskany am 02. März 1954.

[4] Pawlowski, G. L., ebenda S. 262. Bei dem Flugzeug handelte es sich um ein Jagdflugzeug vom Typ F2 H-3 Banshee.

[5] Pawlowski, G. L., ebenda S. 174. Bei der Katastrophe fanden 103 Besatzungsangehörige den Tod, 201 wurden verletzt.

[6] USS Wasp CV-18
Kiellegung: März 1942; Stapellauf: August 1943;
Indienststellung: 24. November 1943. Im Februar 1947 Außerdienststellung und anschließender Umbau.
Wiederindienststellung nach dem Umbau im September 1951. Umklassifiziert zum Angriffsflugzeugträger (CVA) im Oktober 1952.
Erneuter Umbau und umklassifiziert zum UAW-Flugzeugträger (CVS) im November 1956.
Taktisch-technische Angaben nach den Umbauten
Deplacement: Standard – 33000 t; voll beladen – 40600 t; Länge über alles: 272,6 m; Breite Flugdeck: 58,5 m; Breite in der WL: 31,4 m; Tiefgang: 9,4 m;
Geschwindigkeit: 33 kn.
Besatzung (als CVS): 115 Offiziere, 1500 Mann. 80 bis 100 Flugzeuge.
Am 01. Juli 1972 außer Dienst gestellt und aus der Flottenliste gestrichen, danach verschrottet.

[7] USS Midway CVB-41
Kiellegung: Oktober 1943; Stapellauf: März 1945;
Indienststellung: 10. September 1945. Umklassifiziert zum Angriffsflugzeugträger (CVA) im Oktober 1952.
Im Februar 1966 Außerdienststellung und Umbau. Dieser Umbau kostete etwa 202 Millionen US-Dollar. Wiederindienststellung im Januar 1970.
Taktisch-technische Angaben nach dem Umbau
Deplacement: Standard – 51 000 t; voll beladen – 64 100 t; Länge über alles: 303,8 m; Breite Flugdeck: 78,7 m; Breite in der WL: 36,9 m; Tiefgang: 10,8 m;
Geschwindigkeit: 33 kn.
Umklassifiziert zum Flugzeugträger (CV) im Juni 1975. Besatzung 1976 ohne Marinefliegerpersonal 140 Offiziere, 2475 Mann. 80 bis etwa 140 Flugzeuge.
Die Midway war zu Beginn des Jahres 1981 noch im aktiven Dienst der Pazifikflotte.

[8] Flugzeugträger des Forrestal-Typs
USS Forrestal CVB-59
Umklassifiziert zum CVA am 01. 10. 1952, umklassifiziert zum CV am 30. Juni 1975. Amtlich bekanntgegebene Baukosten 188,9 Millionen US-Dollar. Zu Beginn des Jahres 1981 im aktiven Dienst der Atlantikflotte.
USS Saratoga CVB-60
Umklassifiziert zum CVA am 01. 10. 1952, umklassifiziert zum CV am 01. Juli 1972. Amtlich bekanntgegebene Baukosten 213,9 Millionen Dollar. Zu Beginn des Jahres 1981 im aktiven Dienst der Atlantikflotte.
USS Ranger CVA-61
Umklassifiziert zum CV am 30. 06. 1975. Amtlich bekanntgegebene Baukosten 173,3 Millionen US-Dollar. Zu Beginn des Jahres 1981 im aktiven Dienst der Pazifikflotte.
USS Indepedence CVA-62
Umklassifiziert zum CV am 28. 02. 1973. Amtlich bekanntgegebene Baukosten 225,3 Millionen US-Dollar. Zu Beginn des Jahres 1981 im aktiven Dienst der Atlantikflotte.

[9] USS Saratoga CVA-60
Kiellegung: Dezember 1952; Stapellauf: Oktober 1955;
Indienststellung: 14. April 1956. Deplacement: Standard – 60 000 t; voll beladen – 78 000 t; Länge über alles: 316,7 m; Breite Flugdeck: 76,8 m; Breite in der WL: 38,5 m; Tiefgang: 11,3 m;
Geschwindigkeit: 34 kn.
Besatzung mit Marinefliegerpersonal 442 Offiziere, 4678 Mann. 80 bis 95 Flugzeuge (siehe Anmerkung[8]).

[10] USS Franklin D. Roosevelt CVA-42
Kiellegung: Dezember 1943; Stapellauf: März 1945; Indienststellung: 27. Oktober 1945. Im April 1954 Außerdienststellung und Umbau.
Dieser Umbau kostete etwa 48 Millionen US-Dollar.
Wiederindienststellung im April 1956.
Taktisch-technische Angaben nach dem Umbau
Deplacement: Standard – 50 100 t; voll beladen – 64 400 t; Länge über alles: 304,9 m; Breite Flugdeck: 67,1 m; Breite in der WL: 36,9 m; Tiefgang: 10,8 m; Geschwindigkeit: 33 kn.
Umklassifiziert zum Flugzeugträger (CV) am 30. Juni 1975. Besatzung 1976 ohne Marinefliegerpersonal 140 Offiziere, 2475 Mann. 80 bis 145 Flugzeuge.
Am 01. Oktober 1977 außer Dienst gestellt und aus der Flottenliste gestrichen, danach verschrottet.

[11] USS Intrepid CV-11
Kiellegung: Dezember 1941; Stapellauf: April 1943;
Indienststellung: 16. August 1943. Außerdienststellung und Eingliederung in die Reserveflotte im März 1947.

Im Februar 1952 Reaktivierung und Umbau.
Umklassifiziert zum Angriffsflugzeugträger (CVA) im Oktober 1952. 1956/57 erneuter Umbau. Außerdienststellung und Eingliederung in die Reserveflotte Atlantik am 15. März 1974.

[12] USS RANDOLPH CV-15
Kiellegung: Mai 1943; Stapellauf: Juni 1944;
Indienststellung: 09. Oktober 1944. Außerdienststellung und Eingliederung in die Reserveflotte im Februar 1948.
Umklassifiziert zum Angriffsflugzeugträger (CVA) im Oktober 1952.
Im Juli 1953 nach Umbau reaktiviert.
Umklassifiziert zum UAW-Flugzeugträger (CVS) im März 1959. Taktisch-technische Angaben, Besatzung und Flugzeuge wie USS WASP (siehe Anmerkung [6]).
Außerdienststellung im Februar 1969. Aus der Flottenliste gestrichen im Juni 1973.

[13] USS ORISKANY CV-34
Kiellegung: Mai 1944; Stapellauf: Oktober 1945;
Indienststellung: 25. September 1950
Deplacement: Standard – 33 250 t; voll beladen – 44 700 t; Länge über alles: 271,3 m; Breite Flugdeck: 59,5 m; Breite in der WL: 32,5 m; Tiefgang: 9,4 m;
Geschwindigkeit: 33 kn.
Besatzung ohne Marinefliegerpersonal 110 Offiziere, 1980 Mann. 80 Flugzeuge.
Umklassifiziert zum Angriffsflugzeugträger (CVA) im Oktober 1952 und zum Flugzeugträger (CV) im Juni 1975. Im Mai 1976 außer Dienst gestellt und in die Reserveflotte Pazifik eingegliedert.

[14] USS FORRESTAL CVB-59
Kiellegung: Juli 1952; Stapellauf: Dezember 1954;
Indienststellung: Oktober 1955
Umklassifiziert zum Angriffsflugzeugträger (CVA) im Oktober 1952.
Deplacement: Standard – 59 600 t; voll beladen – 78 000 t; Länge über alles: 316,7 m; Breite Flugdeck: 76,8 m; Breite in der WL: 38,5 m; Tiefgang: 11,3 m;
Geschwindigkeit: 33 kn.
Besatzung ohne Marinefliegerpersonal 145 Offiziere, 2 645 Mann. 80 bis 95 Flugzeuge.
Umklassifiziert zum Flugzeugträger (CV) im Juni 1975. Zu Beginn des Jahres 1981 im aktiven Dienst der Atlantikflotte.

[15] Bei der genannten Modernisierung handelte es sich um den Einbau einer Trägheitsnavigationsanlage.

[16] Die 24 Flugzeugträger des ESSEX-Typs in der Reihenfolge ihrer Kennummern:
USS ESSEX CV-9
Indienststellung: 31. Dezember 1942. CVA ab Oktober 1952, CVS ab März 1960. Aus der Flottenliste gestrichen im Juni 1975 und verschrottet.
USS YORKTOWN CV-10
Indienststellung: 15. April 1943. CVA ab Oktober 1952, CVS ab September 1957. Aus der Flottenliste gestrichen im Juni 1973. Verblieb als Denkmalsschiff.
USS INTREPID CV-11
Indienststellung: 16. August 1943. CVA ab Oktober 1952, CVS ab Dezember 1961. Außerdienststellung und Eingliederung in die Reserveflotte Atlantik als CVS im März 1974.
USS HORNET CV-12
Indienststellung: 29. November 1943. CVA ab Oktober 1952, CVS ab Juni 1958. Außerdienststellung und Eingliederung in die Reserveflotte Pazifik als CVS im Januar 1970.
USS FRANKLIN CV-13
Indienststellung: 31. Januar 1944. CVA ab Oktober 1952, CVS ab August 1953, AVT ab Mai 1959. Aus der Flottenliste gestrichen im Oktober 1964 und verschrottet.

USS TICONDEROGA CV-14
Indienststellung: 08. Mai 1944, CVA ab Oktober 1952, CVS ab Oktober 1969. Aus der Flottenliste gestrichen im November 1973 und verschrottet.
USS RANDOLPH CV-15
Indienststellung: 09. Dezember 1944. CVA ab Oktober 1952, CVS ab März 1959. Aus der Flottenliste gestrichen im Juni 1973.
USS LEXINGTON CV-16
Indienststellung: 17. Februar 1943. CVA ab Oktober 1952, CVS ab Oktober 1962. Ab Anfang 1969 Schulflugzeugträger. Außerdienststellung 1979.
USS BUNKER HILL CV-17
Indienststellung: 25. Mai 1943. CVA ab Oktober 1952, CVS ab August 1953, AVT ab Mai 1959. Aus der Flottenliste gestrichen im November 1966 und verschrottet.
USS WASP CV-18
Indienststellung: 24. November 1943. CVA ab Oktober 1952, CVS ab November 1956. Aus der Flottenliste gestrichen im Juli 1972 und verschrottet.
USS HANCOCK CV-19
Indienststellung: 15. April 1944. CVA ab Oktober 1952, Nachrichtenverbindungs- und Relaisschiff (AGMR) ab Juni 1975. Aus der Flottenliste gestrichen im Januar 1976 und verschrottet.
USS BENNINGTON CV-20
Indienststellung: 06. August 1944. CVA ab Oktober 1952, CVS ab Juni 1959. Aus der Flottenliste gestrichen im Januar 1976. Verblieb als Reserve-CVS bei der Pazifikflotte.
USS BOXER CV-21
Indienststellung: 16. April 1945. CVA ab Oktober 1952, CVS ab Februar 1956, LPH ab Januar 1959. Aus der Flottenliste gestrichen im Dezember 1969 und verschrottet.
USS BON HOMME RICHARD CV-31
Indienststellung: 26. November 1944. CVA ab Oktober 1952. Außerdienststellung und Eingliederung in die Reserveflotte Pazifik im Juli 1971.
USS LEYTE CV-32
Indienststellung: 11. April 1946. CVA ab Oktober 1952, CVS ab August 1953, AVT ab Mai 1959. Aus der Flottenliste gestrichen im Juni 1969 und verschrottet.
USS KEARSARGE CV-33
Indienststellung: 02. März 1946. CVA ab Oktober 1952, CVS ab Oktober 1958. Aus der Flottenliste gestrichen im Mai 1973 und verschrottet.
USS ORISKANY CV-34
Indienststellung: 25. September 1950. CVA ab Oktober 1952, CV seit Juni 1976. Außerdienststellung und Eingliederung in die Reserveflotte Pazifik im Mai 1976.
USS ANTIETAM CV-36
Indienststellung: 28. Januar 1945. CVA ab Oktober 1952, CVS ab August 1953. Aus der Flottenliste gestrichen im Januar 1970 und verschrottet.
USS PRINCETON CV-37
Indienststellung: 18. November 1945. CVA ab Oktober 1952, CVS ab Januar 1954, LPH ab März 1959. Aus der Flottenliste gestrichen im Januar 1970 und verschrottet.
USS SHANGRI LA CV-38
Indienststellung: 15. September 1944. CVA ab Oktober 1952, CVS ab Juni 1969. Außerdienststellung und Eingliederung in die Reserveflotte Atlantik im Juli 1971.
USS LAKE CHAMPLAIN CV-39
Indienststellung: 03. Juni 1945. CVA ab Oktober 1952, CVS ab August 1957. Aus der Flottenliste gestrichen im Dezember 1969 und verschrottet.
USS TARAWA CV-40
Indienststellung: 08. Dezember 1945. CVA ab Oktober 1952, CVS ab Januar 1955, AVT ab Mai 1961.
Aus der Flottenliste gestrichen im Juni 1967 und verschrottet.

USS VALLEY FORGE CV-45
Indienststellung: 03. November 1946. CVA ab Oktober 1952, CVS ab Januar 1954, LPH ab Juli 1961. Aus der Flottenliste gestrichen im Januar 1970 und verschrottet.
USS PHILIPPINE SEA CV-47
Indienststellung: 11. Mai 1946. CVA ab Oktober 1952, CVS ab November 1955, AVT ab Mai 1959. Aus der Flottenliste gestrichen im Dezember 1969 und verschrottet.

[17] Kamikaze («göttlicher Wind»), bezeichnete einen schweren Sturm, der am 14. und 15. August 1281 eine gegen Japan laufende mongolische Invasionsflotte vernichtete. So wurden auch japanische Marineflieger im zweiten Weltkrieg genannt, die sich mit ihren Flugzeugen und deren Bombenlasten unter Selbstaufopferung auf die Schiffe der Alliierten stürzten. Ihre Selbstaufopferung sollte den «göttlichen Wind» ersetzen und die Feinde Japans vernichten (siehe hierzu Jacob, J., «Todesflieger – das letzte Aufgebot Nippons». In: «Marinekalender» der DDR 1981, Militärverlag der DDR [VEB], Berlin 1980, S. 24 bis 34).

[18] Nach Pawlowski, G. L., a. a. O., S. 101, fand der Angriff des Kamikaze-Fliegers auf die INTREPID am 16. April 1945 um 13.36 Uhr statt.

[19] Der Zerstörer BRUNO HEINEMANN wurde am 08. Januar 1938 in Dienst gestellt. Er lief am 25. Januar 1942 im Kanal auf eine Mine und sank. 93 Tote.

[20] Der Zerstörer ANTON SCHMITT wurde am 24. September 1939 in Dienst gestellt und am 10. April 1940 durch britische Zerstörer im Hafen Narvik versenkt.

[21] Die deutschen Zerstörer erhielten ab Z 23 keine Namen mehr. Z 24 wurde am 26. Oktober 1940 in Dienst gestellt und am 25. August 1944 auf der Reede von Le Verdon bei einem britischen Luftangriff versenkt.

[22] Das Schlachtschiff TIRPITZ wurde am 25. Februar 1941 in Dienst gestellt. Es kenterte am 12. November 1944 in einem Fjord bei Tromsö nach einem Angriff britischer Bomber mit Spezial-Fliegerbomben. 1204 Tote.

[23] Das Torpedoboot T 1 wurde am 02. Dezember 1939 in Dienst gestellt und am 10. April 1945 durch britische Flugzeuge in Kiel versenkt. 9 Tote.

[24] Das Torpedoboot JAGUAR wurde am 15. August 1929 in Dienst gestellt und am 15. Juni 1944 durch britische Flugzeuge versenkt. 16 Tote.

[25] Der Zerstörer Z 32 wurde am 16. Juli 1942 in Dienst gestellt und am 24. August 1944 im Dock in Bordeaux vernichtet.

[26] Das Feuerschiff ÄRANSGRUND bezeichnete eine gefährliche flache Bank mit 2,7 m Wassertiefe etwa 3 sm nordwestlich vom jetzigen Helsinki-Leuchtturm. Das Feuerschiff liegt nicht mehr aus.

[27] Die Minenräumfahrzeuge waren als sogenannte Kriegs-Fischkutter (KFK) gebaut und hatten ein Deplacement von 110 t. Die KFK 165, 167, 171 und 172 wurden im Februar 1943 als M 3121, M 3123, M 3127 und M 3129 in Dienst gestellt.

[28] Die Schnellboote S 603 und S 604 waren italienische schnelle Torpedo-Motorboote (Motoscafi Anti Sommergibili – MAS). Die Boote wurden nach dem Waffenstillstand Italiens mit den Alliierten am 08. September 1943 durch Angehörige der faschistischen deutschen Kriegsmarine am 09. und 10. September 1943 besetzt und erhielten die Kennummern S 603 ex MAS 431 und S 604 ex MAS 423.

[29] Bei den 13 verlorengegangenen Schiffen handelte es sich um
- die unter britischer Flagge fahrenden Schiffe FORT STIKENE 7130 BRT, FORT CREVIER 7131 BRT, BARODA 3205 BRT, KINGYUAN 2653 BRT, EL HIND 5314 BRT, und JALAPADMA 3935 BRT;
- die unter niederländischer Flagge fahrenden Schiffe GENERAAL VAN DER HEYDEN 1213 BRT, GENERAAL VAN SWEITEN 1300 BRT und TENOMBO 872 BRT;
- die unter panamaischer Flagge fahrenden Schiffe IRAN 5704 BRT und NORSE TRADE 3507 BRT;
- das unter ägyptischer Flagge fahrende Schiff ROD EL FARAG 6642 BRT;
- das unter norwegischer Flagge fahrende Schiff GRACIOSA 1773 BRT.

[30] LOG, Abkürzung für Logistics. Bezeichnung für das Transport-, Nachschub- und Verpflegungswesen der US Navy.

[31] Der Originaltitel der Patentschrift lautet:
«Flametight door and flame seal for guided missiles launching system (USA as represented by the Secretary of the Navy)». Wilson, R. C., 20. 11. 1962.

[32] Der Autor versteht unter dem Begriff gefährliche Stoffe: Feuergefährlichkeit, Explosionsfreudigkeit, Neigung zur Selbstentzündung, Zersetzung, Radioaktivität, Toxizität und Ätzwirkung.

[33] Die Fregatten Rolf Krake ex Galpe und Esbern Snare ex Blackmore waren eine britische Leihgabe an Dänemark, 1952. Beide Schiffe gehörten zum Hunt-II-Typ.

[34] USS John F. Kennedy CVS-67
Kiellegung: Oktober 1964; Stapellauf: Mai 1967;
Indienststellung: 07. September 1968.
Deplacement: Standard – 61 000 t; voll beladen – 87 000 t; Länge über alles: 319,3 m; Breite Flugdeck: 76,9 m; Breite in der WL: 39,6 m; Tiefgang: 10,9 m; Geschwindigkeit: 35 kn.
Besatzung ohne Marinefliegerpersonal 150 Offiziere, 2 645 Mann; mit Marinefliegerpersonal etwa 500 Offiziere, 5 200 Mann. 80 bis 95 Flugzeuge. Anfang 1981 im aktiven Dienst der Atlantikflotte. Als Baukosten wurden 280 Millionen US-Dollar angegeben.

[35] Die Wiederinstandsetzung der Belknap dauerte viereinhalb Jahre. Seit Mai 1980 befindet sie sich wieder im Dienst. Während der Wiederinstandsetzung fand gleichzeitig eine umfassende Modernisierung statt. Ihre Kennung lautet jetzt CG-26 (Cruiser, Guided Missile – Lenkwaffenkreuzer).

[36] USS Essex CV-9
Kiellegung: April 1941; Stapellauf: Juli 1942;
Im Januar 1947 Außerdienststellung und Umbau.
Wiederindienststellung: Januar 1951.
Umklassifiziert zum Angriffsflugzeugträger (CVA) im Oktober 1952.
Erneuter Umbau wie USS Wasp (siehe Anmerkung [6]). Taktisch-technische Angaben, Besatzung und Flugzeuge wie USS Wasp. Außerdienststellung im Juni 1969 und Eingliederung in die Reserveflotte. Aus der Flottenliste gestrichen im Juni 1975 und verschrottet.

[37] Bei dem Geleit handelte es sich um den mit Ostkurs laufenden Konvoi AT-20.

[38] USS Bunker Hill CV-17
Kiellegung: September 1941; Stapellauf Dezember 1942;
Deplacement: Standard – 27 100 t, voll beladen – 36 500 t; Länge über alles: 267,2 m; Breite Flugdeck: 45,0 m; Breite in der WL: 28,4 m; Tiefgang: 8,7 m;
Geschwindigkeit: 33 kn.
80 bis 100 Flugzeuge.
Im Juli 1947 Außerdienststellung und Eingliederung in die Reserveflotte. Im Oktober 1952 umklassifiziert zum Angriffsflugzeugträger (CVA). Im August 1953 umklassifiziert zum UAW-Flugzeugträger (CVS) und im Mai 1959 umklassifiziert zum Flugzeugtransporter (AVT) mit neuer Kennummer 9.
Trotz Streichung aus der Flottenliste am 01. 11. 1966 war er bis Anfang der siebziger Jahre als schwimmendes Laboratorium für elektronische Versuche in San Diego (USA, Bundesstaat California) eingesetzt.

[39] Die nicht vollständige statistische Aufstellung der Kollisionen von Überwasserkriegsschiffen der letzten Jahre, auf die der Autor aufmerksam gemacht hat, soll durch einige Beispiele ergänzt werden:
Am 06. Januar 1973 kollidierte in der Ostsee nordöstlich Arkona die Fregatte Emden F-221 der BRD-Marine mit dem DDR-Fischereifahrzeug Berlin ROS-305. Das DDR-Fischereifahrzeug war am Zustandekommen der Kollision schuldlos.
Am 05. Dezember 1975 kollidierte im Nord-Ostsee-Kanal bei Kilometer 40,8 vor der Weiche Oldenbüttel der Lenkwaffenzerstörer Rommel D-187 der BRD-Marine mit dem

DDR-Motorschiff THEODOR FONTANE. Das DDR-Motorschiff mußte zur Wiederinstandsetzung in Hamburg eingedockt werden. Es war am Zustandekommen der Kollision schuldlos.

Am 05. April 1979 kollidierte der Flugzeugträger USS RANGER CV-61 vor Singapore mit dem unter liberianischer Flagge fahrenden Tanker FORTUNE (52400 BRT). Der voll beladene Tanker mußte mit erheblichen Schäden nach Singapore geschleppt werden. Die RANGER wurde leicht beschädigt.

Am Abend des 08. Mai 1980 kollidierten 80 sm südwestlich Toulon die BRD-Schiffe Zerstörer BAYERN D-183 und Tanker SPESSART A-1442. Das Vorschiff der BAYERN wurde dabei über der Wasserlinie auf mindestens 6 m Länge eingedrückt und erheblich beschädigt. Der SPESSART wurden etwa 50 m^2 der Außenhaut aufgerissen. Beide Schiffe mußten die Werft in Toulon anlaufen. Die BAYERN konnte die ihr gestellte Aufgabe nicht erfüllen.

[40] USS VALLEY FORGE CV-45
Kiellegung: September 1944; Stapellauf: November 1945;
Indienststellung: 03. November 1946
Deplacement: Standard – 30800 t; voll beladen – 40600 t; Länge über alles: 270,8 m; Breite Flugdeck: 39,6 m; Breite in der WL: 28,4 m; Tiefgang: 9,4 m;
Geschwindigkeit: 33 kn.
Umklassifiziert zum Angriffsflugzeugträger (CVA) im Oktober 1952, zum UAW-Flugzeugträger (CVS) im Januar 1954, modifiziert und danach umklassifiziert zum Hubschrauberträger (LPH) im Juli 1961.
Besatzung als LPH insgesamt 1000 Mann. 80 bis 100 Flugzeuge. Außerdienststellung und Streichung aus der Flottenliste am 15. Januar 1970, danach verschrottet.

[41] Angaben zum Taifun
Wind: Nord, Stärke 12 nach Beaufort, 100 bis 110 kn (etwa 51 bis 56 m/s); Taifunbahnrichtung von OSO nach WNW; Fortbewegungsgeschwindigkeit des Zentrums etwa 20 kn, See: durcheinanderlaufend.

[42] Der Zerstörer SPENCE hatte zu diesem Zeitpunkt noch einen Heizölvorrat von 15%, was etwa 90 t entsprach. Er lief im vorderen Quadranten etwa 40 sm vom Taifunzentrum entfernt mit SW-Kurs.

[43] Der Zerstörer HULL hatte zu diesem Zeitpunkt einen Heizölvorrat von 70%, was etwa 280 t entsprach. Er befand sich etwa 10 sm vom Taifunzentrum entfernt im vorderen rechten Quadranten. Auf der HULL wurde die Annäherung des Taifuns erst 2 h vor Eintritt der Katastrophe erkannt.

[44] Der Zerstörer MONAGHAN hatte zu diesem Zeitpunkt einen Heizölvorrat von 76%, was etwa 300 t entsprach. Er befand sich etwa in der gleichen Entfernung vom Taifunzentrum wie die HULL.

[45] Der Autor schloß seine Untersuchungen mit dem Jahre 1974 ab.

[46] Bemerkenswert ist, daß es am 09. April 1979 auf dem in der Marinewerft Norfolk (USA, Bundesstaat Virginia) liegenden Flugzeugträger USS JOHN F. KENNEDY CV-67 zu einer Serie von 11 Bränden kam. Dabei wurde ein Arbeiter getötet, 34 Besatzungsangehörige wurden verletzt.

[47] Naval Safety Center – Sicherheitszentrum der USA-Kriegsmarine

[48] Nach übereinstimmenden Angaben über Kriegsschiffsverluste im zweiten Weltkrieg wurde das Torpedoboot LUCHS am 26. Juli 1940 gegen 13.00 Uhr in der nördlichen Nordsee auf der angenäherten Position 60° Nord, 04° Ost durch das britische U-Boot SWORDFISH torpediert und versenkt. Dabei fanden 34 Besatzungsangehörige den Tod.

[49] Nach britischer Darstellung kollidierte der Torpedobootzerstörer MEDUSA mit dem Zerstörer LAVEROCK, dabei wurde die MEDUSA schwer beschädigt und danach im schweren Wetter von der Besatzung aufgegeben; einige Zeit später wurde sie von niederländischen Fischern treibend aufgefunden und in einen niederländischen Hafen geschleppt. Dort soll sie dann am 27. März 1916 gesunken sein.

Verzeichnis der Abkürzungen

A	Auxilliary Vessel	Hilfsfahrzeug
AE	Ammunition Ship (NATO)	Munitionstransporter
AH	Hospital Ship (USA)	Lazarettschiff
AK	Cargo Ship (NATO)	Frachter/Depotschiff
AO	Oiler (NATO)	Tanker
ARS	Salvage Vessel (NATO)	Bergungsschiff
AS	Submarine Tender (NATO)	U-Boot-Tender
ASW	Anti Submarine Warfare (NATO)	U-Boot-Abwehrkrieg
ATF	Tug, Fleet (Ocean) (NATO)	Flottenschlepper
AVT	Auxilliary Aircraft Transport (USA)	Flugzeugtransporter
BB	Battleship	Schlachtschiff
C	Cruiser (UK)	Kreuzer
CA	Cruiser, Heavy (NATO)	Schwerer Kreuzer
CL	Cruiser, Light (NATO)	Leichter Kreuzer
CV	Aircraft Carrier (NATO)	Flugzeugträger
CVA	Aircraft Carrier, Attack (NATO)	Angriffsflugzeugträger
CVAN	Aircraft Carrier, Attack, nuclear powered (NATO)	kernkraftgetriebener Angriffsflugzeugträger
CVE	Aircraft Carrier, Escort (USA)	Geleitflugzeugträger
CVS	ASW-Support Carrier (NATO)	UAW-Flugzeugträger
D	Destroyer	Zerstörer
DD	Destroyer (NATO)	Flottenzerstörer
DDE	Destroyer, Escort (NATO)	Geleitzerstörer
DDG	Destroyer, Guided Missile (NATO)	Lenkwaffenzerstörer
DDR	Destroyer, Radar Picket (NATO)	Radarvorpostenzerstörer
DE	Ocean Escort (NATO)	Geleitfregatte
DEG	Destroyer Escort, Guided Missile (NATO)	Geleitlenkwaffenfregatte
DER	Escort Ship Radar Picket (USA)	Geleitradarfregatte
DL	Frigate (USA)	Fregatte
DLG	Frigate, Guided Missile (USA)	Lenkwaffenfregatte
DLGN	Frigate, Guided Missile, nuclear powered (USA)	kernkraftgetriebene Lenkwaffenfregatte
DMS	High-Speed Minesweeper (USA)	Schneller Minensucher
F	Frigate (UK)	Fregatte

H. M. A. S.	His (Her) Majesty's Australian Ship (UK)	Seiner (Ihrer) Majestät australisches Kriegsschiff
H. M. C. S.	His (Her) Majesty's Canadian Ship	Seiner (Ihrer) Majestät kanadisches Kriegsschiff
H. M. S.	His (Her) Majesty's Ship	Seiner (Ihrer) Majestät (britisches) Kriegsschiff
LPD	Amphibious Transport, Dock (USA)	Amphibisches Docklandungsschiff
LPH	Amphibious Assault Ship (USA)	Hubschrauberträger
M	Minesweeper	Minensucher
MSC	Minesweeper, Coastal (NATO)	Küsten-Minensucher
Q		Leitbuchstabe für Docklandungsschiffe (Argentinien)
P	Small Fighting Vessel	Kleine Kampfschiffe
PG	Patrol Gunboat (USA)	Leitbuchstaben für den Leichten Kreuzer TACOMA
R	Aircraft Carrier	Leitbuchstabe für Flugzeugträger
R. I. N.	Royal Indian Navy (UK)	Königlich Indische Marine
R. N.	Royal Navy (UK)	Königliche Marine des Vereinigten Königreiches von Großbritannien und Nordirland
S	Submarine (NATO)	U-Boot, Leitbuchstabe für deutsche Schnellboote bis Ende des zweiten Weltkrieges
S. M. S.		Seiner Majestät Kriegsschiff, in Deutschland bis November 1918
SS	Submarine (NATO)	U-Boot
SSBN	Submarine, Fleet Ballistic Missile, nuclear powered (USA)	kernkraftgetriebenes U-Boot mit ballistischen Raketen
SSN	Submarine, nuclear powered (NATO)	kernkraftgetriebenes U-Boot
T		Leitbuchstabe für deutsche Torpedoboote bis Ende des zweiten Weltkrieges
T-ARVH	Aeronautical maintenance facility(USA)	Hubschrauberreparaturschiff
UAW		U-Boot-Abwehr
UK	United Kingdom	Vereinigtes Königreich von Großbritannien und Nordirland
USNS	United States Naval Ship (USA)	Nichtkommissioniertes Schiff der Marine der Vereinigten Staaten
USS	United States Ship (USA)	Schiff der Marine der Vereinigten Staaten (US Navy)
YAGR	Ocean Radar-Station Ship (USA)	Radarschiff
Z		Leitbuchstabe für deutsche Zerstörer bis Ende des zweiten Weltkrieges

Literaturverzeichnis

1. Короткин, И. М., Пожары на авианосцах. In: «Морской сборник», 5 (1973), S. 93–98.
2. Рыбников, Б., Это случилось в Галифаксе. In: «Морской флот», 1 (1974), S. 72–74.
3. Американские авианосцы в войне на Тихом океане. Перевод с английсково/Шерман, Ф. С., Москва, 1956.
4. The age of aqueous. In: «Fathom», 4,N4 (Frühjahr 1973), S. 6–9.
5. Barboo, S., Unsafe three ways. In: «Fathom», 6,N3 (Winter 1974), S. 11–13.
6. Bernard, R. E., Arresting gear cylinder explosion. In: «Bureau of Ships Journal», 12,N7 (1963), S. 29.
7. Blaze contained aboard Forrestall. In: «Navy Times», 18,N42 (1969), S. 33.
8. Boisseau, P., Guyot, R., Problemes actuals concernant les installations de carburant aviation a bord des port-avions. In: «La Revue Maritime», 202 (1963), S. 1031–1046.
9. Breikner, J. I., Aircraft weapons stowage and handling systems in carriers. In: «Naval Engineers Journal», 80,N3 (1968), S. 435–442.
10. Brown, C. L., Halliwell, H., Fire resistant fluid development. In: «Naval Engineers Journal», 75,N3 (1963), S. 543–552.
11. Carter, L. T., Hogger, H. C., Naval procedure in relation to fire organization. In: «The Institute of Marine Engineers Transactions», 68,N12 (1956), S. 485–495.
12. Caskey, R. G., Forrestall under repair. In: «Naval Aviation News», 49,N12 (1967), S. 24–25.
13. Cook-off time for bombs increased. In: «Navy Times», 19,N10 (1969), S. 30.
14. Destroyer mishap kills 2, injures 2. In: «Navy Times», 20,N6 (1970), S. 3.
15. Ennis, J., Officer aboard both blazing carriers. In: «Navy Times», 16,N45 (1967), S. 4–5.
16. Feath, G. M., White, D. F., Ignition of hydraulic fluids by rapid compression. In: «Journal of the American Society of Naval Engineers», 73,N3 (1961), S. 467–475.
17. Fire-fighting development. In: «Naval Research Reviews», 25,N11 (1972), S. 28–29.
18. Fire hazards in ship machinery spaces. In: «Bureau of Ships Journal», 11,N4 (1962), S. 25–26.
19. Fire in the hole! In: «Fathom», 4,N3 (Winter 1972), S. 4–5.
20. Fire trucks on deck. In: «All Hands», N631 (1969), S. 35.
21. Fire watch! In: «Fathom», 4,N4 (Frühjahr 1973), S. 4–5.
22. Gibbert, K., Fire in hangar bay one. In: «All Hands», N601 (1967), S. 12–15.
23. Gile, Ch., The Mount Hood explosion. In: «USNIP», 89,N2 (1963), S. 86–93.
24. Helfer, N., Navy firefighters. In: «Our Navy», 62,N12 (1967), S. 26.
25. Jacobs, R. N., Fire fighting and prevention in the Royal Navy. In: «Naval Engineers Journal», 78,N5 (1966), S. 917–919.
26. Jentzsch, H., Großraumgefahr und andere Gefahrenquellen bei Schiffsbränden und Explosionen an Bord. In: «Schiff und Hafen», 7 (1956), S. 621–630; 12, S. 1104–1111; 3 (1957), S. 229–234.
27. Kraut, H., Explosions in nitrogen compression systems. In: «Naval Ship Systems Command Technical News», 16,N9 (1967), S. 28–29.
28. Larkin, W. N., Texas City disaster. In: «Marine News», 43,N2 (1956), S. 16–20, 46.
29. Machinery space fire-fighting equipment. In: «Bureau of Ships Journal», 14,N5 (1965), S. 18–19.

30. Manceau, B. E., Hart, C. M., The salvage of the USS Lafayette. In: «Journal of the American Society of Naval Engineers», 55,N4 (1943), S. 648–697.
31. De La Mater, C., The questions of survivability of aircraft carriers. In: «Naval Aviation News», 13 (1972), S. 54–57.
32. McCann, R. B., New fire-fighting developments. In: «Naval Ship Systems Command Technical News», 16,N11 (1967), S. 8–11.
33. McDonald, H., The salvage attempt on the Sirius. In: «Marine News», 23,N1 (1974), S. 14 bis 15.
34. NAVMAT – Fire protection action group. In: «Fathom», 5,N1 (Sommer 1973), S. 30–31.
35. Oliver, E. F., The Bombay explosion. In: «USNIP», 83,N3 (1957), S. 273–277.
36. Aircraft Carriers/Polmar, N., New York, 1969.
37. Polmer, E. L., Adams, J. M., Holt, C. O., Equipment salvage on Constellation. In: «Bureau of Ships Journal», 10,N10 (1961), S. 3–6.
38. Public enemy N 1. – Fire at sea. In: «All Hands», N 677 (1973), S. 6–11.
39. Roberts, J. W., The aircraft carrier and fire. In: «Naval Engineers Journal», 81,N1 (1969), S. 143–146.
40. Fire Aboard/Rushbrook, F., London, 1961.
41. Russel, J. S., Panel on safety in aircraft carrier operations. In: «USNIP», 94,N10 (1968), S. 131–133.
42. Saalfeld, F., NRL investigates shipboard hazards. In: «Naval Research Reviews», 24,N12 (1971), S. 16–19.
43. Safety device failure blamed as Forrestall disaster cause. In: «Navy Times», 17,N3 (1967), S. 54.
44. Schultz, Mort., Fire on the flight deck. In: «Popular Mechanics», 142,N3 (1974), S. 82–87, 155.
45. Seeger, B. F., Lapp, R. H., Water injection: a new protective system for missile magazines. In: «Journal of the American Society of Naval Engineers», 71,N4 (1959), S. 719–722.
46. Shackelford, A., USS Enterprise: Back into action. In: «All Hands», N 628 (1969), S. 16–19.
47. Sherman, M. M., Protection of deep stowage missile magazines: a new approach. In: «Naval Engineers Journal», 84,N1 (1972), S. 55–59.
48. Ships can burn! In: «Fathom», 5,N3 (1973), S. 24–25.
49. Simulated ship will aid fire training. In: «Shipbuilding and Shipping Record», 118,N18 (1971), S. 29.
50. Surface chemical salvage of water-damaged electrical equipment. In: «Naval Research Reviews», N2 (1961), S. 1–3.
51. Terzibaschitz, S., Die Situation der amerikanischen Flugzeugträgerwaffe. In: «Marine Rundschau», 2 (1974), S. 69–92.
52. Tuve, R. L., New methods of protecting American aircraft carriers. In: «Fire International», 3,N25 (1969), S. 30–37.
53. Wassilieff, A., Alarm incendie. In: «La Revue Maritime» N 276 (1970), S. 563–580.
54. Wells, R., Fire and death on the USS «Constellation». In: «Our Navy», 56,N2 (1961), S. 6, 55.
55. Wenger, N. E., Safety fluid in high pressure hydraulic systems. In: «Bureau of Ships Journal», 11,N1 (1962), S. 14–17.
56. Which way out? In: «Fathom», 6,N3 (Winter 1974), S. 14–18.
57. Wilson, T. B., Ship and aircraft fire fighting on combatant vessels. In: «Naval Engineers Journal», 75,N4 (1963), S. 745–761.
58. Берг, А., Аварии и подьем американских ПЛ S 4 и S 51. In: «Морской сборник», 8–9 (1929), S. 97–117.
59. Богословский, А. М., Костюков, А. А., Явление взаимного присасывания судов. In: «Морской транспорт», Москва (1960).
60. Подводные лодки империалистических государств/Герасимов, В. Н., Дробленков, В. Ф., Москва, 1962.

61. Короткин, И. М., Боя не было, а потери есть. In: «Морской сборник», 3 (1974), S. 53–55.
62. Шведе, Е. Е., Аварии подводных лодок в иностранных флотах за последние 10 лет (1921–1931). In: «Морской сборник», 5 (1931), S. 134–145.
63. Berry, A. G., The «Shaw» – «Aquitania»-collision. In: «USNIP», 52,N11 (1926), S. 2275 bis 2278.
64. Craig, D. R., Repair of collision damage. In: «Bureau of Ships Journal», 10,N2 (1961), S. 2–5.
65. Dickilson, R. W., Warship rams, sinks sub; 82 aboard saved of Oahu. In: «Navy», 11,N1 (1968), S. 10–14.
66. Dierdorff, R. A., The day the secnav' s stars blew off. In: «USNIP», 82, N7 (1956), S. 700 bis 709.
67. Frederiksen, J. O., Bierningen of motortorpedobåden «Flyvefisken» efter dennes kollision med motortorpedobåden «Høgen»: Store Baelt den 4. September 1957. In: «Tidskrift for Søvaesen», VI (1958), S. 257–272.
68. Heisterberg-Andersen, F., Kollisionen mellen H. M. S. «Curacoa» ag R. M. S. «Queen Mary» 2. 10. 1942. In: «Tidskrift for Søvaesen», V (1968), S. 225–240.
69. Hicking, H., Warships in collision. In: «Navy», 71,N4 (1966), S. 122–123.
70. Hell at 50 fathoms/Lockwood, C. A., Adamson, H. C., New York, 1962.
71. An agony of collisions/Padfield, P., London, 1966.
72. «Queen Mary» collision action. In: «Shipbuilding and Shipping Record», 68,N25 (1946), S. 693–694; N26, S. 727.
73. The «Queen Mary» and H. M. S. «Curacoa» collision. In: «Shipbuilding and Shipping Record», 70,N6 (1947), S. 169–170.
74. USS «Picking»—collision repairs at Subic Bay. In: «Bureau of Ships Journal», 10,N5 (1962), S. 13–14.
75. Бочек, А., Меры безопасности на якорных стоянках. In: «Морской флот», 3 (1965), S. 23.
76. Мотрохов, А., Навигационно-гидрографическое и гидрометеорологическое обеспечение боевой деятельности кораблей. In: «Морской сбовник», 1 (1973), S. 26–28.
77. Война на море. 1939–1945. Перевод с английского/Нимиц, Ч., Поттер, Е., Москва, 1965.
78. Hadaway, R. B., Course zero nine five. In: «USNIP», 83,N1 (1957), S. 40–48.
79. Kalasinski, F., Salvage operations of USS «Baldwin». In: «USNIP», 88,N2 (1962), S. 138–141.
80. Mighty midgets of the fleet. In: «All Hands», N 556 (1963), S. 6–7.
81. Milwee, W. I., Corpus Christi Bay – an example of management of emergency repairs in remote areas. In: «Naval Engineers Journal», 86,N2 (1974), S. 36–40.
82. Nimitz, C. W., Pacific fleet confidential letter. Subject: Damage in typhoon, Lessons of. In: «USNIP», 82,N1 (1956), S. 83–94.
83. Reed, K. S., The wreck of the «Tacoma». In: «USNIP», 97,N6 (1971), S. 74–76.
84. Searly, W. E., Rynecki, A., Salvage of the USS «Frank Knox.» In: «Naval Engineers Journal», 80,N5 (1968), S. 735–750
85. Searly, W. E., USS «Bache». In: «Naval Engineers Journal», 80,N4 (1968), S. 529–531.
86. Smith, A. E., Refloating USS «Missouri». In: «USNIP», 77,N2 (1951), S. 180–195.
87. Webster, H. O., Berth 124, destroyer pier one. In: «USNIP», 83,N5 (1957), S. 489–497.
88. Winer, A., Munger, M., Foam in salvage. In: «Naval Engineers Journal», 79,N3 (1967), S. 465–474.
89. Боевые повреждения надводных кораблей,
Короткин, И. М., Ленинград, 1960.
90. Некоторые случаи аварии и гибели судов/Крылов, А. Н., Ленинград–Москва, 1939.
91. Битва за Атлантику выиграна. Перевод с английского/Морисон, С. Э., Москва, 1959.

92. Повреждение кораблей, борьба за живучесть и спасательные работы/Пузыревский, К. П., Москва–Ленинград, 1942.
93. Эскадренные миноносцы США во второй мировой войне. Перевод с английского/ Роско, Т., Москва, 1962.
94. Скрягин, Л. Н., По следам морских катастроф. In: «Морской транспорт», Москва (1961).
95. Шведе, Е. Е., Аварийность в иностранных флотах. 1922–1932. In: «Морской сборник», 9 (1932), S. 137–144.
96. Sea flight and shipwrecks/Baldwin, H. W., New York, 1956.
97. Some ship disasters and their causes/Barnaby, K. C., London, 1968.
98. Combined case Instructions, Washington, 1963.
99. Courses in damage control and firefighting. In: «All Hands», N 623 (1968), S. 52–63.
100. Fisher, C., Damage Control: before, not after! In: «USNIP», 98,N4 (1972), S. 44–48.
101. Fulton, W. L., Leadership and damage control readiness. In: «Naval Training Bulletin», (Frühjahr 1971), S. 24–29.
102. Dictionary of disasters at sea during the age of steam/Bd. 1–2/Hocking, C., London, 1969.
103. Hoet, N. G., Clemitson, F. E., Notes on the behaviour of H. M. Ships during the war. In: «Transactions of the Institute of Marine Engineers», 60,N10 (1948), S. 207–216.
104. Howell, W. H., In harm's way: Navy safety programs. In: «Sea Power», 17,N2 (1974), S. 29–34.
105. Young, R., Navy damage control and firefighting. In: «Our Navy», 66,N11 (1971), S. 2–6, 55.
106. McGinley, E. S., Preventing the preventable accident. In: «USNIP», 99,N6 (1973), S. 56 bis 65.
107. Simon, P. C., Damage control: ready or not. In: «USNIP», 93,N1 (1967), S. 33–39.
108. Whiteside, H. N., Mech, F. J., Marine safety. In: «The Institute of Marine Engineers», 81,N12 (1969), S. 405–409.

Seeschlachten, die Geschichte machten

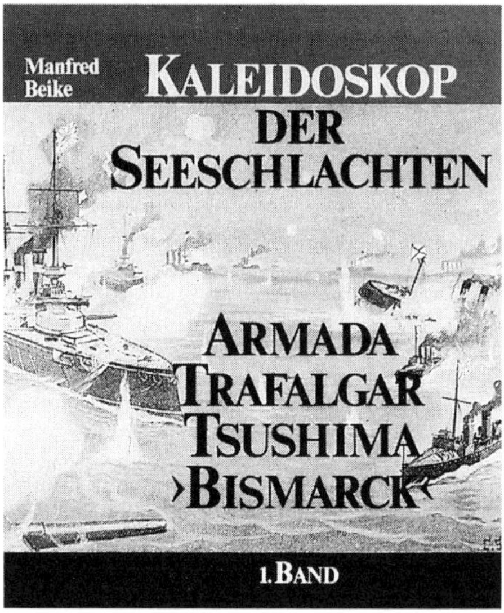

Manfred Beike

Kaleidoskop der Seeschlachten

Armada/Trafalgar/Tsushima/«Bismarck»
Band 1
124 Seiten, 81 Abbildungen
15 Karten
Format: 19,5 × 22,0 cm
Pappband, zellophaniert
DM 28,80
ISBN 3-327-00910-4

Lieferbar

Die hier geschilderten Ereignisse spannen einen Bogen vom 16. Jahrhundert bis in die jüngere Vergangenheit. Manfred Beike behandelt in populärwissenschaftlicher Form Vorgeschichte, Verlauf, Ergebnisse und seekriegsgeschichtliche Bedeutung von vier Seeschlachten, die zugleich allgemeinhistorisch bedeutsam waren. Es geht um die Vernichtung der spanischen Armada (1508), die Seeschlacht von Trafalgar (1805), das Seegefecht von Tsushima (1905) und die Vernichtung der «Bismarck» (1941). Die einzelnen Beiträge werden durch schwarzweiße und farbige Abbildungen reich illustriert.

BRANDENBURGISCHES VERLAGSHAUS

Im Mittelpunkt: Flotten Griechenlands und Roms

Manfred Beike

Kriegsflotten und Seekriege der Antike

Kleine Militärgeschichte/
Kriege
2. durchges. Auflage
180 Seiten, 26 SW-Abbildungen
Format: 12,0 × 19,0 cm
Leinen/Schutzumschlag
DM 9,80
ISBN 3-327-00289-4

Lieferbar

Wie wurde Athen zur führenden Seemacht der Antike? Auf welche Erfahrungen im Schiffbau und in der Seekriegskunst konnte sich die griechische Flotte stützen? Was führte zu Siegen und Niederlagen auf See? Warum konnte die Landmacht Rom die Seemacht Karthago schlagen? Auf diese und andere Fragen zum Seekrieg in der Antike findet der Leser Antwort in dem vorliegenden Buch. Manfred Beike beleuchtet Ursachen, Zusammenhänge und Verlauf der wichtigsten Kampfhandlungen auf See jener Zeit. Von großem Interesse dürften die Einschätzungen zur Taktik einzelner Seegefechte sein: wie bei Artemision, Salamis, Naupaktos, Syrakus, Eknomos, Drepanum, Mylae, Naulochus und Actium.

BRANDENBURGISCHES VERLAGSHAUS

Wissenswertes über eine hochmobile Waffengattung

Ulrich Israel

Marineflieger einst und jetzt

288 Seiten
Illustrationen von Otto Reich, Heinz Rode und Günter Lück
221 Abbildungen
Format: 14,5 × 20,5 cm
Broschur, DM 29,80
ISBN 3-327-01053-6

Ulrich Israel, vielen Lesern durch Publikationen wie «Flugboote des zweiten Weltkrieges» und «Grumman HU-16 ‹Albatros›» in Erinnerung, beschäftigt sich in diesem Buch mit den Marinefliegerkräften. Ausgehend von einer dem neuesten Stand der Forschung entsprechenden Definition stellt er diese Waffengattung als ein hochmobiles Instrument vor, das den historischen Wandel der Luft- und Seekriegführung deutlich charakterisiert. Damit wird erstmals ein weitgehend umfassender Überblick über die Geschichte der Marinefliegerkräfte aus technischer und militärischer Sicht geboten und gleichzeitig ihre differenzierte Rolle bis in die Gegenwart verdeutlicht.
Geschrieben in populärem Stil und ausgestattet mit vielen Originalaufnahmen, die wenig oder gar nicht bekannt sind, mit Flugzeugrissen und graphischen Skizzen, spricht dieses Buch ein breites Publikum an.